Was ist los mit den Deutschen?

Christian Duncker

Was ist los mit den Deutschen?

Ein aktuelles empirisches Stimmungsbild und mittelfristige Trends

PETER LANG
Frankfurt am Main · Berlin · Bern · Bruxelles · New York · Oxford · Wien

Bibliografische Information Der Deutschen Bibliothek
Die Deutsche Bibliothek verzeichnet diese Publikation in der Deutschen Nationalbibliografie; detaillierte bibliografische Daten sind im Internet über <http://dnb.ddb.de> abrufbar.

ISBN 3-631-54362-X

www.peterlang.de

Dieses Buch möchte ich Nadiye widmen.
Ihr gilt mein besonderer Dank – auch für
die vielen mentalen und auch
inhaltlichen Hilfestellungen

Vorwort

„Wertewandel und -verlust", „Individualisierung", „Moralverfall", „Konsumboykott" und „Geiz-ist-geil" oder auch „Egogesellschaft" und „Verwahrlosung der Sitten" sind nur eine kleine Auswahl von Boulevardbegriffen, die den Tenor der öffentlichen Meinung in der jüngeren Vergangenheit beherrscht haben. „Die Welt ist schlimm und wird immer schlimmer" – so ließe sich die allgemeine Stimmung auf den Punkt bringen. Die globalen und nationalen wirtschaftlichen Rahmenbedingungen wollen bei den Deutschen ebenfalls keine Glücksgefühle aufkommen lassen.

Die Studie „Was ist los mit den Deutschen?" hat es sich zum Ziel gesetzt, die Stimmung der Deutschen etwas genauer unter die Lupe zu nehmen. Abseits des Mainstreams soll hier untersucht werden, wie es tatsächlich um die Befindlichkeiten der Gesellschaft steht. Um ein möglichst umfassendes Bild zu erlangen, werden verschiedene Bereiche des Alltages analysiert: In den folgenden Abschnitten finden Sie differenzierte Diagnosen zu den Themenkomplexen Innovationsbewusstsein, Konsumorientierungen, Markenbewusstsein und Qualitätsorientierungen, Familie und Partnerschaft, Tradition und Moderne sowie eine breite Palette weiterer Wertorientierungen.

Das vorliegende Buch beschränkt sich jedoch nicht nur auf die Diagnose der Gegenwart. Um einen tatsächlichen Überblick von den aktuellen Stimmungstrends zu bekommen, werden in einem ersten Schritt die *bisherigen Wandlungen* von Einstellungen, Werten und psychischen Dispositionen analysiert. Dies erfolgt anhand so genannter „Zeitreihen", die bis ins Jahr 1984 zurückreichen. Der Hintergrund für dieses Vorgehen liegt auf der Hand: Erst wenn bekannt ist aus welcher Richtung die Entwicklungen kommen, kann man die *gegenwärtige mentale Verfassung* der Menschen verstehen. Im abschließenden Teil der Studie wird dann auf Basis eben dieser Zeitreihen auch *ein Blick in die Zukunft* vorgenommen.

Werte und Einstellungen bestimmen sowohl das individuelle Leben als auch die Vielzahl der gesellschaftlichen Zusammenhänge grundlegend. Entsprechend groß ist die Reich- und Tragweite der Themenkomplexe Werte- und Einstellungs*wandel.* Nahezu jeder, der in seinem Handeln mit Menschen zu tun hat, ist auf solide Erkenntnisse der Wertewandel- und Trendforschung angewiesen. Seien es Marketer, Betriebs- und Volkswirte, Politiker, Gesellschaftswissenschaftler, Psychologen und alle weiteren Wissenschaftler und Führungskräfte. Alle, die sich beruflich, ehrenamtlich oder auch privat mit größeren gesellschaftlichen Gruppen auseinander setzen, sind auf ebenso aktuelle wie seriöse Erkenntnisse der Werteforschung angewiesen.

Die Zielgruppe der Studie „Was ist los mit den Deutschen?“ ist entsprechend groß. Aus diesem Grunde wird innerhalb der nachfolgenden Ausführungen auf die Verwendung fachspezifischer Termini weitgehend verzichtet. Ganz im Gegenteil: Zur Steigerung der allgemeinen Lesbarkeit werden vornehmlich Begriffe und Erklärungen verwendet, die allgemein verständlich sind. Aus diesem Grunde wird im Folgenden auch auf unnötige Abgrenzungen und Meinungsstreits bezüglich der verschiedenen Betrachtungsebenen verzichtet. Bewusst wird hier mit fundamentalen Definitionen gearbeitet, die vor allem das Verstehen der Sachverhalte vereinfachen sollen. Nur hierdurch erschien es möglich, den Bedürfnissen einer breiten Leserschaft gerecht zu werden.

Stichwort Bedürfnisse: So heterogen die Zielgruppen dieses Buches sind, so unterschiedlich sind auch deren Interessen und Bedürfnisse. Aus diesem Grunde wurde die vorliegende Studie bewusst mit einer vergleichsweise feinen Gliederung ausgestattet. So kann das Buch auch als Nachschlagewerk genutzt werden. Hierbei soll die nachfolgende, informelle Gliederung helfen, einen schnelleren Überblick zu bekommen: Die Abschnitte 1 bis 3 richten sich an alle Leser, die sich mit den grundlegenden theoretischen Ansätzen der Werte- und Einstellungsforschung beschäftigen möchten. In den Abschnitten 4 bis 8 werden allgemeine gesellschaftliche Entwicklungstrends aufgezeigt. Aufgrund ihrer fundamentalen Bedeutung wird allen Lesern empfohlen, diese Abschnitte zu lesen. Die Abschnitte 9 bis 12 sind insbesondere für Leser aus den Arbeitsschwerpunkten Marketing, PR sowie auch alle weiteren Ökonomen unerlässlich – für alle anderen Leser sind diese wahrscheinlich ebenso lesenswert...

Der abschließende Abschnitt zum Themenfeld „Wertewandel“ wurde besonders fein gegliedert. Zwar wird es allen Lesern dringend nahe gelegt, alle Abschnitte zu lesen, doch kann der eilige Leser die Studie auch einfach zum kurzen Nachschlagen einer speziellen Wertorientierung zur Hand nehmen. Eine nach Einzelwerten differenzierte Gliederung (Abschn. 13.1 bis 13.20) soll helfen, sich schnell zu orientieren. In den Abschnitten 14 bis 14.5 werden die vorherigen Einzelergebnisse zum Wertewandel zusammengefasst.

Die Abschnitte 15 bis 17 sind *allen* Lesern ans Herz gelegt. Hier geht es nicht nur um Ihre Zukunft, sondern um die künftigen Entwicklungen der gesamten Nation. Anhand einer Zusammenführung von Daten der Bevölkerungs-, Wirtschafts- und Werteforschung wird hier ein fundierter Ausblick in die gesellschaftlichen Entwicklungen bis zum Jahr 2010 ermöglicht. Insbesondere der Abschnitt 17 gibt einen Ausblick über die kommenden Wertetrends und die hieraus resultierenden Handlungserfordernisse. Ein abschließender Hinweis für den neugierigen Leser: Sie können sich zwar, ähnlich wie man es häufig zum Leseverhalten bei Romanen hört, die Spannung nehmen, indem Sie den Schluss als erstes lesen. Sie nehmen sich hierdurch zwar nicht unbedingt die Spannung, doch werden Sie mit Sicherheit einiges Verpassen...

Für die freundliche und uneigennützige Unterstützung dieses Forschungsvorhabens danke ich der Abteilung Marktforschung des Axel Springer Verlages herzlich. Ohne die vielseitige Unterstützung der Beteiligten wäre die Realisation dieser privaten Forschungsarbeit nicht möglich gewesen.

Dr. Christian Duncker

Inhaltsverzeichnis

Vorwort 7

1. Eine Untersuchung des Stimmungswandels in Deutschland 15
2. Zur Dynamik von Wandlungsprozessen 17
3. Historie, Evolution und Zyklizität von Wandlungsprozessen 26
4. Eine Untersuchung des gesellschaftlichen Wandels im jungen 21. Jahrhundert 36
5. Psychosoziale Merkmale im Wandel 39
6. Einstellungen zu Ehe und Partnerschaft im Wandel 44
7. Neues Aktualitätsbewusstsein? 49
8. Technikbewusstsein im Wandel 53
9. Konsumorientierung im Wandel 58
   - 9.1 Allgemeine Konsumorientierungen 62
   - 9.2 Qualitätsorientierung 66
   - 9.3 Genuss- und Luxusorientierung 68
   - 9.4 Umweltbewusstsein und Konsum 71
   - 9.5 Umgang mit Geld – Sparsamkeit 74
   - 9.6 Markenbewusstsein 78
10. Konsumorientierungen im Wandel – zusammenfassende Feststellungen 85
11. Einstellungstrends in der Werbeakzeptanz – Folgen einer neuen Konsumkultur? 94
12. Einstellungswandel gestern, heute und morgen – eine Zusammenfassung 98
13. Wertewandel im jungen 21. Jahrhundert 103
    - 13.1 Platz 1: Familie und Partnerschaft 108
    - 13.2 Der Wunsch nach einer sicheren Zukunft 111
    - 13.3 Finanzielle Unabhängigkeit 114
    - 13.4 Spaß und Freude haben 115
    - 13.5 Anerkennung im privaten Umfeld 118
    - 13.6 Das Bestreben, sich etwas leisten zu können 119

13.7 Die Wichtigkeit der Lebensplanung 123
13.8 Der Kulturwert „Leistung“ 125
13.9 Der Wunsch nach Individualität 128
13.10 Anerkennung im beruflichen Umfeld 132
13.11 Die neue Definition von Selbstverwirklichung 134
13.12 Aktiv gestaltete Freizeit 139
13.13 Die Bedeutung eines großen Freundeskreises 142
13.14 Der Wunsch nach viel Freizeit 144
13.15 Traditionelle Werte 145
13.16 Hin und wieder die Zeit mit Nichtstun verbringen 148
13.17 Die Bedeutung des kulturellen (Er-)Lebens 149
13.18 Soziales Engagement 151
13.19 Der Wunsch, „überall mitreden zu können“ 152
13.20 Bei neuen Entwicklungen dabei sein 155

14. Wertewandel gestern und heute – zusammenfassende Feststellungen 158
14.1 Wertewandel in übergeordneten Bevölkerungsgruppen 158
14.2 Geschlechtsspezifischer Wertewandel 159
14.2.1 Wertewandel bei Frauen 159
14.2.2 Wertewandel bei Männern 163
14.3 Wertewandel im Generationenvergleich 166
14.3.1 Hohe Sozialorientierungen bei den 14- bis 19-Jährigen 166
14.3.2 20- bis 29-Jährige brauchen noch viel Bestätigung 170
14.3.3 Bei 30- bis 39-Jährigen sinkt das Sicherheitsstreben 174
14.3.4 Die 40- bis 49-Jährigen verlieren die Lust an der Freizeit 179
14.3.5 Sind „traditionelle Werte“ bei 50- bis 59-Jährigen ein sinkender Stern? 184
14.3.6 60- bis 69-Jährige betonen die Qualität sozialer Orientierungen 188
14.3.7 „Familie und Partnerschaft“ haben bei 70-Jährigen und Älteren hohen Bedeutungszuwachs 193

14.4 Generationsspezifische Wertausprägungen 195
14.5 Der Wandel der Werte in der Gesamtbevölkerung 200
15. Aussichten – der Wertewandel in den kommenden Jahren 216
15.1 Ausgangsbedingungen für die Entwicklungsprognose 217
16. Werte- und Einstellungswandel morgen – Trends und Aussichten 230
16.1 Entwicklungen der Zwischenmenschlichen Beziehungen 234
16.2 Steigende Popularität von Pflicht- und Akzeptanzwerten 236
16.3 Selbstentfaltungsorientierungen üben den Spagat 240
16.4 Die neuen Freizeittrends 242
16.5 Wenn Innovation zum Fremdwort wird 244
16.6 Deutschland ist weit entfernt von einer „Konsumverweigerung" 246
16.7 Und was wird aus Spaß, Freude und Kultur? 252
17. Was erwartet uns die kommenden Jahre – Handlungserfordernisse bis zum Jahr 2010 253

Literaturverzeichnis 262

1. Eine Untersuchung des Stimmungswandels in Deutschland

Seit einiger Zeit gärt es in Deutschland. Und langsam fängt es an zu brodeln: Die öffentliche Stimmungslage in Deutschland ist zunehmend in die Schieflage geraten. Ein Gefühl der allgemeinen Beklemmung macht sich breit. Doch was ist es, das beklagt wird? Die Liste der Themen ist lang und kann hier nur auszugsweise wiedergegeben werden: Reformstau an allen Ecken des gesellschaftlichen und wirtschaftlichen Lebens, Globalisierung, steigende Arbeitslosigkeit, Reform der Sozialversicherungen, wirtschaftliche Stagnation bis hin zur Rezession. Die wirtschaftliche Entwicklung (global und national) steht bei all diesen Problemen als gemeinsamer Nenner im Vordergrund.

Die Wirtschaft ist jedoch nicht der einzige, Sorgen bereitende Faktor. Weiterhin wird auch über eine Verschiebung der gesellschaftlichen Werte und einer hiermit einhergehenden, zunehmenden Individualisierung geklagt. Tenor dieser Diskussion ist vor allem die Ausbreitung von egoistisch-hedonistischen Orientierungen und somit ein Verlust der Bindungsfähigkeit und -willigkeit. In Anbetracht der Tatsache, dass immer weniger Eheschließungen bei zunehmenden Scheidungen registriert werden, mag dieser Tenor zunächst plausibel erscheinen. Ob dies jedoch den gesellschaftlichen Tatsachen entspricht, wird im späteren Verlauf der vorliegenden Untersuchung eingehender betrachtet.

Diagnosen der gesellschaftlichen Entwicklungen stellen den Betrachter in der Regel vor große Herausforderungen. Die größte Herausforderung ist die *Komplexität* von gesellschaftlichen Strukturen: Ist schon die individuelle Psyche unglaublich vielschichtig, so sind es die Zusammenhänge der zwischenmenschlichen und gesellschaftlichen Bedingungen erst recht. „Echte“, d.h. allgemein und immer gültige Erklärungen für Phänomene wie beispielsweise Konsumverzicht, Individualisierung oder auch Konservatismus zu finden, ist äußerst schwer. Ein übergeordnetes Phänomen setzt sich *immer* aus einer Vielzahl untergeordneter Teilentwicklungen zusammen. Die Gefahr von Fehlinterpretationen droht hierdurch in der Regel auf mehreren Ebenen.

Ein weiteres Problem besteht in der „Beweislast“. Sowohl die Psychologie als auch Wirtschafts- und Gesellschaftswissenschaften werden in der Forschungslandschaft nicht grundlos den so genannten Geisteswissenschaften zugeordnet: In den Naturwissenschaften und der Mathematik führt ein bestimmter Prozess immer zum gleichen Ergebnis (einfachstes Beispiel: 1+1=2). Diese sich immer und ohne Abweichungen wiederholenden Ergebnisse machen diese Wissenschaften „beweisfähig". In den Geisteswissenschaften ist dies (leider) nicht möglich. Für die Erklärung bestimmter Phänomene ist der Suchende überwiegend auf hypothetische und somit theoretische Aussagen angewiesen.

Nur selten wiederholen sich komplexere gesellschaftliche Entwicklungen nach einem einheitlichen und immer wiederkehrenden Muster. Bereits die Veränderung einer Bedingung führt zu Veränderungen innerhalb des gesamten Entwicklungsprozesses und somit zu abweichenden Ergebnissen. Dies macht die Betrachtung des Forschungsgegenstandes „Gesellschaft" natürlich nicht einfacher. Die Fülle der unterschiedlichen, auf dem Markt erhältlichen Diagnosen dürfte ein Hinweis für diese Problematik sein.

Die vorliegende Studie hat es sich zum Ziel gesetzt, trotz dieser geisteswissenschaftlichen Widrigkeiten so nah wie möglich an der Wirklichkeit zu arbeiten. Dies wird zum einen dadurch erreicht, dass im Folgenden nicht nur theoretisch analysiert wird, sondern auf die Ergebnisse empirischer Daten aufgebaut wird. Da auch diese hinsichtlich ihrer Repräsentativität häufig nicht unproblematisch sind, werden nachfolgend ausschließlich Untersuchungen mit großen Stichproben (mind. 20.000 Befragte) verwendet. Parallel hierzu werden auch „harte" Daten der statistischen Ämter zu Rate gezogen, die zweifelsfrei als „harte Fakten" gelten können. Des Weiteren begnügt sich die Studie nicht mit der Betrachtung des Status quo. Um die gegenwärtige Stimmungslage in Deutschland abgesichert erklären zu können, erscheint es zudem äußerst wichtig zu analysieren, aus welcher Richtung eine Entwicklung kommt.

Als Beispiel mag die Konsumorientierung dienen: Der Aussage „für gute Qualität bin ich auch bereit, mehr zu zahlen" stimmen, gemäß der Allensbacher-Werbeträger-Analyse, aktuell 61,1 Prozent der Deutschen zu. Die Frage ist nun, ob dies schon immer so war, ob heute mehr Menschen als noch vor 10 oder 20 Jahren dieses Qualitätsbewusstsein zeigen oder ob dies weniger geworden sind? Wie sieht der *Entwicklungstrend* aus? Das in den Geisteswissenschaften etablierte Instrument der Zeitreihen-Analyse soll bei der Beantwortung der vorstehenden Frage helfen: Es ermöglicht die Betrachtung von *Entwicklungsverläufen*. Mittels dieser Analyseform ist es möglich, eine zuverlässige Diagnose mit ebenso zuverlässiger Prognose zu treffen. Dieses ist das besondere Angebot der vorliegenden Studie an den interessierten Leser.

Bei der späteren Verknüpfung der „weichen" Umfragedaten mit der „harten" amtlichen Statistik soll zudem eine weitere, seit vielen Jahren unbeantwortete Frage geklärt werden: Was war zuerst – der Wandel der ökonomischen Bedingungen oder der Wandel der Werte? Nur soviel sei an dieser Stelle vorweggenommen: Die Verknüpfung der verwendeten Daten zeigt eindeutig, dass ein vorgelagerter Einstellungs- und Wertewandel in breiten Bevölkerungsteilen *in der Konsequenz* zum Einbrechen der privaten Binnennachfrage führte. Der Mythos, erst die schrumpfenden wirtschaftlichen Spielräume der deutschen Privathaushalte habe zu einer rückläufigen Nachfrage geführt, wird hierdurch widerlegt.

2. Zur Dynamik von Wandlungsprozessen

Menschen, gesellschaftliche Gruppen und ganze Gesellschaften, Nationen, Kontinente bis hin zu kompletten Kulturkreisen befinden sich in einem permanenten Wandel. Die gegenwärtige Welt sieht ganz anders aus als die von vor 100, 20 oder auch vor 5 Jahren. Ebenso wird sich das Leben in den kommenden 5 bis 20 Jahren wiederum von dem unterscheiden, was unsere heutigen Lebensbedingungen auszeichnet. Seien es geopolitische, kulturelle, religiöse, wirtschaftliche oder auch technische Änderungen: Die Welt befand sich schon immer im Wandel – und dies wird sich auch in Zukunft nicht ändern. Die Wandlungsintensitäten und -folgen waren in der Vergangenheit in ihrem jeweiligen Ausmaß recht unterschiedlich. Unbestritten dürfte allerdings die Erkenntnis sein, dass die Wandlungsgeschwindigkeiten bereits mit dem Ausgang des 20. Jahrhunderts deutlich an Dynamik zugenommen haben (Duncker 2000).

Interessanterweise scheinen derartige Geschwindigkeitssteigerungen für Jahrhundertwenden typisch zu sein. So führte auch die so genannte „industrielle Revolution" im ausgehenden 18. Jahrhundert in westlichen Gesellschaften zu unglaublichen Umwälzungen: Von der Entstehung und Entwicklung der industriellen Produktion, über eine weitgehende Flucht der Landbevölkerung in Städte und andere Produktionszentren, der Einführung eines bis dahin unbekannten Maßes an Arbeitsteilung, bis zu den hiermit einhergehenden infrastrukturellen, kulturellen und wirtschaftlichen Veränderungen. Aus heutiger Sicht mögen uns die damaligen Wandlungen nicht außerordentlich gewaltig erscheinen, doch haben sie seinerzeit die Gesellschaft und deren bis dahin gelebten Routinen drastisch verändert. Aus einer sich überwiegend selbst versorgenden Agrarbevölkerung entwickelte sich eine abhängig beschäftigte, überwiegend urbane Gesellschaft, die sich mit ganz neuen Lebensweisen konfrontiert sah: Die Arbeitenden verdienten plötzlich ausschließlich Geld und mussten nahezu alle Nahrungsmittel und Rohstoffe

„kaufen“. Was beispielsweise zuvor aus dem eignen Anbau geerntet und verzehrt werden konnte, musste plötzlich bei einem Händler oder Bauern gekauft werden. Hierdurch bekam auch der Faktor „Geld“ einen ganz anderen Wert und Sinngehalt (s.a. Parsons 2003, S. 96ff.).

Es waren jedoch nicht nur die Produktions-, Arbeits- und Beschaffungsprozesse, die sich im Zuge der Industrialisierung gewandelt haben. Hiermit einhergehend hat auch ein starker kultureller Wandel eingesetzt. Die Menschen waren in einem höheren Maße als bisher fremdbestimmt, sie lebten nicht mehr in einer recht abgegrenzten dörflichen Gemeinschaft, sie mussten sich selbständig ein soziales Netzwerk aufbauen. Auch waren sie nicht mehr durch alte Familienstrukturen abgesichert. Die Liste der gesellschaftlich-kulturellen Änderungen ließe sich noch um einiges fortführen. Da die Industrialisierung jedoch nicht das Thema der vorliegenden Untersuchung ist, sollte dieser Abriss lediglich zeigen, dass wir nicht die erste Generation sind, die sich mit großen gesellschaftlichen Wandlungen konfrontiert sieht. Zudem sind die Wandlungen, welche wir heute erfahren, natürlich ganz anderer Natur als zu Zeiten der Industrialisierung. Opaschowski zeigte kürzlich, dass wir heute zwar nicht unbedingt mit weniger Wandlungsursachen konfrontiert werden – jedoch mit ganz anderen (2004, S. 20f.):

- Ende des Kommunismus
- Entwicklung von natürlichen zu intelligenten Industrien
- Demographische Entwicklung: Die Weltbevölkerung wächst, wandert und wird älter
- Die Nationalökonomien entwickeln sich zu einer Globalökonomie
- Es entstehen neue übernationale Spielregeln im Umgang miteinander

Unbedingt ergänzt werden sollte diese Liste durch

- Umbau des Wohlfahrtsstaates
- Religiöse Radikalisierungen in West und Ost
- Digitalisierung der Welt und den hiermit einhergehenden Effizienzsteigerungen in der Produktion und
- den zudem breit angelegten Kommunikationsfortschritten (Computer, Handys etc.)
- Hohe und weiterhin steigende Marktsättigung in den meisten Konsumgüterbereichen

Hinter jedem dieser Wandlungsursachen steht eine unglaubliche Menge von Konsequenzen, die an dieser Stelle gar nicht erschöpfend dargestellt werden können. Fest steht jedoch, dass aus dieser Vielzahl makrogesellschaftlicher Veränderungen zwangsläufig eine unglaubliche Menge alltagskultureller und sozialstruktureller Wandlungen resultieren. Inhaltlich sind die heutigen Wandlungen natürlich nicht mit denen der industriellen Revolution des ausgehenden 18. Jahrhunderts zu vergleichen. Faktisch sind jedoch in unserer heutigen, wesentlich stärker differenzierten Gesellschaft mindestens genauso viele und große Wandlungen zu bewältigen wie damals. Erschwerend kommt die Tatsache hinzu, dass, in Anlehnung an ein Flussdiagramm, jede Änderung eine Vielzahl weiterer Veränderungen mitsichbringt.

Ein Beispiel soll diese These verständlicher machen (vgl. Graphik 1): Die Digitalisierung der Produktionsmittel (1. Ebene) führt a. auf der einen Seite zum *Abbau von Arbeitsplätzen in der klassischen Produktion.* Gleichzeitig entstehen b. neue *Arbeitsplätze in Forschung, Entwicklung und Produktion* – auch bei eben diesen neuen digitalen Produktionsmitteln (2. Ebene). Da der Einsatz neuer Produktionsmittel in der Regel unter den Gesichtspunkten der Effizienz- und Renditesicherung und -steigerung geschieht, werden c. *per Saldo zunächst Arbeitskräfte freigesetzt.* Dies führt auf der Individualebene wiederum zu zwei alternativen Szenarien mit ihren jeweiligen Wandlungsfolgen (3. Ebene):

I. Zusätzliche **Arbeitslosigkeit** führt in der Regel (4. Ebene) zu einer d. *sinkenden Konsumnachfrage*, nach längerer Zeit zu e. individueller *psychosozialer Selbstabwertung* und hiermit auch zu entsprechenden (5. Ebene) f. *Integrations- und Kommunikationsproblemen* in Bezug auf die persönliche und gesellschaftliche Umwelt.

II. Ein **neuer Arbeitsplatz** führt in der Regel (4. Ebene) zu einer g. *neuen Arbeitsumgebung* (neue Unternehmenskultur, neue Tätigkeit, neue Kollegen, ggf. anderer Wohnort etc.) mit einer Vielzahl von h. *Anpassungsprozessen.* Diese Phase ist zunächst aufgrund des vorhergehenden Jobverlustes und der üblichen Probezeiten in der Regel durch eine hohe i. *subjektive Arbeitsplatzunsicherheit* und dem hieraus resultierenden (5. Ebene) j. sinkenden *Zukunftsvertrauen* sowie durch k. zumindest temporäre *Konsumzurückhaltung* gekennzeichnet.

Bereits an dieser Stelle zeigt sich, wie allein eine der vielen übergeordneten Wandlungsursachen (hier: Digitalisierung der Produktionsmittel) zu breit streuenden Auswirkungen auf die individuellen Dispositionen führen kann. In der Massenhaftigkeit der Entwicklung hat dies natürlich deutliche Konse-

Graphik 1: Folgen der Digitalisierung von Produktionsmitteln

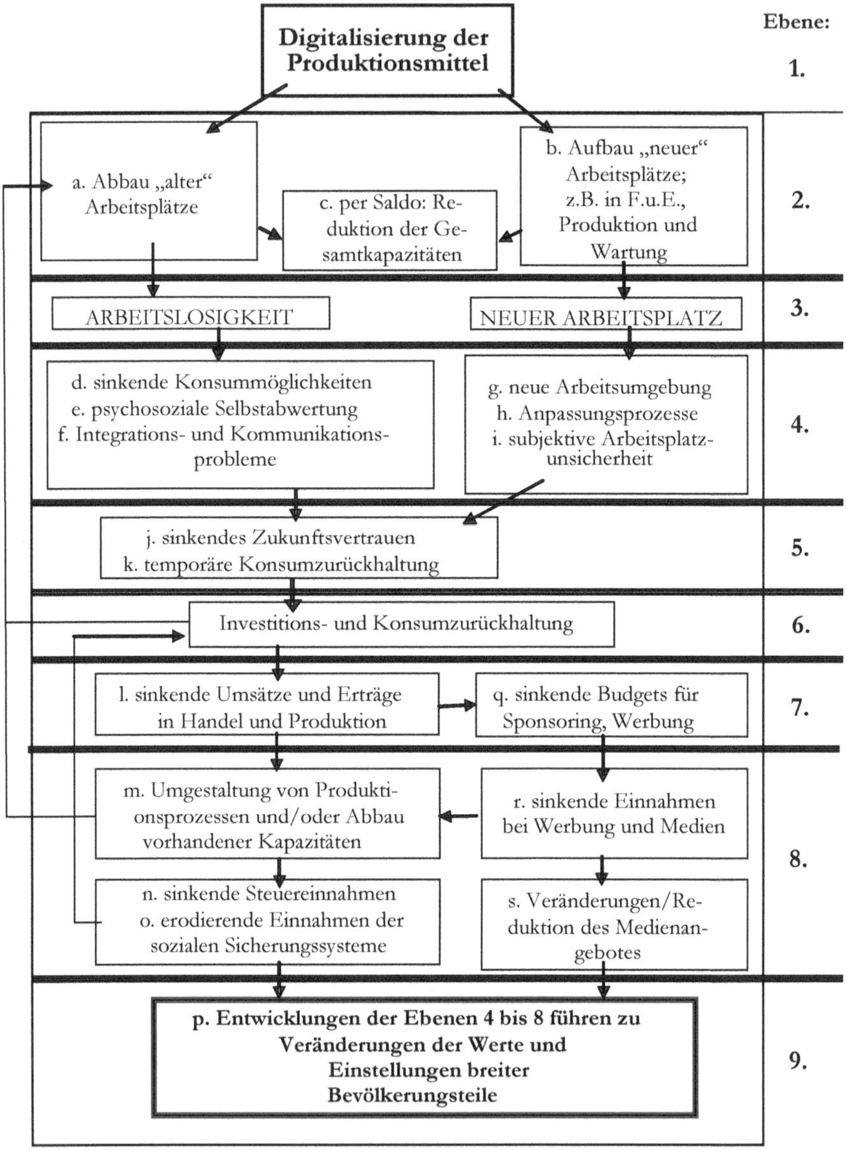

quenzen für das gesellschaftliche Gefüge. Um die Reichweite der Wandlungskonsequenzen am vorliegenden Beispiel noch besser zu verdeutlichen, ist zudem beachtenswert, welche Wandlungskonsequenzen (6. Ebene) allein der Faktor der Konsumzurückhaltung mitsichbringt:

I. Konsumzurückhaltung führt in seiner Massenhaftigkeit zu l. *sinkenden Umsätzen und Erträgen in Handel und Produktion.* Hieraus resultieren wiederum m. *Umgestaltungen von Arbeits- und Produktionsprozessen* (8. und 1. Ebene), welche der veränderten Nachfrage angepasst werden müssen. Wo eine Umgestaltung entweder organisatorisch oder wirtschaftlich nicht sinnvoll ist, werden vorhandene Kapazitäten sogar gänzlich abgebaut. Diese Wandlungen führen wiederum zu Arbeitsplatzabbau (a.) oder -umstrukturierung (b.) – der Teufelskreis, mit allen Folgekonsequenzen, ist an dieser Stelle nicht mehr zu übersehen.

II. Aus dieser Entwicklung resultieren n. sinkende *Steuereinnahmen* und o. erodierende *Einnahmen der sozialen Sicherungssysteme* (8. Ebene). Das Weniger an zur Verfügung stehenden Mitteln muss aufgrund der gesamtgesellschaftlichen und makrowirtschaftlichen Bedingungen künftig unter mehr Menschen (z.B. Renten-, Sozialhilfe- und Arbeitslosenhilfeempfänger) verteilt werden. Dies führt wiederum zu einem *sinkenden Nachfragepotential* (5. und 6. Ebene) mit allen Folgewandlungen.

III. Konsum schafft Identität. Aus der Kosumforschung ist seit langem bekannt, dass vor allem der Konsum von Markenprodukten sowohl zu individueller Bestätigung („ich kann mir etwas Gutes leisten“) als auch gleichzeitig zu sozialer Integration (z.B. Lebensstilmuster: „Ich trage die gleiche Markenbekleidung wie meine Freunde – also gehöre ich dazu…“) führt. In Zeiten der Konsumzurückhaltung sind es vor allem die Markenhersteller, welche unter einer *sinkenden Nachfrage* (5. und 6. Ebene) leiden. Die hieraus resultierenden Wandlungsfolgen sind in diesem Zusammenhang auf verschiedenen Ebenen zu beobachten: Zum einen wandeln sich die Einstellungen und Werte der Menschen. Identität, welche zuvor auch aus dem Konsum geschöpft wurde, muss auf anderen Ebenen kompensiert werden – es findet p. ein *Einstellungs- und Wertewandel* (9. Ebene) statt.

IV. Parallel zu dieser Entwicklung gehen die Erträge von Markenartikelherstellern – zumindest auf dem Absatzmarkt Deutschland – zurück. Dies führt neben einem *allgemeinen Kapazitätsumbau* (1. Ebene) auch q. zu *sinkenden Budgets für Sponsoring, Werbung* (7. Ebene) und nicht selten auch für *Forschung und Entwicklung* (2. Ebene). Der verminderte Konsum von Markenartikeln führt hierdurch gleichzeitig zu einem Zurückfahren von Werbeaktivitäten. Dies führt wiederum zu r. einer *Verschlechterung der Einnahmen von Medienanbietern* (8. Ebene): Nahezu alle massenmedialen Angebote (TV, Zeitungen, Zeitschriften, Internet etc.) sind zu einem Großteil durch Werbung von Markenartiklern finanziert. Brechen diese ein, so wird sich zwangsläufig auch das s. *Medienangebot* wandeln (6. Ebene). Die inhaltlichen und qualitativen Änderungen führen wiederum zu einem Werte- und Einstellungswandel breiter Bevölkerungsteile (p.).

Die zuvor aufgeführten Wandlungen und Wandlungsfolgen sind lediglich exemplarischer Natur. Für die hier gewählte Darstellung wurde jeweils nur eine Ausgangsursache mit jeweils einer Konsequenz und ihren jeweiligen Folgekonsequenzen dargestellt. In der Realität sind sowohl die Wandlungsursachen als auch die Wandlungsfolgen wesentlich komplexer und verzahnter. Es wäre wahrscheinlich möglich, für jede einzelne Wandlungsebene (1 bis 9), und sogar für jeden Einzelpunkt (a bis s) eine für sich selbst stehende Forschungsarbeit zu leisten. Dies ist jedoch nicht der Anlass der vorliegenden Untersuchung. **Mit dem vorstehenden Beispiel sollte lediglich verdeutlicht werden, dass ein separater Ursachenfaktor immer zu einer Vielzahl anschließender Wandlungs*folgen* führt. Sowohl die Entwicklungsrichtungen als auch die Folgen gesellschaftlicher Wandlungen unterliegen in der Regel einer enormen Komplexität.**

Von besonderer Bedeutung ist in diesem Zusammenhang die implizite Andeutung eines so genannten „Reproduktionsverhältnisses“. Dieses besteht – in der Regel unsichtbar – zwischen Menschen und den sie umgebenden gesellschaftlichen Umweltfaktoren. Hierbei ist auf eine besondere Dynamik des „Reproduktionsprozesses“ hinzuweisen: Äußere Umweltfaktoren wirken zunächst auf den Menschen. Dieser nimmt die entsprechenden Informationen auf und *reagiert* auf die ihn betreffende Veränderung. Finden entsprechende Reaktionen massenhaft statt, so verändern sich im Gegenzuge die gesellschaftlichen Bedingungen. Die wechselseitige Beziehung zwischen Individuum und Gesellschaft spielt durch dieses *Austauschverhältnis* eine wichtige

Rolle bei der Analyse von gesellschaftlichen Wandlungen. Lohauß versteht daher den Austausch zwischen Einzelpersonen und Gemeinschaft als einen *sozialen Reproduktionsprozess* (ebd. 1995, S. 133). Die diesem Ansatz zugrunde liegende wechselseitige Beziehung könnte graphisch vereinfacht wie folgt dargestellt werden:

Graphik 2: Reproduktionsverhältnis von Individuen und Gesellschaft

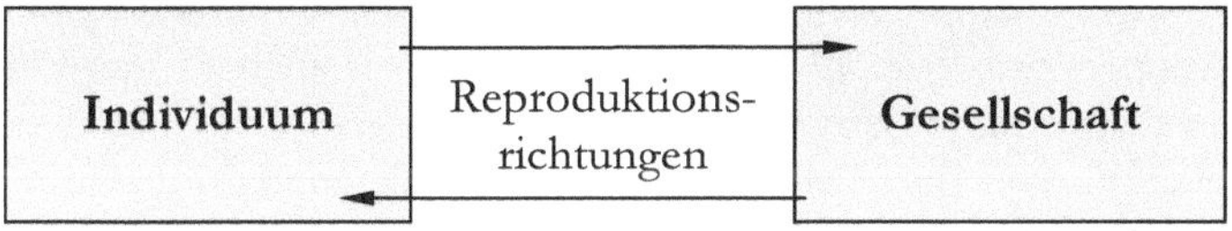

aus: Duncker 2000, S. 17

Im Sinne dieses wechselseitigen Modells beeinflussen nicht nur gesellschaftlich und institutionell vorgegebene Strukturen das individuelle Handeln. Parallel wirken im Gegenzuge auch das individuelle Verhalten, die Wertepräferenzen und Einstellungen jedes Einzelnen auf die gesellschaftlichen Kulturen und Institutionen. Dies mag zunächst sehr abstrakt wirken. Ein Beispiel soll dies verdeutlichen:

Jeder Anbieter, sei es von Konsumgütern, Informationen oder Dienstleistungen, ist darauf angewiesen, dass sein Angebot auf die Interessen seiner Zielgruppen trifft. Besonders der Medienanbieter, der neben der reinen Information immer auch Wertungen, sei es durch Auswahl der Inhalte oder die gewählten Formulierungen, anbietet, ist im hohen Maße abhängig von seiner Zielgruppe. Treffen die Informationsangebote seines Mediums nicht die Interessen, Einstellungen und Werthaltungen der Konsumenten, so wird das Medium boykottiert. Das Angebot hätte keine Nachfrage mehr und müsste in letzter Konsequenz eingestellt werden. Sicherlich kann das Meinungsbild der Konsumenten bis zu einem gewissen Grad beeinflusst werden, doch zeigt die aktuelle Forschung, dass lediglich auf Bestehendem aufgebaut werden kann (Duncker 2000, S. 98ff.).

Ähnlichen Bedingungen unterliegt der Konsumgüterhersteller, der völlig am Markt vorbei produziert, wenn er nicht die Wünsche seiner Kunden berücksichtigt. Hersteller von Konsumgütern sind den Bedingungen des „Marktes", im Sinne einer Anzahl von Individuen, die eine Zielgruppe bilden, unterworfen. Wäre es beispielsweise möglich, die Menschen nahezu willenlos zum Konsumieren zu animieren, dann würde es ganz bestimmt keine rezessiven Marktbedingungen geben. Nein, ganz im Gegenteil: Mehr denn je zeigt sich in schweren Wirtschaftsphasen, wie hoch die Abhängigkeit der Anbieter von der Nachfrage der Konsumenten ist.

Marktabhängigkeit besteht jedoch nicht nur bei kommerziellen Anbietern. So sind auch politische Parteien, welche zweifelsfrei die Geschicke einer Gesellschaft lenken, in hohem Maße von der Vielzahl der gesellschaftlichen Akteure abhängig: Nur wenn die politischen Botschaften oder die aktiven politischen Inhalte den Bedürfnissen und Stimmungen der Gesellschaft entsprechen, wird eine Partei auch mehrheitlich gewählt. Politische Parteien und deren Vertreter können zwar sowohl aus der Regierungs- als auch aus der Oppositionsposition heraus in gewissem Maße die Agenda setzen, doch sind sie letztendlich abhängig von der Zustimmung ihrer Wähler und somit vom gesellschaftlichen Mainstream. Politische Ideen können in einer Demokratie eben nur in dem Moment umgesetzt werden, in dem sie auch öffentlich mehrheitsfähig sind. Es sind jedoch nicht nur kommerzielle Anbieter und Parteien, die den Bedingungen von Reproduktionsprozessen „ausgesetzt" sind. Jede Form der Vergesellschaftung, seien es Vereine, Peer Groups, der Freundeskreis oder auch die Nachbarschaft: Es bestehen Angebote der Teilhabe und das Individuum entscheidet, ob es das jeweilige Angebot in Anspruch nimmt – oder eben nicht.

Die Menge und der Umfang der tatsächlich in modernen Gesellschaften stattfindenden Reproduktionsprozesse sind kaum zu übersehen. Die soziale Realität ist mittlerweile dermaßen komplex, dass eine vollständige Auflistung nicht möglich wäre. Hervorzuheben ist jedoch die Tatsache, dass die Mehrzahl der Institutionen, gesellschaftlichen Gruppen sowie kommerziellen Anbieter von den Lebensstilen, Werthaltungen und Einstellungen ihrer jeweiligen Mitglieder bzw. Zielgruppen regelrecht abhängig sind. In Abgrenzung zu monokausalen Ansätzen, welche davon ausgehen, dass Einstellungen und Werte überwiegend durch gesellschaftliche Instanzen geschaffen und verbreitet werden, zeigt sich hier, dass diese Instanzen in der Regel lediglich die Mehrheit individueller Werthaltungen wiedergeben, d. h. „repräsentieren" können. Insofern kann folgender Feststellung des bekannten Sozialforschers Giddens nur zugestimmt werden: „In und durch ihre Handlungen reproduzieren die Handelnden die Bedingungen, die ihr Handeln ermöglichen." (1984, S. 53).

Als Beispiel für diese These mag die aktuelle Steuermoral dienen: Hat noch vor einigen Jahren die große Mehrheit der privaten und wirtschaftlichen Steuerzahler ihre Pflicht gegenüber dem Staat erfüllt, so hat sich heute – zumindest der steigenden Anzahl entsprechender Nachrichten zufolge – die Zahl derer, die entsprechende Schlupflöcher ausnutzen oder gar konstruieren, um ein Vielfaches erhöht. Schwarzarbeit, Unterschlagung, Belegfälschung, Steuerhinterziehung, bewusste Verschuldung und vieles mehr sind heute keine Ausnahmen mehr. Was vor einigen Jahren im Bewusstsein der meisten Menschen noch undenkbar gewesen ist, wird heute als Kavaliersdelikt angesehen – und wer's nicht tut, hat selbst Schuld und zahlt für andere mit (zum Glück sind die Ehrlichen jedoch noch in der Mehrzahl!). In diesem Fall haben die Menschen auf die gesellschaftlichen Rahmenbedingungen „reagiert".

Die Gesetzgebung reagiert ihrerseits auf diesen gesellschaftlichen Wandel, indem sie unter besonderen Bedingungen eine Art Amnestie für reuige Steuerflüchtlinge erlässt. Die Politik ist gleichzeitig bestrebt, die Steuersätze zu senken, damit die Akzeptanz in der Bevölkerung gegenüber der ungeliebten Abgabenlast wieder wächst. An dieser Stelle hat die Menge der individuellen Verhaltensänderungen zur Anpassung der gesellschaftlichen Bedingungen geführt. Im vorliegenden Fall wurde sogar die höchste strukturelle Vorgabe moderner Gesellschaften, nämlich die Gesetzgebung, „angepasst". In diesem Beispiel zeigen sich deutlich die potentiellen Reproduktionsrichtungen zwischen Individuen und den gesellschaftlichen Akteuren und Instanzen.

Institutionen und Anbieter haben, ungeachtet der „freien" Handlungsmöglichkeiten von Individuen, trotz allem eine nicht zu unterschätzende Macht. Sie können häufig durch (zumindest oberflächlich) logische Argumentation, aufgrund eines besseren Informationsstandes oder durch charismatische bzw. rhetorisch geschulte Repräsentanten auf individuelle Werthaltungen und somit Verhaltensweisen beeinflussend einwirken. Diese Macht ist jedoch ebenso subtil wie schwer nachweisbar. Doch bereits der Hinweis auf einen weitgehend unbestrittenen Mainstream-Effekt mag dieser These als Beispiel dienen.

Die wesentliche Möglichkeit der institutionellen Beeinflussbarkeit (Politik, Werbung, Religion etc.) von individuellen Werten und Verhaltensweisen besteht in der Tatsache, dass Handlungen nicht immer kognitiv gesteuert werden. Sie weisen vielmehr häufig eine affektive Prägung auf – nicht selten wird einfach „aus dem Bauch heraus" geurteilt und gehandelt. Die Richtung derartiger Handlungen ist auf *erlernte* Wert- und Normengebilde zurückzuführen. Erlernt sind diese Wertkonstellationen insofern, als dass sie von den Sozialisationsagenturen, wie Elternhaus, Schule, Medien etc., angeboten und vom Individuum zu irgendeinem Zeitpunkt als *gültig und richtig* akzeptiert wurden. Ist also doch ein einseitiger Wirkungsprozess von Institutionen auf Individuen möglich? Eine Frage, die nicht so leicht beantwortet werden kann. Es muss beachtet werden, dass gerade die affektiven Handlungen eines Individuums sich auf Normen und Werte stützen, die chronologisch bereits *vor* der aktuellen Situation als persönlich „gültig" und „richtig" klassifiziert worden sind. Dies bedeutet, dass Menschen zumindest ab einem gewissen Alter nicht mehr grundsätzlich beeinflussbar sind. Sie haben ein relativ festes Weltbild – und an diesem lässt sich (wenn überhaupt) nur recht langsam etwas ändern. Entsprechend ist eine einseitige Einflussnahme von Institutionen auf Individuen nur schwer nachweisbar.

Dies hat noch eine weitere Ursache: Die einer affektuellen Handlung zugrunde liegenden Werthaltungen wurden *zuvor aus der Menge der zur Verfügung stehenden* Werte (Wertangebot) und Verhaltensweisen (Handlungsalternativen) ausgewählt. Abhängig von diesen bereits vorliegenden Angeboten entwickelt der Mensch seine persönliche Wert- und Handlungssphäre: Er sucht sich diejenigen Werte aus dem Angebot heraus, die er persönlich am besten miteinander in Einklang bringen kann. Die verschiedenen, von der Umwelt angebotenen Wertvorstellungen werden dabei mehr oder weniger individuell kombiniert. Eine Tatsache, die schon häufig zu Irritationen führte: Nicht selten haben beispielsweise Eltern die Erfahrung gemacht, dass ihre Kinder ganz andere Wertakzentuierungen und Verhaltensweisen zeigen als sie selbst.

In Bezug auf die Dynamik von Wandlungsprozessen können abschließend folgende Punkte festgehalten werden: Sowohl übergeordnete gesellschaftliche und globale Entwicklungen (z.B. demographische Entwicklung, Globalisierung etc.) sowie strukturelle Änderungen (z.B. Digitalisierung, Marktsättigung) als auch gesellschaftliche Gruppen und Instanzen (z.B. Parteien und alle anderen Formen der Interessenvertretung) und, durch Reproduktionsprozesse bedingt, letztendlich jeder einzelne Mensch tragen dazu bei, dass Gesellschaften einem permanenten Wandel unterliegen. Dieser Wandel ist in den verschiedenen Zeiträumen unterschiedlich stark ausgeprägt und zeigt in ebenso unterschiedliche Richtungen.

3. Historie, Evolution und Zyklizität von Wandlungsprozessen

Dass Gesellschaften und ihre verschiedenen Akteure einem permanenten Wandlungsprozess unterliegen, dürfte spätestens an dieser Stelle als unumstößliches Faktum gelten. Doch wenn über Wandlungen und Wandlungsprozesse nachgedacht wird, dann sollten auch die potentiellen Entwicklungs*richtungen* erwähnt werden. Vor allem für die Erstellung relativ zuverlässiger Prognosen (vgl. Abschn. 16ff.) ist es von außerordentlicher Wichtigkeit, sich zu fragen, ob Entwicklungen ausschließlich in eine Richtung – also linear – stattfinden oder ob nicht vielmehr Entwicklungsbrüche oder gar zyklische Wandlungsverläufe nachgewiesen werden können. Bestehen wirklich auf allen gesellschaftlichen Ebenen nur lineare Entwicklungen? Oder sollte nicht vielmehr differenziert werden zwischen beispielsweise der tatsächlichen quasilinearen technologischen Entwicklung und dem vergleichsweise wechselhaften Verlauf von modeartigen Trends? In der Gesellschaftsforschung ist diese Differenzierung in der Vergangenheit leider oft sträflich vernachlässigt worden. So definiert Eder noch 1988 den Wertewandel als eine kulturelle Entwicklung, die „*langfristig ist und der zumindest ein gewisses Maß an Irreversibilität anhaftet*" (S. 258). Warum der gesellschaftliche Wandel gemäß dieser Perspektive irreversibel zu sein hat, konnte bisher nicht logisch erklärt werden. Die Gefahr derartiger Thesen besteht vor allem darin, dass der Forschende verzweifelt etwas sucht, was er schließlich in der gesellschaftlichen Realität gar nicht finden kann!

Es sind jedoch nicht nur die Entwicklungsrichtungen von gesellschaftlichen Änderungen, die eine nähere Betrachtung verdienen. Auch die *Prozessgeschwindigkeit* wird in den Gesellschaftswissenschaften recht kontrovers betrachtet und erklärt. In Abgrenzung zu einer weit verbreiteten Meinung soll an dieser Stelle zunächst in Frage gestellt werden, ob *breit angelegte Revolutionen* stattfinden. Gesellschaftliche Orientierungen wandeln sich in der Regel nicht von heute auf morgen. Bei genauer Betrachtung kann jeder an sich selbst feststellen, dass sich grundlegende Verhaltensweisen und Präferenzen zwar im Laufe des Lebens ändern – aber nur recht langsam. Warum sollte dies bei den Menschen um uns herum anders sein? **Präferenz- und Verhaltenswandlungen müssen eher als das Resultat äußerst komplexer Prozesse betrachtet werden. Bis sich über Reproduktionsprozesse zwischen Individuum und Gesellschaft grundsätzlich neue, empirisch nachweisbare Verhaltens- und Präferenzmuster nachweisen lassen, vergeht meist viel Zeit (vgl. Duncker 1998, 2000). Die Existenz tatsächlicher, allerdings auch temporärer Revolutionen, wie beispielsweise die Folgen der so genannten 68er Generation, kann zwar nicht von der Hand gewiesen werden, diese sind jedoch bei gesellschaftlichen Entwicklungen die absolute Ausnahme.**

Wie schon mehrfach angedeutet, beschäftigt sich die vorliegende Untersuchung mit dem Wandel von Verhaltensweisen und Präferenzen. Anspruch der Studie ist es, den bisherigen kulturellen Wandel sowie die aktuelle Stimmung zu analysieren und den künftigen Wandel von Werten und Einstellungen vorsichtig zu prognostizieren. Hierbei wäre es möglich, sich auf „harte"

Fakten, wie beispielsweise Entwicklungen im Einzelhandelsumsatz, Kfz-Neuanmeldungen, Scheidungsziffern oder auch der Anzahl der Drogentoten, zu beziehen. Dies wäre jedoch eine recht simple Methode. Die entsprechenden Daten könnte sich der Interessierte leicht selbst beschaffen. Aus diesem Grunde wird hier ein anderes Vorgehen gewählt.

Um ein möglichst breites Bild hinsichtlich der gesellschaftlichen Veränderungen zu erlangen, muss die Frage im Vordergrund stehen, warum „harte" Verhaltensänderungen in der Bevölkerung beziehungsweise in verschiedenen Teilgruppen überhaupt vorkommen. Welche *mentalen* Wandlungen liegen beispielsweise den Entwicklungen des Konsums oder des ehelichen Zusammenlebens zugrunde? Die aktuelle empirische Gesellschaftsforschung konnte in fundierten Analysen einmal mehr nachweisen, dass gesellschaftliche und somit individuelle Werte als wesentliche Komponente der individuellen Handlung zugrunde liegen (vgl. Hermann, 2004, S. 153ff.). Aus diesem Grunde wird zur Messung des gesellschaftlichen Wandels im Folgenden auf die Wurzeln des Handelns zurückgegriffen: Die dynamischen Veränderungen von Werten und Einstellungen.

Werte – ein in der Markt- und Gesellschaftsforschung fast schon inflationär verwendeter Begriff. Was hat es mit diesem schillernden Wort auf sich? In der bereits seit vielen Jahrzehnten geführten Wertediskussion ist es innerhalb der verschiedenen Wissenschaftsdisziplinen nicht gelungen, eine allgemeingültige Definition des Begriffs „Wert" zu finden. In der öffentlichen Diskussion ist die Begriffsinflation fast schon als dramatisch zu bezeichnen: Wie selten zuvor werden heute Werte und Wertwandlungen als Erklärung aller möglichen gesellschaftlichen, wirtschaftlichen und politischen Veränderungen herangezogen. Diese Inflation hat ihre Spuren hinterlassen: Bereits 1971 recherchierte der Soziologe Lautmann nahezu 200 verschiedene Definitionen und Ableitungen dieses Begriffs. Bis heute dürfte sich diese Vielfalt noch um einiges erhöht, zumindest aber verdreifacht haben. Dieser Tatbestand trägt nicht unbedingt dazu bei, das Thema greifbar oder gar verständlich zu machen (vgl. hierzu Witte 1989, S. 405). Um dem verwirrenden Definitionsangebot entgegenzutreten, soll die Abgrenzung des Begriffs *„Wert"* im Rahmen der anschließenden Ausführungen bewusst auf einer generalisierenden Ebene getroffen werden.

Auf der Suche nach einem allgemeingültigen Ansatz zeigt sich bei den verschiedenen Theoretikern eine relativ breite Übereinkunft hinsichtlich der Minimaldefinition, Werte seien diejenigen Zustände des individuellen und gesellschaftlichen Lebens, die als *besonders wichtig* bzw. *erstrebenswert* erachtet werden (vgl. Duncker 1998, S. 15ff.). Werte stehen daher auch in Abgrenzung zu den so genannten Normen. Diese werden als Verhaltensweisen definiert, die mehr oder weniger als *verpflichtend* gelten (s.a. Brandstätter 1983, S. 58). Während Normen somit Gesetzescharakter haben, entwickeln sich Werte aus den autodynamischen Entwicklungen von Gesellschaften und der Masse der individuellen Biographien heraus (siehe auch „Reproduktionsprozess"). Wichtig ist somit die Abgrenzung, dass gesellschaftliche und individuelle Wertpräferenzen im Gegensatz zu Normengefügen nicht direkt gesteuert oder gar von außen verfügt werden können (per Gesetz oder sonstigen Ver-/Ordnungen).

Beide Termini, Werte und Normen, haben eine hohe gesellschaftliche Relevanz. Erst durch ihre Existenz bekommen Gesellschaften gewisse Ordnungsmuster. Während Normen vor allem seitens des Staates und der verschiedenen Glaubensgemeinschaften relativ feste Ordnungsvorgaben liefern, existiert keine übergeordnete Instanz, welche Werte formuliert und deren Einbehaltung überwacht. Selbst die Kirchen, als historischer Vermittler von Wertkonstruktionen, haben im Zuge der Säkularisierung zunehmend ihren Einfluss auf das Werteklima breiter Bevölkerungsteile verloren. Im noch recht jungen 21. Jahrhundert sind Werte auch aus diesem Grunde weit davon entfernt, Gesetzescharakter zu haben. In einer von relativer Freiheit geprägten Gesellschaft entstehen sie vielmehr aus der Dynamik verschiedener gesellschaftlicher und individueller Interaktionen heraus. Dennoch haben Werte natürlich nicht ihre übergeordnete Funktion verloren: Franz/Herbert gehen davon aus, dass Werte auch weiterhin als Orientierungsrahmen für das individuelle Handeln dienen und eine Art *Strategie der Maximierung von Wertverwirklichung* liefern (1987, S. 52). Dies soll bedeuten: Jede Form des Handelns dient der Erfüllung bereits vorliegender Wertpräferenzen des Handelnden. Welche Folgen diese Feststellung für die Praxis hat, wird im späteren Verlauf dieser Untersuchung noch ausführlich gezeigt.

Werte kommen natürlich nicht aus dem Nichts, sondern entstehen aus den vielfältigen sozialen Reproduktionsprozessen. Als „gültig" wird ein Wert ab dem Moment bezeichnet, in dem er zumindest von einer relevanten gesellschaftlichen Teilgruppe für wichtig, erstrebenswert bzw. erwünscht erachtet wird. Gesamtgesellschaftliche Bedeutung bekommt ein Wert dann, wenn er von der Mehrheit der Bevölkerung vertreten wird. In der Sprache der empirischen Gesellschaftsforschung würde es dann beispielsweise heißen: 79,6 Prozent der Bevölkerung – also eine deutliche Mehrheit – halten „Ehrlichkeit" für besonders wichtig und erstrebenswert. Diese – zugegebenermaßen – recht weite Definition des Terminus „Wert" ermöglicht es, ein breites Spektrum von individuellen und sozialen Werthaltungen zu untersuchen, ohne sich in den üblicherweise aufreibenden Abgrenzungen zu verirren. Zudem kann hierdurch auf den ermüdenden Diskurs der häufig strittigen Abgrenzung von Werten gegenüber den so genannten „Lebenszielen" verzichtet werden.

Der Wirkungskreis von Werten und Wertvorstellungen darf nicht unterschätzt werden. So wurden auch in der sozialpsychologischen Forschung verschiedene Annahmen herausgearbeitet, bei denen Werte zentrale Funktionen für das Miteinander von Menschen in der Gesellschaft übernehmen (s. Witte 1989, S. 405):

- „es existiert eine geringe Anzahl zentraler Werte, die das alltägliche Bewerten entsprechend sozialisierter Individuen bestimmen (Anpassungsfunktion)
- die individuelle Wichtigkeitsbeurteilung dieser zentralen Werte bezeichnet man als Werthaltung (Funktion der Identitätswahrung)
- abhängig von der individuellen Werthaltung werden bestimmte Regeln zur Bildung einer Erwartung aus gespeicherten Informationen herangezogen (Bewertungsfunktion)
- abhängig von der individuellen Werthaltung wird die Abweichung von der Erwartung verschieden bewertet (Orientierungsfunktion)
- abhängig von der individuellen Werthaltung wird eine Handlung ausgewählt, welche die Identität wahrt (Selbstdarstellungsfunktion)".

Die hier aufgeführten Funktionen von Werten haben ihre Gültigkeit jedoch nur im Austausch mit anderen Menschen. Werte liefern somit individuelle *und* gesamtgesellschaftliche Orientierungsfaktoren, die einen *„handlungsleitenden Charakter"* aufweisen (Schuppe 1988, S. 2). Sie werden dabei zur Richtschnur und Leitlinie, an der die Menschen ihr Leben in der Gesellschaft orientieren (Opaschowski 1982, S. 241). Der Konsumforscher Wiswede bringt es auf den Punkt: Die Reichweite von Werten geht soweit, dass sie quasi in Form von gesellschaftlichen Wertsystemen die größte Erklärungskraft für kulturelle Gefüge darstellen (1991, S. 14).

Zur weiteren Bestimmung des Wertbegriffs muss zudem die äußerst wichtige Abgrenzung gegenüber den so genannten „Einstellungen" vorgenommen werden. Einige Autoren gehen davon aus, dass Einstellungen sich nicht eindeutig gegenüber Werthaltungen abgrenzen lassen. Rokeach unterstellt allerdings, dass Einstellungen (attitudes) von Werten (values) abgeleitet werden (ebd. 1973). Gemäß dieses Ansatzes sind Werte übergeordnete Leitlinien des Verhaltens, wohingegen *Einstellungen sich immer auf konkrete Objekte oder Themen beziehen* (z.B. Einstellung zur Freizeit, zu Produkten, Politik, Steuergerechtigkeit etc.). Derartige Einstellungen werden aus übergeordneten Wertvorstellungen abgeleitet, welche in den objektgebundenen Einstellungen zum Ausdruck kommen (Wiswede 1991, S. 15 f.). Werte als übergeordnete Orientierungseinheit sind mithin auch deutlich stabiler als Einstellungen.

Werte werden in diesem Sinne als Referenzsystem von Einstellungen verstanden (Schuppe 1988, S. 25; Duncker 1998, S. 19). Umgekehrt kann allerdings auch unterstellt werden, dass mehrere Einstellungen, die einen ähnlichen Lebensbereich betreffen, eine konkrete Werthaltung ergeben. Ein Beispiel für die mögliche Wechselwirkung von Einstellungen und Werten soll die Genussorientierung geben (vgl. Graphik 3). Der hypothetische Wert „Lebensgenuss" kann auf der Individualebene als erstrebenswert erachtet werden – in diesem Fall würde ein positiver Bezug zu den Einstellungen 1, 3 und/oder 5 vorliegen. Ebenso könnte der Wert „Lebensgenuss" jedoch auch negativ eingeschätzt werden; Einstellung 2 und/oder 4 werden positiv beurteilt. Teilen viele Menschen jeweils eine dieser Einstellungskonfigurationen, so wird hieraus über mittel- und langfristige Reproduktionsprozesse ein *sozialer* Wert. Die Gültigkeit und Intensität dieses Wertes hängt von der Summe der zuzuordnenden Einstellungen ab – eine These, welche zugegebenermaßen eher modellhaft ist und nur schwer nachweisbar sein dürfte. Umgekehrt sind Menge und Intensität der Einstellungen von der übergeordneten Ausprägung des Wertes beeinflusst. Da im Sinne Rokeach´s die Einstellungen von ihrer Reichweite her den Werten unterzuordnen seien, sind diese auch leichter veränderbar.

Graphik 3: Zusammenhang von Werten und Einstellungen

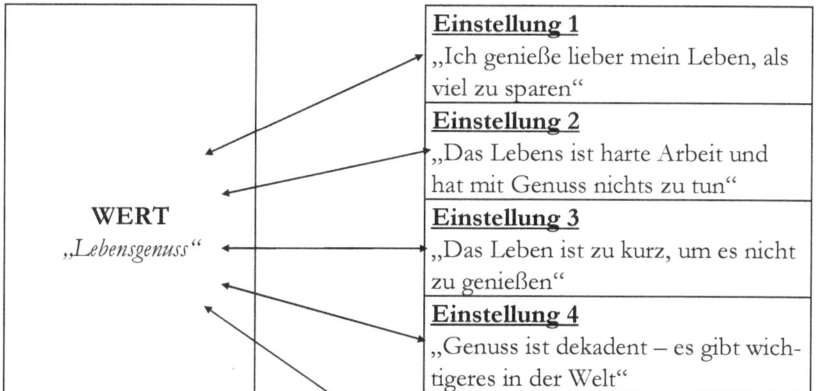

Ein weiteres Definitions- und Differenzierungsproblem besteht in der Tatsache, dass die Bedingungen der Wechselwirkung zwischen sozialen Werten und Einstellungen sehr vielfältig sein können. Häufig wird es daher schwer sein, eine bestimmte Einstellung ausschließlich einem Wert kausal zuzuordnen. Vielmehr werden Einstellungen sogar überwiegend aus mindestens zwei Werthaltungen abgeleitet. So beinhaltet beispielsweise die Bejahung der Einstellung 1 des vorangegangenen Beispiels auf der einen Seite die Annahme des Wertes „Lebensgenuss". Auf der anderen Seite ist jedoch ebenso eine *materielle* Werthaltung – welche in diesem Fall indirekt abgelehnt wird – betroffen (hier das Sparen). Eine separate Einstellung beinhaltet mithin oft die Annahme eines Wertes zuungunsten eines anderen.

Die Entwicklungsdynamik von Werten ist natürlich nicht nur durch das „Austauschverhältnis" der ihnen untergeordneten Einstellungen zu erklären. Vielmehr haben auch eine Vielzahl weiterer ökonomischer, politischer und gesellschaftlicher Parameter Ausstrahlungseffekte auf den Wandel der Werte – die Beispiele des ersten Abschnittes konnten dies vielleicht ein wenig verdeutlichen (vgl. Graphik 1). Hervorzuheben ist an dieser Stelle zudem das besondere Austauschverhältnis zwischen öffentlichen Meinungsträgern und ihren Zielgruppen (vgl. „Kreislaufmodell der öffentlichen Meinung", Duncker 2000, S. 98 ff.). Zu den öffentlichen Meinungsträgern zählen die Parteien, Verbände, werbende Markenhersteller, Wissenschaftler und alle weiteren Personen oder Organisationen des öffentlichen Lebens. Die wesentliche Rolle in der heutigen Informationsgesellschaft spielen jedoch die verschiedenen medialen Anbieter (z.B. TV, Printmedien, Radio, Internet): Sowohl als „Veröffentlicher" der Botschaften öffentlicher Meinungsträger sowie auch in der Funktion des Anbieters eigener Informationen und den ihnen impliziten Wertungen prägen Medien gegenwärtig das gesellschaftliche Bewusstsein in einem bisher unbekannten Ausmaß. Die Vielzahl der in die Öffentlichkeit transportierten medialen Botschaften kann die Einstellungen und Werte der Menschen deutlich beeinflussen. Die Einschränkungen der zuvor erklärten Reproduktionsbedingungen (vgl. Abschn. 2) gelten natürlich trotzdem weiterhin.

Für die Betrachtung der Entwicklungen bei Präferenzmustern und Verhaltensweisen (und vor allem derer Prognose) ist es zudem überaus wichtig, sich mit potentiellen Entwicklungsrichtungen zu beschäftigen. Wie bereits festgestellt, können Wertrevolutionen nahezu ausgeschlossen werden. Eine Differenzierung in „absolute" und „relative" Wertwandlungen scheint eher angemessen (vgl. Witte 1996, S. 537). **Wandlungsprozesse finden nicht von heute auf morgen statt, sondern brauchen ihre Zeit. Bis sich über Reproduktionsprozesse (s.o.) zwischen Individuum und Gesellschaft**

grundsätzlich neue, empirisch nachweisbare Einstellungen und Werthaltungen und somit Verhaltensweisen ergeben, vergeht meist viel Zeit. Auch wandeln sich nicht, wie oft fälschlich behauptet, die Werte an sich, sondern lediglich ihr Gewicht in der gesellschaftlichen Auseinandersetzung: So bleibt die „Leistungsbereitschaft" immer die Leistungsbereitschaft. Was sich ändert, ist lediglich der Grad der Zustimmung, den ein Wert von der Bevölkerung oder Zielgruppe erhält. Aus diesem Grunde können Werte – streng genommen – nicht „verloren" gehen.

Zudem scheinen Werteänderungen gewissen Periodeneffekten zu unterliegen (Klages/Hippler/Herbert 1992, S. 21) und somit nicht irreversibel zu sein. Bei der Betrachtung der aus Periodizität resultierenden *Wertaktualisierungen* erscheint es zudem sinnvoll zu untersuchen, ob zwischen historisch evolutionären oder zyklischen Werttypen zu differenzieren ist. Eine *evolutionäre Wertentwicklung* stellt eine Art Einbahnstraße dar: Entsprechende Werte „bewegen" sich im Laufe der gesellschaftlichen Entwicklung *langfristig* in eine bestimmte progressive (wertverstärkende) oder degressive (wertvermindernde) Richtung.

Als (vermeintlich) evolutionärer Trend kann beispielsweise die Individualisierungs-Debatte angesehen werden: „Entsprechend der abnehmenden Bedeutung traditioneller, auf kollektive Einordnung gerichteter Verhaltensnotwendigkeiten für das menschliche Überleben ... nimmt das Gewicht der auf individuelle Selbstbestimmung ... gerichteten Werte im Zeitablauf zu" (Bürklin 1988, S.195). *Zyklische Werte* hingegen sollen jene sein, die in ihrer gesamtgesellschaftlichen Verbreitung eher mittel- oder kurzfristige Auf- bzw. Abwertungen aufweisen (s. Namenwirth/Weber 1987).

Graphik 4: Modellhafter Wertverlauf (quasilineare Annahme)

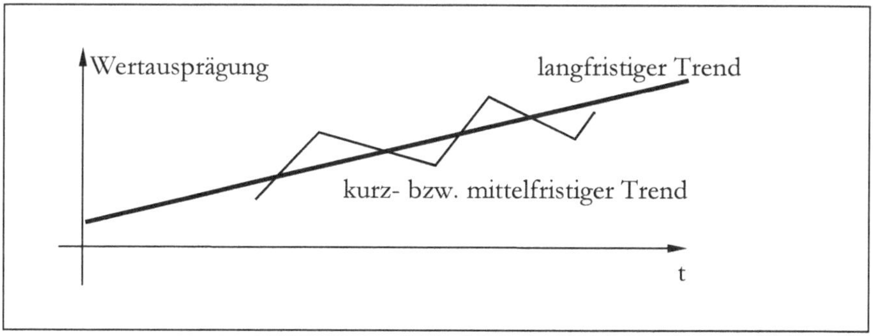

Die Auseinandersetzung mit diesen beiden Werttypen führt Bürklin in seinem „*System dynamischer Stabilität*" zusammen. Er postuliert, dass ein langfristiger evolutionärer Trend selbst wiederum durch kurzfristige Effekte von wirtschaftlich-technologischen Entwicklungen und gesellschaftlichen Veränderungen beeinflusst werden kann (ebd. 1988, S. 195). Eine langfristig evolutionäre Entwicklung wäre dann durch zeitweilige Schwankungen gekennzeichnet (vgl. Graphik 4). Historisch langfristige Untersuchungen zur Erklärung von Wandlungsprozessen sind in den vergangenen Jahrzehnten jedoch recht unpopulär geworden. An die Stelle historischer Vergleiche treten häufig vergleichsweise kurze Untersuchungszeiträume. Viele Studien zeichnen sich zudem durch die Fokussierung auf sehr spezielle Themenbereiche aus. Dieser Tatbestand stellt ein ernsthaftes Defizit der aktuellen Gegenwartsanalyse und Trendforschung dar. Gefordert sind daher kulturelle Entwicklungsdiagnosen, welche ein breites Wertespektrum abdecken und sich über größere Untersuchungszeiträume erstrecken.

Hierfür existieren in der klassischen Gesellschaftsforschung positive Beispiele: So hat Schelling bereits Mitte des 19. Jahrhunderts seinen Entwurf der so genannten „Weltalter" konstruiert, innerhalb dessen er mittels umfassender mythologischer Auswertungen seine „Kreislauftheorie" formulierte (ebd. 1861, S. 230f.; in Spranger 1969). Sie beschäftigt sich mit den Entwicklungen von (Hoch-) Kulturen, einschließlich der ihnen typischen Wandlungen, bis hin zu deren Verfall (siehe Ägypten, antikes Griechenland, Römisches Reich etc.). Die Arbeiten Schellings weisen darauf hin, dass sich Werte, Orientierungen und Verhaltensweisen im Verlauf von Hochkulturen in jeweils drei Phasen gliedern lassen: Die Mythologie der Götter, die der Heroen und letztendlich die der Menschen (Spranger 1969, S. 5).

Für heutige westliche Industrienationen – und somit auch für Deutschland – dürfte unter Zugrundelegung dieser kulturhistorischen Betrachtung seit längerer Zeit die mythologische Phase des Menschenzeitalters gelten. Die Zeitalter der Götter und Heroen dürften ungefähr seit dem Mittelalter der Vergangenheit angehören. Im so genannten „Zeitalter des Menschen" entwickeln sich nun gemäß Schelling zunehmend Wertstrukturen, die sowohl kollektive als auch individuelle Orientierungen aufweisen. Diese Orientierungen zeigen bei allen untersuchten Kulturen eine starke Lösung von konfessionellen und staatlichen Strukturen auf. Eine derartige Entwicklung beinhaltet zwar noch lange keinen kulturellen Verfall, wie in historischen Gesellschaften, sie weist jedoch nach Spranger in gewisser Weise auf die Gefahren hin, die aus den historischen Verläufen vergangener Hochkulturen abgeleitet werden können. So interessant und exemplarisch derartige historisch-kulturelle Betrachtungen auch sein mögen, so sind auch diese zur Überprüfung aktueller kultureller Wandlungen nur bedingt geeignet. Sie beziehen sich in der Regel auf sehr große Zeiträume (bis über 1.000 Jahre) und können hierdurch lediglich den äußersten Rahmen zum Verständnis von gesellschaftlichen Wandlungsverläufen bieten. Zudem postulieren diese historischen Langzeitanalysen einen überwiegend linearen Entwicklungsverlauf, der nicht automatisch auch auf heutige Verhältnisse zutreffen muss.

Andere Betrachtungen zyklischer Wandlungshypothesen beschäftigen sich mit wesentlich kürzeren Entwicklungsabschnitten: Bereits vor über 100 Jahren (1895) wies Eduard Meyer in seiner „Zyklentheorie" auf die Parallelität der Entwicklungen von Wirtschaft und Gesellschaft hin. Wesentliches Charakteristikum dieser Theorie ist die Annahme, dass sich Präferenz- und Verhaltensänderungen zyklisch wiederholen. Diese Arbeit konnte nachweisen, dass Lebensweisen und -bedingungen sich nicht zwangsläufig in eine bestimmte, lineare Richtung entwickeln. Ein Ansatz, welcher auch die anschließende Untersuchung beeinflussen wird.

Eine der wenigen jüngeren Langzeituntersuchungen zu diesem Zyklen-Phänomen hat Namenwirth in den USA durchgeführt (1973). Im Rahmen dieser beachtenswerten Studie wurden die Wahlprogramme der Demokratischen Partei aus den Jahren 1844 bis 1964 u.a. nach dem Zielwert „Wohlstand" untersucht. Es zeigte sich, dass trotz starker Schwankungen dieses Zielwertes sowohl eine evolutionäre Entwicklung (linearer Trend bzw. langer Zyklus) als auch ein wellenförmiger kürzerer Zyklus nachgewiesen werden konnte (exemplarische Aufarbeitungen zum Wert „Wohlstand" in Bürklin 1988, S. 206f.). Auch konnte Namenwirth parallele Verlaufsmuster zwischen den gesellschaftlichen Wertwandlungen und der wirtschaftlichen Entwicklung aufzeigen. Innerhalb eines viergliedrigen Zyklusses konnten sogar einander regelmäßig abwechselnde Phasen herausgearbeitet werden (Namenwirth 1973):

1. Beschränkungsphase (Tiefpunkt des ökonomischen Zyklus)
2. Progressive Phase (wirtschaftliche Aufschwungphase)
3. Internationalistische Phase (Höhepunkt der Wirtschaftsentwicklung)
4. Konservative Phase (abnehmende Wirtschaftsleistung)

Nach der konservativen Phase (4.) setzt sich der Zyklus gemäß dieses Ansatzes mit der Beschränkungsphase (1.) fort. Auf diese Weise entsteht ein Zeitrad („Wheel of Time", Namenwirth 1973), welches sich seit einigen Perioden gleichmäßig zu drehen scheint: Diese vier Wirtschafts- und Wertphasen wechselten sich zwischen 1848 und 1968 regelmäßig ungefähr alle 12 Jahre ab. Ein kompletter viergliedriger Zyklus benötigt hierdurch etwa 48 Jahre. Die soeben aufgeführten Ergebnisse können im Rahmen der vorliegenden Untersuchung nicht vertiefend überprüft oder gar fortgesetzt werden. Dies beruht zum einen auf der Tatsache, dass in Deutschland keine derart langfristigen Untersuchungsergebnisse vorliegen. Zum anderen dürfen US-amerikanische Daten nicht uneingeschränkt mit deutschen Daten verglichen werden. Die kulturellen Unterschiede sind hierfür immer noch zu stark ausgeprägt.

Der Namenwirth´sche Ansatz belegt jedoch recht eindrucksvoll, dass die Diskussion um den gesellschaftlichen Wandel sehr differenziert und kritisch geführt werden sollte. Häufig sind die festgestellten Wandlungen lediglich ein kleiner Ausschnitt eines kompletten und wesentlich größeren Wandlungszyklusses. Eine Reihe populärwissenschaftlicher Veröffentlichungen, die an dieser Stelle nicht namentlich aufgeführt werden sollen, versuchen über die Feststellung partieller und gegenwartsbezogener Wandlungen ganze Revolutionen zu erkennen – auch dann, wenn sich nur in der Peripherie etwas *entwickelt* hat und unter Berücksichtigung zyklischer Wandlungsverläufe auch eigentlich nicht als „neu“ bezeichnet werden kann. Dieses wirkt sich zwar förderlich auf die Verbreitung der jeweiligen Studien aus, trägt jedoch weniger dazu bei, die Gesellschaft besser zu erkennen.

Aus diesem Grunde müssen auch die im späteren Verlauf dieser Untersuchung gewonnenen Ergebnisse sehr vorsichtig interpretiert werden. Die ermittelten Veränderungen können lediglich einen Aufschluss über die Entwicklung von der Vergangenheit (ab 1984) bis heute feststellen. Seriöse Prognosen können lediglich für die kommenden drei bis fünf Jahre erstellt werden. Alles über diesen Zeitraum hinausgehende, wäre auch unter Zugrundelegung zyklischer Wertentwicklungen reine Spekulation – denn ‘was wirklich morgen ist, kann heute keiner wissen’!

4. Eine Untersuchung des gesellschaftlichen Wandels im jungen 21. Jahrhundert

Auf den ersten Blick scheint es schwer zu sein, sich eine umfassende Übersicht bezüglich des gesellschaftlichen Wandels in Deutschland zu machen. In der Öffentlichkeit kursieren nicht nur recht unterschiedliche Vorstellungen darüber, was sich wann und wie ändert. Parallel hierzu herrscht auch noch ein durch absolute Unübersichtlichkeit geprägtes Meinungsbild bezüglich der verschiedenen Entwicklungsrichtungen. Auch gesellschaftswissenschaftliche Forschungen sowie Untersuchungen von Marktforschungsinstituten zeigen gegenwärtig kein einheitliches Bild über die Lage der Nation. Abhängig von der zentralen Themenstellung und den gewählten Forschungsdesigns kursieren derzeit eine Vielzahl unterschiedlicher Ergebnisse und Interpretationen auf dem *„Markt der Gesellschaftsinterpretationen"*. Dies macht die Auseinandersetzung mit den Themengebieten gesellschaftlicher Wandel und Wertewandel natürlich nicht einfacher.

Die vorliegende Studie hat aus diesem Grunde zwei zentrale Anliegen: Zum einen soll versucht werden, einen möglichst **umfassenden Überblick bezüglich der verschiedenen Wandlungsdimensionen (z.B. Konsum, Partnerschaften, allgemeine Einstellungen, Werte etc.) zu bieten**. Hierbei stehen nicht ausschließlich Gegenwartsanalysen, sondern auch die Betrachtung der Entwicklungs*trends* aus den vergangenen Jahren im Fokus. Die Daten für diesen Arbeitsschritt werden aus so genannten Markt-Media-Studien gewonnen. Sie bieten eine Reihe von Vorteilen, die hier nur kurz angesprochen werden sollen: regelmäßige jährliche Erhebung, große Stichproben, gleich bleibende Befragungsmethode, stabile Fragebogendesigns und hierdurch eine außergewöhnlich hohe Konsistenz der Daten. Die Ergebnisse der auf diese Weise gewonnenen Umfragedaten werden, dort wo es möglich ist, den tatsächlichen Entwicklungen gegenübergestellt.

Als „tatsächliche" Daten sollen die Statistiken der öffentlichen Ämter und Institutionen gelten. Anhand dieser Vergleiche werden die Zusammenhänge zwischen Einstellungen und Werten auf der einen Seite und tatsächlichen gesellschaftlichen Wandlungen auf der anderen Seite plastisch nachvollziehbar. **Zudem soll an ausgewählten Stellen eine alte und bisher immer noch offene Grundsatzfrage beantwortet werden: Was war zuerst – der Wandel der Werte oder der Strukturwandel?**

Das zweite zentrale Anliegen der vorliegenden Untersuchung ist die Erstellung zuverlässiger (!) Prognosen hinsichtlich der künftigen gesellschaftlichen Entwicklungen. Die sekundäranalytischen Zeitreihen, die mittels der zuvor erwähnten Markt-Media-Studien erstellt werden, bieten nicht nur die Möglichkeit den Blick in die Vergangenheit zu richten. **Aufgrund der unglaublich hohen Datenstabilität ist es zudem möglich, seriöse Entwicklungsprognosen zu erstellen**. Hierdurch ist – neben der soliden Gegenwartsdiagnose – der mindestens genauso wichtige Ausblick in die Zukunft möglich. Wie bereits im vorhergehenden Abschnitt erläutert, ist das Erstellen von Prognosen selbst mit wissenschaftlichen Kenntnissen und mit begrenzter Reichweite möglich. Auch die Erkenntnisse über zyklische Entwicklungsverläufe lassen es lediglich zu, einen Ausblick für die kommenden fünf Jahre zu erstellen. Alles hierüber hinausgehende würde hellseherische Fähigkeiten voraussetzen. Diese wären eher dem metaphysischen Bereich zuzuordnen, als fundierter wissenschaftlicher Arbeit.

Ausgangsbasis der kommenden Ausführungen sind auf der Seite der empirischen Umfrageforschung die Allensbacher-Werbeträger-Analyse (AWA) des Institutes für Demoskopie Allensbach, sowie die VerbraucherAnalyse (VA) – eine Koproduktion der Verlagshäuser Bauer und Springer. Beide Studien werden jährlich erhoben und bieten mit bis zu über 31.000 Befragten eine in Deutschland wahrscheinlich einmalig hohe Repräsentativität.

Auf der Seite der „tatsächlichen Daten" werden primär Ergebnisse des statistischen Bundesamtes (StBa) zugrunde gelegt. Beide Datenformen, Umfrageergebnisse und die Daten der öffentlichen Statistik, werden in so genannten Zeitreihen dargestellt. Auf diese Weise werden die historischen Veränderungen besser nachvollziehbar. Diese Zeitreihen werden, zur optischen Verdeutlichung der Wandlungstendenzen, in Flächen- und Liniendiagrammen abgebildet.

Im Folgenden werden die Wandlungen von Werten und Einstellungen getrennt voneinander untersucht. Zwar stehen Werte und Einstellungen gemäß obiger Feststellungen in einer logischen Abhängigkeit zueinander (vgl. Graphik 2), doch haben sie in der hierarchischen Betrachtung unterschiedliche Stellenwerte. Zur Erinnerung: Werte gelten als übergeordnete und langfristig wirkende Orientierungsleitlinien, während Einstellungen in der Regel objektbezogen sind und hierdurch auch eine geringere Stabilität aufweisen. In diesem Sinne sind Einstellungen den übergeordneten Werten nachgeordnet. Aus diesem Grunde wird im Folgenden zunächst der Wandel von Einstellungen und Meinungen untersucht. Der hieraus resultierende übergeordnete Wertewandel wird im zweiten Schritt analysiert (Abschn. 13.ff.). Den Abschluss bildet im dritten Schritt eine Prognose der künftigen Entwicklungen in Deutschland (Abschn. 15.ff.).

Hinsichtlich des verwendeten Datenmaterials ist an dieser Stelle anzumerken, dass insbesondere im Zusammenhang mit der Einstellungsmessung zum Teil unterschiedlich lange Datenverläufe vorliegen. Ursache hierfür ist nicht eine mangelhafte Datenrecherche, sondern vielmehr die laufende Überarbeitung der VA- und AWA-Fragebögen. Im Verlauf der vergangenen 20 Jahre wurden zum einen die Umfänge beider Fragebögen deutlich ausgebaut. Hierdurch konnten insbesondere bei der Einstellungsmessung zusätzliche Bereiche abgedeckt werden. Zudem wandeln sich im Laufe der Zeit auch die gesellschaftlichen und wirtschaftlichen Schwerpunkte, so dass einige Formulierungen überarbeitet und zum Teil sogar gänzlich gestrichen oder erneuert werden mussten. Derartig geänderte Items sind für seriöse Untersuchungen nicht verwendbar. Dies sind die Hauptursachen für die unterschiedlich langen Betrachtungszeiträume.

5. Psychosoziale Merkmale im Wandel

Die Ermittlung von Persönlichkeitsmerkmalen und Einstellungen sind „ein weites Feld". Bei der Betrachtung der psychologischen Fachliteratur sieht man sich mit einer nahezu unbegrenzten Vielzahl potentieller Themen und Untersuchungsfelder konfrontiert. Die vorliegende Untersuchung soll jedoch nicht einem psychologischen Schwerpunkt gerecht werden. Auch steht hier weniger die individuelle, als vielmehr die gesellschaftliche Betrachtungsebene im Vordergrund.

Sowohl die AWA, als auch die VA erheben seit vielen Jahren eine Reihe von Merkmalen, die verschiedene psychosoziale Ebenen erfasst. Der Analyse eben dieser Merkmale kommt eine besondere Bedeutung zu: die Entwicklungen der psychischen Dispositionen weiter Bevölkerungsteile sind besonders bedeutsam, wenn man die nachfolgenden soziokulturellen Veränderungen verstehen möchte. Erst wenn man weiß, wie sich die psychosozialen Dispositionen der Menschen gewandelt haben, kann man hierauf aufbauend nachvollziehen, warum sich gesellschaftliche Einstellungen, Werte und somit auch Handlungsmuster verändert haben.

Die Entwicklungen der Persönlichkeitsmerkmale der vergangenen 20 Jahre zeigen einen zentralen Entwicklungstrend: Wie selten zuvor hat sich das Selbstbewusstsein der Menschen in diesem Zeitraum positiv entwickelt.

Zwischen 1985 und 2004 ist der Anteil der Personen, denen es leicht fällt, „*neue Leute kennen zu lernen*", um +11,8 Prozentpunkte auf 60,2 Prozent gestiegen. Die subjektive Kommunikationsfähigkeit, und das implizit vorausgesetzte Selbstbewusstsein, hat in den vergangenen 20 Jahren offensichtlich deutlich zugenommen. Immer mehr Menschen (+5,9 Prozentpkt.) stimmen zudem der Aussage zu „*gewöhnlich rechne ich bei dem, was ich mache, mit Erfolg*". Heute gehen mit 58,1 Prozent nahezu drei von fünf Personen davon aus, ihr Handeln hätte erfolgreiche Perspektiven – auch hier ein deutlicher Hinweis auf ein historisch wahrscheinlich einmalig stark ausgeprägtes Selbstbewusstsein breiter Bevölkerungsteile.

Graphik 5:

Persönlichkeitsmerkmale I.

Zutreffende Einstellungen, Eigenschaften / in %

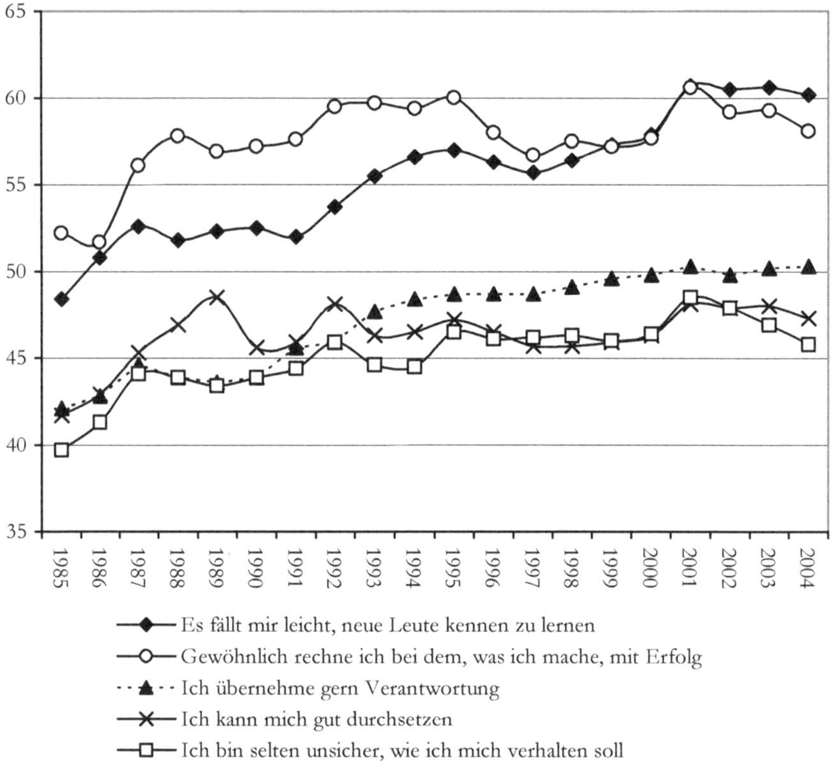

Quelle: Allensbacher Werbeträger Analyse 1985 bis 2004
ab 1993 Gesamtdeutschland; n = bis 21.257 (2004)

Gestärkt durch diesen Stimmungswandel hat auch der Anteil derjenigen, die „*gern Verantwortung übernehmen*", um +8,2 Prozentpunkte auf 50,3 Prozent zugenommen. Der in der jüngeren Vergangenheit herrschende Meinungstenor, die Deutschen würden sich aufgrund fortschreitender „Individualisierung" (v.a. Beck 1986, 1994) zunehmend zurückziehen und immer seltener Verantwortung übernehmen wollen, erscheint im Lichte des tatsächlichen Stimmungswandels nicht nachvollziehbar. In diesem Sinne irrt auch Klages, der unterstellt, dass der Freiheitsgewinn der Nach-68er-Zeit zu „unbewältigten Belastungsfolgen" geführt habe (2002, S. 17). Ganz im Gegenteil: Die Menschen wurden – zumindest in den vergangenen Jahren – zunehmend kommunikationsstark und übernahmen gleichzeitig auch immer häufiger „gern" Verantwortung. Die tatsächlichen Entwicklungen zeigen hiermit exakt in die Gegenrichtung des öffentlich immer wieder beklagten Werteverfalls.

Die Persönlichkeitsmerkmale „*ich kann mich gut durchsetzen*" und „*ich bin selten unsicher, wie ich mich verhalten soll*" wurden im Untersuchungszeitraum ebenfalls häufiger genannt (+5,6 und +6,1 Prozentpkt.). Auch in diesen Teilergebnissen zeigt sich ein Anstieg des Selbstbewusstseins in der Bevölkerung. Trotz positiver Gesamttendenz ist dies jedoch nur die halbe Wahrheit: Mit 52,7 Prozent kann sich mehr als jeder Zweite *nicht gut durchsetzen* und 54,2 Prozent sind *öfter unsicher, wie sie sich verhalten sollen.* An dieser Stelle zeigt sich, dass in den vergangenen 20 Jahren auf der psychischen Ebene zwar eine ganze Menge verändert werden konnte, doch weiterhin zumindest unterschwellig wirkende Defizite bei der subjektiven Durchsetzungsstärke und bei der Selbstsicherheit vorliegen.

In der Betrachtung des Gesamtzeitraumes von 1984 bis 2004 haben sich alle untersuchten Persönlichkeitsmerkmale positiv entwickelt. In der Detailbetrachtung zeigen sich jedoch in der jüngeren Vergangenheit Abweichungen. Der positive Entwicklungstrend wurde bereits im Jahr 2001 unterbrochen: Mit dem Einsetzen der wirtschaftlichen Stagnation in diesem Jahr sinkt auch der Anteil von Personen, die bei ihrem Handeln grundsätzlich mit Erfolg rechnen. Der Bevölkerungsanteil, der selten unsicher ist, wie er sich verhalten soll, schrumpft ebenfalls. Auch die weiteren Persönlichkeitsmerkmale zeigen eine leicht rezessive Tendenz. Der aktuelle Entwicklungstrend geht aufgrund dieser Entwicklung wieder in Richtung eines sinkenden Selbstbewusstseins. Dieser Trend wird sich auch in den kommenden Jahren fortsetzen.

Die vergleichbaren Persönlichkeitsmerkmale innerhalb der VA wurden erst seit 1997 erhoben. Sie lassen zwar keinen weit reichenden Rückblick zu, bestätigen jedoch inhaltlich die bisher ermittelte Tendenz. Zur Vergleichbarkeit der AWA- und VA-Daten sei an dieser Stelle nochmals darauf hingewiesen, dass die Gestaltung der jeweiligen Fragebögen voneinander abweicht. Während Befragte der AWA nur zutreffende Eigenschaften und Einstellungen lediglich ankreuzen sollen (ja-nein-Alternative), geben VA-Befragte bei *jedem Statement* differenziert den *Grad der Zustimmung* an. Aufgrund dieser abweichenden Befragungsform sind die mittels der VA ermittelten Persönlichkeitsmerkmale durchschnittlich im höheren Prozentbereich angesiedelt, ohne dass eine tatsächlich größere Verbreitung vorliegt.

Graphik 6:

Persönlichkeitsmerkmale II.

Antworten: stimme „voll“ oder „weitgehend“ zu / in %

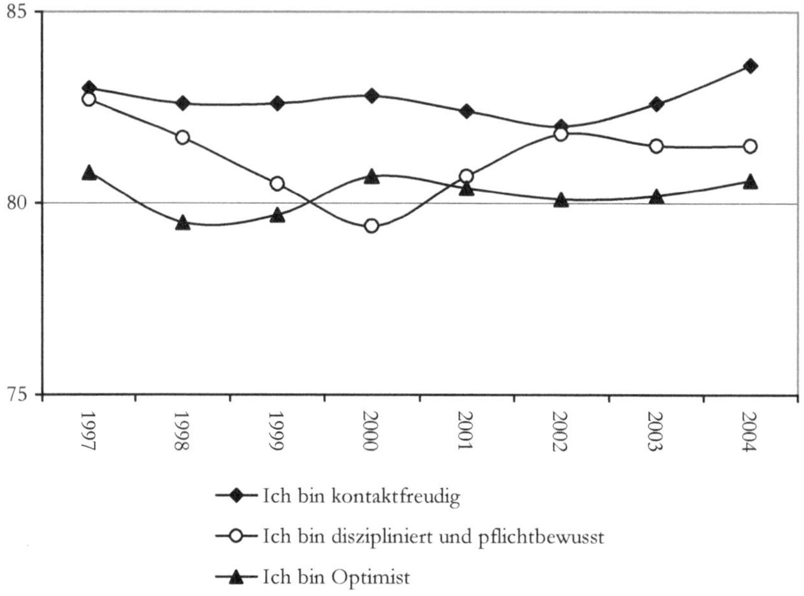

Quelle: VerbraucherAnalyse 1997 bis 2004
n > 31.000

Mit 81,5 Prozent bezeichnen sich mehr als vier Fünftel der Bevölkerung als „*diszipliniert und pflichtbewusst*“ und nahezu ebenso viele bezeichnen sich als „*Optimisten*“ (80,6 Proz.). **Die Deutschen zeichnen sich diesen Entwicklungen zufolge nicht nur durch ein steigendes Selbstbewusstsein, sondern auch noch durch die klassischen Tugenden Disziplin, Pflichtbewusstsein und Optimismus aus. Offensichtlich steht es um die Deutschen doch wesentlich besser, als der herrschende Meinungstenor glauben lassen möchte.** Am meisten Zustimmung erhält jedoch die Aussage „*ich bin kontaktfreudig*“: Entgegen der häufig vernommenen Annahme einer sich zunehmend individualisierenden und introvertierenden Gesellschaft sagt mit 83,6 Prozent die deutliche Mehrheit von sich, sie sei kontaktfreudig – Tendenz sogar auffällig steigend!

Graphik 7:

Sozialorientierungen und Meinungsführerschaft

Zutreffende Einstellungen, Eigenschaften / in %

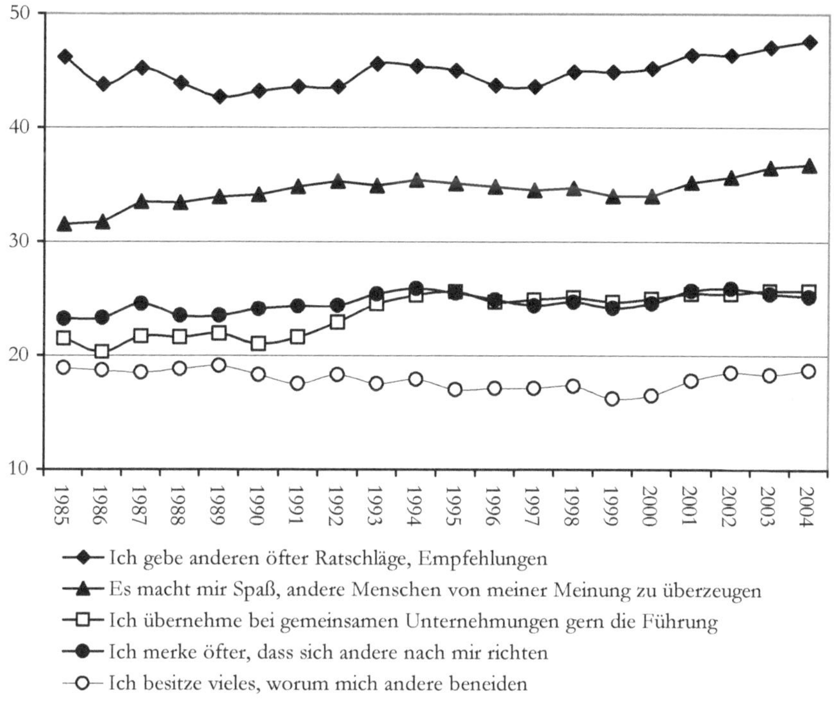

Quelle: Allensbacher Werbeträger Analyse 1985 bis 2004
ab 1993 Gesamtdeutschland; n bis 21.257 (2004)

Als „sozial" gelten vorliegend zunächst jene Orientierungen, welche die Stellung des Menschen in seiner individuellen sozialen Umgebung auszeichnen. Die konkrete Bedeutung der Lebensbereiche Familie, Partnerschaft und Freundschaft werden erst im späteren Verlauf der Untersuchung separat analysiert (vgl. Abschn. 13). Bei der Globalbetrachtung der Daten zur Sozialorientierung fällt zunächst auf, dass keines der abgefragten Statements von mehr als 50 Prozent der Bevölkerung genannt wird. Dies hat jedoch eine konkrete Ursache: Interessanterweise sind es vor allem Merkmale der so genannten „Meinungsführerschaft", die bei den Sozialorientierungen erhoben werden. Diese können qua Definition keine breite Reichweite haben.

Interessanterweise werden diese Sozialorientierungen ebenfalls mit steigender Tendenz genannt: 47,6 Prozent „*geben anderen öfter Ratschläge, Empfehlungen*" und 36,8 Prozent macht es „*Spaß, andere Menschen von meiner Meinung zu überzeugen*". Beide Orientierungen gehören nicht nur zu den am häufigsten genannten Sozialorientierungen, sondern haben in den vergangenen 20 Jahren auch noch einen Bedeutungszuwachs von +3,4 bzw. +5,3 Prozentpunkten verzeichnen können. Offensichtlich fühlen sich immer mehr Menschen aufgrund des steigenden allgemeinen Selbstbewusstseins in der Lage, andere zu beraten und zu überzeugen.

Eine leicht positive Entwicklungstendenz zeigen auch die Statements „*ich übernehme bei gemeinsamen Unternehmungen gern die Führung*" (25,7 Proz.) und „*ich merke öfter, dass andere sich nach mir richten*" (25,2 Proz.). Beide Aussagen haben seit Anfang der 90er Jahre eine steigende Zustimmung erfahren (+4,2 und +5,3 Prozentpkt.). Dies ist ein beachtenswertes Ergebnis: Über die bereits recht stark ausgeprägte Beratungs- und Überzeugungsmotivation hinaus sieht sich heute mehr als jeder Vierte in der Lage, andere regelrecht zu führen. In Bezug auf das gestiegene Selbstbewusstsein der Deutschen (s.o.) zeigt sich, dass sich dieses auch in der konkreten zwischenmenschlichen Kommunikation mit anderen Menschen niedergeschlagen hat. Für die kommenden Jahre ist jedoch bei den Sozialorientierungen mit einer rückläufigen Entwicklungstendenz zu rechnen. Wenn gemäß der Trends in den Bereichen der Persönlichkeitsmerkmale die subjektiven Erfolgsaussichten sinken und die subjektive Unsicherheit gleichzeitig steigt, dann sinken künftig auch die Ergebnisse zur Meinungsführerschaft.

6. Einstellungen zu Ehe und Partnerschaft im Wandel

Wer erinnert sich nicht an die Klagen über das „Auslaufmodell Ehe"? Speziell im Zusammenhang mit der Individualisierungsdebatte wurden Forscher und Publizisten nicht müde, den Abgesang auf diese alte Institution zu erheben (z.B. Zapf, 1987). Spätestens seit Ende des letzten Jahrhunderts ist jedoch bekannt, dass die Ehe – entgegen des allgemeinen Kanons – für immer mehr Menschen immer wichtiger wurde (Duncker 1998; S. 38 ff.). **Heute rangieren Familie und Partnerschaft sogar wieder auf Platz eins der deutschen Werteskala** (Duncker 2004). Aus diesem Grunde ist es auch besonders wichtig, sich mit dem Wandel der Einstellungen zum Thema Ehe und Partnerschaft eingehend zu beschäftigen.

Die wichtigsten Ideale einer funktionierenden Partnerschaft sind heute die gleichberechtigte Teilhabe an Entscheidungen, Kindeserziehung, beruflichen Chancen und Hausarbeit. An erster Stelle steht bei Männern und Frauen gleichermaßen die Feststellung „*in einer echten Partnerschaft werden Entscheidungen gemeinsam getroffen*“ (92,7 Proz.). Nahezu gleichauf wichtig ist die Forderung „*um die Kinder müssen sich beide Elternteile zu gleichen Teilen kümmern, das ist nicht nur Sache der Mutter*“ (88,1 Proz.). Offensichtlich ist heute von besonderer Bedeutung, dass sich Männer und Frauen zu gleichen Teilen sowohl Rechte (Entscheidungen treffen) als auch Pflichten (z.B. Kinder erziehen) teilen.

Neben der angestrebten Gleichverteilung von Rechten und Pflichten ist auch mehr Chancengleichheit gefragt: 81,1 Prozent der Deutschen vertreten die Meinung „*die Frau sollte nach Möglichkeit auch einen Beruf ausüben*“ – seit 1991 wurde diese Einstellung immer häufiger vertreten (+15,1 Prozentpkt.). Es geht dabei jedoch nicht nur um die grundsätzliche Möglichkeit, einen Beruf auszuüben. Für vier Fünftel der Deutschen ist gleichzeitig klar: „*Für eine moderne Frau ist der Beruf eine Chance der Selbstverwirklichung*“ (80,0 Proz.). Abgerundet wird dieses Bild von der Forderung „*ich bin der Meinung, dass Hausarbeit in einer echten Partnerschaft gemeinsam erledigt werden sollte*“ (75,7 Proz.). Mehr als drei Viertel der Deutschen wollen es offensichtlich ernst nehmen mit der Gleichstellung von Mann und Frau.

Relativiert wird das bisher entstandene Idealbild einer gleichberechtigten Partnerschaft zwischen Mann und Frau jedoch von der Aussage „*eine moderne Frau sollte ihrer beruflichen Karriere dieselbe Aufmerksamkeit schenken wie Kindern und Küche*“ (75,7 Proz.). Drei Viertel der Deutschen fordern an dieser Stelle das Unmögliche: Es dürfte in der Praxis schwer möglich sein, Karriere, Kinder und Küche die gleiche Aufmerksamkeit zu schenken. Wer sich parallel um Kinder und Küche kümmern muss, der hat wenig Chancen auf eine ernst zu nehmende berufliche Karriere. Diese hat man in der Praxis in der Regel nur dann, wenn man auch „vollen Einsatz“ zeigen kann und Aufmerksamkeit nicht mit anderen Verpflichtungen teilen muss. An dieser Stelle liegen idealistisches Gesellschaftsbild und Tatsachen offensichtlich noch weit auseinander.

Dieses soeben festgestellte Bild setzt sich auch in den folgenden Statements fort: Der Aussage „*Hausarbeit ist Sache der Frau*“ haben zwar in den vergangenen 20 Jahren immer weniger Menschen zugestimmt (-5 Prozentpkt.), doch ist es heute mit 54,0 Prozent immer noch mehr als jeder Zweite, der diese Aussage bejaht. Dieses Ergebnis verlangt eine besondere Aufmerksamkeit: Während 75,7 Prozent der Meinung sind, „*dass Hausarbeit in einer echten Partnerschaft gemeinsam erledigt werden sollte*“, vertreten gleichzeitig 54,0 Prozent die Aus-

Graphik 8:

Einstellungen zu Ehe und Partnerschaft I.

Antworten: stimme „voll" oder „weitgehend" zu / in %

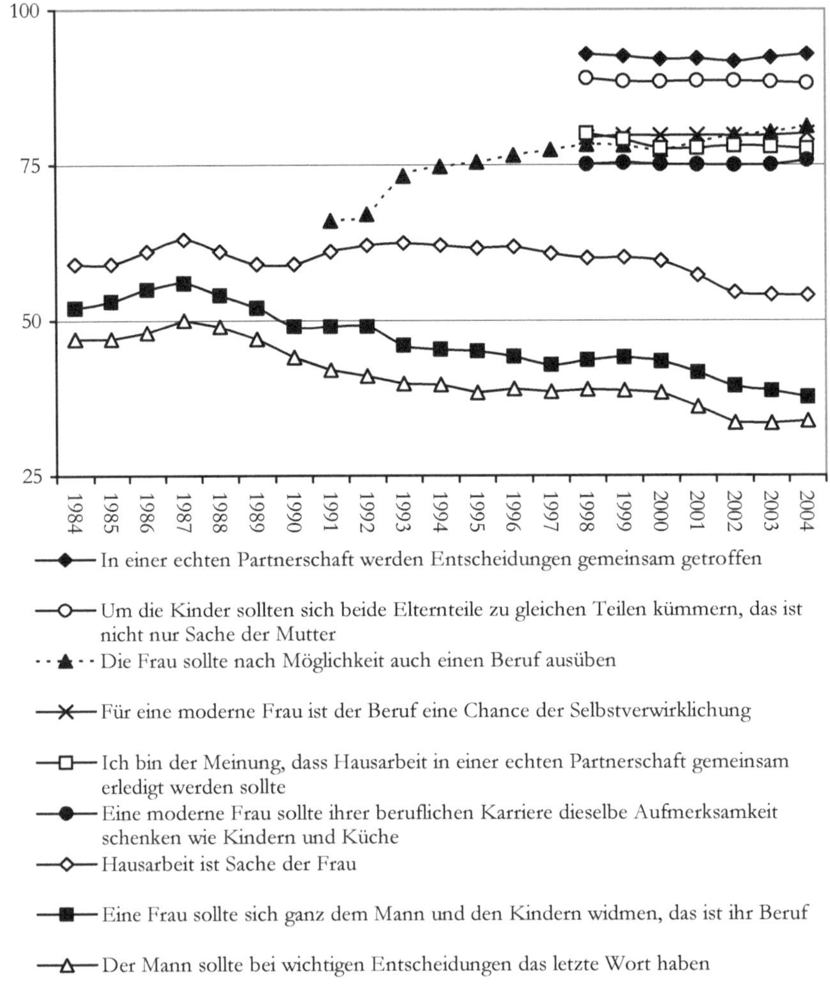

Quelle: VerbraucherAnalyse 1984 bis 2004
ab 1993 Gesamtdeutschland;
n = 8.281 (1984) bis 31.783 (2004)

sage „*Hausarbeit ist Sache der Frau*". Beide im Vergleich widersprüchlichen Positionen ergeben zusammen addiert 129,7 Prozent – eine logischerweise nicht realistische Zahl. Jeder Prozentpunkt über 100 bedeutet, dass Befragte beide, inhaltlich nicht zusammenpassende Statements genannt haben. **Dieser Überschneidungsbereich von immerhin 29,7 Prozentpunkten ist ein deutlicher Hinweis darauf, dass der Wunsch nach einer echten gemeinsamen Erledigung der Hausarbeit für nahezu jeden Dritten zunächst eher als mentales Leitbild, denn als ernsthaft realisierte Lebensweise zu verstehen ist.**

Echte Anzeichen eines emanzipatorischen Entwicklungstrends sind hingegen in den Zeitreihen der Aussagen „*eine Frau sollte sich ganz dem Mann und den Kindern widmen, das ist ihr Beruf*" (2004: 37,6 Proz.) und „*der Mann sollte bei wichtigen Entscheidungen das letzte Wort haben*" (2004: 33,8 Proz.) zu sehen. Seit 1984 haben beide deutlich an Zustimmung verloren (-14,4 bzw. -13,2 Prozentpkt.) und rangieren heute am unteren Ende der partnerschaftlichen Idealskala. Es handelt sich hierbei jedoch lediglich um eine *Tendenz*.

Es darf nicht übersehen werden, dass weiterhin mehr als jeder Dritte die männliche Dominanz in der Partnerschaft bevorzugt! Zudem ist an dieser Stelle ein weiteres Indiz für ein noch unstimmiges Partnerschaftsideal zu finden: Zwar geben 81,1 Prozent der Deutschen an, eine Frau sollte einen regulären Beruf ausüben, aber gleichzeitig geben 37,6 Prozent zu verstehen, die Frau habe sich um Mann und Kinder zu kümmern. 92,7 Prozent geben an, dass Entscheidungen gemeinsam getroffen werden sollten, aber gleichzeitig fordern 33,8 Prozent, der Mann solle das letzte Wort haben. Diese Gegensätze wollen nicht zusammen passen. Von der theoretischen zur praktischen Gleichberechtigung ist ein nicht unerheblicher Anteil der Deutschen offensichtlich noch weit entfernt.

Auf den zweiten Blick zeichnen sich jedoch Umrisse eines Generationsproblems ab. Ein Vergleich der Ergebnisse nach Altersgruppen zeigt, dass die jüngeren Menschen noch ein relativ stabiles Einstellungsbild zeigen. Als Beispiel soll die Hausarbeit dienen: Beide Statements („*Sache der Frau*" und „*sollte gemeinsam erledigt werden*") zusammen werden von 124,1 Prozent der 20- bis 29-Jährigen genannt. Bei den 40- bis 49-Jährigen sind es bereits 130,8 und bei den über 70-Jährigen schließlich 142,2 Prozent. Bei den Themenfeldern Beruf und Entscheidungsfindung zeigen sich ähnliche Verteilungen. Es ist offensichtlich: Zwar zeigen selbst einige junge Menschen kein konsistentes Meinungsbild, doch nimmt die Meinungsinkonsistenz mit steigendem Alter noch deutlich zu.

Graphik 9:

Einstellungen zu Ehe und Partnerschaft II. – eine Frage des Alters?

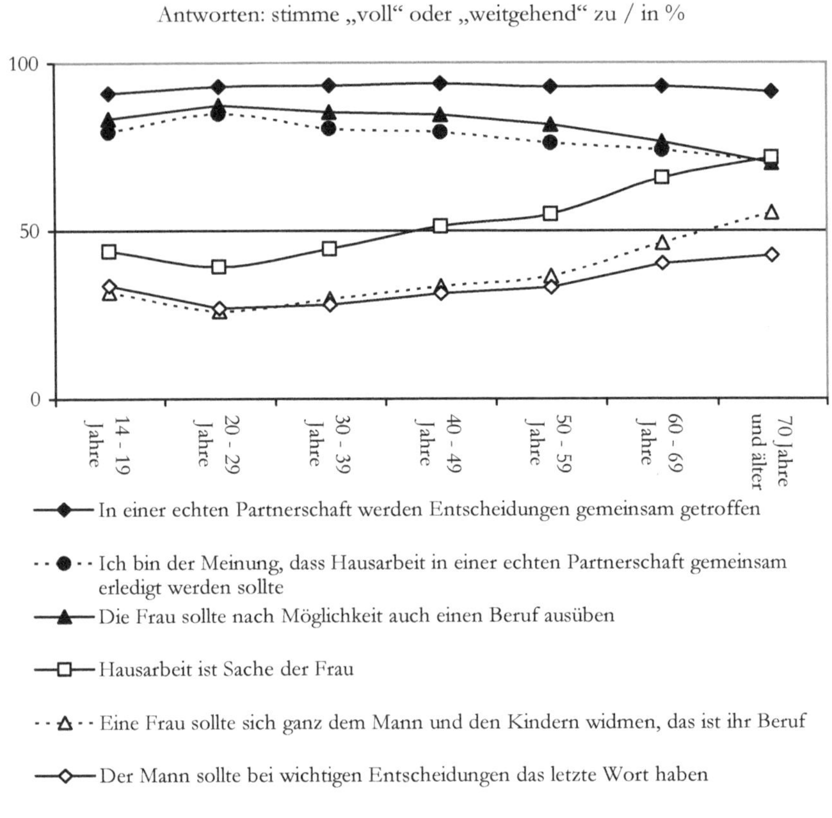

Quelle: VerbraucherAnalyse 2004
n = 31.783

Vor allem die älteren Generationen sind mit einem Gesellschaftsbild aufgewachsen, das die männliche Dominanz in der Partnerschaft zum Leitbild hatte. Die Emanzipationsbewegung der 70er bis 90er Jahre des 20. Jahrhunderts haben sie zwar mitbekommen, doch haben die in der Jugend (Sozialisationsphase) erlernten Rollenmuster weiterhin subjektive Gültigkeit. Und an dieser Stelle klärt sich der Widerspruch auf: **Die älteren Generationen ha-**

ben zwar einen Teil der weiblichen Emanzipationsschritte mitbekommen, halten diese offensichtlich auch für legitim, leben jedoch noch in und mit den ursprünglich erlernten Rollen und Erwartungen.

Hinsichtlich der Einstellungen zu Ehe und Partnerschaft zeigt sich in der Gesamtbetrachtung ein allgemeiner Entwicklungstrend in Richtung internalisierter Emanzipationsgedanken. Im Vordergrund steht die Realisierung der Gleichberechtigung von Mann und Frau in den Themenfeldern Entscheidungsfindung, Kindeserziehung, berufliche Chancen und Hausarbeit. Einstellungen, die dies bejahen, werden von den Deutschen mehrheitlich beantwortet. Berücksichtigung verdient jedoch der Tatbestand, dass gleichzeitig immer noch mehr als jeder Zweite (54,0 Proz.) die Meinung vertritt, „*Hausarbeit ist Sache der Frau*". Ein nicht unwesentlicher Teil der Bevölkerung befindet sich immer noch zwischen den Stühlen namens Tradition und Moderne. Doch die Richtung ist klar: Zwar hat die Emanzipationsbewegung in den vergangenen Jahren an öffentlicher Präsenz verloren, doch wirken die tatsächlichen Angleichungstendenzen unter der Oberfläche weiter.

7. Neues Aktualitätsbewusstsein?

Nichts ist für die Entwicklungsdynamik einer modernen westlichen Gesellschaft so wichtig, wie die Innovationsoffenheit ihrer Mitglieder. In einem historisch wahrscheinlich einmaligen Umfang und Ausmaß hängt das kulturelle und wirtschaftliche Fortkommen, und somit auch der Fortbestand des deutschen Gesellschaftssystems heutiger Prägung, vom Innovationspotential seiner Bürger ab. Der globale und technologische Wandel hat in den vergangenen Jahren eine Entwicklungsdynamik von einer historisch einmaligen Geschwindigkeit erlebt. Speziell in Deutschland zeigt zudem die aktuelle politische Debatte über den Umbau wesentlicher staatlicher Einrichtungen (z.B. Kranken-, Renten-, Arbeitslosenversicherung oder Steuersysteme) wie wichtig es ist, dass die Menschen die vielen erforderlichen gesellschaftlichen, strukturellen und technologischen Entwicklungen „verkraften" können. Es hilft nichts, wenn sich die Rahmenbedingungen verändern, die hiervon betroffenen Menschen jedoch nicht folgen können.

Wenn im Folgenden über Innovationsbewusstsein gesprochen wird, sind hiermit verschiedene Dimensionen gemeint. Es geht im Allgemeinen um die Frage, inwieweit die Menschen bereit und fähig sind, der Entwicklungsdynamik zu folgen. Im Besonderen werden exemplarisch die Dimensionen Aktualitätsorientierung, Innovationsoffenheit, technischer Fortschritt und Modeorientierung untersucht. In der Gesamtheit ergibt sich dann ein Bild von der aktuellen Stimmungslage.

Graphik 10:

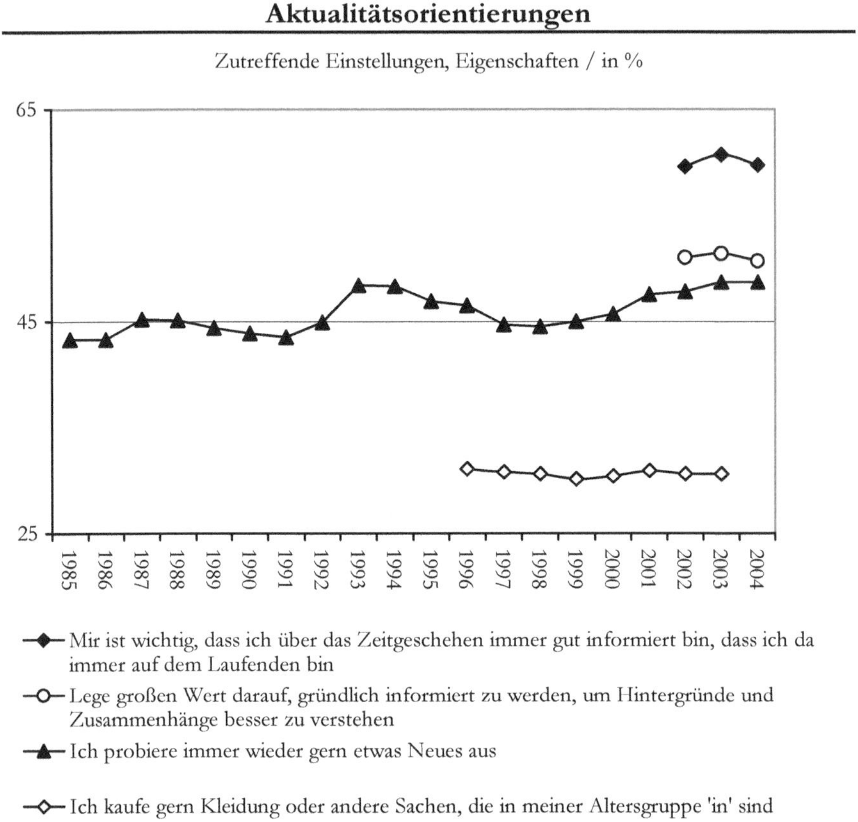

Quelle: Allensbacher Werbeträger Analyse 1985 bis 2004
ab 1993 Gesamtdeutschland; n bis 21.257 (2004)

„*Ich probiere immer wieder gern etwas Neues aus*“, sagt mit 48,7 Prozent knapp jeder zweite Deutsche – zumindest, wenn es ums Konsumieren geht. Dieser Wert ist der höchste der vergangenen 20 Jahre, in denen er sogar um insgesamt +5,4 Prozentpunkte steigen konnte. Die *allgemeine* Innovationsoffenheit gegenüber neueren Konsumangeboten hat sich vor allem seit 1998 positiv entwickeln können. Frauen probieren mit 52,5 Prozent deutlich häufiger als Männer mit 44,6 Prozent „*immer wieder gern etwas Neues aus*". **Die Frauen sind hierdurch, unbemerkt von der Öffentlichkeit, die eigentlichen Konsuminnovatoren unserer Gesellschaft**. In der Gesamtbetrachtung bleibt jedoch festzuhalten, dass mit 51,3 Prozent mehr als die Hälfte der Deutschen nicht gern Neues ausprobiert. Damit die wirtschaftliche Dynamik in Deutschland wieder in Fahrt kommt, bedarf es hier noch eines deutlichen Bewusstseinswandels breiter Bevölkerungskreise.

Fragt man die Deutschen konkret nach ihrem Modebewusstsein, fallen die Ergebnisse noch geringer aus: Lediglich 30,6 Prozent sagen „*ich kaufe gern Kleidung oder andere Sachen, die in meiner Altersgruppe `in´ sind*". Die Bewertung dieses Statements ist jedoch mit Vorsicht vorzunehmen: Hier geht es lediglich um den Vergleich mit der „Altersgruppe". Entsprechend kann nicht global auf die grundsätzliche Konsumhaltung geschlossen werden. In einem Warenumfeld mit einer ständig wachsenden Angebotsvielfalt, existiert heute auch kaum noch ein übergeordneter, alterspezifischer Mainstream – wie selten zuvor ist es heute möglich, sich über eigene Stilkonfigurationen zu identifizieren. Hier gibt es nicht mehr *die* Mode, sondern eine Vielzahl *parallel existierender Moden*.

Eine weit stärkere Ausprägung zeigt hingegen das Interesse nach aktuellen Informationen: 59,7 Prozent der Deutschen ist es wichtig, „*über das Zeitgeschehen immer gut informiert*" und „*immer auf dem Laufenden*" zu sein. Nahezu zwei Drittel zeigen sich somit interessiert und offen für die verschiedenen gesellschaftlichen Entwicklungen. In der Regel decken diese Menschen ihr Informationsbedürfnis über die Rezeption der verschiedenen Medienangebote. 50,7 Prozent legen zudem „*großen Wert darauf, gründlich informiert zu werden, um die Hintergründe und Zusammenhänge besser zu verstehen*". Dieser Anteil dieser „Informationshungrigen" entspricht einer beachtenswerten Größe: Entgegen dem pessimistischen Tenor der Kulturkritik legt mehr als jeder zweite Deutsche sogar „großen Wert" auf eine „gründliche" Information hinsichtlich der verschiedenen Entwicklungen in der Gesellschaft. Die häufig beklagte „Verflachungsspirale" ist offensichtlich nicht durch die Mehrheit der Konsumenten verursacht.

Ein Blick auf die Fernsehinteressen der Deutschen kann diese These belegen: Der beliebteste Programminhalt sind nach wie vor die Nachrichten (58,0 Proz.). Großer Beliebtheit erfreut sich auch weiterhin der gute alte Krimi (54,4 Proz.). Gewinnshows und große Unterhaltungsshows á la „Wetten, dass

...?" werden ebenfalls von nahezu jedem Zweiten gern gesehen. Auf den weiteren Plätzen der beliebtesten Fernsehsendungen folgen verschiedene Magazin-Formate, die tendenziell eher Informations- als Unterhaltungsorientiert sind (z.B. Blitz, Explosiv etc.). All die soeben aufgeführten TV-Inhalte sind für die deutsche Fernsehlandschaft als klassisch anzusehen. Informative wie unterhaltende Formate haben nebeneinander Bestand. Nachrichten und Nachrichtenmagazine gehören sogar weiterhin zu den beliebtesten TV-Inhalten – von einer Verflachungsspirale ist an dieser Stelle wenig zu sehen.

Graphik 11:

Die beliebtesten Fernsehsendungen

Im Fernsehen wird „gern" gesehen (in Proz.):

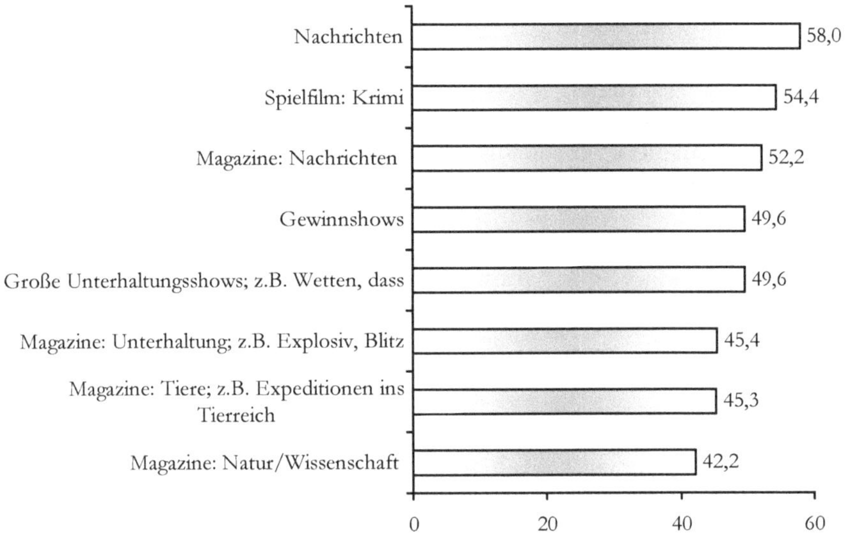

Quelle: VerbraucherAnalyse 2004
n = 31.783

Im Gegenzuge werden Trivialinhalte wie „Talkshows tagsüber" (19,9 Proz.), amerikanische Familienserien" (19,2 Proz.) oder auch so genannte „Reality-Serien" (10,9 Proz.) eher von Minderheiten konsumiert. In den vergangenen Jahren hat die Beliebtheit dieser Sendungen sogar noch abgenommen. Ähnliche Entwicklungstrends zeigen sich auch bei den Leseinteressen der Deutschen: Seit dem Jahr 2000 nahm beispielsweise das Interesse an politischen Themen um +7,1 Prozentpunkte auf mittlerweile 49,2 Prozent zu. Bei wirtschaftlichen Themen betrug der Anstieg +6,6 Prozentpunkte auf 41,4 Prozent. Diese Daten zeigen exemplarisch, dass das Interesse der Deutschen an Sachinformationen nach wie vor besteht, und sogar noch zunimmt. Natürlich ist nicht von der Hand zu weisen, dass wesentliche Bevölkerungsteile nicht über Informationen zum aktuellen Geschehen verfügen und hieran auch kein Interesse zeigen. Diese gab es jedoch schon immer. Und auf einem historisch wahrscheinlich einmalig niedrigen Niveau sind sie heute sogar tendenziell in der Minderheit.

8. Technikbewusstsein im Wandel

Neben dem allgemeinen Aktualitätsbewusstsein steht aktuell auch das technologische Innovationspotential im Fokus der öffentlichen Diskussion. Wie selten zuvor ist der gesellschaftliche Wandel, und vor allem der ökonomische Fortschritt, heute abhängig von der Akzeptanz der Menschen, die mit diesen Technologien leben sollen. Nur wenn eine ausgeprägte Akzeptanz für neue Technologien im Bereich des privaten Konsums vorliegt, können auch ökonomische Wachstumspotentiale genutzt werden. Ursache dieser Abhängigkeit ist der Tatbestand einer weitgehenden Marktsättigung mit klassischen Konsumgütern: Gemäß VA 2004 besitzen heute bereits 77,7 Prozent aller Haushalte mindestens einen PKW – 24,5 Prozent sogar mehr als einen. 92,3 Prozent der Haushalte verfügen über einen Farbfernseher mit einem so genannten 4:3 Standardbild und 11,7 Prozent mit einem 16:9 Breitbildformat. 68,6 Prozent haben einen Videorecorder, 80,3 Prozent eine Waschmaschine, 96,0 Prozent einen Kühlschrank bzw. eine Kühlkombination … usw. In historisch einmalig hohem Ausmaß sind Privathaushalte heute mit größeren technischen Geräten ausgestattet. Haushalte, die über eines dieser Geräte noch nicht verfügen, werden diese auch in der Zukunft nicht anschaffen.

Doch wo Märkte gesättigt sind, besteht höchstens das Absatzpotential für Ersatzbeschaffungen bei alten oder defekten Geräten. In einer auf Wachstum ausgerichteten Ökonomie wie die der Deutschen würde dieses zu Rezessionserscheinungen führen. Um die wirtschaftliche Dynamik zumindest stabilisieren zu können, müssten neue Produkte angeboten werden, die vom Markt (sprich: den Konsumenten) angenommen werden. Diese neuen technischen Geräte wären dann auch wieder in der Lage, einen entsprechenden Nachfrageschub zu verursachen. Aus diesem Grunde ist es von besonderer Bedeutung, die Technik- und Innovationsaffinität der Menschen im Blickpunkt zu haben, um entsprechende Potentiale zu eruieren.

Graphik 12:

Technikaffinität

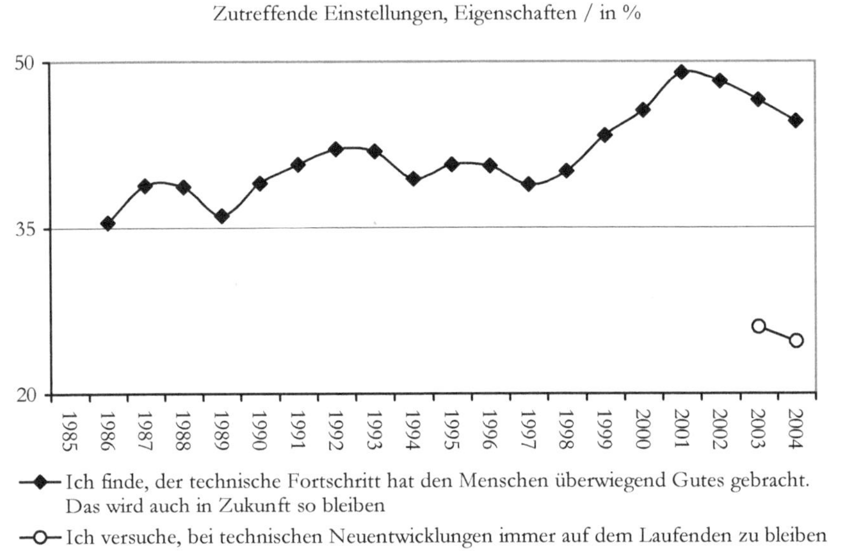

Quelle: Allensbacher Werbeträger Analyse 1985 bis 2004
ab 1993 Gesamtdeutschland; n = bis 21.257 (2004)

In den vergangenen 20 Jahren hat die Technikaffinität eine insgesamt positive Entwicklung durchlaufen. Der Aussage *„ich finde, der technische Fortschritt hat den Menschen überwiegend Gutes gebracht. Das wird auch in Zukunft so bleiben"* stimmen heute noch 44,6 Prozent zu. Weist sich die derart gemessene Technikakzeptanz zwischen 1985 und 1997 noch durch eine recht wechselhafte Entwicklung aus, so hat sie ab 1997 (38,9 Proz.) bis zum Jahr 2001 (49,0 Proz.) deutlich an Zuspruch gewinnen können (+10,1 Prozentpkt.). Dies war übrigens auch der Zeitraum des so genannten „New-Economy"-Hypes, der bekanntermaßen 2001 durch das Platzen der Börsenblase sein jähes Ende fand. Seit diesem Jahr sinkt auch der Glaube an den technologischen Fortschritt zunehmend. Heute vertreten nur noch 44,6 Prozent diese Ansicht, die Technik bringe den Menschen überwiegend Gutes (-4,4 Prozentpkt.). Eine ähnliche Entwicklung deutet sich bei der erst seit zwei Jahren ermittelten Aussage *„ich versuche, bei technischen Neuentwicklungen immer auf dem Laufenden zu bleiben"* an: Binnen Jahresfrist sank die Zustimmung von 26,0 auf 24,7 Prozent. Offensichtlich ist die hohe Technikaffinität des ausgehenden 20. Jahrhunderts in den vergangenen Jahren deutlich geschrumpft. Dies ist lediglich der Anfang einer längeren Entwicklung ...

Graphik 13:

Einstellungen zu technischen Geräten

Antworten: stimme „voll" oder „weitgehend" zu / in %

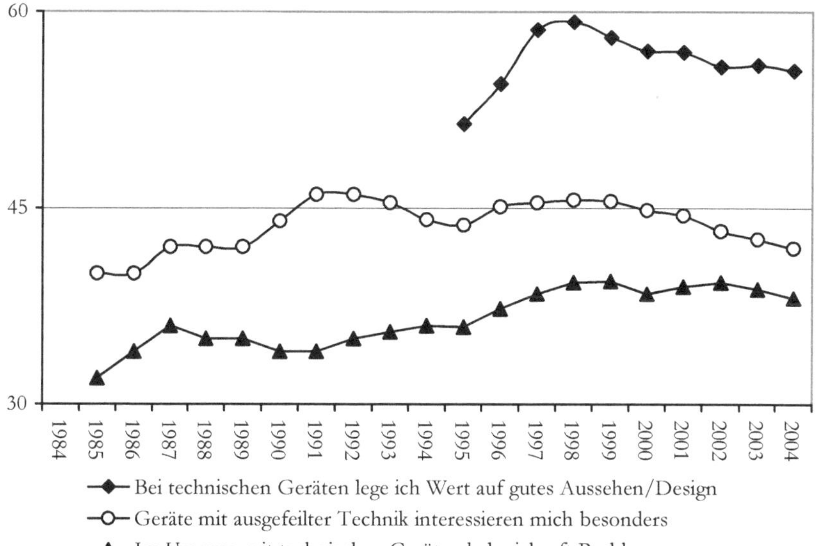

Quelle: VerbraucherAnalyse 1984 bis 2004
ab 1993 Gesamtdeutschland;
n = 8.281 (1984) bis 31.783 (2004)

Die Daten der VerbraucherAnalyse bestätigen die vorhergehenden Entwicklungstrends der AWA weitgehend. Auch hier nahm die Technikakzeptanz zum ausgehenden 20. Jahrhundert deutlich zu. Der Zeitpunkt der

Trendumkehr in Richtung einer sinkenden Technikaffinität ist hier jedoch vorgelagert. Ein Beispiel: Während in den 1990er Jahren die Aussage „*Geräte mit ausgefeilter Technik interessieren mich besonders*“ durchschnittlich von mehr als 45 Prozent der Deutschen als zutreffend bezeichnet wurde, nimmt deren Anteil bereits seit 1998 zunehmend ab und liegt heute nur noch bei 41,9 Prozent (-3,7 Prozentpkt.). Einen ähnlichen Verlauf zeigen die Daten für die Designorientierung: Während noch 1998 59,2 Prozent „*bei technischen Geräten Wert auf gutes Aussehen/Design*“ gelegt haben, sind es heute nur noch 55,5 Prozent (-3,7 Prozentpkt.). Technik und gutes Design bei entsprechenden Geräten haben seit 1998 deutlich an Attraktivität verloren. Dieses Teilergebnis zeigt ein stetiges Sinken der Technikaffinität – und zwar bereits vor dem faktischen Einbrechen der entsprechenden Marktsegmente.

Graphik 14:

Technikakzeptanz vs. Überforderung

Antworten: stimme „voll“ oder „weitgehend“ zu / in %

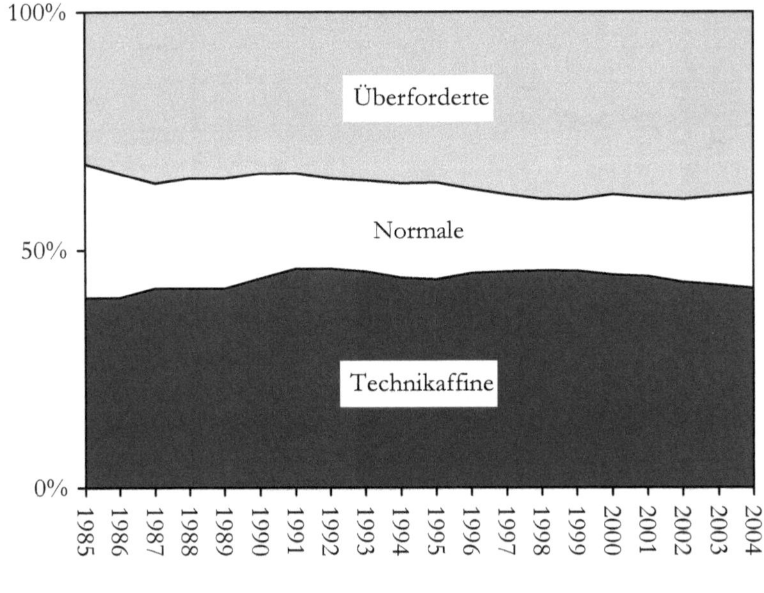

Quelle: VerbraucherAnalyse 1985 bis 2004
ab 1993 Gesamtdeutschland
n = 8.521 (1984) bis 31.783 (2004)

Der Anteil an Personen, die *„im Umgang mit technischen Geräten oft Probleme“* haben, ist ebenfalls in den 1990er Jahren ständig angestiegen. Seit Anfang dieses Jahrhunderts zeigt sich auch bei ihnen eine Trendumkehr. Dieser Entwicklungsumschwung hat jedoch mit einer gewissen zeitlichen Verzögerung erst ab 2002 eingesetzt. Die Zeitreihenanalyse fördert an dieser Stelle ein Phänomen zu Tage: Es zeigt sich eine Parallelentwicklung zwischen Technikaffinen (Interesse an Geräten mit ausgefeilter Technik) und Technikgestressten (Probleme im Umgang mit technischen Geräten). Je mehr sich der eine Bevölkerungsteil im Zeitverlauf für *„ausgefeilte Technik“* interessierte, desto höher stieg der Anteil derjenigen, die Probleme mit dieser Entwicklung hatten.

Während der Anteil der Personen, die weder eine ausgeprägte Technikaffinität hatten noch überfordert waren („Normale“), 1985 bei 28 Prozent lag, so sank deren Anteil bis 1999 sukzessive auf 15,1 Prozent (-12,9 Prozentpkt.). **Es zeigt sich eine zunehmende Polarisierung in Bevölkerungsteilen, die der technologischen Entwicklung folgen konnten, und jenen, die eher ängstlich von der Entwicklung abgekoppelt waren.** Seit der Jahrtausendwende nimmt jedoch die allgemeine Technikleidenschaft ab. Parallel hierzu scheint auch der Druck auf die weniger technikaffinen Menschen gesunken zu sein: Der Anteil der Überforderten sinkt, und parallel hierzu steigt auch der Anteil der „Normalen“ sukzessive wieder auf 20,0 Prozent an (+4,9 Prozentpkt.).

Zusammenfassend sind für die Aktualitäts- und Innovationstrends in Deutschland drei übergeordnete Entwicklungen festzuhalten:

1. **Bis in die späten 1990er Jahre hinein erfreuten sich vor allem technische Innovationen einer großen Beliebtheit. Spätestens seit der Jahrtausendwende zeigen sich hier jedoch drastische Bedeutungsverluste – Tendenz stabil.**
2. **Nach wie vor ist das Interesse der Deutschen an aktuellen Informationen und Hintergründen groß. Die viel zitierte „Verflachungsspirale“ existiert nicht. Zumindest als Beobachter – aber weniger als Teilhaber (vgl. Abschn. 13.20) – wollen die Deutschen überwiegend auf dem Laufenden bleiben.**
3. **Die konsumtive Innovationsoffenheit, „gern Neues ausprobieren“, befindet sich (noch) auf vergleichsweise hohem Niveau. Dies trifft jedoch überwiegend auf alltägliche Verbrauchsartikel zu. Die wichtigen Konsumbereiche der technischen Innovationen sowie der Modeorientierungen (vgl. Abschn. 9.1) sind hiervon immer häufiger ausgeschlossen.**

9. Konsumorientierungen im Wandel

Der Einzelhandel spürt es, der Großhandel und die Hersteller von Konsumprodukten auch: Den Konsumenten scheint der Spaß am Konsumieren verloren gegangen zu sein. Daten des Statistischen Bundesamtes belegen diese Feststellung: Wuchsen die Ausgaben für den privaten Konsum bis zum Jahr 2001 noch jährlich an, so ist seit 2002 eine leichte Trendumkehr festzustellen (Ausgaben jeweils in Preisen von 1995): Schrittweise sind die privaten Konsumausgaben seit 2001 um nahezu € 4,4 Mrd. gesunken. Dies sind zwar auf den ersten Blick lediglich 0,4 Prozent, doch hat ein derartiger Rückgang bei einer an Wachstum orientierten Volkswirtschaft dramatische Folgen.

Doch was waren die Ursachen für das sukzessive Sinken der Konsumausgaben? Sicher sind es zum einen monetäre Aspekte, die zu der ebenso berühmten wie berüchtigten These des „Konsumboykotts" führten. Simpler Kern dieser Aussagen: Die Menschen haben heute weniger Geld zur freien Verfügung und können entsprechend weniger Geld für den Konsum ausgeben. Als weiterer Hauptgrund für das Sinken der privaten Konsumausgaben werden die verschiedensten Probleme der sozialen Sicherungssysteme genannt: Sowohl die ständig steigenden Beiträge zur Sozialversicherung als auch die Notwendigkeit, sich zunehmend selbst um die finanzielle Absicherung im Alter zu kümmern (sprich: mehr für den Ruhestand zu sparen), hinterlassen immer größere Löcher in den Portemonnaies der Bundesbürger. Hierdurch steht den Menschen in letzter Konsequenz tatsächlich weniger Geld zum alltäglichen Leben zur Verfügung.

Eine weitere Besonderheit besteht in der Definition des Begriffes Konsum. „Otto-Normalbürger" assoziiert mit Konsum in der Regel den Einkauf in den verschiedenen Formen des Einzelhandels, die Inanspruchnahme von Dienstleistungen (z.B. Urlaub, Sportangebote etc.) sowie vielleicht noch den Medienkonsum. Die öffentliche Statistik geht in der Definition des Konsums noch weiter: Hier fallen auch Bereiche wie „Wohnung, Wasser, Strom, Gas und andere Brennstoffe" sowie „Verkehr und Nachrichtenübermittlung" in die Definition der Konsumausgaben privater Haushalte mit ein. Gerade für diese beiden Bereiche mussten die Privathaushalte in den vergangenen Jahren deutliche Mehraufwendungen schultern: Seit 1994 stiegen die Aufwendungen für Wohnung und Co. real – d.h. in Preisen von 1995 – um etwa € 40 Mrd. oder 18,2 Prozent. Bei der Position Verkehr und Nachrichtenübermittlung lag der Anstieg bei € 38 Mrd. oder 24,5 Prozent. Das zusätzliche Geld, welches für diese Bereiche aufgewendet werden muss, fehlt in der logischen Konsequenz für die anderen Formen des Konsums – mit einem entsprechenden Sinken der Umsatzziffern bei Einzelhändlern und privaten Dienstleistern.

Graphik 15:

Entwicklung der privaten Konsumausgaben

Konsumausgaben privater Haushalte in Preisen von 1995 / in Mrd. €

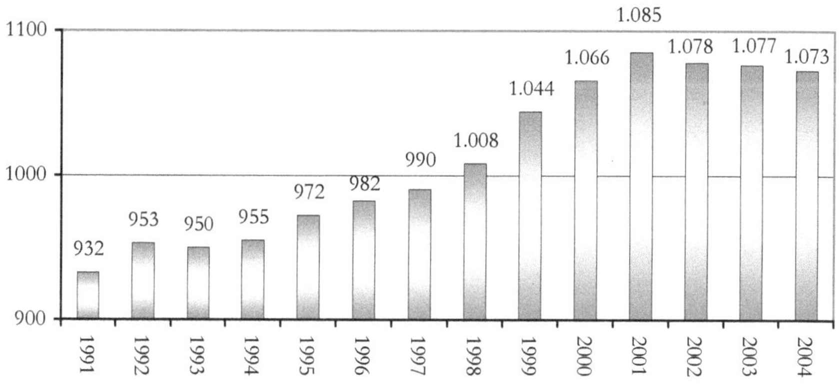

Quelle: StBa - GENESIS, Volkswirtschaftliche Gesamtrechnungen des Bundes
Stand: 13.04.2005

Als weitere Ursache für sinkende Konsumausgaben wird die Einführung der europäischen Gemeinschaftswährung EURO genannt. Breite Bevölkerungsteile – und dieses ist mittlerweile auch empirisch nachgewiesen – sehen sich seit der Einführung des EURO mit gestiegenen Preisen konfrontiert. Das „Teuro-Syndrom" hat viele Menschen preissensibel gemacht – auch wenn die statistischen Ämter eine im Vergleich zu den Vorjahren „normale" Preissteigerung nachweisen konnten. Vor allem der vermeintlich einfache, aber auch ebenso falsche Umrechnungsfaktor DM 2 = € 1 hat zu Irritationen geführt. Viele Menschen, die heute einen Einkauf in Höhe von (exemplarisch) € 50,00 tätigen, rechnen im Geiste den DM-Wert von 100,00 hoch – obwohl es aufgrund des ungeraden tatsächlichen Umrechnungsfaktors (1,95583) nur DM 97,75 sind. Auf diese Weise werden alle Produkte im Kopf teurer gerechnet, als sie tatsächlich sind. Der aus dieser vermeintlichen „Teuerung" resultierende Verlust, wird durch Sparsamkeit kompensiert. Mit dem Resultat sinkender Konsumausgaben.

Ein Anlass der vorliegenden Untersuchung ist es zu untersuchen, ob diese monetär-strukturellen Ursachen als Erklärung für das Sinken des privaten Konsums ausreichen. Es soll entsprechend analysiert werden, ob nicht vielleicht auch Verschiebungen der Einstellungs- und Wertehorizonte der Menschen zu einem Wandel des Verhaltens geführt haben. Die berühmt-berüchtigte Frage „was war zuerst: die Henne oder das Ei", wird an dieser Stelle umformuliert in „was war zuerst: der Einstellungswandel breiter Bevölkerungskreise oder die strukturellen ökonomischen Probleme".

Aus dem Marketing ist seit vielen Jahren das klassische S-O-R-Modell bekannt (vgl. auch Kuß/Tomczak 2004, S. 2ff.). Dieses Modell geht in seiner übergeordneten Betrachtungsweise davon aus, dass bestimmte Stimuli (S) in Form von allgemeinen Informationen, Werbebotschaften etc. auf einen Menschen (Organismus = O) treffen und dort verarbeitet werden. Der Mensch verfügt nun über bestimmte Wert- und Einstellungsmuster, die *bereits vor der Rezeption* des Stimulus vorliegen. Die jeweilige Verknüpfung von Stimulus und der im Individuum vorliegenden Bewertungsmuster führt dann zur Reaktion (R), d.h. in der Regel zum Verhalten.

Ein Beispiel soll dieses abstrakte Modell ein wenig verständlicher machen: Ein Fahrzeughersteller wirbt primär mit der „unglaublichen und einmaligen Superlangzeitqualität" seiner vergleichsweise teuren Fahrzeuge. Eine entsprechende Botschaft trifft nun auf einen potentiellen Fahrzeugkäufer im Ausstellungsraum eines Händlers. Speziell bei diesem Konsumenten stehen im Einstellungshorizont jedoch Innovation und ein günstiger Preis im Vordergrund. Die Verknüpfung von Stimulus (Qualitätsversprechen) und der im Organismus vorliegenden Präferenzen (Innovation und Preis) wollen nicht so recht zusammenpassen. Die Reaktion (R): Der Interessent verlässt die Ausstellungsräume, ohne sich für ein Fahrzeug der Marke entschieden zu haben.

Im Gegenzuge ist es natürlich genauso denkbar, dass der Stimulus (S) im Sinne des Herstellerversprechens (hohe Qualität) und die vorliegenden Bewertungsschemata (ebenfalls hohe Qualität) eines anderen Interessenten (Organismus = O) zusammenpassen. In diesem Falle ist die Wahrscheinlichkeit, dass dieser Kunde ein Fahrzeug des gleichen Herstellers kaufen wird (R) deutlich höher. Bereits dieses simple Beispiel ist ein Hinweis auf die grundlegende Bedeutung von Werten und Einstellungen im Zusammenhang mit dem tatsächlichen Konsumverhalten. Was geschieht, wenn sich die Konsumeinstellungen breiter Bevölkerungsteile wandeln? Und vor allem: Welche Merkmale sind es genau, die sich dort ändern. Die Liste der potentiellen Betrachtungsweisen ist lang und kann im Rahmen der vorliegenden Untersuchung nur näherungsweise analysiert werden.

Fest steht bereits an dieser Stelle: Wandeln sich die Einstellungen, wandelt sich auch das Verhalten. Verhaltensänderungen im Bereich des privaten Konsums führen automatisch zu Änderungen der wirtschaftlichen Bedingungen. Hierin besteht auch die Kernhypothese der vorliegenden Untersuchung: Nicht der wirtschaftliche Wandel führte zum Wandel der Konsumorientierungen. Vielmehr führte in der jüngeren Vergangenheit ein breit angelegter Einstellungswandel zu den aktuellen ökonomischen Problemen. Aus dieser Perspektive heraus werden nachfolgend die zugrunde liegenden Einstellungsänderungen in der Bevölkerung untersucht. Zur Verbesserung der Übersichtlichkeit werden nachfolgend fünf übergeordnete Betrachtungsebenen von Konsumeinstellungen gebildet:

- Allgemeine Konsumorientierungen
- Qualitätsorientierungen
- Luxusorientierungen
- Sparsamkeit
- Markenbewusstsein

Die Analyse dieser Einstellungsgruppen erfolgt anhand einer Auswahl von Zeitreihen der Allensbacher-Werbeträger-Analyse (AWA) und der VerbraucherAnalyse (VA). Bei der Interpretation der nachfolgenden Daten muss wiederum berücksichtigt werden, dass AWA und VA mit verschiedenen Befragungsformen arbeiten. Zwar werden in beiden Fällen Interviews mittels standardisiertem Fragebogen durchgeführt, doch weicht die Konstruktion der Fragen voneinander ab. Während beispielsweise Befragte bei der AWA lediglich angeben, ob eine Einstellung oder Eigenschaft auf sie zutrifft (oder nicht), gibt der VA-Befragte auf einer mehrstufigen Skala seinen *Grad der Zustimmung* an. Im Falle der VA werden dann die beiden Ergebnisse mit der stärksten Ausprägung (stimme *„voll und ganz"* und *„weitgehend"* zu) zusammen addiert. Die beiden unterschiedlichen Formen der Antworterfassung führen automatisch zu unterschiedlich hohen Werten: Da sich die VA-Befragten auf einer Skala verorten *müssen*, sind hier auch deutlich höhere Ergebniswerte zu finden. Zu betonen ist, dass keines der Ergebnisse „richtiger" oder „falscher" ist. Bei der Analyse der Daten muss lediglich darauf geachtet werden, dass sie abweichende Aussagedimensionen haben. Bei der späteren Gegenüberstellung muss entsprechend darauf geachtet werden, dass nicht Äpfel und Birnen miteinander verglichen werden.

Ein weiterer Hinweis betrifft die Zeiträume, innerhalb derer die Daten erhoben wurden. Diese weichen bei den verschiedenen Konsumeinstellungen zum Teil recht deutlich voneinander ab. Ursache hierfür ist die Tatsache, dass sich im Laufe der Jahre durch den übergeordneten gesellschaftlichen Wandel nicht selten neue Konsummuster herauskristallisiert haben. Diese können erst durch entsprechend formulierte neue Konsumorientierungen ermittelt werden. Zudem wurde das Instrumentarium der Konsumeinstellungs-Messung bei beiden Studien in den vergangenen Jahren deutlich ausgebaut. Entsprechend stehen heute auch mehr Items zur Verfügung, die jedoch zum Teil erst seit wenigen Jahren erhoben werden.

9.1 Allgemeine Konsumorientierungen

Die im Rahmen der VA untersuchten allgemeinen Konsumorientierungen zeichnen sich durch ein breites Einstellungsspektrum aus. An erster Stelle steht, und stand in den vergangenen Jahren, die Einstellung *„größere Kaufentscheidungen werden bei uns gemeinsam mit der Familie getroffen“*. Mit 77,3 Prozent geben aktuell mehr als drei Viertel der Deutschen dies als eine der wesentlichen Konsumorientierungen an. Am weitesten verbreitet ist diese Gemeinsamkeits-Philosophie bei Verheirateten (88,3 Proz.). Aber auch Ledige (66,9 Proz.), Geschiedene (57,4 Proz.) und Verwitwete (51,4 Proz.) treffen größere Kaufentscheidungen in der Regel erst nach Rücksprache mit der Familie.

In diesem Teilergebnis zeigt sich eine im Marketing häufig übersehene Tatsache: Während überwiegend von der These ausgegangen wird, dass auch im Investitionsgüterbereich eine möglichst konkrete Zielgruppenansprache den größten Erfolg verspricht, zeigt sich an dieser Stelle ein abweichendes Bild. Die grundlegenden Anschaffungsabsichten gehen zwar vom Individuum der jeweiligen Zielgruppe aus, die endgültige Entscheidung wird jedoch überwiegend *auch* von anderen Personenkreisen beeinflusst (Partner, Verwandte, Eltern etc.). Um diese Mit-Entscheidungsträger ebenfalls ansprechen zu können, sollte häufiger eine breitere Zielgruppenansprache gewählt werden. Da diese „Gemeinsamkeitsorientierung“ in den vergangenen Jahren relativ konstant bei über 75 Prozent der Bevölkerung anzutreffen ist, wird sich im Verlauf der kommenden Jahre an dieser Stelle nicht viel ändern.

Das grundsätzliche Innovationspotential der deutschen Konsumenten ist, entgegen dem öffentlichen Meinungstenor, vergleichsweise hoch und in den vergangenen Jahren keinesfalls „dramatisch“ gesunken (vgl. auch Abschn. 7 und 8). Während noch 1984 etwa 55 Prozent der Bundesbürger sagten *„bei den täglichen Einkäufen probiere ich gern mal ein neues Produkt aus“*, ist deren Anteil in den vergangenen Jahren sukzessive auf aktuell 58,2 Prozent angestiegen. Die Entwicklungslinie zeigt zwar eine Reihe kleinerer Unterbrechungen, ist jedoch weitgehend stabil. In den kommenden Jahren werden sich weiterhin eher marginale Veränderungen ergeben. Die Tendenz weist seit 2004 sogar wieder eine leicht positive Innovationsorientierung auf. Diese beschränkt sich jedoch nahezu ausschließlich auf „tägliche Einkäufe“.

Graphik 16:

Allgemeine Konsumorientierungen

Antworten: stimme „voll“ oder „weitgehend“ zu / in %

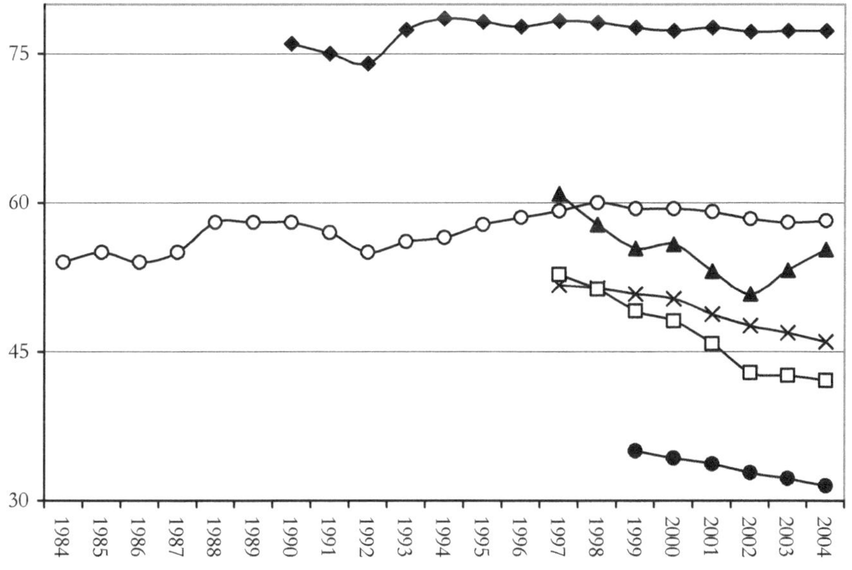

- Größere Kaufentscheidungen werden gemeinsam mit der Familie getroffen
- Bei den täglichen Einkäufen probiere ich gern mal ein neues Produkt aus
- Ich bin immer auf der Suche nach Billigangeboten
- Vor Anschaffungen lese ich möglichst Testberichte
- Ich weiß immer, was gerade im Trend ist
- Für neue Kosmetikprodukte bin ich immer aufgeschlossen

Quelle: VerbraucherAnalyse 1984 bis 2004
ab 1993 Gesamtdeutschland
n = 8.181 (1984) bis 31.783 (2004)

Weniges hat die Diskussion um die Lage des Einzelhandels derart bestimmt, wie die Expansion der so genannten Rabattschlachten. Heute findet der Kunde in nahezu jedem Geschäft deutliche Hinweise auf preislich herabgesetzte Produkte zu scheinbar einmaligen Sonderpreisen. Egal womit gehandelt wird – der Preis soll den Konsumenten „helfen", den Griff zum Portemonnaie schneller und leichter zu finden. Der Wandel in den Konsumeinstellungen der Deutschen scheint den Sinn dieser Billigstrategie vieler Anbieter zu bestätigen: Seit 2002 ist der Anteil von Personen, die *„immer auf der Suche nach Billigangeboten"* sind, auf 55,3 Prozent angestiegen. Dies entspricht einem überdurchschnittlichen Zuwachs von +4,5 Prozentpunkten in nur 2 Jahren!

An dieser Stelle zeigt sich erstmals ein konkreter Zusammenhang zwischen der Entwicklung der privaten Konsumausgaben (vgl. oben StBa) und einem Wandel der Konsumeinstellungen. Zur Erinnerung: Im Jahr 2002 sind nach vielen Jahren des Anstiegs erstmals die Konsumausgaben privater Haushalte gesunken. Seit diesem Jahr ist auch wieder ein Zuwachs bei dem Bevölkerungsteil zu finden, der *„immer auf der Suche nach Billigangeboten"* ist. Der Zusammenhang ist klar: **Die Menschen konsumieren zwar weiter, doch kaufen sie verstärkt Billigangebote, die per Saldo die privaten Konsumausgaben sinken lassen. Diese Entwicklung wird sich in den kommenden Jahren auch weiter fortsetzen – jedoch mit flacheren Steigerungsraten.**

Hinsichtlich der historischen Entwicklung ist auf eine Besonderheit hinzuweisen: Im Jahr 1997 lag der Anteil der Deutschen, die immer auf der Suche nach Billigangeboten sind, mit 60,9 Prozent noch deutlich über dem aktuellen Wert von 55,3 Prozent (+5,6 Prozentpkt.). **Offensichtlich haben wir es an dieser Stelle auf der empirisch nachweisbaren Einstellungsebene weder mit einem Novum noch mit einem dramatischen Ausmaß zu tun. Hier entwickelt sich historisch lediglich eine Konsumhaltung zurück, die eigentlich schon immer da war. Viele Einzelhändler sollten sich aus diesem Grunde fragen, ob das Ausmaß der heutigen Rabattschlachten wirklich notwendig ist. Letztendlich gehen diese auch zu Lasten ihrer mittelfristigen Ertragsstruktur ...**

Der Anteil der informierten Konsumenten ist in den vergangenen Jahren sukzessive zurückgegangen. Sowohl der Aussage *„vor Anschaffungen lese ich möglichst Testberichte"* als auch der Aussage *„ich weiß immer, was gerade im Trend ist"* stimmen immer weniger Menschen zu. Auch dieses Teilergebnis ist ein Hinweis auf die sinkende Aktualitätsorientierung breiter Bevölkerungsteile (vgl. Abschn. 7 und 8). Der Anteil der „Test-Orientierten" ist von 51,7 Prozent in 1997 auf mittlerweile 46,0 Prozent gesunken (- 5,7 Prozentpkt.). Noch deutlicher ist der Rückgang der „Trend-Orientierten": Während 1997 noch 52,8

Prozent der Deutschen „wussten", was gerade im Trend ist, ist deren Anteil um -10,7 Prozentpunkte auf nur noch 42,1 Prozent gesunken. Ein Teilergebnis der AWA unterstreicht diese Feststellung: Gaben noch 1995 18,5 Prozent der Befragten an *„ich kaufe gern Produkte mit modernem Design*", so sind dies aktuell nur noch 16,2 Prozent (-2,3 Prozentpkt.). **Im Resultat dieser Entwicklung erreicht man mit modernem Design nur noch wenig mehr als jeden sechsten Konsumenten. Das Wissen über aktuelle Trends lässt offensichtlich immer mehr Konsumenten kalt. Mit der Kommunikation von Fakten und der Aktualität von Angeboten erreicht man immer weniger Menschen.**

Für Konsumgüterhersteller und Marketer ist dies ein ernsthaftes Problem: Wie soll man den potentiellen Kunden über konkrete Produktmerkmale und Aktualität erreichen, wenn sich immer weniger Menschen in diesen Themenfeldern zurechtfinden? Sicher ist auch ein Stück weit der bisher ungebrochene Trend zur Diversifikation von Produktfeldern *eine* Ursache dieser Entwicklung. Bei der historisch einmaligen Vielfalt der heute am Markt verfügbaren Produkte findet sich offensichtlich kaum noch ein Mensch zurecht. Zudem befinden wir uns heute in einer Alltagskultur, mit einer Vielzahl verschiedener Paralleltrends – hier noch den Überblick zu bewahren, fällt nicht nur Konsumenten zunehmend schwer. Eines ist klar: Sollte die heutige Unübersichtlichkeit der Marktverhältnisse anhalten, wird der Anteil der weniger Informierten und Interessierten auch in Zukunft noch weiter zunehmen. **Das „Auswählen dürfen" ist für viele bereits seit längerem in ein „Auswählen müssen" übergegangen. Sich durch Testergebnisse konkrete Produktinformationen zu beschaffen, interessiert hierdurch immer weniger Menschen und neue Trends werden von den Konsumenten kaum noch wahrgenommen.**

Ein weiteres Indiz für die zuvor getroffenen Aussagen dürfte in der Tatsache zu erkennen sein, dass immer weniger Menschen der Aussage *„für neue Kosmetikprodukte bin ich immer aufgeschlossen*" zustimmen. Auch hier zeigt sich, dass mit zunehmender Produktvielfalt im Kosmetikbereich die Anzahl der Innovationsaufgeschlossenen mehr und mehr gesunken ist. Heute ist mit 31,5 Prozent nicht einmal mehr jeder Dritte Bundesbürger offen für neue Kosmetikprodukte (m: 17,9 Proz./w: 44,0 Proz.). Dieser spezielle Trend bei Kosmetikprodukten lässt sich jedoch nicht für die gesamte Konsumwelt verallgemeinern: Wie oben bereits gezeigt, probiert die Mehrheit „bei den *täglichen* Einkäufen gern mal ein neues Produkt aus". Es brauchen jedoch keine expliziten Trendprodukte mehr zu sein, denn hierfür interessieren sich immer weniger Konsumenten.

9.2 Qualitätsorientierung

Wer kennt nicht noch das alte, fast schon für sich stehende Qualitätsversprechen „Made in Germany“. Die Deutschen galten historisch als eine Nation der „Qualitätsbesessenen“. Sowohl in Produktion als auch in Konsumption wurden keine halben Sachen gemacht. Bereits in den 30er Jahren des vorherigen Jahrhunderts formulierte der große Markentechniker Hans Domizlaff als „zweites Grundgesetz des Markenartikels: Nicht die Preisfrage entscheidet in erster Linie, sondern das Vertrauen in die Qualität“ (1992, S. 36).

Graphik 17:

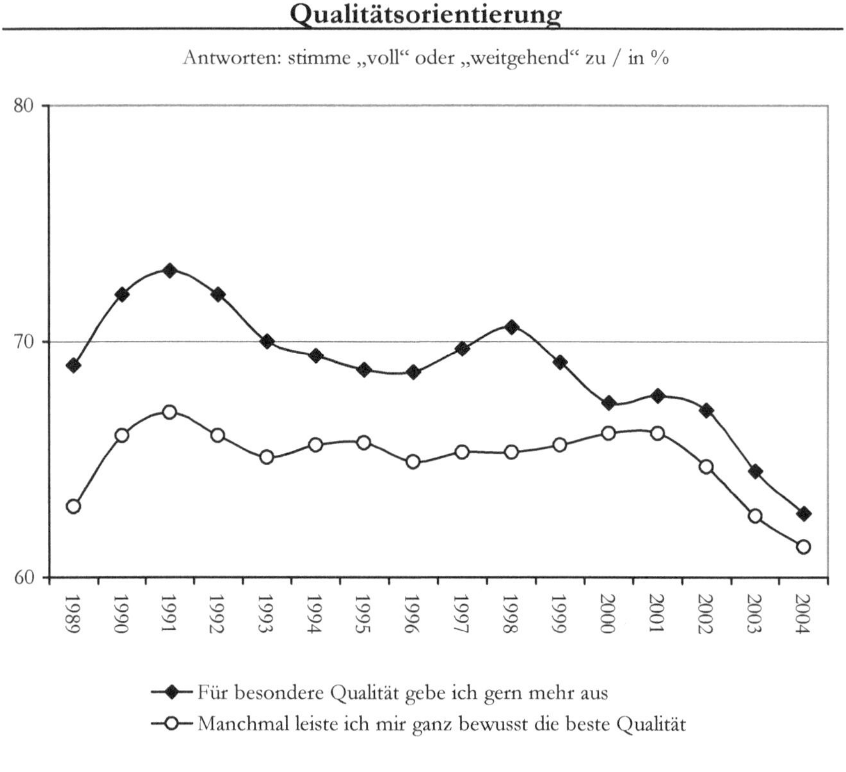

Quelle: VerbraucherAnalyse 1989 bis 2004
ab 1993 Gesamtdeutschland; n = 11.357 (1989) bis 31.783 (2004)

Zumindest in der Konsumwelt scheint sich bei den Deutschen jedoch einiges im Wandel zu befinden. Der Einstellung *„für besondere Qualität gebe ich gern mehr aus"* stimmen immer weniger Konsumenten zu. Vertraten noch Anfang der 1990er Jahre 73,0 Prozent diese Einstellung, so sind dies aktuell nur noch 62,7 Prozent (-10,3 Prozentpkt.). Wiederum ist es insbesondere seit dem Jahr 2002 zu einem starken Bedeutungsverlust dieser Konsumorientierung gekommen. Immer mehr Menschen sind nicht mehr bereit, mehr Geld für Qualität auszugeben. Die „Geiz-ist-geil"-Welle hat scheinbar sogar an den Grundfesten der urdeutschen Qualitätsfokussierung rütteln können. Der Grundtrend zeichnete sich zwar bereits seit Mitte der 1990er Jahre ab, hat jedoch seit dem Konsumkrisen-Jahr 2002 deutlich an Geschwindigkeit zugenommen.

Es ist nicht nur die Ausgabenbereitschaft, die in den vergangenen Jahren spürbar gesunken ist, sondern auch der implizite Verwöhnaspekt des Qualitätskonsums: Vertraten noch Anfang der 90er Jahre 67,0 Prozent das Statement *„manchmal leiste ich mir bewusst die beste Qualität"*, so sind dies aktuell nur noch 61,3 Prozent (-5,7 Prozentpkt.). Auch dieses ist ein historischer Tiefstand. Zwar gibt heute (noch) mit jeweils mehr als 60 Prozent die Mehrheit der Bevölkerung für Qualität *„gern mehr aus"*, und ebenso viele leisten sich ganz bewusst auch mal *„die beste Qualität"*, doch nimmt deren Anteil rapide ab. Der viel zitierte Smart-Shopper (Vossen/Reinhardt 2003; Opaschowski 2004 u.v.m.) ist im Lichte des Einstellungswandels der letzten Jahre nicht zu sehen. Im Gegensatz zur theoretischen Annahme, es würden mit steigender Tendenz *entweder* hochpreisige Qualitätsprodukte *oder* günstige andere Produkte gekauft werden (der mittlere Bereich fällt der Theorie zufolge gleichzeitig weg), zeigt sich, dass auch der Qualitätssektor in den vergangenen Jahren auf breiter Ebene an Zuspruch verloren hat.

An dieser Stelle sollte jedoch die Frage der Kausalfolge im Vordergrund stehen: Zu fragen ist, ob Konsumenten grundsätzlich keine Lust mehr auf Qualität haben? Dies ist natürlich nur schwer vorstellbar. Wer möchte nicht, dass die konsumierten Produkte von vernünftiger Qualität sind? Wer kauft sich beispielsweise Lebensmittel, Fahrzeuge oder auch Bekleidungsartikel, die von mangelhafter Qualität sind? Wahrscheinlich niemand!

Offensichtlich liegt hier vielmehr eine Art vorgelagerter Vertrauensbruch vor: Deutsche Konsumenten haben in der Vergangenheit eindeutig das Vertrauen in vielerlei Qualitätsversprechen verloren. Die erwartete – und über den höheren Preis in der Regel auch bezahlte – Qualität wurde häufig durch die konsumierten Produkte nicht erfüllt. Dieses ist der Grund, weshalb immer weniger Menschen für „*besondere Qualität* gern mehr ausgeben" oder sich auch einmal „ganz bewusst die *beste Qualität*" leisten. Ein Teilergebnis der AWA mag diese relativierende Aussage belegen: Mit 61,1 Prozent sagt die deutliche Mehrheit der deutschen Konsumenten *„für gute Qualität bin ich auch bereit, mehr zu zahlen"* – dies ist innerhalb der AWA das zweitstärkste Konsumkriterium ...

9.3 Genuss- und Luxusorientierung

„Genieße Dein Leben", lautete die Konsumdevise der 1980er Jahre. Die Erlebnisgesellschaft (Opaschowski 1997, 2004) war zu dieser Zeit auf ihrem Höhepunkt. Mit 56,5 Prozent vertrat noch 1986 die Mehrheit der Bevölkerung die Einstellung *„man sollte sich mit seinem Geld lieber ein schönes Leben machen, als es zu sparen"*. Dies war allerdings auch der Höhepunkt der konsumtiven Genussorientierung. In den folgenden Jahren geriet das „schöne Leben" zunehmend aus dem Blickpunkt. Heute zählt sich mit 45,2 Prozent nicht einmal mehr jeder Zweite zu den Genusskonsumenten (- 10,8 Prozentpkt.).

Der Genuss definiert sich jedoch nicht nur über den materiellen Konsum, sondern auch über den Gaumen. Noch 1997 bezeichneten sich 60,1 Prozent der Deutschen als *„Feinschmecker"*. Der Lebensgenuss auf kulinarischem Niveau verliert jedoch seit diesem Jahr deutlich an Bedeutung. Heute – und dies ist hinsichtlich des Umfanges immer noch erstaunlich – bezeichnen sich „nur" noch 50,7 Prozent als Feinschmecker. Auch an dieser Stelle zeigt sich, dass die Bedeutung des Genusskonsums in den vergangenen Jahren deutlich rückläufig war (-9,4 Prozentpkt.).

Wurde bisher vom reinen Genuss gesprochen, so ist das anschließende Statement aus einer ergänzenden Perspektive zu betrachten: Hier kommt noch eine funktionale Dimension hinzu, die im Einzelnen erläutert werden soll. Die Einstellung *„ich kaufe häufig Dinge, die eigentlich nicht notwendig sind, nur um mir eine Freude zu machen"* hat beispielsweise neben dem Genussaspekt vor allem eine psychologische Funktion. Über den Konsum soll eine Freude erzielt, d.h. implizit ein negatives Gefühl kompensiert werden. Wer es nicht nötig hat, bräuchte sich über den Konsum schließlich keine positiven Gefühle zu verschaffen. Dieses Motiv geht eindeutig über den reinen Genuss hinaus.

Dieser Kompensationskonsum zeigt in den vergangenen Jahren einen nahezu zyklischen Verlauf. Im konstanten 6-Jahres-Rhythmus sind jeweils zu- bzw. abnehmende Tendenzen zu sehen. Nach dem ersten Höhepunkt in 1988 wollten sich immer weniger Menschen durch Konsum „nur eine Freude machen“. Der Tiefpunkt lag 1994 bei 24,6 Prozent, stieg bis 2000 jedoch wieder auf 32,7 Prozent zum nächsten Höhepunkte an, um heute wieder bei 26,5 Prozent anzukommen. Sollte der zyklische Verlauf weiter bestehen, so wird der Kompensationskonsum mit hoher Eintrittswahrscheinlichkeit in den kommenden Jahren wieder ansteigen.

Graphik 18:

Genussorientierungen

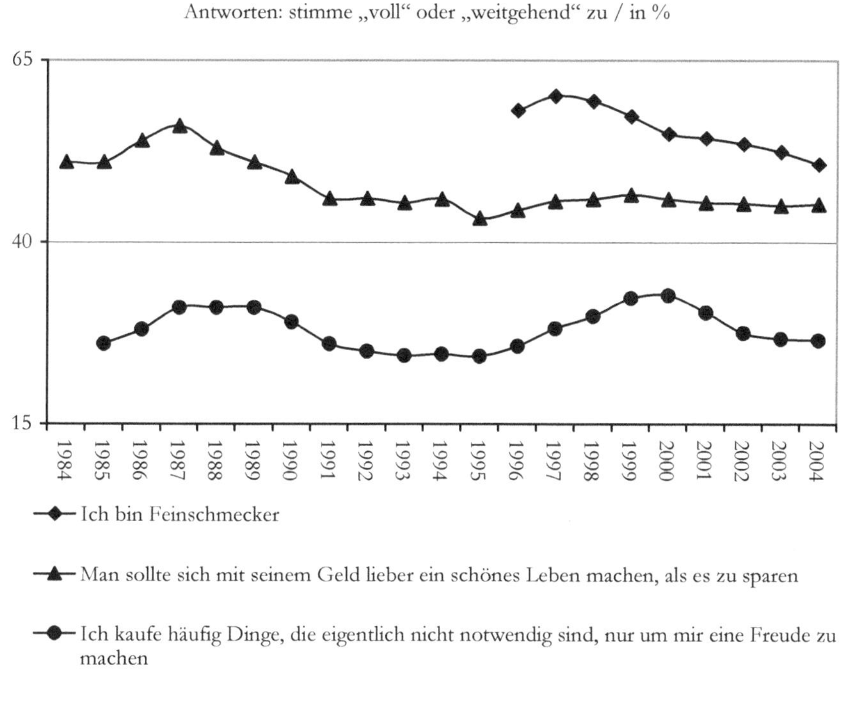

Quelle: VerbraucherAnalyse 1984 bis 2004
ab 1993 Gesamtdeutschland
n = 8.181 (1984) bis 31.783 (2004)

Bevor im Folgenden die Entwicklungen der einzelnen Luxusorientierungen analysiert werden, ist an dieser Stelle vorwegzunehmen, dass die Luxusorientierung ein Minderheitenphänomen ist. Mit maximal 25 Prozent der Bevölkerung vertritt nur wenig mehr als jeder vierte Bundesbürger eine der untersuchten Luxuseinstellungen. „*Wenn mir eine Sache gefällt, kaufe ich sie mir, auch wenn ich sie nicht unbedingt brauche*“ sagen heute 25,7 Prozent der Deutschen. Im Verlauf der letzten zwanzig Jahre hat diese Einstellung einen langsamen, aber beständig wachsenden Zuspruch erfahren. Im Vergleich zu den bisher besprochenen, tendenziell eher in Richtung sinkender Ausgabebereitschaft zielenden Einstellungsentwicklungen, zeigt sich hier erstmals eine Konsumorientierung mit leicht positivem Verlauf.

Graphik 19:

Luxusorientierungen

Zutreffende Einstellungen, Eigenschaften / in %

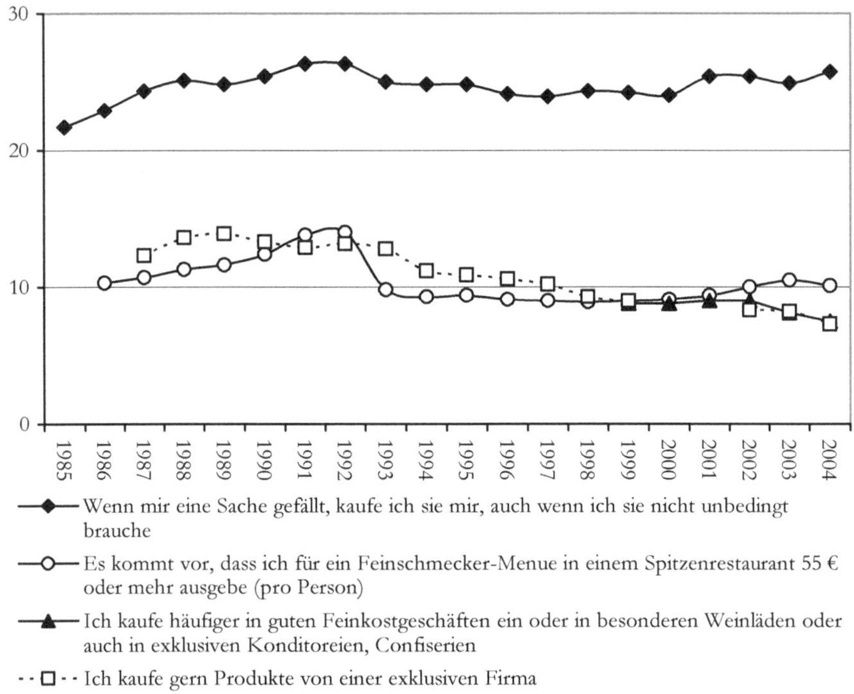

Quelle: Allensbacher Werbeträger Analyse 1985 bis 2004
ab 1993 Gesamtdeutschland; n = bis 21.257 (2004)

Die Bereitschaft für kulinarische Genüsse mehr Geld auszugeben, ist hingegen in den vergangenen Jahren gesunken. Das *„Feinschmecker-Menü im Spitzenrestaurant für 55 € oder mehr"* pro Person leisten sich noch 10 Prozent der Bevölkerung gelegentlich. Während diese Konsumeinstellung unter der erstmaligen Berücksichtigung der Daten aus den „neuen Bundesländern" in 1993 einen drastischen Bedeutungseinbruch erlitt, schwankten die Zahlen in den vergangenen Jahren um den 10-Prozent-Bereich herum. Eine kurze Wiederbelebung zu Beginn des 21. Jahrhunderts flacht sich bereits wieder ab, so dass der Ausgangswert aus 1986 nahezu erreicht ist.

„Ich kaufe häufiger in guten Feinkostgeschäften ein oder in besonderen Weinläden oder auch in exklusiven Konditoreien, Confiserien", sagt nicht einmal jeder Dreizehnte (7,5 Proz.). Diese Orientierung hat in den vergangenen Jahren einen stetigen Bedeutungsverlust erfahren. Die Aussage *„ich kaufe gern Produkte von einer exklusiven Firma"* zeigt einen ähnlichen Entwicklungsverlauf. Seit dem Höhepunkt in 1989 mit 13,9 Prozent Zustimmung, hat sich der Wert auf aktuell 7,3 Prozent nahezu halbiert. Es ist offensichtlich: Der Luxuskonsum hat bessere Jahre hinter sich. Gegenwärtig zeigen auch jene, die es sich leisten könnten, eine wachsende Zurückhaltung. **Die viel beschriebene Entwicklungsschere, zwischen einem zunehmenden „Basiskonsum" auf der einen Seite und einem ebenfalls zunehmenden „Luxuskonsum" auf der anderen Seite, hat nicht stattgefunden. Vielmehr ist eine Art Fahrstuhleffekt zu beobachten, bei dem der Konsum auf breiter Fläche um eine Etage herunter gefahren wurde. Das sinkende Qualitätsvertrauen breiter Bevölkerungsteile (vgl. Abschn. 9.2) dürfte eine der wesentlichen Ursachen für diese Entwicklung sein.**

9.4 Umweltbewusstsein beim Konsum

In den 1980er und frühen 1990er Jahren hatte das Umweltbewusstsein der Deutschen seinen historischen Höhepunkt erfahren. Bereits vor einigen Jahren zeichnete sich jedoch ab, dass Höhepunkte in der Regel gleichzeitig Wendepunkte sind – und so auch bei der allgemeinen Umweltorientierung (vgl. Duncker 1998, S. 96). Die seinerzeit getroffenen Prognosen zum Wertewandel finden im Einstellungswandel der deutschen Konsumorientierungen ihren Niederschlag: Spätestens in der Mitte der 1990er Jahre zeigt sich auf breiter Ebene, dass der Umweltschutz beim Konsumieren immer seltener im Vordergrund steht.

Graphik 20:

Umweltbewusstsein

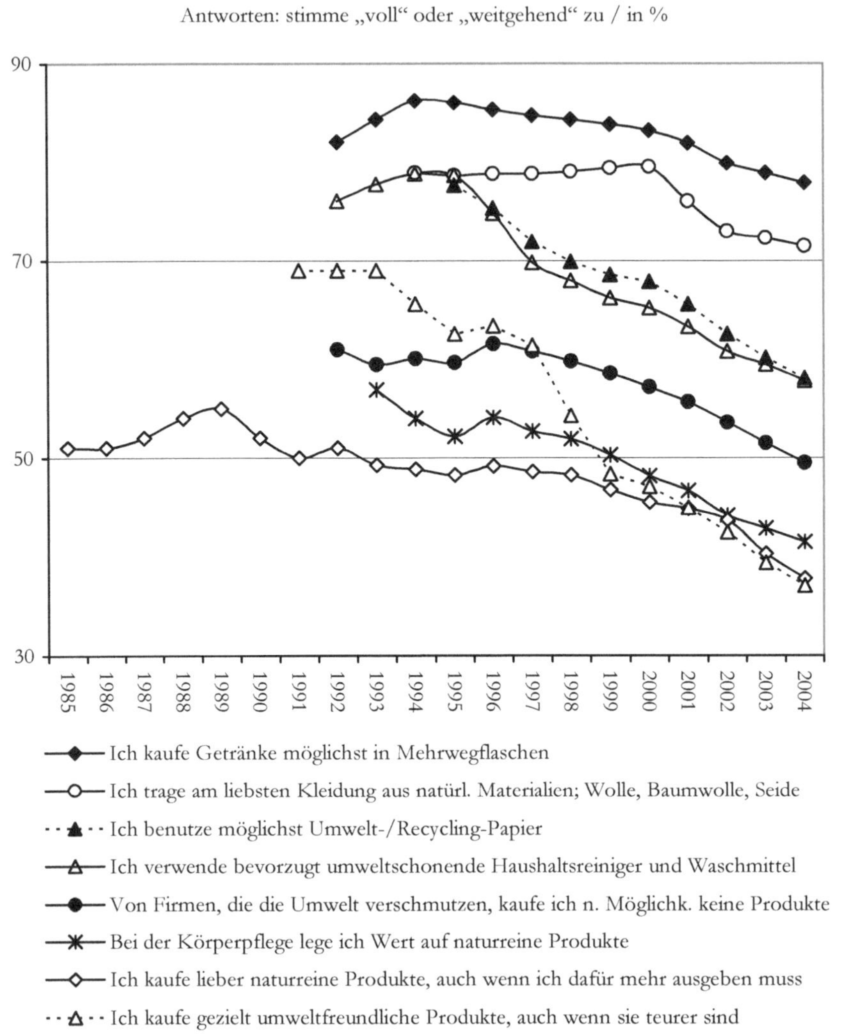

Quelle: VerbraucherAnalyse 1985 bis 2004
ab 1993 Gesamtdeutschland
n = 8.181 (1984) bis 31.783 (2004)

Die beiden Einstellungen „*ich kaufe Getränke möglichst in Mehrwegflaschen*" und „*ich trage am liebsten Kleidung aus natürlichen Materialien ...*" hatten und haben in Deutschland die größte Reichweite hinsichtlich eines ökologisch orientierten Konsums. Trotz eines spürbaren Bedeutungsverlustes in den vergangnen Jahren (Mehrweg: -8,3 und Naturmaterialien: -7,5 Prozentpkt.), werden diese immer noch von etwa drei Viertel der Bevölkerung genannt. Für beide gilt jedoch eine gewisse interpretatorische Einschränkung: Sie haben zwar *auch* mit einer Umweltorientierung zu tun, tragen jedoch gleichzeitig Charakteristika eines pragmatischen (Mehrwegkisten) und komfortorientierten (z.B. atmungsaktive Naturmaterialien) Entscheidungsmusters. Die Tatsache, dass beide an der Spitze der Verteilung stehen und zudem einen vergleichsweise geringen Bedeutungsverlust erfahren haben, basiert mithin nur zum Teil auf *umweltorientierten* Konsumeinstellungen der Menschen.

Wurden noch zur Mitte der 1990er Jahre überwiegend Umwelt- bzw. Recycling-Papiere verwendet (77,6 Proz.) und umweltschonende Haushaltsreiniger und Waschmittel bevorzugt (78,8 Proz.), so ist ein massiver Bedeutungsverlust dieser Konsumorientierungen festzustellen. Heute verwendet mit 58,1 Prozent zwar immer noch die Mehrheit der Deutschen möglichst umweltfreundliches Papier, doch ist der Bedeutungseinbruch mit -19,5 Prozentpunkten in nur 10 Jahren drastisch. Auch umweltschonende Reinigungsmittel werden nur noch von 57,8 Prozent bevorzugt (-18,2 Prozentpkt.). Selbst bei der Körperpflege achten die Menschen immer weniger auf naturreine Produkte: Seit 1993 ist die Zustimmung zur Aussage „*bei der Körperpflege lege ich Wert auf naturreine Produkte*" um -15,4 Prozentpunkte auf 41,5 Prozent gesunken. **Es ist offensichtlich: Der Naturbezug als konsumsteuerndes Merkmal hat spürbar an Bedeutung verloren – Tendenz weiter sinkend.**

Es sind jedoch nicht nur die konkreten Anwendungsbereiche, bei denen der Umweltbezug gesunken ist. Auch die eher abstrakten Statements „*von Firmen, die die Umwelt verschmutzen, kaufe ich nach Möglichkeit keine Produkte*" und „*ich kaufe lieber naturreine Produkte, auch wenn ich hierfür mehr ausgeben muss*" haben einen drastischen Bedeutungsverlust erfahren (-11,5 und -17,2 Prozentpkt.). Es gehört heute offenbar immer seltener zur „Political Correktness", sich theoretisch und im praktischen Verhalten für den Umweltschutz einzusetzen. Dieses hat jedoch nicht nur Einfluss auf ökologische Entwicklungsbedingungen, sondern auch ökonomische Konsequenzen.

Ökologische Produkte werden in der Regel aufwendiger (z.B. geringere Ernteerträge bei Frischeartikeln; konsequenter Verzicht auf Kinderarbeit etc.) und mithin kostenintensiver produziert. Hierdurch ist auch der Marktpreis für den Endverbraucher in der Regel höher als bei nicht-ökologischen Produkten. Werden nun ökologisch „wertvollere" Produkte immer seltener konsumiert, sinken auch die Endverbraucherpreise für die entsprechenden Vergleichsgüter. Auch diese Entwicklung trägt zur Stagnation oder gar Rezession des volkswirtschaftlichen Bereiches „privater Konsum" bei (vgl. Abschn. 9) und ist hierdurch ein weiterer Erklärungsfaktor für die sinkenden Ausgaben privater Haushalte.

Im Zusammenhang zwischen Einstellungswandel und wirtschaftlicher Entwicklung zeigt sich an dieser Stelle wiederum ein vorgelagerter Wandel der Einstellungen, der sich erst später, als Teilursache, auch in der volkswirtschaftlichen Entwicklung niederschlägt. Diese Auswirkungen der nachlassenden Umweltorientierung breiter Bevölkerungsteile belegt die Entwicklung des Statements *„ich kaufe gezielt umweltfreundliche Produkte, auch wenn sie teurer sind"*: Wurde dieser Aussage 1993 noch von 69 Prozent der Bevölkerung Zustimmung entgegengebracht, so beträgt der Anteil aktuell nur noch 37,1 Prozent (-31,9 Prozentpkt.). Dies entspricht nahezu einer Halbierung innerhalb von nur 11 Jahren!

9.5 Umgang mit Geld – Sparsamkeit

In den vorhergehenden Abschnitten konnte anhand der Entwicklungsverläufe mehrerer Einstellungen bereits gezeigt werden, dass die Konsumneigungen auf breiter Ebene rückläufig sind. Die Deutschen zeigen eine sinkende Trendorientierung, leisten sich seltener Qualitätsprodukte, leisten sich seltener Luxusgüter und Dienstleistungen und sind wieder häufiger *„auf der Suche nach Billigangeboten"*. Per Saldo, und dieses zeigen auch die harten Daten der amtlichen Statistiken, geben die Menschen immer weniger Geld für den privaten Konsum aus. Doch wie wirkt sich der bisher ermittelte Einstellungswandel auf das konkrete Ausgabe- bzw. Sparverhalten aus?

Gespart wird an erster Stelle beim Konsum. Mit 66,9 Prozent achten bereits zwei Drittel der Konsumenten *„beim Einkaufen darauf, was es im Sonderangebot gibt"*. Der Anteil dieser Schnäppchenjäger ist bereits seit 1997 (59,4 Proz.), und somit deutlich vor dem allgemeinen Einbrechen der privaten Konsumausgaben in 2002, angestiegen. An dieser Stelle zeigt sich einmal mehr, dass dem tatsächlichen Verhaltenswandel, nämlich weniger Geld auszugeben, ein mehrjähriger Einstellungswandel voraus ging. In diesem Fall erklärt sich die wirtschaftliche Entwicklung durch den weit vorgelagerten Wandel einer Konsumhaltung. Im Ergebnis dieser Entwicklung sagt heute die Mehrheit der Konsumenten: *„Ich kaufe da, wo es besonders günstig ist"* (58,5 Proz.).

Graphik 21:

Einstellungen zur Sparsamkeit I.

Zutreffende Eigenschaften, Einstellungen / Angaben in %

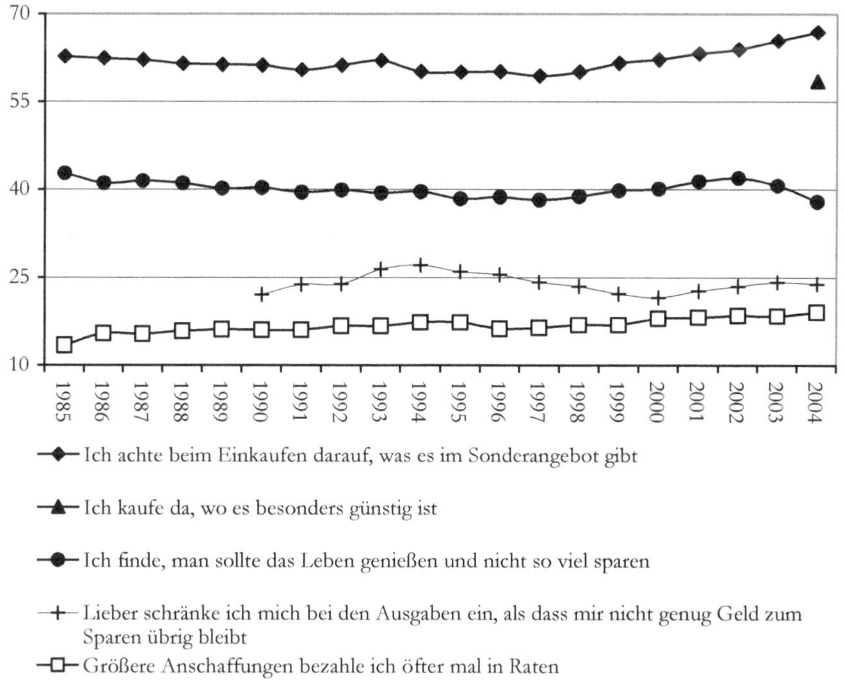

Quelle: Allensbacher Werbeträger Analyse 1985 bis 2004
ab 1993 Gesamtdeutschland; n bis 21.257 (2004)

Die Einstellung *„ich finde, man sollte das Leben genießen und nicht so viel sparen"* wurde in den vergangenen 20 Jahren von durchschnittlich etwa 40 Prozent der Bevölkerung vertreten. Konsumgenuss statt Vorsorge lautet bei diesen Menschen die Devise. Auch hier war, seit 1997, ein Bedeutungszuwachs zu verzeichnen. Dieser fand jedoch in 2002 mit 42,0 Prozent seinen Höhepunkt.

Seither verliert der Konsumgenuss wieder an Bedeutung, so dass er heute nur noch von 37,9 Prozent genannt wird (-4,1 Prozentpkt.). An dieser Stelle zeigt sich, im Gegensatz zum steigenden Anteil der Schnäppchenjäger, ein der tatsächlichen wirtschaftlichen Entwicklung *nachgelagerter* Einstellungswandel. **Erst als auch der private Konsum auf breiterer Basis zurückgeht, zeigt sich eine Abkehr vom Konsumgenuss.**

Zu dieser Feststellung passt die Entwicklung der (Anti-) Konsumorientierung *„lieber schränke ich mich bei meinen Ausgaben ein, als dass mir nicht genug Geld zum Sparen übrig bleibt"*. Diese hat seit 2001 einen leichten Bedeutungszuwachs erfahren und wird mittlerweile wieder von 23,9 Prozent der Deutschen vertreten. Im Gesamtverlauf der Entwicklung ist jedoch zu beachten, dass die Neigung zum Konsumverzicht Anfang der 90er Jahre noch deutlich stärker ausgeprägt war als heute (1994: 27,1 Proz.). Vor allem die erstmalige Einbeziehung der Daten aus den „neuen Bundesländern" in 1993 führte zu einem starken Anstieg der Reichweite dieser Einstellung. Der tatsächliche, leichte Bedeutungszuwachs der vergangenen Jahre rechtfertigt mithin noch nicht ein allgemeines Sinken des privaten Konsums – **es wird weiterhin nur von einer Minderheit (23,9 Proz.) auf den Konsum verzichtet, um mehr sparen zu können**.

Ein nahezu linear-positiver Trend zeigt sich hingegen in der schrittweisen Zunahme derjenigen Konsumenten, die *„größere Anschaffungen öfter mal in Raten bezahlen"*. Waren noch 1985 lediglich 13,4 Prozent der Konsumenten Ratenzahler, so hat sich deren Anteil in den vergangenen 20 Jahren auf mittlerweile 19,1 Prozent erhöht. Dies ist zwar noch keine hohe Ziffer, doch ist es bereits jeder Fünfte, der diesen indirekten Kredit in Anspruch nimmt.

Hier zeigt sich eine kulturell-evolutionäre Entwicklung einer Konsumeinstellung: Es wird zunehmend normal, sich größere Objekte anzuschaffen, noch bevor man das nötige Geld hierfür hat. Vom traditionellen Sparen zum vorgreifenden Konsum (durch z.B. Kredit, Ratenzahlung, Leasing etc.) wird der Schritt offensichtlich immer kürzer.

Im Rahmen der VA wird nach der tatsächlichen Sparmotivation gefragt. Hier zeigt sich, dass das regelmäßige Sparen in den vergangenen Jahren ein wenig aus der Mode gekommen ist. *„Bei uns wird jeden Monat eine feste Summe gespart"*, sagten 1992 mit 67,0 Prozent mehr als zwei Drittel der Deutschen. Seither, und insbesondere seit dem Umbruchsjahr 2002, ist der Bevölkerungsteil mit fester Sparneigung jedoch deutlich auf 58,0 Prozent gesunken (-9,0 Prozentpkt.). In der historischen Betrachtung bleibt festzuhalten, dass die Sparneigung heute (noch) stärker ausgeprägt ist, als in den frühen 80er Jahren.

Graphik 22:

Einstellungen zur Sparsamkeit II.

Antworten: stimme „voll" oder „weitgehend" zu / in %

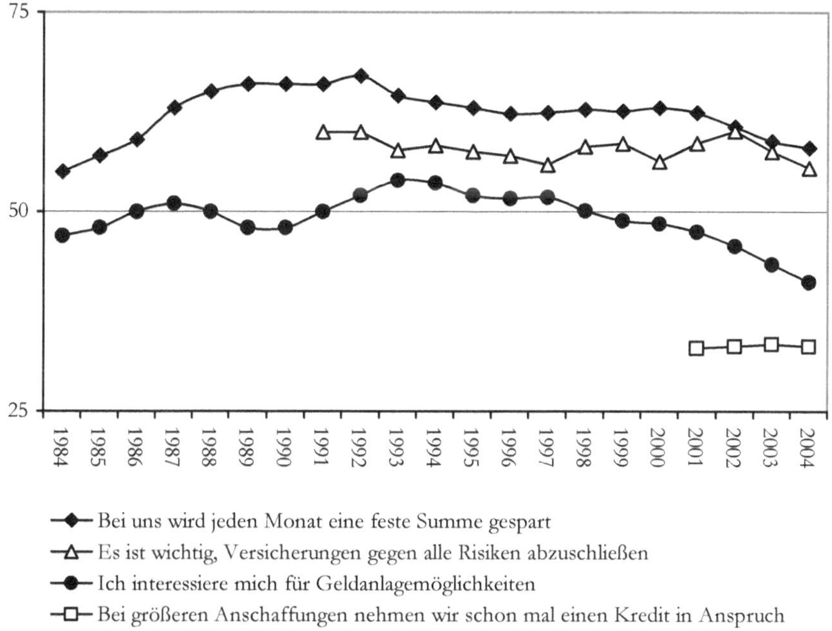

Quelle: VerbraucherAnalyse 1984 bis 2004
ab 1993 Gesamtdeutschland
n = 8.181 (1984) bis 31.783 (2004)

Nahezu parallel zu dieser Entwicklung geben auch immer weniger Menschen an „*ich interessiere mich für Geldanlagemöglichkeiten*". Hier ist der Bedeutungsverlust mit -12,7 Prozentpunkten seit 1993 sogar noch stärker ausgeprägt. Schon deutlich vor dem Börsencrash, kurz nach der Jahrtausendwende, hatte das Interesse an Geldanlagemöglichkeiten deutlich nachgelassen. Aktuell ist das Interesse mit 41,2 Prozent sogar unter dem Wert von 1984 mit 47,0 Prozent (-5,8 Prozentpkt.). Banken, Kreditinstitute und sonstige Anbieter von Geldanlagen bekommen dies bereits seit einiger Zeit schmerzhaft zu spüren. Ähnlich verhält es sich mit der Bereitschaft „*Versicherungen gegen alle Risiken abzuschließen*": Trotz zum Teil deutlicher Schwankungen, insbesondere einer starken *Aktuierung* nach dem 11. September 2001, ist es den Deutschen zunehmend seltener wichtig, Versicherungen gegen alle Risiken abzuschließen. **Auch zeigt sich, ähnlich der Sparneigung, eine zunehmende Abkehr von einer Zukunfts- und Risikoabsicherung: Die Deutschen sparen immer weniger für die Zukunft und Versicherungen gegen alle möglichen Risiken werden gleichzeitig immer seltener für wichtig erachtet.**

Ähnlich der bereits in der AWA ermittelten zunehmenden Neigung, größere Anschaffungen auch mal in Raten zu bezahlen, ist in den vergangenen Jahren auch eine leicht zunehmende Neigung zu Kreditkäufen zu ermitteln: „*Bei größeren Anschaffungen nehmen wir schon einmal einen Kredit in Anspruch*", gesteht mittlerweile jeder Dritte (33,1 Prozent). Auch hier zeigt sich eine zunehmende Neigung des Konsums im Hier und Jetzt: Es wird weniger gespart, es werden weniger Versicherungen gegen Risiken abgeschlossen und gleichzeitig werden mehr Schulden und Zahlungsverpflichtungen für die Zukunft in Kauf genommen.

Zusammenfassend lässt sich bezüglich der Sparorientierungen der Deutschen im jungen 21. Jahrhundert folgendes festhalten: Auf der einen Seite achten die Konsumenten zunehmend auf Sonderangebote, wollen weniger genießen und sind dabei mehr und mehr auch bestrebt ihre Ausgaben einzuschränken. Aber: Auf der anderen Seite werden größere Anschaffungen öfter mal in Raten gezahlt oder durch einen Kredit finanziert – ein Verhalten, welches dem Sparen deutlich zuwider läuft. An dieser Stelle zeigt sich ein neuer Konsumdreiklang: Das Leben im Hier und Jetzt ist gekennzeichnet durch einen primär kostenorientierten Konsum. Das per Saldo übrig bleibende Geld wird jedoch nicht zukunftsorientiert angelegt (Sparen, Versicherungen). Ganz im Gegenteil: Zunehmend wird es in Kauf genommen, für größere Anschaffungen auch Schulden zu machen.

9.6 Markenbewusstsein

Marken haben in Deutschland – und nicht nur hier – traditionell für die produzierende Wirtschaft und vor allem bei individuellen Konsumentscheidungen eine besondere Bedeutung. Die Liste der Eigenschaften, die Marken zugesprochen werden, ist ebenso lang wie uneinheitlich. Die Diskussion über so genannte „Markenwerte" ist denn auch seit vielen Jahren im vollen Gange. Der Übersicht halber sollen an dieser Stelle die Profis zu Rate gezogen werden. Der Markenverband e.V., als Zusammenschluss von über 350 Herstellern von Markenartikeln, hat in einer knappen Übersicht zusammengefasst, was eine Marke ausmacht und welche zentralen Funktionen sie erfüllt:

„Der Markenartikel ist ein Produkt, das die Marke des Herstellers trägt und stets gleich bleibende oder verbesserte Qualität und Ausstattung bietet.

Daraus folgt:

1. *Der Markenartikel gibt dem Verwender Sicherheit beim Einkaufen; er ist nicht anonym.*
2. *Der Markenartikel ist langfristig konzipiert. Er hat ein eigenständiges Produktprofil. In Bezug auf Qualität, Preis und Service, hat er in seiner Gruppe eine Leitfunktion. Durch Leistung und kontinuierlichen Markenauftritt schafft er Vertrauen bei den Verwendern.*
3. *Der Markenartikel geht mit der Zeit. Denn Produktion und Forschung haben höchstes Niveau und können veränderte Verbraucherbedürfnisse jederzeit berücksichtigen. Der Markenartikel hat dadurch langfristigen Markterfolg und hohe Bekanntheit.*
4. *Der Markenartikel wird über ein produktadäquates Vertriebssystem distribuiert. Das garantiert gleich bleibende, überregionale Versorgung, bequemen Einkauf und fachkundigen Service.*
5. *Der Markenartikel fördert den Wettbewerb und dadurch Produktinnovationen. Er ist das beste Mittel gegen ein eintöniges Warenangebot. Markenartikel sprechen große Verbrauchergruppen an und garantieren durch rationelle Fertigung einen angemessenen Preis.*
6. *Der Markenartikel verhindert Produktenttäuschungen. Durch seine hohe Produktqualität verschafft er dem Käufer positive Erfahrungen und verdient sich dadurch höchste Wertschätzung. Durch Markenwerbung und Verkaufsförderung informiert der Hersteller Handel und Verbraucher.*
7. *Markenartikel setzen Maßstäbe für wirtschaftlichen und technischen Fortschritt. Durch die Innovationskraft und Produktkompetenz der Hersteller prägen sie in hohem Maße die Konsumgüter.“*

(aus dem Internetauftritt des Markenverbandes e.V. am 01.02.2005)

Dies sind zunächst einmal die „Netto-Funktionen“, welche Markenartikeln zugeschrieben werden. Hierüber hinaus haben Markenartikel, resp. deren

Produzenten, eine häufig übersehene öffentliche Aufgabe übernommen: Sowohl das Private Fernsehen (Ausn. Pay-TV) als auch die meisten überregionalen Zeitschriften und Zeitungen werden zu einem großen Teil durch Werbung für Markenartikel „subventioniert". Die Preise für den Erwerb und Konsum dieser Medien würden ohne Werbeaufwendungen deutlich höher liegen und eine Vielzahl von Medienangeboten ließe sich nicht mehr marktfähig realisieren.

Eine weitere Kernaufgabe der Markenartikel besteht in dem Vorantreiben des wissenschaftlichen Fortschrittes. Ein großer Teil der wissenschaftlichen und technischen Innovationen wird durch die Hersteller von Markenartikeln geleistet: Sie investieren in Forschung und Entwicklung, um auch morgen und übermorgen mit aktuellen und innovativen Produkten im Wettbewerb bestehen zu können. Diese beiden Ergänzungen sollen lediglich zeigen, welche häufig übersehenen „Brutto-Funktionen" Markenartikel auch für die Gesellschaft übernehmen. Was geschieht, wenn der Konsum von Markenartikeln zurück geht, braucht an dieser Stelle wahrscheinlich nicht weiter erwähnt zu werden.

Doch zurück zu den empirischen „Tatsachen". Marken schaffen Kundentreue: 84,1 Prozent der Deutschen sagen „wenn ich mit einer Marke zufrieden bin, bleibe ich auch dabei". An dieser Stelle zeigt sich recht deutlich die übergeordnete Orientierungsfunktion von Marken. Hat man sie einmal kennen, und vor allem schätzen, gelernt, dann kann man beim nächsten Einkauf getrost wieder zum gleichen Produkt greifen. Marken schaffen mithin Vertrauen in Qualität und sonstige stabile Merkmale (Aussehen, Image, Prestige, ggf. Geschmack etc.). Die Markentreue der Kunden hat in den vergangenen 20 Jahren eine Reihe leichter Schwankungen erfahren, ist jedoch alles in allem stabil geblieben. Heute bleibt mit vier Fünftel der Bevölkerung die deutliche Mehrheit der Konsumenten einer Marke treu – aber nur, wenn sie mit dieser zufrieden ist. Einer der Haupteigenschaften der Marke verdient hierdurch weiterhin stärkste Beachtung.

Marke und Preissensibilität – zwei Begriffe wie Feuer und Wasser. Marken haben ein hohes Qualitätsversprechen, sind häufig innovativ und werden über die Werbung aufwendig auf den Märkten platziert. Dies sind die Kriterien, welche die Markenartikel häufig teurer werden lassen, als so genannte Handelsmarken oder sonstige Nachahmerprodukte. Wer dennoch günstig an wertige Markenprodukte herankommen möchte, sagt „ich kaufe gezielt Markenprodukte, die zu Sonderpreisen angeboten werden". Mit 67,5 Prozent vertreten heute mehr als zwei Drittel der Konsumenten diese Einstellung. **Im Vergleich zu den späten 90er Jahren ist dieser Wert jedoch leicht um etwa**

–4 Prozentpunkte gesunken. Der Mythos, Markenprodukte lassen sich „zunehmend“ *nur* über Sonderpreise verkaufen, wird hierdurch in seine Schranken verwiesen.

Graphik 23:

Markenbewusstsein

Antworten: stimme „voll“ oder „weitgehend“ zu / in %

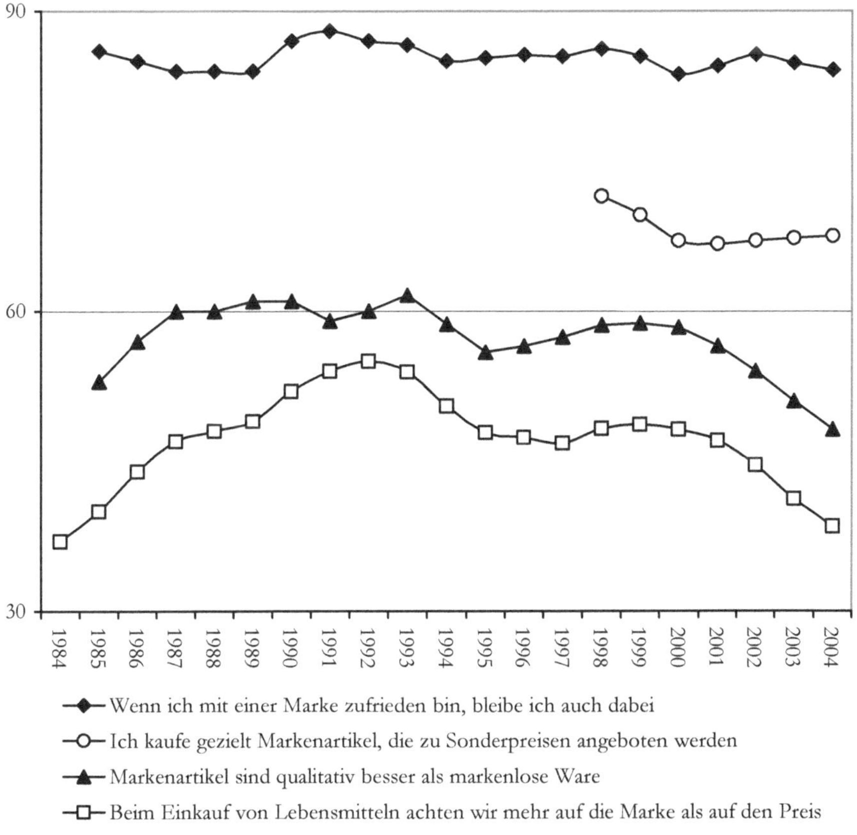

Quelle: VerbraucherAnalyse 1984 bis 2004
ab 1993 Gesamtdeutschland ab 1993 Gesamtdeutschland
n = 8.181 (1984) bis 31.783 (2004)

Deutliche Verschiebungen gab es in den vergangenen Jahren hingegen im Zusammenhang mit dem marken-impliziten Qualitätsversprechen (s.o.): War die Qualität für lange Zeit *das* entscheidende Markenkriterium, so hat sich hier in den vergangenen Jahren ein deutlicher Vertrauensverlust ergeben. Konnte noch von 1985 bis 1993 ein zunehmend positives Qualitätsverständnis für Marken aufgebaut werden (+8,6 Prozentpunkte), so hat sich dieser Trend nachfolgend ins Negative gedreht.

Seit 1999, und somit wiederum deutlich vor dem Sinken des privaten Konsums, zeigt sich sogar eine drastische Beschleunigung dieses Bedeutungsverlustes: Vertraten noch 1993 61,6 Prozent der Deutschen die Ansicht, Marken würden eine bessere Qualität bieten als markenlose Produkte, so sind dies aktuell nur noch 48,2 Prozent – dies entspricht einem Vertrauensverlust von -13,4 Prozentpunkten. Tendenz weiter spürbar sinkend. Der Bedeutungsverlust ist sogar dermaßen hoch, dass heute nicht einmal mehr jeder Zweite an die Qualität der Marke glaubt.

Um dieser Tendenz entgegenzutreten, sind Hersteller von Markenartikeln einmal mehr aufgerufen, die Qualität ihrer Waren wieder verstärkt in den Vordergrund zu stellen. Was hilft es, wenn beispielsweise hochpreisige Bekleidungshersteller ihre Produkte in verminderter Qualität in Rumänien fertigen lassen, Sportbekleidungs-Labels ihre vergleichsweise teuren Schuhe mit zumindest optischen Mängeln in China herstellen, etablierte Hausgerätemarken ebenfalls ihre Produktion in so genannte „Billiglohnländer" verlagern, in denen nicht nur der Lohn, sondern auch die Fertigung „billig" ist? In vielen Fällen hat tatsächlich die Qualität von Markenprodukten in den vergangenen Jahren spürbar abgenommen. Aus dieser Perspektive ist es auch kein Wunder, dass das Vertrauen der Konsumenten in diese Marken gesunken ist.

Ein weiteres Problem vieler Markenartikler ist natürlich die Ausweitung so genannter Handelsmarken. Viele Filialisten und Einkaufsgemeinschaften sind aufgrund des so genannten Preisdrucks dazu übergegangen, ihren Kunden preiswerte Parallelprodukte, namens Handelsmarken, anzubieten. Diese haben heute den Nimbus einer soliden, aber eben nicht hochwertigen Marke. Es sind Produkte, die nicht teuer, aber dennoch Vertrauen erweckend sind. An dieser Stelle sehen sich Handel und Produktion mit einer Art Kreuzentwicklung konfrontiert: Auf der einen Seite gewinnen Handelsmarken zunehmend das Vertrauen der Verbraucher und viele Markenartikler verspielen ihr (Vorschuss-) Vertrauen bei den Konsumenten. Graphisch und schematisch-vereinfacht dargestellt, zeigt sich die Entwicklung wie folgt:

Graphik 24:

Entwicklung des Qualitätsvertrauens im Zeiverlauf

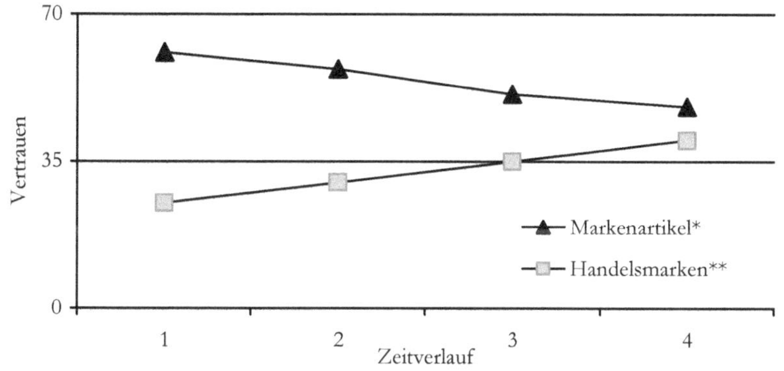

* = tatsächliche Entwicklung; ** = hypothetische Entwicklung

Hersteller von Markenartikeln können der sich hier abzeichnenden Entwicklung nur entkommen, wenn sie sich wieder auf ihre Kernkompetenzen Image, Qualität und Service konzentrieren. Das reine Versprechen reicht heute nicht mehr aus, um das Kundenpotential erfolgreich anzusprechen. Sicher drückt der Markt, im Sinne der Konsumenten, vor allem beim Preisniveau („Billich – will ich"), doch haben Markenartikel nur einen geringen Spielraum zur ernsthaften Profilierung. Bei einer verstärkten Fokussierung auf die Qualität und dem damit einhergehenden positiven Image sind auch wieder mehr Menschen bereit, für Markenartikel mehr Geld auszugeben (vgl. Abschn. 9.2). Die AWA-Befragten unterstützen diese These: Mit 61,1 Prozent betont die deutliche Mehrheit der Deutschen die Aussage *„für gute Qualität bin ich auch bereit, mehr zu zahlen"*.

Neben den allgemeinen Markenprodukten lässt sich der Markt noch in Marken mit einem besonderen Exklusivitätsanspruch differenzieren. Diese exklusiven Markenprodukte sprechen in der Regel eine recht begrenzte Zielgruppe mit hohen Ansprüchen an. Der Marktbedarf an exklusiven Produkten ist in den vergangenen Jahren nicht nur faktisch, sondern auch empirisch zurückgegangen. Seit den frühen 90er Jahren geben immer weniger Menschen an, sie würden sich *„gern Produkte einer exklusiven Marke wie z.B. Etienne Aigner, Armani, Chanel, Dior etc."* oder auch *„Sportbekleidung oder sportliche Bekleidung rela-*

tiv teurer Marken" kaufen. Der Bedarf, und in diesem Fall auch der Wunsch, nach teuren Marken ist spürbar gesunken. Nur noch 8,2 Prozent kaufen sich teurere Sportbekleidung und nur noch geringe 6,6 Prozent kaufen sich gern Produkte von exklusiven Marken. Wenn ein Konsumbereich in ein, auf die Gesamtbevölkerung bezogenes, Abseits geraten ist, dann die Nobelmarken.

Graphik 25:

Markenorientierung bei exklusiven Produkten

Zutreffende Eigenschaften, Einstellungen / Angaben in %

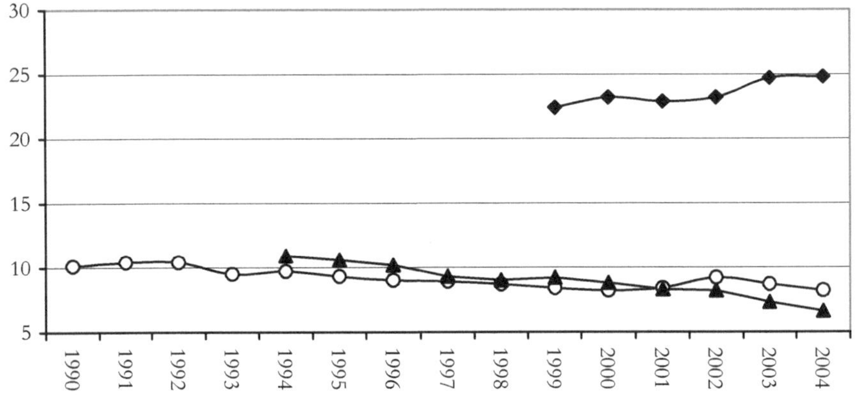

—◆— Ich versuche, teure und exklusive Markenartikel immer so günstig wie möglich zu bekommen, z.B. durch Einkauf direkt beim Hersteller, beim Großhändler oder durch andere günstige Möglichkeiten

—○— Ich kaufe für mich gern Sportbekleidung oder sportliche Kleidung relativ teurer Marken

—▲— Ich kaufe gern Produkte von einer exklusiven Firma wie z.B. Etienne Aigner, Armani, Chanel, Dior usw.

Quelle: Allensbacher Werbeträger Analyse 1990 bis 2004
ab 1993 Gesamtdeutschland; n = bis 21.257 (2004)

Im „positiven" Gegentrend zeigt sich bei den Konsumenten exklusiver Marken vor allem eine Orientierung: „*Ich versuche, teure und exklusive Markenartikel immer so günstig wie möglich zu bekommen, z.B. durch Einkauf direkt beim Herstel-*

ler, beim Großhändler oder durch andere günstige Möglichkeiten". Mittlerweile bekennt sich mit 24,8 Prozent jeder Vierte zum vergünstigten Exklusivkonsum – Tendenz steigend. Man wünscht sich exklusive Marken, möchte hierfür aber gleichzeitig immer weniger ausgeben. Wenn exklusives konsumiert wird, dann bemühen sich die Konsumenten, ein Schnäppchen zu erwischen – der „Smart-Shopper" zeigt an dieser Stelle wieder einmal seine Präsenz.

10. Konsumorientierungen im Wandel – zusammenfassende Feststellungen

In den vorhergehenden Absätzen wurde eine Vielzahl von Konsumeinstellungen untersucht. Wie es nun einmal bei einer größeren Auswahl von Daten der Fall ist, führt der Umfang des Datenmaterials auch schnell zu Unübersichtlichkeit. Aus diesem Grunde soll eine Zusammenfassung der wichtigsten Teilergebnisse helfen zu verstehen, was in den deutschen Konsumenten in den vergangenen Jahren vor sich gegangen ist und welches die herausragenden Änderungen waren. Abschließend soll zudem versucht werden, einen vorsichtigen Blick in den Markt der Zukunft zu richten. Da die Daten der beiden verwendeten Studien aufgrund der methodischen Unterschiede nicht direkt miteinander verglichen werden können (vgl. Anmerkungen oben), müssen diese separat ausgewertet werden. Dies entspricht zwar nicht gerade dem Grundgedanken einer Zusammenfassung, kann jedoch an dieser Stelle leider nicht vermieden werden.

Allen Unkenrufen zum Trotz: Kundenbindung durch Marke ist immer noch die stärkste Konsummotivation (VA 2004: 84,1 Proz.) – allerdings nur, wenn der Kunde mit der Marke auch zufrieden ist! Wer sich als Hersteller von Markenartikeln in den kommenden Jahren wieder, oder weiterhin, stärker auf die Orientierungsfunktion von Markenartikeln konzentriert, hat gute Karten. An der Preisfront wird sich ebenfalls nicht viel ändern: Zwei Drittel (67,5 Prozent) der Deutschen werden auch weiterhin „*gezielt Markenartikel kaufen, die zu Sonderpreisen angeboten werden*".

Hierbei darf allerdings die Qualität der Produkte nicht fehlen: Mit 62,7 Prozent gibt die Mehrheit der Konsumenten „*für besondere Qualität … gern mehr aus*". Nahezu ebenso viele (61,3 Proz.) leisten sich manchmal sogar „*ganz bewusst die beste Qualität*". Beide Orientierungen haben jedoch in den vergangenen Jahren deutlich an Bedeutung verloren. Im Zusammenhang mit dieser Entwicklung ist auch das subjektive Qualitätsversprechen von Markenartikeln in den vergangenen Jahren rückläufig: „*Markenartikel sind qualitativ besser als markenlose Ware*", glauben heute nur noch 48,2 Prozent – Tendenz weiter sinkend.

Marke allein macht eben nicht glücklich – auch die Qualität, ein eigentlich implizites Markenversprechen, muss (wieder) stimmen. Wird diese Qualitätsorientierung vernachlässigt, wird zwar die grundsätzliche Markenbindung auf Basis der Orientierungsfunktion weiterhin Bestand haben, doch wird die Bereitschaft sinken, hierfür mehr als nur ein Sonderpreisniveau zu bezahlen. Nicht umsonst erreicht das AWA-Statement „*für gute Qualität bin ich auch bereit, mehr zu zahlen*" den zweiten Rang der Konsum steuernden Einstellungen (2004: 61,1 Proz.). Das Preis-*Leistungs*-Verhältnis muss unbedingt stimmen.

Graphik 26:

Wichtigste Konsummerkmale der VA 2004

Antworten: stimme „voll" oder „weitgehend" zu / in %

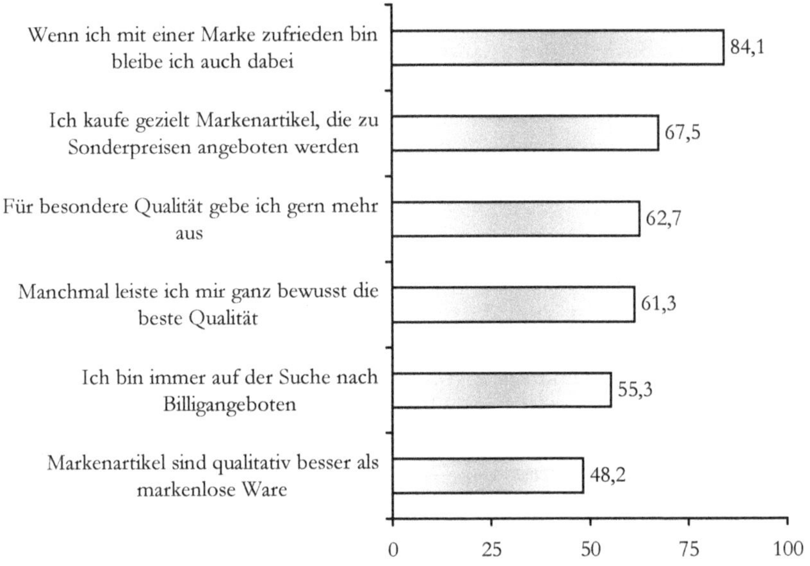

Quelle: VerbraucherAnalyse 2004
n = 31.783

Graphik 27:

Auswahl konsumsteuernder Merkmale der AWA

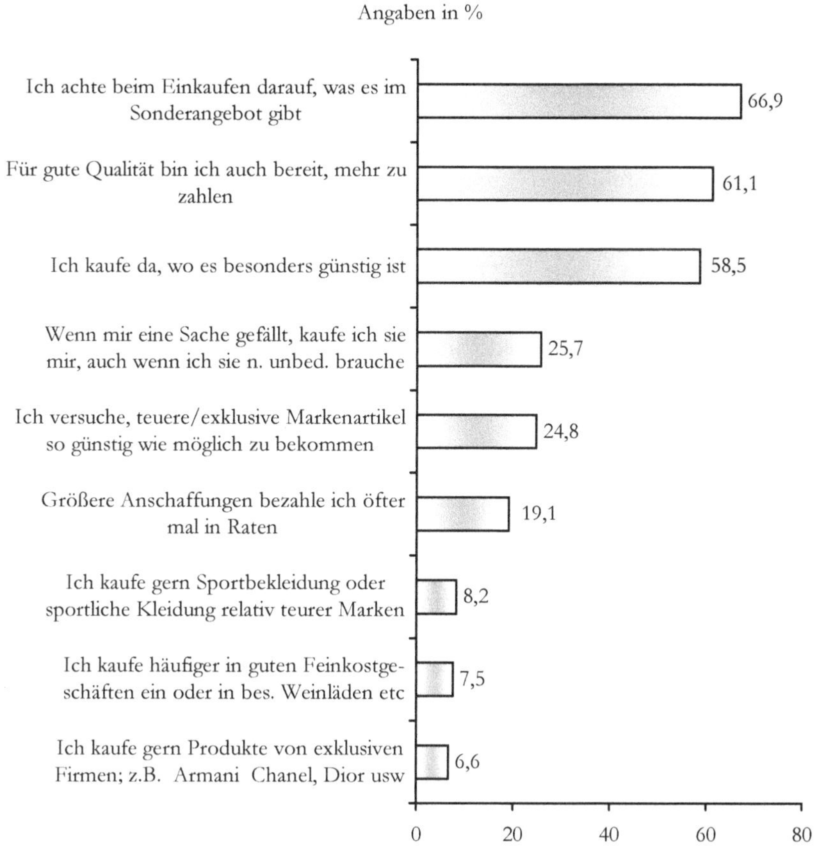

Quelle: Allensbacher Werbeträger Analyse 2004
n = 21.257

Der Preis ist und bleibt in gesamtökonomisch schweren Zeiten ein wesentliches Konsumkriterium: Mit 55,3 Prozent (VA) ist mehr als jeder zweite Konsument „*immer auf der Suche nach Billigangeboten*". Die AWA-Ergebnisse gehen sogar noch weiter: „*Ich achte beim Einkaufen darauf, was es im Sonderangebot gibt*", sagen mit 66,9 Prozent zwei Drittel der Konsumenten. Mehr als jeder Zweite (58,5 Proz.) „*kauft da, wo es besonders günstig ist*". Gemäß dieser Daten scheint die Sparsamkeitsorientierung bei vielen Menschen eindeutig im Vordergrund zu stehen. **Doch Vorsicht: Es geht in der Gesamtbetrachtung nicht darum, dass die Menschen immer und ausschließlich günstig einkaufen wollen. Vielmehr achten Sie *auch* auf Sonderangebote, kaufen – wie jeder ökonomisch Handelnde – dort, wo es besonders günstig ist, und sind *auch* auf der Suche nach Billigangeboten. Dies bedeutet jedoch keinesfalls, dass die Deutschen nur noch auf dem „Billig-Tripp" sind. Sie sind lediglich *auch* sparsam. Der „mündige Konsument" handelt schließlich Nutzenorientiert: Er kauft nach dem Primat der Kostenminimierung, dort wo es möglichst günstig ist. Er achtet jedoch zugleich auf die Orientierungsfunktion der Markenware und ist ausdrücklich nicht bereit, auf Qualität zu verzichten.**

Hier liegt der Ansatzpunkt für die zukünftige übergeordnete Marktpositionierung: Im Dreiklang zwischen Preis, Qualität und Marke gilt es, wieder ein ausgewogenes Verhältnis herzustellen. Dies gilt vor allem für etablierte Markenartikel. Es muss den Verbrauchern wieder einleuchtend erscheinen, dass sie für das Mehr an Preis auch ein Mehr an Qualität und Aktualität erwerben. Ist dieses für breite Konsumentenkreise nicht nachvollziehbar, werden sie auch weiterhin auf vergleichsweise günstigere No-Name-Produkte und Handelsmarken ausweichen. Nun ist die Qualität von Markenprodukten vielfach schon höher als bei markenlosen Produkten. Doch ist dieses vielen Konsumenten nicht mehr präsent. Entsprechend muss dies im werblichen Auftritt auch besser kommuniziert werden. Nur wenn sich in den Köpfen der Verbraucher wieder verankert, dass Markenprodukte einfach besser sind, dann sind sie auch dazu bereit, hierfür mehr Geld auszugeben.

Bezüglich der historischen Entwicklung der Konsumeinstellungen in Deutschland lassen sich eine Reihe von Besonderheiten festhalten. Als wesentliche Erkenntnis sei vorweg genommen, dass sich in vielen Kontexten zunächst die Konsumeinstellungen der Menschen geändert haben. Erst im ***Resultat*** der Einstellungswandlungen zeigen sich Veränderungen, die im tatsächlichen Verhalten nachweisbar sind – in diesem Fall das Stagnieren bis hin zum Sinken der privaten Konsumausgaben seit dem Jahr 2002. **Die Änderungen der Konsumeinstellungen lassen sich hinsichtlich ihres zeitlichen Wendepunktes in zwei übergeordnete Gruppen differenzieren: Eine Einstellungsgruppe zeigt Wendepunkte, die bereits vor dem faktischen Sinken der Konsumausgaben lagen. Bei der anderen Gruppe hingegen wandelten sich die Einstellungen parallel zum tatsächlichen wirtschaftlichen Wendepunkt**. Zum einfacheren Verständnis sollen beide Gruppen nachfolgend dargestellt und analysiert werden.

Die stärkere graue Linie zeigt den Verlauf der privaten Konsumausgaben in Form eines Index-Wertes. Alle weiteren Linien stehen für Verläufe derjenigen Einstellungen, die bereits ***vor*** dem Sinken der privaten Konsumausgaben seit dem Jahr 2002 einen sichtbaren Bedeutungsverlust erfuhren. Bedingt durch diese vorgelagerte Entwicklung leisten diese Einstellungen einen wesentlichen Beitrag zum Sinken der so genannten „Konsumlust“.

Graphik 28:

Einstellungswandel *vor* faktischem Verhaltenswandel

Konsumausgaben privater Haushalte in Preisen von 1995 / Index

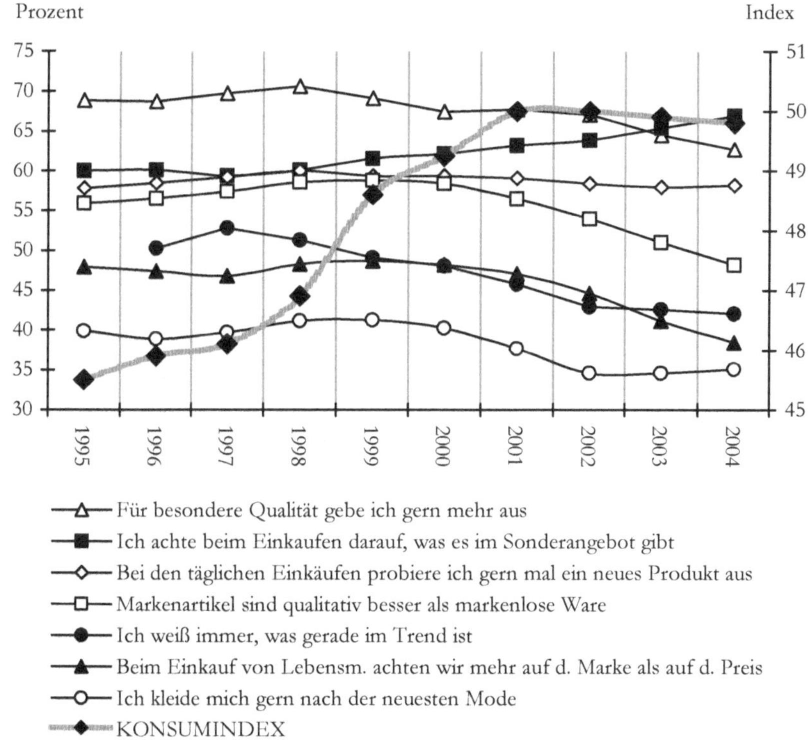

Quelle: Konsumindex = Eigene Berechnung gem. Daten des StBa; vgl. Graph. 15

Rest: AWA und VA 1995 bis 2004

n bis 31.783

Ein wesentlicher Aspekt ist die bereits ausführlicher besprochene sinkende Qualitätsorientierung: Bereits seit 1998 sagen immer weniger Menschen *„für besondere Qualität gebe ich gern etwas mehr aus"* (-7,9 Prozentpkt.). Parallel hierzu sinkt auch das Vertrauen in die Qualität von Markenprodukten – heute ist nicht einmal mehr jeder Zweite davon überzeugt, dass *„Markenartikel qualitativ besser sind als markenlose Ware"* (-10,6 Prozentpkt.). Eine Hauptursache für das Sinken der privaten Konsumausgaben ist mithin ein ***vorgelagerter Vertrauensverlust*** in die Qualität von Markenartikeln, der bereits im Jahr 2000 eingesetzt hat.

„Beim Einkaufen von Lebensmitteln achten wir mehr auf die Marke als auf den Preis", geben als nahezu logische Konsequenz immer weniger Menschen an. Seit 1999 ist die Zustimmung um -10,2 Prozentpunkte gesunken. Folge: **Die Menschen vertrauen der Qualität von Markenartikeln immer weniger und weichen zunehmend auf günstigere No-Name-Produkte oder Handelsmarken aus – und dies nicht nur bei Lebensmitteln. Dies führt bei einem relativ stabilen Stück-Konsum zu sinkenden Ausgaben der Menschen und zu einem hiermit einhergehenden Sinken der Einzelhandelsumsätze.** Sollte sich der bisherige Trend fortsetzen, so haben es die Hersteller von Markenartikeln künftig noch schwerer, ihre vergleichsweise treuren Produkte abzusetzen. Ein Teil der Steuerung dieser Entwicklung liegt jedoch in ihren Händen: Eine Rückkehr zur traditionellen Qualitätsproduktion würde auch wieder zu einem steigenden Vertrauen in der Bevölkerung und somit zu steigenden Umsätzen führen.

Parallel zum sinkenden Qualitätsvertrauen ist auch die Trendorientierung breiter Bevölkerungskreise bereits vor dem Eintreten der Rezession im privaten Konsum deutlich gesunken. Die Einstellung *„ich weiß immer, was gerade im Trend ist"*, ist bereits seit 1997, und zwar deutlich um -10,7 Prozentpunkte, gesunken. Heute weiß mit etwa 60 Prozent die Mehrheit der Bevölkerung nicht mehr, was gerade im Trend ist. **Auch dieses führt in letzter Konsequenz zu sinkenden Konsumausgaben: Wenn sich immer weniger Menschen für Trends interessieren, sind sie auch immer seltener bereit und fähig, neuen Trends zu folgen.** Dies führt beispielsweise im Kleiderschrank zu einer geringeren „Umschlagsgeschwindigkeit" der Kleidung und mithin zu sinkenden Einzelhandelsumsätzen. Der bereits ab 1999 sinkende Anteil von Personen, die sich *„gern nach der neuesten Mode"* kleiden, mag nur ein Beleg für diese Aussage sein. Umsatzeinbußen sind jedoch nicht nur durch verringerte Umschlaggeschwindigkeiten bedingt. Auch wird für, überwiegend markenbezogene, Trendprodukte in der Regel mehr Geld ausgegeben als für normale

Produkte. Bleiben die entsprechenden Umsätze aus, zeigt sich hier eine weitere Ursache für stagnierende bis sinkende Umsätze.

Als zunächst letzter vorgelagerter Einstellungstrend zeigt sich eine zunehmende Orientierung an Sonderangeboten: „*Ich achte beim Einkaufen darauf, was es im Sonderangebot gibt*“, sagen seit 1997 immer mehr Konsumenten (+7,5 Prozentpkt.). Mit 66,9 Prozent ist dies innerhalb der AWA mittlerweile die Konsumorientierung mit der stärksten Ausprägung. Diese Aussage heißt zwar nicht, dass die Menschen *nur* noch Sonderangebote kaufen, sie achten jedoch vermehrt *auch* auf mögliche Sonderangebote. Dies erscheint weniger dramatisch als häufig angenommen. Doch bieten die Zahlen einen weiteren Hinweis auf die zunehmende Mündigkeit der Konsumenten (s.o.).

Der vermehrt praktizierte Verkauf über mengen-, preis- und ausstattungsbezogene Sonderangebote kommt den Kundenwünschen natürlich sehr entgegen. Herstellern, Händlern und sogar der Volkswirtschaft nützt diese Fokussierung auf Sonderangebote jedoch bekanntermaßen wenig. Ein verstärkter Bezug auf die ehemals konsumdominierende Qualitätsorientierung könnte hier sicher Abhilfe schaffen. Dass Qualität ihren Preis hat, müssen wieder mehr Menschen verstehen. Dies können sie jedoch nur, wenn Markenhersteller konsequente Qualitätssicherung betreiben, dieses gezielt durch Marketing und PR öffentlich kommunizieren und hierdurch bei den Kunden wieder mehr Vertrauen wecken können.

Als zeitlich vorgelagerte Ursachen für die sinkenden privaten Konsumausgaben, *vor* dem Wendejahr 2002, können zusammengefasst folgende Merkmale gelten:

- Sinkendes Qualitätsvertrauen,
- Sinkende Markenorientierung sowie (als Folge)
- Sinkendes Trendinteresse und -bewusstsein und (als Folge)
- Zunehmende Preissensibilität

Der Zeitpunkt der jeweiligen Trendumkehr lag, wie gesagt, *bereits mehrere Jahre* ***vor*** dem tatsächlichen Sinken der privaten Konsumausgaben. Die Kausalfolge lautet somit: Ein breit angelegter Wandel der Konsumeinstellungen führte in den vergangenen Jahren in die Rezession des privaten Konsums. Widersprochen sei hiermit der weit verbreiteten Meinung, der zufolge ausschließlich eine zunehmende Sparsamkeit der Deutschen als Ursache genannt wird.

Diese Erkenntnis wird unterstrichen durch Einstellungsänderungen, die erst *während oder kurz vor dem tatsächlichen Konsumrückgang* eintraten. So wurde die Einstellung „*ich kaufe gezielt Markenartikel, die zu Sonderpreisen angeboten wer-*

den" bis zum Jahr 2001 immer seltener genannt (-4,5 Prozentpkt.). Erst in den Folgejahren wurde diese Konsumhaltung wieder populärer – allerdings nur in kleinen Schritten (+0,8 Prozentpkt.). Exakt gegenläufig zeigt sich die Entwicklung der Einstellung *„manchmal leiste ich mir ganz bewusst die beste Qualität"*: Hier war bis 2001 sogar eine sukzessive Bedeutungszunahme zu messen. Seit 2001 wird diese Orientierung an der *„besten Qualität"* allerdings von immer weniger Menschen genannt (-4,8 Prozentpkt.). Bereits diese beiden Einstellungsverläufe zeigen, dass eine Reihe von Konsumeinstellungen *erst ab 2002*, d.h. parallel zur faktischen Trendumkehr bei den privaten Konsumausgaben einen Bedeutungsverlust erfahren haben. Diese Wandlungen hatten jedoch lediglich einen verstärkenden Effekt. Der grundlegende Wandel hatte bereits in den Jahren 1999/2000 eingesetzt.

Ein besonderer Verlauf ist hinsichtlich der Einstellung *„ich bin immer auf der Suche nach Billigangeboten"* zu sehen. Bis zum Jahr 2002 wurde diese nicht häufiger, sondern im Gegenteil immer seltener genannt (-10,1 Prozentpkt.). Die Schnäppchenjäger waren in diesem Zeitraum eindeutig auf dem Rückzug. Innerhalb von nur zwei Jahren ist sie jedoch wieder um +4,5 Prozentpunkte angestiegen, so dass heute mit 55,3 Prozent wieder die Mehrheit der Deutschen *„immer auf der Suche nach Billigangeboten"* ist. Ein Trend, der sich in den kommenden Jahren sicherlich fortsetzen wird. Zu beachten ist, dass die Reichweite dieser Einstellung heute noch unter dem Wert von 1996 liegt. Wir haben es an dieser Stelle weder mit einem konsumtiven Novum zu tun noch mit einer dramatischen „Billig-Attacke" der Konsumenten.

Interessant ist auch der Verlauf der verschiedenen Einstellungen zur Sparsamkeit. In allen Fällen ist im ökonomischen Wendejahr 2002 auch eine übergeordnete Einstellungswende zu ermitteln: Der Anteil der Menschen, der *„jeden Monat eine feste Summe spart"*, sinkt um -5,0 Prozentpunkte auf 58,0 Prozent. Gleichzeitig sagen aber auch immer mehr Bundesbürger *„lieber schränke ich mich bei meinem Konsum ein, als dass mir nicht genug Geld zum Sparen übrig bleibt"* (+2,3 Prozentpkt.). Hier scheinen sich zwei verschiedene Bevölkerungsgruppen abzuzeichnen: Auf der einen Seite stehen diejenigen Menschen, die weniger sparen und lieber weiter konsumieren, und auf der anderen Seite stehen die Konsumverzichter, die lieber etwas mehr Geld auf die „hohe Kante" legen möchten.

Vor allem die Gruppe der „Ausgaben-Einschränker" verdient eine besondere Beachtung: Ist noch in der öffentlichen Diskussion der vergangenen Monate der Eindruck entstanden, die Menschen würden immer mehr sparen und gleichzeitig weniger konsumieren, so zeigt sich hier ein anderes Bild. Zwar nimmt der Anteil der Ausgaben-

Einschränker sukzessive zu, doch ist es immer noch eine eher kleine Minderheit: Heute ist es mit 23,9 Prozent nicht einmal jeder Vierte, der sich bei den Ausgaben einschränkt, um mehr Geld zum Sparen übrig zu haben.

Graphik 29:

Einstellungswandel *während* des faktischen Wandels

Konsumausgaben privater Haushalte in Preisen von 1995 / Index

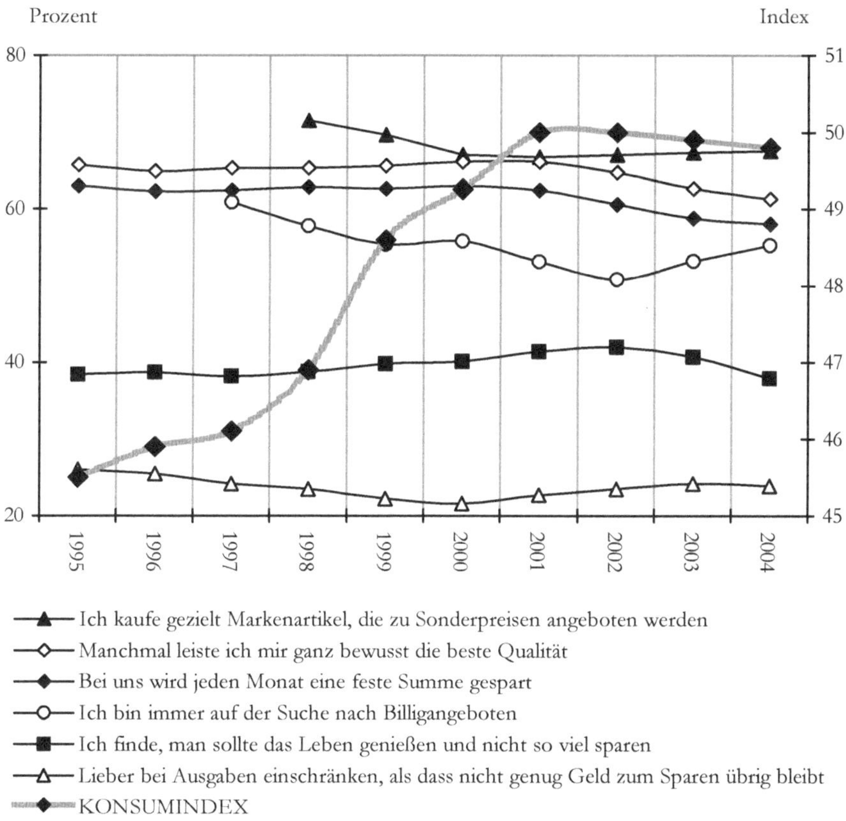

Quelle: Konsumindex = Eigene Berechnung gem. Daten des StBa; vgl. Graph. 15

Rest: AWA und VA 1995 bis 2004

Mit einer kleinen Verzögerung, ab 2002, vertreten zudem immer weniger Konsumenten die Auffassung *„man sollte das Leben genießen und nicht so viel sparen"* (-4,1 Prozentpkt.). Mit 37,9 Prozent bejaht heute etwas mehr als jeder Dritte diese Konsumorientierung. Die Mehrzahl der Konsumenten ist hierdurch wieder sicher auf dem Boden angelangt. Lebensgenuss statt Sparen ist heute für immer weniger Menschen die Devise. Lebensgenuss ja, aber, genauso wie das Sparen, bitte in Grenzen.

Welche Rückschlüsse lassen die Daten der bisherigen Ausführungen zu? **Zusammengefasst zeigen die Daten einen dominanten, zeitlich vorgelagerten Einstellungswandel breiterer Bevölkerungsgruppen. Bereits zwei bis drei Jahre vor dem tatsächlichen Sinken privater Konsumausgaben waren auch breite Konsumorientierungen rückläufig. Gekennzeichnet ist diese Phase vor allem durch sinkendes Qualitätsvertrauen, sinkende Markenorientierung und ein sinkendes Trendinteresse und -bewusstsein. Parallel hierzu entwickelten auch immer mehr Menschen eine zunehmende Preissensibilität. Dies ist jedoch zunächst nur der Anfang. In den Folgejahren brach, in nahezu logischer Konsequenz, zudem die Lust am Konsumieren ein. Im Zuge des sinkenden Qualitätsvertrauens haben die Konsumenten weniger für Qualitätsprodukte investiert. Verstärkt wird diese Entwicklung durch die Tatsache, dass immer mehr Menschen lieber sparen. Sie schränken sich hierfür gern auch bei Lebenslust und Konsum ein wenig ein. All dies sind jedoch die *Folgen des vorausgehenden Einstellungswandels* in den späten 1990er Jahren.**

11. Einstellungstrends in der Werbeakzeptanz – Folgen einer neuen Konsumkultur?

Die zuvor analysierten Konsumtrends machen sich natürlich nicht nur im Einzelhandel bemerkbar. Sinkende Umsätze von Markenartikeln haben auch Konsequenzen hinsichtlich der Gestaltung von Marketing- und PR-Aktivitäten. Im Rahmen der vorliegenden Untersuchung können und sollen die Marketingstrategie, die zugrunde liegenden Motivationen und Aktivitäten von Markenanbietern, nicht näher untersucht werden. Auch sollen hier nicht die Vor- und Nachteile eines pro- bzw. antizyklischen Marktauftrittes diskutiert werden. Im Vordergrund sollen weiterhin die Konsumenten stehen. In diesem Zusammenhang drängen sich folgende Fragen auf: Wie hat sich die Werbeakzeptanz in der Vergangenheit entwickelt? Sind die Menschen im Zuge der wachsenden Markenverdrossenheit für Werbung überhaupt noch zugänglich?

Die VerbraucherAnalyse ermittelt die Werbeaffinität anhand einer Vielzahl von Einstellungen. Diese werden zur Verbesserung der Übersichtlichkeit in drei übergeordnete Gruppen gegliedert. Differenziert wird nach a. allgemeiner Werbeaufgeschlossenheit und b. nach der Einschätzung von Werbung in Zeitschriften bzw. c. im Fernsehen. Hinsichtlich der allgemeinen Werbeaufgeschlossenheit zeigt sich im Verlauf der vergangenen 20 Jahre eine übergeordnete Parallelentwicklung. Die 1980er Jahre sind noch das Jahrzehnt der Werbung: Zwischen 1984 und ca. 1990 wird Werbung immer häufiger ganz pragmatisch als sinnbringend erachtet. Der Anteil der Deutschen, die aus der Werbung „*manchmal recht nützliche Hinweise über neue Produkte*" ziehen, steigt bis 1992 auf 63 Prozent. Werbung wird in dieser Zeit auch zunehmend als „*eigentlich ganz hilfreich für den Verbraucher*" genannt (1992: 55 Proz.) und erscheint für immer mehr Menschen „*meist recht unterhaltsam*" (49 Proz.). Dies war fraglos das Jahrzehnt der Werbung. Höhepunkte sind jedoch häufig auch Wendepunkte. In den Folgejahren sinkt die allgemeine Werbeakzeptanz drastisch. Immer weniger Menschen halten Werbung für „*nützlich*" (-12,5 Prozentpkt.), für „*hilfreich*" (-14,4 Prozentpkt.) oder für „*unterhaltsam*" (-13,5 Prozentpkt.). Werbung hat hiermit seit Anfang der 1990er Jahre deutlich an Funktionswert verloren.

In dem Bereich Zeitschriftenwerbung wiederholt sich dieses Zeitmuster: Auch hier schauen sich nach einer historischen Hochphase in den späten 1980er Jahren immer weniger Menschen „*eigentlich ganz gern Anzeigen in Zeitschriften*" an (-8,7 Prozentpkt.). Da die Akzeptanz der Fernsehwerbung erst seit 1995 untersucht wird, lässt sich deren Entwicklungsverlauf nur vermuten – er dürfte jedoch mit an Sicherheit grenzender Wahrscheinlichkeit mit den anderen Verlaufsmustern übereinstimmen. Interessant ist die Tatsache, dass bei allen untersuchten Einstellungen zur Werbung ab 1998 wieder eine gewisse Aufwärtstendenz zu erkennen ist. Das Tal der Werbetränen wird jedoch nur kurzfristig verlassen: Ab dem Jahr 2001, und spätestens seit 2002, sinken sowohl die allgemeine Werbeakzeptanz als auch die Affinität zur Werbung in Zeitschriften und Fernsehen. Interessanterweise verläuft diese jüngste Entwicklung parallel zu den Veränderungen der privaten Konsumausgaben (vgl. Abschn. 9 und 10).

In der Gesamtbetrachtung ist zunächst festzustellen, dass sich Werbung im weitesten Sinne in den späten 1980er bis zur Mitte der 1990er Jahre einer historisch einmaligen Beliebtheit erfreute. Immer mehr Menschen haben der Werbung in dieser Zeit positive Aspekte (z.B. In-

formation, Unterhaltung) zugeschrieben. Seit 1993 hat die Werbeakzeptanz jedoch sichtbar nachgelassen. Vor allem durch die erstmalige Berücksichtigung der Daten aus den „neuen Bundesländern“, brachen die Werte rapide ein. Diese Datenzusammenführung ist allerdings nicht die einzige Ursache. Bereits die Tatsache, dass auch in den Folgejahren ein weiterer Rückgang zu verzeichnen ist, belegt diese These eines mittelfristigen und bundesweiten Bedeutungseinbruches. Sollte es sich um einen Einmaleffekt bei der Zusammenführung von Ost- und Westdaten handeln, dann wären die Ergebnisse ab 1994 wieder stabil. Dies ist jedoch nicht der Fall.

Graphik 30:

Einstellungen zur Werbung

Antworten: stimme „voll“ oder „weitgehend“ zu / in %

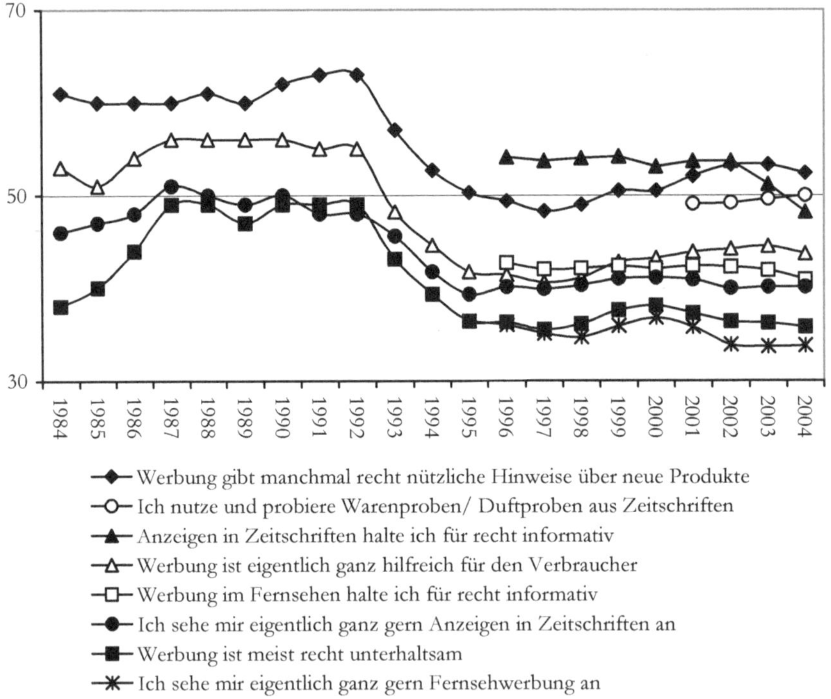

Quelle: VerbraucherAnalyse 1984 bis 2004; ab 1993 Gesamtdeutschland ab n = 8.181 (1984) bis 31.783 (2004)

An dieser Stelle wirkt ein gänzlich anderer und häufig übersehener Faktor: Im Jahr 1993 erfuhr die deutsche Gesamtwirtschaft auch ihren ersten, allerdings noch vergleichsweise kleinen Rezessionsschock. Dieser führte nicht nur bei der Werbeakzeptanz zu teilweise deutlichen Veränderungen (Duncker 1998, S.89 ff.). In keiner der bisher untersuchten Einstellungsgruppen wurde der Zusammenhang zwischen wirtschaftlicher Entwicklung und Einstellungsänderungen so sichtbar wie an dieser Stelle.

Graphik 31:

Einstellungsänderungen bei Werbung *und* Markenartikeln

Antworten: stimme „voll" oder „weitgehend" zu / in %

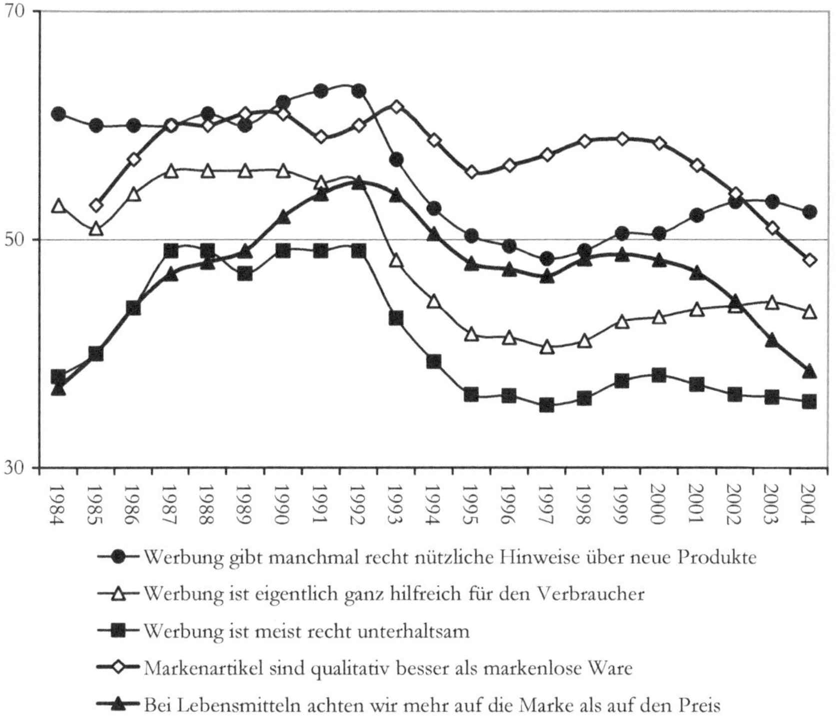

Quelle: VerbraucherAnalyse 1984 bis 2004
ab 1993 Gesamtdeutschland ab 1993 Gesamtdeutschland
n = 8.181 (1984) bis 31.783 (2004)

Der spürbare, und bestimmt auch ebenso schmerzvolle, Werbeschock (bis zu -15 Prozentpkt. in nur 5 Jahren!) fand jedoch zur Mitte der 1990er Jahre sein Ende. Spätestens seit 1998 zeigte sich eine Trendwende hinsichtlich der Einstellungen: Die Menschen stehen der Werbung wieder positiver gegenüber. Trotz positiver Tendenz werden die hohen Werte der frühen 1990er Jahre bei weitem nicht erreicht. Doch selbst diese progressive Entwicklungsphase ist nur von kurzer Dauer: Mit Beginn des 21. Jahrhunderts sinkt die Werbeakzeptanz wieder auf breiter Basis.

In diesen Datenverläufen wiederholen sich die Ergebnisse zur Markenakzeptanz: 1992 werden Markenartikel noch in einer historisch einmaligen Höhe als qualitativ besser bezeichnet und die Mehrheit der Konsumenten achtet mehr auf die Marke als auf den Preis. Dies ist auch das Jahr in dem die Werbeakzeptanz ihren Höhepunkt hat: Zu keinem früheren oder späteren Zeitpunkt wird Werbung derart häufig als „nützlich", „hilfreich" und „unterhaltsam" betrachtet, wie in diesem Jahr. In den Folgejahren brechen Markenorientierung und Werbeakzeptanz jedoch gemeinsam spürbar ein. Der Zusammenhang ist klar: Wer den Markenartikeln nicht mehr vertraut, den interessiert auch die Werbung von und für die Marken nicht mehr. Qualität, Vertrauen und Werbeakzeptanz stehen an dieser Stelle in einem engen Zusammenhang.

Dieser lässt sich für die Folgejahre allerdings nur noch begrenzt nachweisen. Obwohl seit 1997 die Werbeakzeptanz deutlich angestiegen ist, konnte das Markenvertauen nur noch kurzfristig wieder hergestellt werden. Seit 1999 sinkt das Markenvertrauen sogar drastisch, obwohl die Werbeakzeptanz weiterhin eine leicht positive Entwicklungstendenz zeigt. Dies lässt eigentlich nur noch einen Schluss zu: **Offensichtlich ist das Vertrauen in Marken seit dem ausgehenden 20. Jahrhundert derart gestört, dass trotz steigender Werbeakzeptanz weiterhin ein spürbarer Verlust des Markenvertrauens, unter anderem bedingt durch sinkendes Qualitätsvertrauen, zu erkennen ist…**

12. Einstellungswandel gestern, heute und morgen – eine Zusammenfassung

Dass sich die Einstellungen breiter Bevölkerungskreise wandeln, kann und soll spätestens an dieser Stelle nicht mehr bestritten werden. Die bisher untersuchten Wandlungen haben jedoch auf verschiedenen Ebenen stattgefunden.

Aufgrund des umfangreichen Datenmaterials dürfte es selbst dem geübten Leser schwer fallen, sich ein übergeordnetes Bild hinsichtlich der facettenreichen Wandlungen zu machen. Aus diesem Grunde werden die bisherigen Einzelergebnisse im vorliegenden Abschnitt zusammengefasst. Hierbei wird versucht, ein einheitliches Bild der Einstellungswandlungen der vergangenen 20 Jahre zu zeichnen. In einem weiteren Schritt soll ein Ausblick auf die Entwicklungen der nahen Zukunft versucht werden. Die in diesem Zusammenhang getroffenen Aussagen sind bewusst vorsichtig formuliert. In Abgrenzung zu vielen Aussagen der so genannten „Trendforschung", mit ebenso prophetischem wie hypothetischem Anspruch, wird hier lediglich ein mittelfristiger Ausblick vorgenommen (Zeitraum: 3 bis 5 Jahre).

Bezüglich der Selbstwahrnehmung der Menschen lässt sich für die vergangenen 20 Jahre ein insgesamt gestiegenes Selbstbewusstsein konstatieren (vgl. Abschn. 5). Hierfür gibt es eine Vielzahl von Belegen: Im Vergleich zur Vergangenheit sagen heute wesentlich mehr Menschen, es fällt ihnen leicht, neue Leute kennen zu lernen (+11,8 Prozentpkt.), und sie rechnen bei dem, was sie tun, deutlich häufiger mit Erfolg (+5,9 Prozentpkt.). Hierüber hinaus übernehmen sie zunehmend gern Verantwortung (+8,2 Prozentpkt.), können sich aktuell häufiger gut durchsetzen als in der Vergangenheit (+5,6 Prozentpkt.) und sind immer seltener unsicher (+6,1 Prozentpkt.). Mehr als 80 Prozent der Bundesbürger bezeichnen sich zudem als Optimist. Diese Gesamtentwicklung vollzieht jedoch in den Jahren 2001 und 2002 eine Trendumkehr: Parallel zum spürbaren Einsetzen der wirtschaftlichen Stagnation werden die Menschen wieder zunehmend unsicher. Die vergleichsweise niedrigen Ausgangswerte der frühen 1980er Jahre sind hiermit jedoch bei weitem noch nicht erreicht. Der jüngste Trend ist zwar rückläufig, doch sind die Menschen heute immer noch deutlich selbstsicherer als vor 20 Jahren.

Das wesentliche Charakteristikum einer idealen Partnerschaft ist in der verstärkten Gleichstellungsorientierung der Menschen zu sehen (vgl. Abschn. 6). Vor allem die jüngeren Bevölkerungsteile betonen die Gleichbedeutung von Mann und Frau. 92,7 Prozent der Deutschen vertreten mittlerweile die Einstellung, Entscheidungen sollten von Mann und Frau gemeinsam getroffen werden – Tendenz steigend. Das gleiche ist für die Kindeserziehung festzuhalten: Mit 88,1 Prozent vertritt die deutliche Mehrheit die Auffassung, dass dies Aufgabe beider Elternteile gleichermaßen sei. Immer häufiger wird zudem gefordert, dass Frauen auch selbst einen Beruf ausüben sollen (+15,1 Prozentpkt.). Im Gegenzuge wird immer seltener behauptet, Hausarbeit sei Sache der Frau (-5,0 Prozentpkt.) und Frauen sollten sich ausschließlich um Mann und Kinder kümmern (-14,4 Prozentpkt.). Rückläufig ist auch die Zustimmung zur Aussage, der Mann solle das letzte Wort haben (-13,2 Prozentpkt.).

Graphik 32:

Einstellungsgruppen: Entwicklungstrends im Überblick

Schematische Darstellung

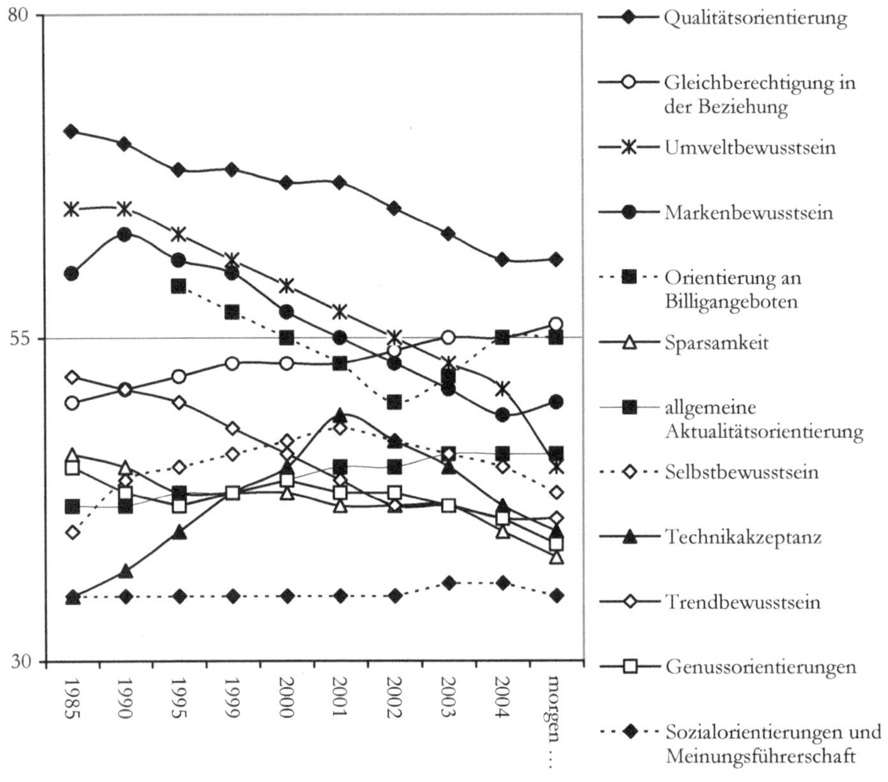

Die Bemühungen der Emanzipationsbewegung haben in den vergangenen Jahrzehnten offensichtlich Erfolg gehabt. Die Gleichberechtigung von Männern und Frauen steht – zumindest theoretisch – für die Mehrheit der Menschen wie selbstverständlich heute und auch morgen noch auf der Tagesordnung. Wer die Menschen mit seinen Angeboten erreichen möchte, der sollte künftig Männer und Frauen gleichermaßen im Blick haben. Im Zuge des hohen, und künftig zudem noch steigenden, Emanzipationsniveaus wird es immer wichtiger, eine geschlechts*un*spezifische Ansprache zu finden.

Hinsichtlich des Informationsbedarfes und der Aktualitätsorientierung der Deutschen lassen sich zwei übergeordnete Trendgruppen selektieren. Auf der einen Seite steht das Interesse an *allgemeinen* aktuellen Informationen und auf der anderen Seite das Interesse am *technologischen Forschritt* (vgl. Abschn. 7). Die Mehrheit der Menschen möchte informatorisch, hinsichtlich des Zeitgeschehens, immer auf dem Laufenden sein (59,7 Proz.) und erachtet es für wichtig, Hintergründe und Zusammenhänge verstehen zu können (50,7 Proz.). Nahezu jeder Zweite (48,7 Proz.) probiert zudem *allgemein* gern Neues aus. Dies ist der höchste Wert der vergangenen 20 Jahre (+5,4 Prozentpkt.). Hinsichtlich der *allgemeinen* Aktualitätsorientierung lässt sich mithin eine historisch einmalig hohe Affinität feststellen. Tendenz für die kommenden Jahre stabil.

Dies ist jedoch lediglich eine Seite der Medaille: Hinsichtlich der Entwicklungen im Themenbereich „Technikaffinität" zeigt sich ein diametral gegenläufiger Trend (vgl. Abschn. 8). Hier war zwar ebenfalls, bis zum Jahrtausendende, ein deutlicher Zuspruch zu verzeichnen, doch sinkt die Affinität auf allen untersuchten Ebenen seit einigen Jahren. Während heute noch vergleichsweise häufig die Meinung vertreten wird, dass der technische Fortschritt den Menschen überwiegend Gutes gebracht hat (2004: 44,6 Prozent), gibt mit 24,7 Prozent nicht einmal mehr jeder Vierte an, bei technischen Neuerungen auf dem Laufenden bleiben zu wollen – Tendenz weiter sinkend. Noch deutlicher sind die Einstellungsänderungen im Bereich der technischen Geräte. Waren noch 1998 die Merkmale gutes Aussehen (59,2 Proz.) und ausgefeilte Technik (45,6 Proz.) besonders wichtig, so ist deren Bedeutung seitdem spürbar gesunken (je -3,7 Prozentpkt.).

Die hohe Technikaffinität der Deutschen hat im ausgehenden 20. Jahrhundert einen sichtbaren Dämpfer erhalten und ist seit dem Jahr 2001 spürbar rückläufig. Dieser Trend wird auch in den kommenden Jahren anhalten. Die Entwicklungsgeschwindigkeit wird sich aufgrund des sinkenden Selbstbewusstseins der Menschen künftig sogar noch erhöhen. Parallel hierzu bleibt die Aufgeschlossenheit gegenüber *allgemeinen* Neuerungen weiterhin hoch. Das Neue darf jedoch kein komplexes Anspruchsniveau an den Menschen haben: Neues wird von der Mehrzahl der Konsumenten primär bei Gütern des täglichen Bedarfs akzeptiert. Das „Neue" darf, wenn es Erfolg haben soll, künftig nicht überfordern und erst recht keinen allzu hohen Technikbezug und Abstraktionsgrad haben.

Zur Jahrtausendwende zeigt sich jedoch nicht nur eine sinkende Technikaffinität, sondern gleichzeitig auch ein spürbarer Einstellungswandel in der Konsumwelt. **Gekennzeichnet ist diese Phase vor allem durch verändertes Qualitätsverständnis (vgl. Abschn. 9.1 und 9.2). Innerhalb von nur 6 Jahren ist das Qualitätsvertrauen bei Markenartikeln um -10,4 Prozentpunkte gesunken**: Heute glaubt mit 48,2 Prozent nicht einmal mehr jeder zweite Bundesbürger, dass Markenartikel qualitativ besser sind als markenlose Ware. Entsprechend sind auch immer weniger Menschen bereit, für Qualität mehr auszugeben (-7,9 Prozentpkt.) und leisten sich auch immer seltener bewusst die beste Qualität (-4,8 Prozentpkt.). Insbesondere exklusive Markenprodukte leiden unter dieser Entwicklung.

Das sinkende Qualitätsvertrauen ist jedoch nur *ein* Problem des Marktes von Markenartikeln. Parallel hierzu interessieren sich auch immer weniger Menschen für die neuesten Trends. Problematisch ist dies insofern, als dass neue Trends in der Regel über Markenartikler auf dem Massenmarkt etabliert werden. Seit 1996 ist der Anteil der Trendorientierten um -10,7 Prozentpunkte auf nur noch 42,1 Prozent der Bevölkerung gesunken. Die Konsequenz: Wenn sich weniger Menschen für die verschiedenen Trends interessieren, kaufen sie sich auch seltener neue, trendbezogene Produkte (s.a. oben: technische Geräte). Dies ist eine weitere Ursache für die rezessive Konsumneigung der Deutschen.

Einen neuen Stellenwert haben auch ökologische Orientierungen der Deutschen bekommen: Diese waren in den 1980er und frühen 1990er Jahren ein wesentliches Entscheidungskriterium beim alltäglichen Konsum. In den vergangenen Jahren haben sie jedoch einen drastischen Bedeutungsverlust erfahren (vgl. Abschn. 9.4). Die Menschen legen heute beispielsweise deutlich seltener Wert auf naturreine Produkte (seit 1993: -17,2 Prozentpkt.), achten seltener auf natürliche Materialien (-15,4 Prozentpkt.) und sind vor allem seltener bereit, Mehrausgaben für umweltfreundliche Produkte zu schultern (-31,9 Prozentpkt. !). Dieser Trend wird in den kommenden Jahren anhalten. In Zukunft werden ökologische Orientierungen zwar nicht gänzlich vom Markt verschwinden, doch werden sie langsam zu einer Nischenorientierung einer immer kleiner werdenden Zielgruppe.

Wenn Marke, Qualität und Trend bzw. Technikaffinität oder auch Umweltbewusstsein die Konsumorientierungen nicht mehr bestimmen, rückt eine andere Perspektive in den Vordergrund: der Preis! Die Konsumenten achten vermehrt auf Sonderangebote (seit 1997: +7,5 Prozentpkt.) und sind seit 2002 immer häufiger auf der Suche nach Billigangeboten (+4,5 Prozentpkt.). Dies hat – in nahezu logischer Konsequenz – bei einer auf

Wachstum ausgerichteten Volkswirtschaft einen kräftigen Bremseffekt. Interessanterweise wird das Mehr an per Saldo zur Verfügung stehendem Geld nicht gespart (vgl. Abschn. 9.5). Der Anteil der Deutschen, die jeden Monat eine feste Summe sparen, ist seit 2000 um -5,0 Prozentpunkte gesunken, der Anteil der an Geldanlage-Interessierten ist im gleichen Zeitraum sogar um -10,6 Prozentpunkte auf nunmehr 41,2 Prozent gesunken. Tendenz auch weiterhin sinkend.

Die zuvor aufgeführten Tendenzen werden sich auch in den kommenden Jahren fortschreiben. Ursache für diesen Trend sind jedoch weniger die öffentlich häufig diskutierten sinkenden Einkommen, sondern primär die Einstellungshorizonte breiter Bevölkerungsteile. Selbst wenn Markenartikler relativ kurzfristig ihr ursprünglich implizites Qualitätsversprechen wieder einhalten sollten, wird es einige Zeit in Anspruch nehmen, bis sich dieses wieder überzeugend in den Köpfen der Menschen verankert hat. Hinsichtlich der Trendorientierungen könnte die Wartezeit sogar noch länger werden. Bis sich an dieser Stelle wieder ein breit angelegtes Interesse etablieren kann, muss künftig zunächst Abstand genommen werden von der populistischen Überstrapazierung dieses Begriffes. Das Erleben eines Trends muss a. wieder dem Menschen selbst überlassen werden und nicht einem medialen Dauerfeuerwerk. Und b. hilft die künstliche Schaffung vieler Paralleltrends wenig. Die Orientierung an wenigen Zentraltrends würde wahrscheinlich nicht nur den nach Orientierung lechzenden Konsumenten helfen (Duncker 2000, S. 173ff.), sondern auch den Herstellern von Markenartikeln, da sich diese dann auf wenige parallel laufende Produktionslinien konzentrieren könnten. Hieraus ergäbe sich sogar ein weiterer Vorteil: Die aus der Konzentration resultierenden Einsparungen können dann wieder in eine stärker *qualitätsorientierte* Fertigung investiert werden.

13. Wertewandel im jungen 21. Jahrhundert

In den einleitenden Abschnitten dieser Studie wurde bereits ausführlich auf den Zusammenhang zwischen Einstellungen und Werten hingewiesen. Zur Erinnerung: **Werte sind in der Forschung als Referenzsystem von Einstellungen definiert** (Schuppe 1988, S. 25; Duncker 1998, S. 19ff.). Dies bedeutet, dass die untergeordneten Einstellungen im Wesentlichen aus den übergeordneten und langfristig stabilen Werten abgeleitet werden (vgl. Abschn. 3). Umgekehrt gilt jedoch ebenso, dass mehrere Einstellungen, die einen ähnlichen Lebensbereich betreffen, mittelfristig Einfluss auf eine übergeordnete Wertentwicklung haben. In den vorhergehenden Abschnitten wurde bereits anhand verschiedener Lebensbereiche der Wandel der Einstellungen untersucht (vgl. Abschn. 9 bis 12). Nachfolgend soll nun der Wandel der Werte analysiert werden (Abschn. 13 bis 15). In den abschließenden Teilen der Studie werden die Entwicklungen von Einstellungen und Werten zusammengefasst (vgl. Abschn. 14. bis 15.). Im Resultat der Analyse steht dann ein übergeordnetes und umfassendes Bild des aktuellen gesellschaftlichen Stimmungsbildes.

Doch bevor nun die konkreten Wertewandlungen analysiert werden, muss noch auf eine Besonderheit hingewiesen werden. Der Wertewandel kann optimal untersucht werden, wenn für verschiedene Werthaltungen historische Vergleichsdaten vorliegen. Mittels Zeitreihenanalysen können dann die Veränderungen gemessen und dokumentiert werden (vgl. Abschn. 3.). Im Zusammenhang mit den vorstehenden Einstellungswandlungen wurden sowohl Daten der Allensbacher-Werbeträger-Analyse (AWA) als auch der VerbraucherAnalyse (VA) verwendet, die bis ins Jahr 1984 zurückgehen. Dies ist jedoch in Bezug auf die Analyse von Wertewandlungen nicht möglich. Hintergrund ist die Tatsache, dass die AWA zwar seit weit über 20 Jahren die so genannten „Lebensziele“ abfragt. In den Jahren 2001 und 2002 wurden diese Werte-Items jedoch gar nicht, und 2003 nur auf Teilbasis erhoben. Seit 2003 wurde zudem die Mehrheit der Formulierungen für die „Lebensziele“ geändert. Hierdurch sind die Ergebnisse der aktuellen AWA seit dem Jahrhundertwechsel nicht mehr mit den älteren Daten vergleichbar. Für die vorliegende, an Aktualität orientierte, Untersuchung sind diese Daten mithin nicht verwendbar. Zur Betrachtung älterer Entwicklungen zum Thema Wertewandel sei der Interessierte auf die im Jahr 2000 erschienene Studie „Verlust der Werte? Wertewandel zwischen Meinungen und Tatsachen“ verwiesen (Duncker 2000). Seit 1999 ermittelt jedoch die VA 20 verschiedene Wertorientierungen. Aufgrund dieser vergleichsweise jungen Erhebung beträgt der nachfolgende Betrachtungszeitraum zum Themenkomplex Wertewandel vergleichsweise geringe 5 Jahre. Leider lassen sich ältere AWA- und jüngere VA-Daten nicht miteinander verbinden oder vergleichen (methodische Anmerkungen s.o.).

Für die nachfolgende Untersuchung des Wertewandels müssen an dieser Stelle noch wesentliche theoretische Annahmen vorausgestellt werden. Werte stehen selten für sich allein. Häufig werden in der Praxis kontextuale Zusammenhänge zwischen verschiedenen Werthaltungen hergestellt. In der Werteforschung werden hierfür häufig Wertgruppen gebildet und analysiert (vgl. Ingehart 1989, Klages 1992, Duncker 2000 u.v.m.). Diese Studien stehen in recht unterschiedlichen Forschungskontexten und untersuchen beispielsweise Zusammenhänge, respektive Unterschiede zwischen materialistischen vs. postmaterialistischen Werten oder auch Pflicht- und Akzeptanz vs. Selbstentfaltungswerten (vgl. Zusammenfassung in Duncker 1998, 22ff.). Diese bisher vorgenommenen Vergleiche erscheinen jedoch nicht ausreichend. Wenn man ernsthaft den aktuellen Wertehorizont der Menschen und dessen Entwicklungsdynamik analysieren möchte, dann muss man einen Schritt weiter gehen: Ein Wert steht weder im gesellschaftlichen noch im individuellen Kontext für sich allein – in der Regel steht eine separate Wertorientierung im Zusammenhang mit einer ganzen Reihe weiterer Werte.

In der neueren Sozial- und Marktforschung ist man aus diesem Grunde dazu übergegangen, so genannte Typologien für bestimmte Wertkontexte zu ermitteln. Hierbei werden Zusammenhänge zwischen verschiedenen Einzelwerten ermittelt, die dann wiederum mittels eines soziodemographischen Profils abgebildet werden – dies sind dann die so genannten Lebensstilanalysen. Ein Phänomen der heutigen Zeit ist es, dass jeder Forschungsansatz mit eigenen Typologien und entsprechend mit unterschiedlichen Wert*kombinationen* arbeitet. Die „neue Unübersichtlichkeit" (Habermas 1983) in modernen Gesellschaften macht somit auch vor der Umfrageforschung nicht Halt.

Mit Sicherheit hat jede der am Markt erhältlichen Werttypologien ihre spezifische Existenzberechtigung. Durch die Zusammenfassung von Einzelwerten werden jedoch – je nach Forschungsgegenstand und Fragestellung – verschiedene Werte miteinander vermengt und in der Regel künstlich von anderen Werten abgegrenzt. Dies ist bis zu einem gewissen Grade legitim. Doch wird die Komplexität der Realität hierdurch künstlich reduziert.

Die soeben getroffenen Aussagen mögen zunächst verwirrend klingen. Ein kurzes Beispiel soll die Problematik verdeutlichen: Im Rahmen der „Dialoge 5" werden „die Deutschen nach ihren Lebensmustern in 8 Typen" gruppiert (Dialoge 5, 1999, S. 142). „Nach welchen Mustern sich nun die Deutschen differenzieren, ob z.B. traditionell-konservativ, hedonistisch oder postmaterialistisch, wo sie ihre spezifischen Schwerpunkte sehen, darüber gibt die ... Typologie Auskunft" (ebd.). Im Fall der „Dialoge 5" wurden die Werttypen „Werte-Pluralisten", „Überzeugte Lebenserotiker", „Leistungsorientierte Lebenserotiker", „Arbeitsame", „Wert-Konservative", „Hüter der Moral", „Existenz-Sicherer" sowie „Wert-Verweigerer" ermittelt (S. 144 ff.). Diese Werttypen zeichnen sich jeweils durch eine spezifische Kombination verschiedener Wertorientierungen aus. Die hieraus resultierenden Wertkombinationen sind jedoch durch eine Besonderheit gekennzeichnet: Im Resultat derartiger Clusterungen ist in der Regel eine Wertorientierung in verschiedenen Werttypen zu finden – nur in unterschiedlich starken Ausprägungen. Dieses Phänomen trägt dazu bei, dass die Aussagekraft einer separaten Wertorientierung nicht nachvollzogen werden kann.

In Bezug auf die bereits seit vielen Jahren sehr populären Lebensstilanalysen hat die jüngere Gesellschaftsforschung zudem einen wichtigen Hinweis für die Werteforschung geliefert: Wie Hermann (2004, S. 153) nachweisen konnte, ist die „Beziehung zwischen Lebensstilen und Handlungen eine Scheinkorrelation…, die durch Wertorientierungen als gemeinsame Ursache von Lebensstilen und Handlungen entsteht". Anhand einer Überprüfung verschiedener Lebensstilansätze konnte Hermann mathematisch nachweisen, dass „nicht Lebensstile, sondern Werte handlungsrelevant" sind (ebd. S. 169). Das große Verdienst Hermanns besteht vor allem im ersten mathematischen Beleg dieser Tatsache. Die grundsätzlichen Erkenntnisse sind jedoch nicht grundsätzlich neu: Bereits 1972 beschreibt Parsons Werte als wichtigste Komponente zur Analyse und Beschreibung der Struktur sozialer Systeme (ebd. 1985, S. 15). Beide Forschungsergebnisse unterstreichen die Bedeutung von Werten für das Verstehen gesellschaftlicher Systeme. Direkt (Hermann) und indirekt (Parsons) fordern sie zudem eine über die Lebensstilforschung hinaus gehende Analyseform, um die Gesellschaft und deren vielfältigen Wandlungen besser verstehen zu können.

Für Soziologen, Marktforscher und Marketer sind Lebensstilanalysen mit Sicherheit trotz aller zuvor genannten Restriktionen eine wertvolle Hilfe, wenn es darum geht, bestimmte Bevölkerungsgruppen hinsichtlich ihres spezifischen Lebensstils abzubilden. Was jedoch aus diesen Typologien nicht hervor geht, ist der *übergeordnete Zusammenhang zwischen den jeweiligen Einzelwerten.* So kann beispielsweise nicht ermittelt werden, welche Werte eine Person, bei der die „Selbstverwirklichung" eine große Bedeutung hat, parallel wichtig sind. Vor allem im Marketing kann dies zu Unschärfeverhältnissen führen. Bei der Konzeption eines Werbe-Claims oder auch bei der öffentlichen Kommunikation einer politischen, beziehungsweise sonstigen Botschaft steht in der Regel *ein konkreter Kernwert* im Vordergrund. Wird über diese Botschaft beispielsweise im Schwerpunkt die Bedeutung des Wertes „Leistung" kommuniziert, so ist es durchaus interessant zu ermitteln, welche anderen Werte im positiven oder negativen Zusammenhang mit eben diesem Wert stehen. Sind es ausschließlich traditionelle Orientierungen oder auch moderne bzw. liberale? Nur wer eine Antwort auf diese Frage hat, kann ein in sich geschlossenes Bild transportieren.

Zur seriösen Beantwortung dieser Frage steht in der empirischen Gesellschaftsforschung die so genannte „Korrelationsanalyse" (Zusammenhangsanalyse) zur Verfügung. Im Rahmen der etablierten Werteforschung ist diese Methode bisher jedoch nur selten zur Anwendung gekommen – und dies obwohl sie eine Vielzahl zusätzlicher Erkenntnisse liefert (Duncker 2000; S. 148ff.). **Mittels der Korrelationsanalyse kann ermittelt werden, welcher Zusammenhang zwischen verschiedenen *Einzel*ergebnissen besteht. Gerade für die Praxis bieten derartige Erkenntnisse eine wesentlich höhere Planungssicherheit: Wer weiß, welche „Nebenwirkungen" die Kommunikation eines bestimmten Wertes hat, der kann die Risiken eines Misserfolges bei seinem öffentlichen Auftritt deutlich minimieren. Nur wer weiß, welche weiteren Werte positiv mit dem „Zentralwert" korrelieren, der kann diese auch gezielt in seiner Kommunikation einsetzen.** Aber auch für die Geisteswissenschaften bietet ein derartiges Analyseverfahren zusätzliche Erkenntnisse: Es zeigt die Komplexität von Wandlungsprozessen, die dazu führt, dass niemals eindimensionale Wertewandlungen im Zentrum des Interesses stehen dürfen. Vielmehr weisen die Ergebnisse der Korrelationsanalyse darauf hin, dass der Bedeutungswandel eines Wertes immer auch dazu führt, dass sich ganze Wertgefüge wandeln – eine Tatsache, die nur allzu häufig übersehen wird.

Da die VA-Daten mittels eines standardisierten Fragebogens erhoben wurden und die Skalierung der Antworten zudem hinsichtlich der Formulierung sowohl positive („ganz besonders" oder „sehr wichtig") als auch negative („unwichtig") Antworten gleichermaßen zulässt, können die Zusammenhänge zwischen den hier erhobenen Einzelwerten mittels der Korrelationsanalyse ermittelt werden. Da mithin metrische und bivariate Daten vorliegen, kann die Analyse anhand des Pearson´schen Korrelationskoeffizienten (r) vorgenommen werden.

Die Ergebnisse dieser Korrelationsanalyse bedürfen einer besonderen Interpretation: Der Bereich, innerhalb derer ein Zusammenhang zwischen zwei Werten gemessen wird, liegt mathematisch zwischen +1 und –1. Wenn alle Antworten von zwei miteinander verglichenen Werthaltungen genau gleich sind, dann ist das Ergebnis +1 (höchster positiver Zusammenhang). Liegen alle Antworten einander diametral gegenüber, d.h. im vorliegenden Fall, ein gesellschaftlicher Wert „x" wurde zu 100 Prozent als „ganz besonders wichtig" ermittelt und der Vergleichswert „y" wurde zu 100 Prozent als „unwichtig" ermittelt, dann lautet das Ergebnis –1 (höchster negativer Zusammenhang). Wenn kein statistischer Zusammenhang zwischen den beiden Einzelwerten besteht, lautet das Ergebnis 0. Je höher das Ergebnis vom Neutralwert 0 in Richtung +1 oder -1 geht, desto stärker ist der vorliegende Zusammenhang.

Für die Interpretation des Korrelationskoeffizienten ist noch auf einige Besonderheiten hinzuweisen. Wesentlich ist zunächst, dass nicht von der Größe des Koeffizienten allein auf die Stärke des Zusammenhangs geschlossen werden darf. Abhängig vom Forschungsgegenstand und der zugrunde liegenden Skalierung der Daten kann beispielsweise ein Ergebnis in Höhe von 0,40 in der Analyse „x" einen geringen Zusammenhang ausweisen. Im Kontext der Analyse „y" ist eine derartige Ergebnisziffer hingegen ein Hinweis auf einen hohen Zusammenhang. Dieser wahrscheinlich nur schwer zu verstehende Definitions-Spielraum hat einen statistisch-mathematischen Hintergrund: Um die Stärke des Zusammenhangs zu messen, muss die *durchschnittliche* Höhe der entsprechenden Kennwerte bei der Beurteilung der Ergebnisse herangezogen werden (Clauß/Ebner 1989, S. 122). Im Klartext: Die absolute Höhe von Korrelationsergebnissen und deren relative Aussagekraft ist immer abhängig vom Forschungsinstrument und dessen Datenaufbereitung. **Abschließend ist zu berücksichtigen, dass Korrelationskoeffizienten nicht als Prozentwerte gedeutet werden dürfen. So bedeutet eine Korrelation von 0,40 nicht, dass die Werte der verglichenen Ergebnisse in 40 von 100 Fällen übereinstimmen. Korrelationen sind eine für sich stehende Kennzahl, die nicht mit anderen mathematischen Dateninterpretationen verglichen werden darf.**

Nach diesen einleitenden „Instruktionen" wird nun im Folgenden aufgezeigt, mit welchen verschiedenen „Nebenwerten" eine bestimmte Werthaltung in Verbindung steht. Das Marktforschungsteam des Verlagshauses Axel Springer AG war hierbei so freundlich, für die vorliegende Untersuchung eine entsprechende Korrelationsanalyse mit den Ergebnissen der Verbraucheranalyse des Jahres 2004 durchzuführen. Der stärkste positive Zusammenhang zwischen den Einzelwerten lag bei r = 0,596. Die niedrigste positive Korrelation lag bei r = 0,033. Da die VA mit einer sog. „linksschiefen Skalierung" (vgl. Heidenreich 1987, S. 421) arbeitet, konnten in keinem Fall negative Zusammenhänge ermittelt werden. Basierend auf dieser Ausgangslage, die sich durch eine für linksschiefe Skalen typische Zustimmungstendenz im Antwortverhalten der Interviewten auszeichnet, beschränken sich die anschließenden Ausführungen auf Ergebnisse, bei denen r größer oder gleich 0,4 ist. Zwar bestehen hierüber hinaus im unteren Zahlenbereich weitere Zusammenhänge, doch werden sie aus Gründen der Fokussierung auf „starke" und somit wichtige Zusammenhänge im weiteren Verlauf vernachlässigt.

Die nachfolgenden Ausführungen zu den Wandlungen der einzelnen Werte wurden bewusst ausführlich gestaltet. Hierdurch kann die Studie von an speziellen Themen Interessierten als eine Art Nachschlagewerk benutzt werden.

Natürlich ist es sinnvoll, alle folgenden Abschnitte zu lesen, um auch die Details des Wertewandels verstehen zu können. Wer jedoch ausschließlich an übergeordneten Entwicklungen interessiert ist, der sei an die zusammenfassenden Abschnitte 14 und 16f. verwiesen.

13.1 Platz 1: Familie und Partnerschaft

Das Wichtigste im Leben der Deutschen ist und bleibt die Familie und die Partnerschaft. Mit 85,9 Prozent der Nennungen steht die Familie weiterhin an der obersten Stelle der Wertehierarchie. Nichts ist den Deutschen so wichtig, wie eine feste Beziehung zu einem Lebenspartner. Im Zuge des allgemeinen Wertewandels ist es heute unerheblich, ob nach der klassischen Familie oder einer Partnerschaft ohne Trauschein gefragt wird: „Inzwischen sind alternative Formen des Zusammenlebens so weit aufgewertet worden, dass sie mitunter schon den traditionellen Institutionen Ehe und Familie gleichgestellt werden“ (Hillmann 2004, S. 237).

Graphik 33:

Wertewandel – „Familie und Partnerschaft“

„wichtige Dinge im Leben“; Antworten: „ganz besonders“ oder „sehr wichtig“ / in %

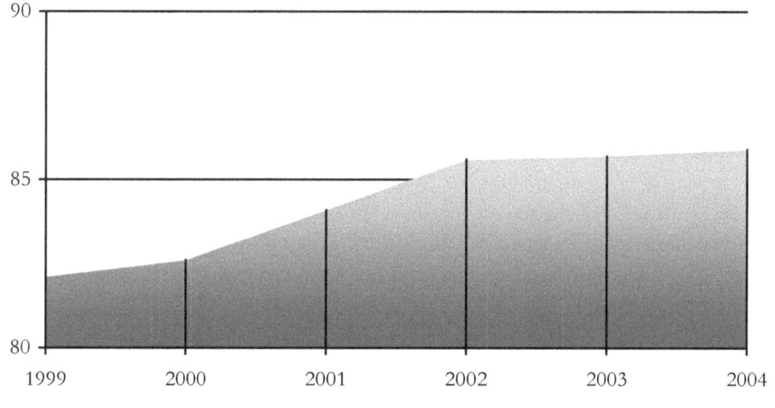

Quelle: VerbraucherAnalyse 1999 bis 2004

n > 31.000

Der Sinn und die Reichweite der bis vor kurzem leidenschaftlich diskutierten „zunehmenden Individualisierung" (vgl. Beck 1994, Mayer/Müller 1994, Miegel/Wahl 1994 u.v.m.) muss an dieser Stelle explizit in Frage gestellt werden. Die Tatsache, dass „Familie und Partnerschaft" der Top-Wert schlechthin ist, gibt zumindest deutlichen Anlass zum zweifeln. Dass dieser Wert in den vergangenen Jahren sogar noch eine sichtbare Bedeutungszunahme erfahren hat, lässt aus dem Zweifeln Gewissheit werden: Der Familien- und Partnerschaftsbezug ist bei den Menschen heute ausgeprägter denn je (seit 1999: +3,8 Prozentpkt.).

Erwähnenswert erscheint zudem, dass die Wichtigkeit von Familie und Partnerschaft über alle Bevölkerungsgruppen hinweg von hoher Bedeutung ist. Sowohl Männern (84,1 Proz.) als auch Frauen (87,5 Proz.) sind Familie und Partnerschaft besonders wichtig. Aber auch über alle Altersgruppen hinweg besitzt dieser Wert zentrale Bedeutung: Egal, ob bei Jugendlichen zwischen 14 und 19 Jahren (79,2 Proz.), bei jungen Erwachsenen zwischen 20 und 29 Jahren (85,8 Proz.) oder bei 70-Jährigen und Älteren (81,3 Proz.) – sie alle unterstreichen die Wichtigkeit von Familie und Partnerschaft. Am stärksten ist die Ausprägung jedoch bei den 20- bis 39-Jährigen mit jeweils über 88 Prozent. Die Bevölkerungsgruppe mit dem geringsten Zuspruch – wen mag es wundern – sind die Geschiedenen. Mit einem Ergebnis von 70,9 Prozent sind Familie und Partnerschaft allerdings auch den Geschiedenen weit überwiegend „ganz besonders" oder „sehr wichtig".

Der gesellschaftliche Wert „Familie und Partnerschaft" wird nicht nur am häufigsten für außerordentlich wichtig erachtet, sondern zeigt auch eine weitere Besonderheit: Im Rahmen der Korrelationsanalyse steht dieser gesellschaftliche Wert nahezu für sich allein. Die einzige signifikante Korrelation besteht zur finanziellen Unabhängigkeit. Das Ergebnis liegt mit r = 0,306 jedoch noch unterhalb der oben definierten Grenze von 0,4. Mit diesem Teilergebnis kommt den Institutionen Familie und Partnerschaft eine fast schon übergeordnete Bedeutung zu. Wie sich im weiteren Verlauf der Untersuchung noch zeigen wird, stehen alle anderen gesellschaftlichen Werte mit mindestens drei weiteren Werten im Zusammenhang – in der Regel sind es sogar deutlich mehr. Die Tatsache, dass dies hier nicht der Fall ist, ist ein Hinweis auf die übergeordnete Relevanz dieses Wertes: Selbst wenn sich die weiteren Wertprioritäten verschieben, hat dieses keine automatische Auswirkung auf die hohe Relevanz von Familie und Partnerschaft. Die werden auch im Zuge des künftigen Wertewandels die Spitze der Wertehierarchie anführen.

Trotz dieser nahezu dominanten Orientierung der Deutschen an der Wichtigkeit von Familie und Partnerschaft darf nicht übersehen werden, dass beispielsweise die tatsächliche Eheneigung rückläufig ist. Wurden noch 1960 im Jahr 9,4 Ehen pro tausend Einwohner geschlossen, waren es 1980 noch 6,3 und im Jahr 2003 nur noch 4,6 – dies ist weniger als die Hälfte der 1960er Jahre. Im Gegenzuge hat sich die Anzahl der Scheidungen von 1960 mit einem Fall pro tausend Einwohner und Jahr auf aktuell 2,6 pro Tausend und Jahr mehr als verdoppelt. In Anbetracht dieser Zahlen liegt die spontane Vermutung nahe, dass Ehen im Laufe der Jahre zunehmend *weniger* wichtig geworden sind. Die Tatsache, dass die wenigen Ehen, die heute noch geschlossen werden, zudem auch noch immer häufiger geschieden werden, mag den Kulturpessimisten Aufschwung verleihen.

Derartige Interpretationen der „harten Daten“ unterschätzen jedoch die Komplexität des menschlichen Daseins. Die Tatsache, dass auf der einen Seite die Bedeutung des Wertes „Familie und Partnerschaft“ steigt und auf der anderen Seite der Umfang der funktionierenden Partnerschaften und Ehen immer geringer wird, lässt eher darauf schließen, dass etwas Besonderes in Ehe und Partnerschaft gesucht wird. Dort jedoch immer seltener auch gefunden wird… Was hiermit konkret gemeint ist, wird sowohl in Abschnitt 14.5 als auch in den anschließenden Ausführungen noch eingehender analysiert und erklärt. Fest steht jedoch bereits an dieser Stelle, dass wir hier offensichtlich mit einer „mangelnden Wertverwirklichung“ (Klages 2002, S. 72ff.) konfrontiert sind, die nicht selten zu psychischen Problemlagen führt.

13.2 Der Wunsch nach einer sicheren Zukunft

Der zweite bundesdeutsche Top-Wert ist der Wunsch nach einer „sicheren Zukunft“ (seit 1999: +1,1 Prozentpkt.). In Zeiten der wirtschaftlichen Unsicherheiten ist dies sehr gut nachvollziehbar. Für viele Menschen hat die subjektiv wahrgenommene Sicherheit bezüglich des individuellen Wohlstandes, der Arbeitsplatzsicherheit und auch der Sicherheit der sozialen Sicherungssysteme (v.a. Rente und Krankenversicherung) in den vergangenen Jahren abgenommen. Es sind jedoch nicht nur die gesamtwirtschaftlichen Bedingungen in Deutschland, die zum steigenden Sicherheitsbedürfnis der Menschen führen: Auch die globale „Weltsicherheit“, im Sinne von Kriegen, Auseinandersetzungen und auch terroristischen Anschlägen, scheint in den vergangenen

Jahren abhanden gekommen zu sein. Was liegt also näher, als sich bei diesen Umgebungsbedingungen eine sichere Zukunft zu wünschen.

Graphik 34:

Wertewandel – „sichere Zukunft“

„wichtige Dinge im Leben“; Antworten: „ganz besonders“ oder „sehr wichtig“ / in %

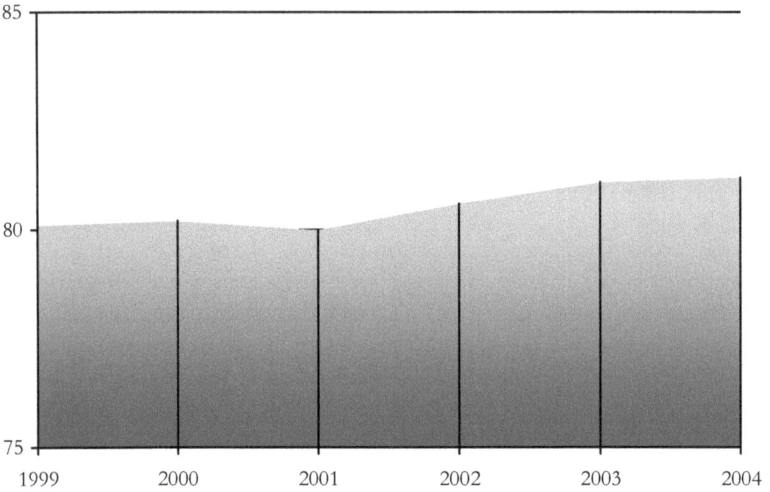

Quelle: VerbraucherAnalyse 1999 bis 2004
n > 31.000

Zudem bietet auch der private Lebensbereich bei immer mehr Menschen Anlass, sich mehr Sicherheit zu wünschen. Als Beispiel mögen die bereits zuvor angesprochenen öffentlichen Statistiken zum Themengebiet Eheschließungen und -scheidungen der vergangenen Jahre dienen (vgl. Graphik 35). Wie durch die öffentliche Diskussion bereits hinlänglich bekannt ist, ist in Deutschland, bei relativ konstanter Bevölkerungsmenge, ein Sinken der Eheschließungen bei einem gleichzeitigen Anstieg der Ehescheidungen zu sehen. Diese Entwicklungen, insbesondere die steigende Quote der Scheidungsfälle, führt ebenfalls zur Verunsicherung vieler Menschen. Die Ehe als *sicherer* Hafen für eine gemeinsame Zukunft hat hierdurch ebenfalls vielfach ausgedient (mehr als jede zweite Ehe wird bereits wieder geschieden).

Graphik 35:

Eheschließungen und -scheidungen im Vergleich

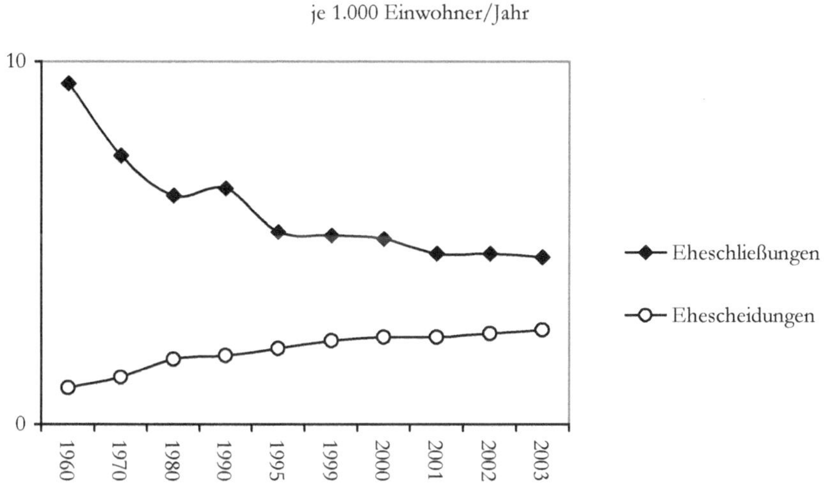

StBa : DESTATIS, „Eheschließungen, Ehescheidungen" Deutschland
Internetauszug, Stand 28.02.2005

Auch aus dieser Perspektive ist das steigende Streben nach einer sicheren Zukunft nur zu verständlich. Als weiterer Risikofaktor mag die individuelle Gesundheit gelten. Die Wahrscheinlichkeit, beispielsweise an einem Krebs- oder Herz-Kreislauf-Leiden zu erkranken, ist in den vergangenen Jahren deutlich gestiegen. Beide Ursachen zusammen erklären bereits 71 Prozent aller Todesursachen (StBa 2005) – Tendenz steigend. Krankheiten sind hierdurch zu einem weiteren wesentlichen Risikofaktor geworden. Auch aus diesem Blickwinkel erscheint der Wunsch vieler Menschen nach einer sicheren Zukunft nur zu verständlich.

So genannte Orientierungsverluste (vgl. Lübbe 1994; Weidenfeld 1994; Duncker 1998, S. 145 ff.) tun ihr Übriges. In einer Welt der immer stärkeren und schnelleren Wandlungen, der zunehmenden Globalisierung und somit wachsenden Unübersichtlichkeit, der wachsenden – auch medialen – Reizüberflutung, wächst das Bedürfnis nach einer sicheren Zukunft. Breiten Bevölkerungsteilen ist es heute nicht mehr gegeben, den vielen, schnellen und nahezu omnipräsenten Entwicklungen zu folgen. Sie sind überfordert und leiden zunehmend unter Orientierungsverlusten. Nichts liegt an dieser Stelle näher, als sich eine sichere Zukunft zu wünschen. Natürlich trifft diese Feststellung nicht auf alle Menschen zu – aber eben doch auf einen wachsenden Anteil der Bevölkerung.

Wem eine „sichere Zukunft" von besonderer Bedeutung ist, der betont die Werte „Leistung" (r = 0,422) und strebt häufig auch nach „finanzieller Unabhängigkeit" (0,411). Das zentrale Lebensmotto des nach einer sicheren Zukunft Strebenden lautet offensichtlich: Ich zeige Leistung, möchte diese aber auch durch eine finanzielle Unabhängigkeit belohnt sehen. Dass dieses nicht ganz ohne „Lebensplanung" (0,406) funktionieren kann, ist den meisten durchaus bewusst.

13.3 Finanzielle Unabhängigkeit

Die „finanzielle Unabhängigkeit" steht mit 79,9 Prozent an dritter Stelle der deutschen Werteskala. In wirtschaftlich unsicheren Zeiten (vgl. Abschn. 9 und 15.1), dürfte diese starke Ausprägung keine Besonderheit darstellen. Interessant ist hingegen die Tatsache, dass dieser Wert seit 2002 einen leichten Bedeutungsverlust erfahren hat (-1,4 Prozentpkt.). Obwohl sich die gesamtwirtschaftliche Lage in Deutschland nicht zum Positiven entwickelt hat, verliert dieser, auch ein Stück ökonomische Sicherheit gebende, Wert sukzessive an Bedeutung. Der hier ermittelte Trend deckt sich im Übrigen mit dem Verlauf der Einstellungen zum Themenbereich Sparsamkeit (vgl. Abschn. 9.5): In diesem Zusammenhang konnte bereits nachgewiesen werden, dass die Menschen immer seltener sparen und auch seltener Versicherungen gegen Risiken abschließen. Heute hat die „finanzielle Unabhängigkeit" im Wertehorizont der Deutschen zwar immer noch einen hohen Stellenwert – Tendenz jedoch sinkend. Das „Über-die-Runden-kommen" wird zunehmend wichtiger als die Unabhängigkeit.

Das Streben nach finanzieller Unabhängigkeit ist vor allem für junge Menschen wichtig: Zwar betonen lediglich 73,4 Prozent der 14- bis 29-Jährigen diesen Wert, doch wird bei den 20- bis 29-Jährigen bereits mit 83,0 Prozent der Maximalwert erreicht. Dies ist auch das Alter, in dem sich die Mehrzahl der Menschen aus der elterlichen Versorgung löst. Die überdurchschnittlich hohe Bedeutung der *Unabhängigkeit* ist hierdurch nahe liegend. Mit steigendem Alter nimmt die Bedeutung dieses Wertes sukzessive ab. Bei den 70-Jährigen und Älteren sind es „nur" noch 77,7 Prozent.

Graphik 36:

Wertewandel – „finanzielle Unabhängigkeit"

„wichtige Dinge im Leben"; Antworten: „ganz besonders" oder „sehr wichtig" / in %

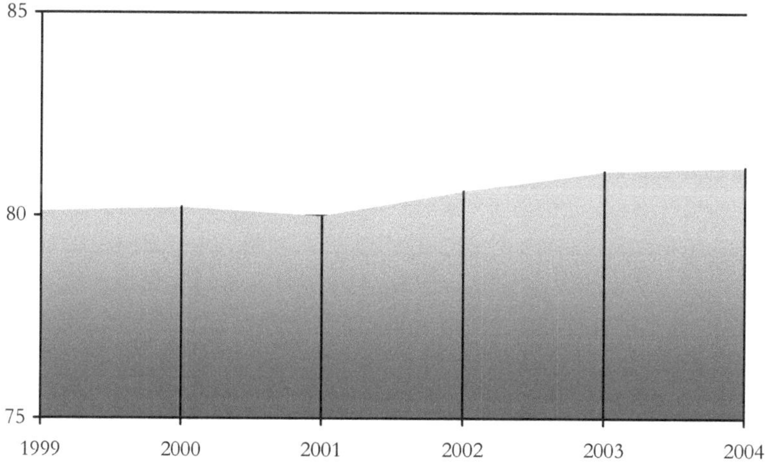

Quelle: VerbraucherAnalyse 1999 bis 2004
n > 31.000

Menschen die nach finanzieller Unabhängigkeit streben, betonen vor allem die Werte „Anerkennung im privaten Umfeld" (r = 0,458) und „sichere Zukunft" (0,411). Man möchte die Unabhängigkeit offenbar nicht nur für sich selbst erreichen, sondern auch die entsprechende Anerkennung aus dem privaten Umfeld erfahren. Doch hiermit ist der Anspruchshorizont nicht erschöpft: Finanzielle Unabhängigkeit darf kein kurzfristiger „Zustand" sein. Ganz im Gegenteil – auch der Sicherheitsanspruch an die Zukunft wird von diesen Menschen nicht aus dem Auge verloren.

14.3 Spaß und Freude haben

An der vierten Stelle folgt der Wert „Spaß und Freude" mit 71,5 Prozent der Nennungen. Dieses Teilergebnis ist insofern interessant, als dass aus naiver Sicht des Autors grundsätzlich jedem Menschen „Spaß und Freude" wichtig sein sollte. Spaß und Freude sollten eigentlich Lebensmerkmale sein, die jedem Menschen Zufriedenheit und ein positives Lebensgefühl geben. Diese Ansicht teilt jedoch mehr als jeder vierte Bundesbürger nicht. Seit 1999 ist die Wichtigkeit dieses Wertes sogar noch um -1,7 Prozentpunkte gesunken. Ein vertiefender Blick in das Zahlenmaterial zeigt eine starke Abhängigkeit der Wertschätzung von Spaß und Freude zum Lebensalter der Menschen.

Graphik 37:

Wertewandel – „Spaß und Freude"

„wichtige Dinge im Leben"; Antworten: „ganz besonders" oder „sehr wichtig" / in %

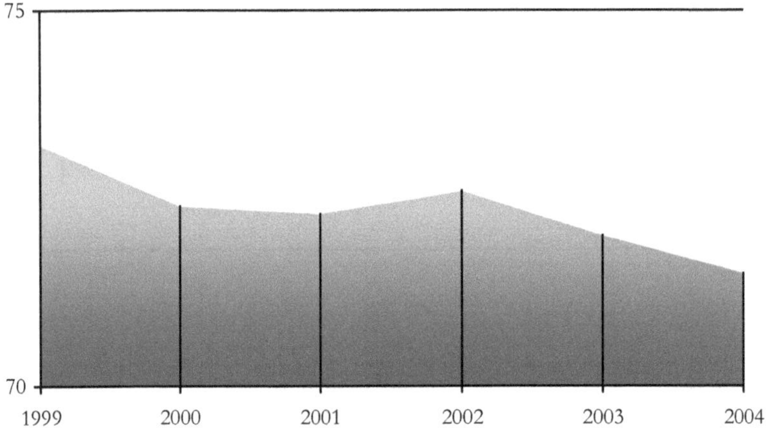

Quelle: VerbraucherAnalyse 1999 bis 2004
n > 31.000

Nahezu kausal sinkt die Bedeutung von Spaß und Freude mit steigendem Lebensalter. Während diese Orientierung noch bei den 14- bis 19-Jährigen mit 87,2 Prozent *der* zentrale Lebenswert ist, wird er mit zunehmendem Alter von immer weniger Menschen als wichtig erachtet. Bei den über 70-Jährigen ist es im Jahr 2004 mit 59,1 Prozent nur noch wenig mehr als jeder Zweite. Im Jahresvergleich fällt zudem auf, dass die Wichtigkeit von Spaß und Freude bei den über 40-Jährigen sogar nochmals deutlich gesunken ist (durchschn. -2 Prozentpkt.). Spaß und Freude wird mit steigendem Alter immer seltener als wichtig erachtet – Tendenz weiterhin fallend.

Graphik 38:

„Spaß und Freude“ im Altersvergleich

„wichtige Dinge im Leben“; Antworten: „ganz besonders“ oder „sehr wichtig“ / in %

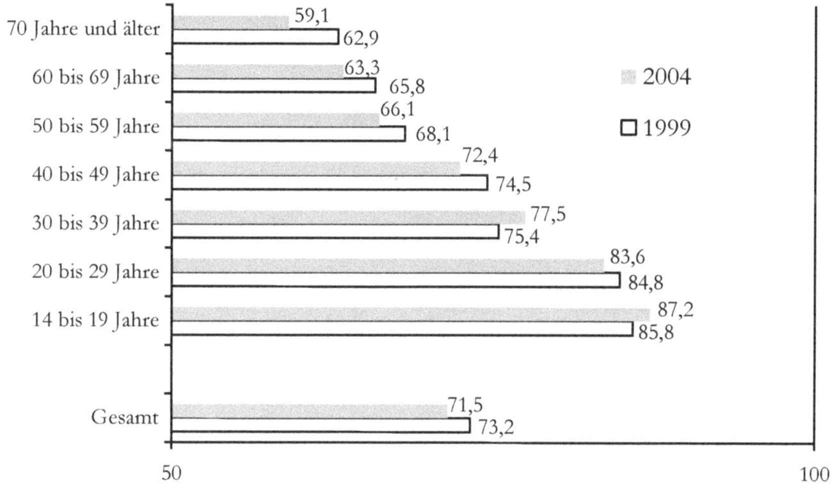

VerbraucherAnalyse 1999 und 2004
n > 31.000

Die hier gefundene Altersverteilung deckt sich mit einer Reihe von Ergebnissen der Einstellungsmessung in den Abschnitten 7 bis 10: Während junge Menschen wesentlich stärker darauf achten, gut auszusehen und entsprechend auch ein ausgeprägtes Mode- und Trendbewusstsein haben, achten Ältere lieber auf Ihre Gesundheit. Während Junge sich „lieber ein schönes Leben machen als zu sparen“ und auch häufiger „Dinge kaufen, nur um sich eine Freude zu machen“, zeigen sich die Älteren deutlich häufiger „diszipliniert und pflichtbewusst“. Die Problemdefinitionen und Lebensschwerpunkte liegen offensichtlich auf anderen Ebenen. **Die Jungen wollen das Leben genießen und hierzu gehören eben *auch* Spaß und Freude. Je älter die Menschen werden, desto mehr stehen sachliche Fragen und Probleme (z.B. Gesundheit, Finanzen, Beruf etc.) im Vordergrund. Spaß und Freude zu haben, wird dann zum Luxus, der nicht mehr als besonders wichtig erachtet wird.**

Dem öffentlichen Verständnis von „Spaß und Freude“ haftet in der Regel ein hedonistischer Bezug an. Dies mag im gewissen Rahmen auch zutreffen.

Doch ist es nicht die einzige zutreffende Betrachtungsebene: So bestehen beispielsweise hohe Korrelationen zu den traditionellen Pflichtwerten „Lebensplanung“ (r = 0,419) und „Leistung“ (0,406). Menschen, denen „Spaß und Freude“ wichtig sind, zeigen sich hierdurch nicht als orientierungslose Lebemenschen, sondern, ganz im Gegenteil, als Realisten, die ihr Leben planen und hierbei auch die Notwendigkeit von Leistungserbringung nicht übersehen. Ein übergeordnetes implizites Ziel dieser Menschen ist es auch, sich „etwas leisten zu können“ (0,411).

Für „Spaß und Freude“-Orientierte stehen jedoch nicht nur Aufbauwerte wie Leistung, Lebensplanung und sich etwas leisten können im Vordergrund. Parallel hierzu streben sie auch nach „Individualität“ (0,432) und „Selbstverwirklichung“ (0,391). Neben dem Berufsleben lässt sich dieses am besten durch „viel Freizeit“ (0,440) erreichen, die allerdings „aktiv gestaltet“ (0,420) sein muss. Neben den scheinbar gern aufgenommenen Herausforderungen der Arbeitswelt brauchen die Spaß- und Freude-Orientierten auch eine erfüllte Freizeit. Wie bei keinem anderen Wert zeigen sich diese Menschen im Licht der Korrelationsanalyse aktiv und lebensbejahend.

13.5 Anerkennung im privaten Umfeld

Mit aktuell 63,9 Prozent ist es nahezu zwei Drittel der Bevölkerung wichtig, Anerkennung von Freunden, Verwandten und Familienmitgliedern zu erfahren. Wiederum sind es eher die Jungen, die nach Anerkennung streben: Sind dies bei den 14- bis 19-Jährigen noch 73 Prozent, so nimmt der Prozentsatz bis zu den über 70-Jährigen nahezu linear auf 55,2 Prozent ab. Dies dürfte primär mit der Tatsache zu erklären sein, dass die junge Identität in der Regel noch nicht gefestigt ist. Um in der eigenen Identitätsstruktur Festigung zu erfahren, bedarf es in jungen Jahren noch der Anerkennung. Wenn etwas von Dritten gelobt wird, dann wirkt dies positiv verstärkend auf den Identitätsaufbau. Je älter der Mensch wird, desto gefestigter wird die Identität des Menschen, desto weniger ist er auf Anerkennung angewiesen. Ganz frei vom Anerkennungsbedürfnis wird der Mensch jedoch auch im höheren Alter nicht: mit 55,2 Prozent gibt selbst die Mehrheit der über 70-Jährigen an, ihnen sei Anerkennung im privaten Umfeld besonders wichtig. Im Zeitverlauf wurden die Menschen jedoch zunehmend unabhängiger: Seit 1999 ist der Anteil derjenigen, die „Anerkennung im privaten Umfeld“ für besonders wichtig erachten, um -3,0 Prozentpunkte gesunken – Tendenz weiterhin sinkend.

Graphik 39:

Wertewandel – „Anerkennung im privaten Umfeld"

„wichtige Dinge im Leben"; Antworten: „ganz besonders" oder „sehr wichtig" in %

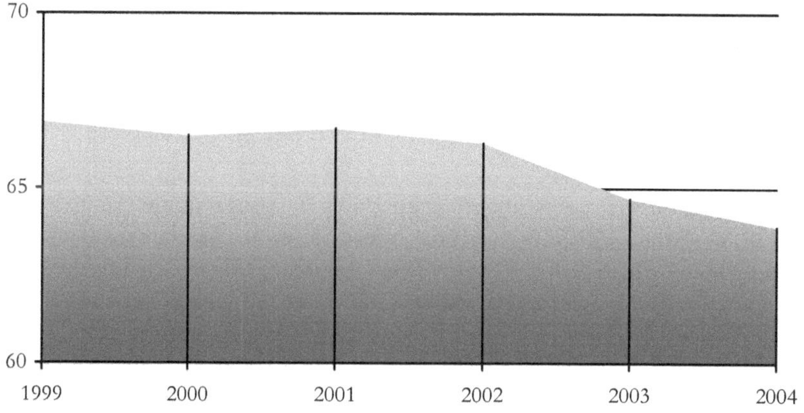

Quelle: VerbraucherAnalyse 1999 bis 2004
n > 31.000

Wer nach Anerkennung im privaten Umfeld strebt, der gibt sich hiermit nicht zufrieden: Auch im „beruflichen Umfeld" ist die Anerkennung besonders wichtig (mit r = 0,561 die drittgrößte Korrelation). Nach Anerkennung Strebende sind überdurchschnittlich außengesteuert: Sie möchten „überall mitreden können" (0,430). Anerkennung erwirbt man eben auch dann, wenn man (vermeintlich) überall mitreden kann. Nach privater Anerkennung Strebenden ist zudem die „finanzielle Unabhängigkeit" (0,458) wichtig und sie möchten sich überdurchschnittlich häufig „etwas leisten können" (0,415). Materielle Ressourcen sind für diese Menschen von besonderer Bedeutung – auch um dem Ziel der „Selbstverwirklichung" (0,410) näher zu kommen.

13.6 Das Bestreben, sich etwas leisten zu können

Der Mehrheit der Deutschen ist es besonders wichtig „sich etwas leisten zu können" (62,8 Proz.). Quasi als Deckel der beiden zuvor besprochenen Werte

„Spaß und Freude" sowie „Anerkennung im privaten Umfeld" brauchen wiederum vor allem junge Menschen die Möglichkeit, sich etwas leisten zu können. Bei ihnen sind noch viele Wünsche offen, die sie sich noch erfüllen möchten. Was dieses im Einzelnen bedeutet, zeigen wieder einmal die Daten der vorhergehenden Einstellungsanalyse: Junge Menschen legen überdurchschnittlich häufig Wert darauf, gut auszusehen. Sie kleiden sich hierfür nach der neuesten Mode und wechseln auch gern einmal die Frisuren. Sie sind Trendbewusst, haben ein überdurchschnittliches Interesse an technischen Geräten mit ausgefeilter Technik und gutem Design – doch all diese Wünsche und Ansprüche kosten Geld.

Die Mehrzahl der zuvor angeführten Einstellungsmerkmale dient der Distinktion (Bourdieu 1996). Was aus der Vielzahl der am Markt erhältlichen Lebensstilkonzepte (Becker/Nowak 1984; Gluchowski 1987; Lüdtke 1990; Hörning et.al. 1990; Schwengel/Berking/ Neckel 1987; Zapf et.al. 1987; Müller 1992, Schulze 1995 und viele mehr) bereits seit langem bekannt ist: Aus den „feinen Unterschieden" in der Ausgestaltung des eigenen Lebens-, Kleidungs- und Konsumstils ziehen vor allem Jugendliche und junge Erwachsene oft einen großen Teil ihrer Identität. Frei nach dem Motto: „Du bist, was du hast" entsteht ein Teil des modernen Selbstkonzeptes aus dem Konsum. Um sich die entsprechenden Stilelemente leisten zu können, braucht der Mensch zunächst eines: ausreichend Geld.

Der Datenvergleich zwischen Einstellungs- und Wertewandel belegt den nahezu linearen Zusammenhang zwischen Alter und Konsummuster: Ist es bei den 14- bis 19-Jährigen noch 75,1 Prozent besonders wichtig, sich etwas leisten zu können, so sinkt der Grad der Zustimmung mit steigendem Alter nahezu linear. Fast schon parallel hierzu sinken auch die untersuchten Konsumeinstellungen (vgl. Graphik 41). Es ist eindeutig: Mit steigendem Alter sinkt auch die Wichtigkeit des Konsumierens. Ältere Menschen sind seltener auf materielle und optische Distinktionsmuster angewiesen und zeigen sich hierdurch wesentlich entspannter.

Es sind natürlich nicht *nur* die jungen Menschen, denen es wichtig ist, „sich etwas leisten zu können". Trotz der soeben skizzierten, mit steigendem Alter nahezu linear sinkenden Zustimmung, ist es selbst bei den über 70-Jährigen mit 54,0 Prozent deutlich mehr als jeder Zweite, der „sich etwas leisten können" möchte. In der Regel verschieben sich jedoch die Prioritäten. Bei den Jungen ist es primär der Distinktionskonsum. Bei den 30- bis 49-Jährigen stehen größere Investitionen (Fahrzeuge, Immobilien etc.) und naturnaher Lebensstil im Vordergrund und in den älteren Altersgruppen sind es primär gesundheitliche Aspekte. Und gerade die Gesundheitskosten nehmen bereits seit einigen Jahren spürbar zu. Aus dieser Perspektive hat jede Generation ihren spezifischen Ausgabenschwerpunkt – den man sich jedoch immer auch leisten können muss.

Graphik 40:

Wertewandel – „sich etwas leisten können"

„wichtige Dinge im Leben"; Antworten: „ganz besonders" oder „sehr wichtig" in %

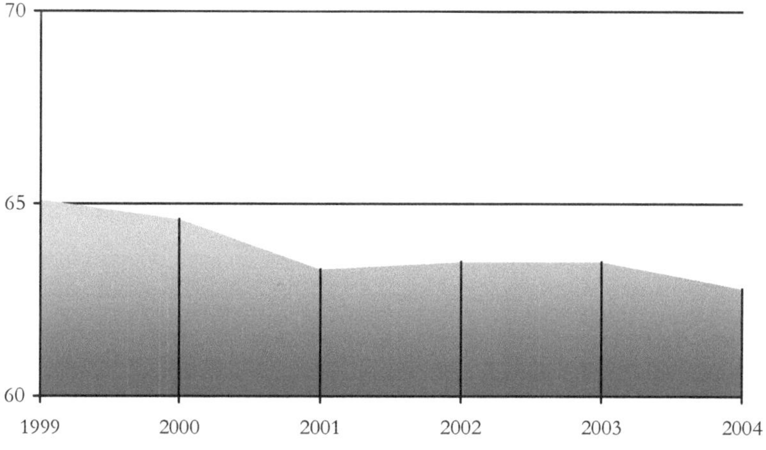

Quelle: VerbraucherAnalyse 1999 bis 2004
n > 31.000

Wer glaubt, dass Personen, die „sich etwas leisten können" möchten, ein primär materialistisches Weltbild haben, dem zeigt sich im Zuge der Korrelationsanalyse ein abweichendes Bild: Nichts ist diesen (überdurchschnittlich häufig jungen) Menschen so wichtig wie „viel Freizeit" (r = 0,522). Diese soll jedoch möglichst „aktiv gestaltet" sein (0,493) – schließlich dient sie auch der „Selbstverwirklichung" (0,421). Nahezu ebenso hoch ist der Zusammenhang zum Faktor „Leistung" (0,414). „Sich etwas leisten können" hat, wie das Wort *leisten* bereits impliziert, etwas mit *Leist*ung zu tun. Diese ist ebenfalls wichtig, um sich einen persönlichen Status aufzubauen. Dass Leistung jedoch nicht zwangsweise zu einem verbissenen Verhalten führen muss, zeigt die Tatsache, dass „Spaß und Freude" (0,411) im Alltag nicht fehlen dürfen.

Graphik 41:

Konsumlust und –notwendigkeit im Generationsvergleich

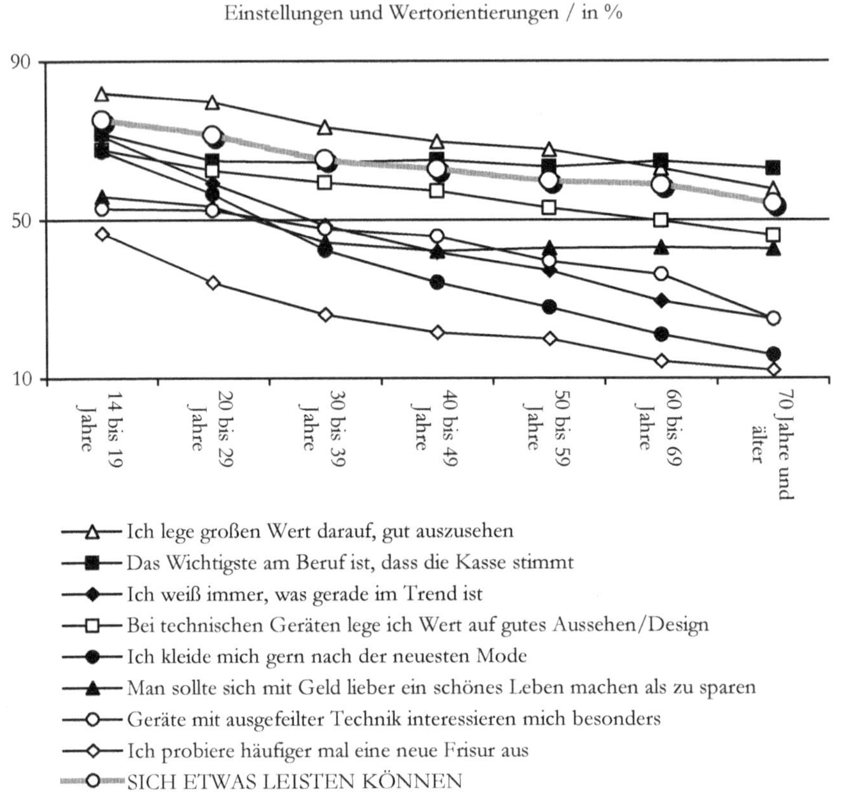

VerbraucherAnalyse 2004
n = 31.783

„Sich etwas leisten können" steht an zweiter Stelle auch für „Anerkennung im privaten Umfeld" (0,415). In diesem Sinne definieren sich diese Menschen *auch* über das, was sie sich leisten können. Die Statussymbole der Konsumwelt schaffen Identität und wirken bei der Realisierung der angestrebten Selbstverwirklichung unterstützend. Hierzu gehört es natürlich auch, „finanziell unabhängig" (0,412) zu sein. Zudem möchten diese Menschen „überall mitreden" (0,409) können. Auch hierbei geht es um eine Form der Selbstverwirklichung – durch die Kommunikation mit Anderen.

13.7 Die Wichtigkeit der Lebensplanung

Die Lebensplanung ist für 59,9 Prozent der Deutschen besonders wichtig. Trotz wirtschaftlich schwerer Zukunftsperspektiven hat dieser Faktor in den vergangenen Jahren einen Bedeutungsverlust zu verzeichnen (-2,7 Prozentpkt.). Immer weniger Menschen setzten sich heute mittels einer Lebensplanung strukturelle Vorgaben für das Leben von morgen. An dieser Stelle kann leider nicht eindeutig ermittelt werden, ob die Menschen zunehmend weniger planen *wollen* oder *können*. Besonders der zweite Fall ist, in Anbetracht der wirtschaftlichen Bedingungen, nahe liegend. In einer Welt, in der man nicht weiß, in welche Richtung die ökonomische Entwicklung morgen geht, wird es auch zunehmend schwerer, das Leben (i.S.d. Zukunft) konkret zu planen.

Graphik 42:

Wertewandel – „Lebensplanung“

„wichtige Dinge im Leben“; Antworten: „ganz besonders“ oder „sehr wichtig“ / in %

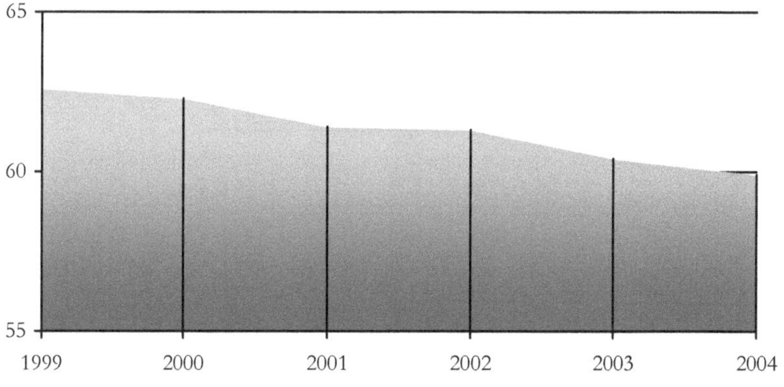

Quelle: VerbraucherAnalyse 1999 bis 2004
n > 31.000

Eine fatalistische Haltung macht sich breit: „Was morgen kommt, kann ich heute noch nicht absehen. Lebensplanung macht für mich keinen Sinn“. **Dies gilt nicht nur für die jüngeren Generationen, die nicht wissen, ob sie morgen ein ausreichendes Einkommen haben werden, sondern eben-**

falls für die Älteren, die nicht wissen, ob es künftig noch ein gesichertes Alterseinkommen (Rente etc.) geben wird. Wer die Voraussetzungen der Zukunft nicht kennt, der kann auch sein Leben nur schwer planen. Bei der älteren Generation kommt noch ein besonderer Umstand hinzu: Diese Menschen haben den dynamischen Teil ihres (Arbeits-)Lebens mehrheitlich hinter sich und haben im nachberuflichen Lebensabschnitt nur noch eingeschränkte Gestaltungsmöglichkeiten (v.a. finanziell und strukturell).

Graphik 43:

Bedeutung der „Lebensplanung" nach Altersgruppen

„wichtige Dinge im Leben"; Antworten: „ganz besonders" oder „sehr wichtig" / in %

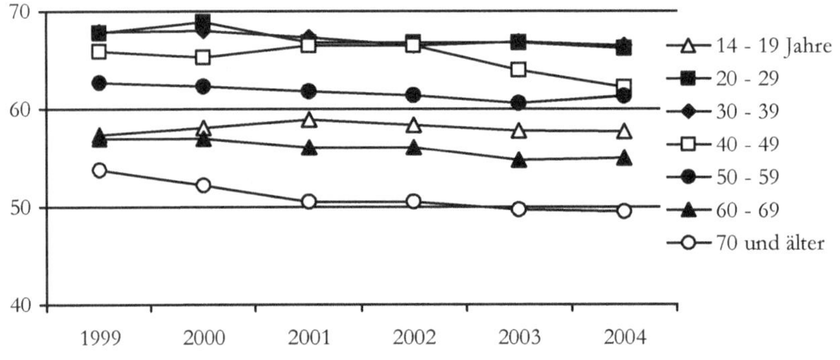

VerbraucherAnalyse 1999 bis 2004
n > 31.000

Diese These wird durch das Zahlenmaterial der VA bestätigt: Bereits in der chronologischen Betrachtung sind es entweder die ganz Jungen oder die über 60-Jährigen, die der Lebensplanung eine vergleichsweise geringe Bedeutung beimessen (unter 60 Proz.). In den vergangenen Jahren war zudem vor allem in diesen Altersgruppen ein nahezu linearer Bedeutungsverlust der Lebensplanung zu verzeichnen. Die großen Lebensplaner sind hingegen Menschen zwischen 20 und 39 Jahren (2004: zw. 66,5 und 62,2 Proz.). Diese befinden sich in einem Lebensabschnitt, in dem Sie noch planen und gestalten können. Egal, ob es um Themen wie Partnerschaft und Kinder, die berufliche Karriere, die Anschaffung von immobilem Eigentum oder auch das Schaffen finanzieller Rücklagen für das Alter geht, das Leben stellt in diesem Alter viele wichtige Fragen, die noch zu beantworten sind. Aber selbst in diesen Altersgruppen, und besonders bei den 40- bis 49-Jährigen, hat der Wert „Lebensplanung" deutlich an Bedeutung verloren.

Die Lebensplanung steht im besonderen Kontext zur „Individualität": Mit einem Korrelationskoeffizienten von 0,545 liegt an dieser Stelle der vierthöchste aller gemessenen Zusammenhänge vor. Die Lebensplanung, die ursprünglich als traditioneller Anpassungswert galt, hat hiermit einen neuen Bedeutungshof: Eine aktive Lebensplanung findet heute vor allem bei den Menschen statt, die auch der Individualität eine hohe Bedeutung beimessen. Dies hat, im Zusammenhang mit den gesamtgesellschaftlichen Entwicklungen, weit reichende Konsequenzen: Menschen, die der Lebensplanung eine besondere Bedeutung zukommen lassen, werden sich künftig nicht mehr auf die übergeordneten staatlichen System verlassen wollen. Sie werden derjenige Teil der Gesellschaft sein, der die zurzeit überstrapazierten Strukturen des versorgenden Staates aufbricht. Sie nehmen die Lebensplanung lieber selbst in die Hand. Hierbei neigen sie jedoch nicht zu einem überbordenden Egoismus. Die Werthaltung „soziales Engagement" korreliert mit 0,332 zwar nur im Mittelfeld, ist jedoch alles andere als negativ. Soll bedeuten: Die „Lebensplaner" wollen nicht nur ihr eigenes Leben in die Hand nehmen, sondern sich gleichzeitig auch sozial engagieren.

Neben der Individualität erachten die Lebensplaner auch die Selbstverwirklichung (0,415) für überdurchschnittlich wichtig. Im direkten Vergleich ist der Stellenwert der „Individualität" (0,545) jedoch als deutlich höher zu betrachten. Der Leistungsbezug (0,514) darf bei den Lebensplanern ebenso wenig fehlen, wie die Betonung von „Spaß und Freude" (0,419). Sie leben hiermit in der Gesamtbetrachtung in einem ausgewogenen Verhältnis zwischen Individualität und sozialen Orientierungen sowie Leistung und der notwendigen Lebensfreude. Lebensplaner können hierdurch zum Prototypen des „Überlebensmenschen" von morgen avancieren.

13.8 Der Kulturwert „Leistung"

Die „Leistung" dürfte als einer *der* historischen deutschen Kulturwerte gelten. Dies muss jedoch nicht automatisch auch für die Gegenwart gelten: **So erachtet mit 56,8 Prozent heute nur noch wenig mehr als jeder zweite Deutsche Leistung für besonders wichtig. Ein bereits vor einigen Jah-**

ren prognostizierter Trend (Duncker 2000; 82f.) hat sich zudem bestätigt: In den vergangenen Jahren hat dieser Wert einen ebenso langsamen wie konsequenten Bedeutungsverlust erfahren (-1,8 Prozentpkt.). Dies muss jedoch nicht bedeuten, dass diese Entwicklungsrichtung für immer in Stein gemeißelt ist: Unter Berücksichtigung zyklischer Wandlungsverläufe sind wir an dieser Stelle lediglich mit einem Ausschnitt eines kompletten Wandlungszyklusses konfrontiert. Leistung wird auch aus diesem Grunde in Deutschland wahrscheinlich nie aus dem Wertehorizont „verschwinden". Doch steht die gegenwärtige Gesellschaftsphase nicht mehr unter dem Dach der Leistungsorientierten.

Graphik 44:

Wertewandel – „Leistung"

„wichtige Dinge im Leben"; Antworten: „ganz besonders" oder „sehr wichtig" / in %

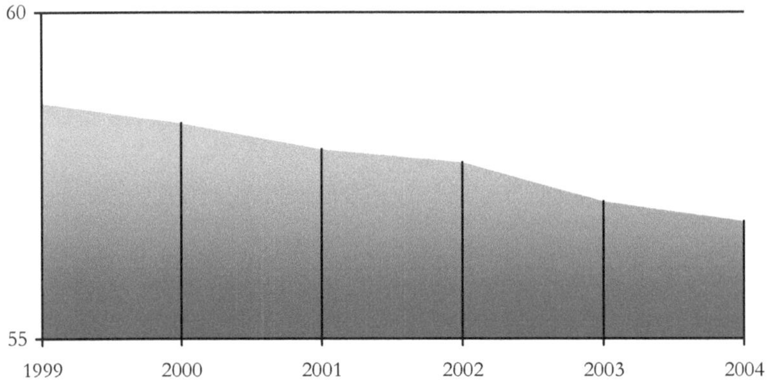

Quelle: VerbraucherAnalyse 1999 bis 2004
n > 31.000

Bemerkenswert erscheint der häufig übersehene Tatbestand, dass Leistung vor allem für junge Menschen wichtig ist. Während noch 63,1 Prozent der 14- bis 19-Jährigen und 64,9 Prozent der 20- bis 29-Jährigen Leistung für besonders wichtig erachten, sinkt der Prozentsatz mit steigendem Alter stetig. Von den über 70-Jährigen erachten nur noch 44,0 Prozent Leistung für wichtig. **Leistung ist bedingt durch diese Entwicklungen *der* Wert der Jugend geworden.** Diese Feststellung wird zudem durch die Tatsache untermauert, dass die Altergruppe der 14- bis 19-Jährigen die einzige war, innerhalb derer im Verlauf der letzten Jahre eine Bedeutungszunahme ermittelt werden konnte – und zwar gegen den Trend eines bevölkerungsweiten Bedeutungsverlustes!

„Leistung" ist zudem ein tendenziell „männlicher Wert": Während nur 52,5 Prozent der Frauen Leistung für wichtig erachten, sind es bei den Männern bereits 61,6 Prozent (+9,1 Prozentpkt.). In Anbetracht der Tatsache, dass gemäß der Analysen zum Einstellungswandel (vgl. Abschn. 6) immer noch ein erheblicher Teil der Deutschen die Frau bei Heim, Herd und Kindern besser aufgehoben sieht als im Berufsleben, mag dieses Teilergebnis nicht verwundern. Leistung wird überwiegend im Berufsleben erfahren. Wer an diesen Lebensbereichen nicht teilhaben kann, der misst der Leistung auch eine geringere Bedeutung zu.

Die eingangs getroffene Aussage, Leistung sei ein deutscher Zentralwert, findet sich im Zuge der Korrelationsanalyse bestätigt: Bei insgesamt 9 Korrelationen mit dem Ergebnis r > 0,4 zeigt der Faktor Leistung den höchsten Einfluss auf den Wertekosmos der Deutschen. In einem recht engen Zusammenhang mit der Leistungsorientierung stehen die Selbstentfaltungswerte „Selbstverwirklichung" (r = 0,431) und „Individualität" (0,430) – dies mag viele Leser erstaunen. Die überwiegend jungen Menschen, die Leistung für besonders wichtig erachten, sind eben keine untergeordneten Massengeschöpfe, die stumpf und unreflektiert den Vorgaben folgen. Sie sind vielmehr Individuen, die sich (auch) über die Leistung *selbstverwirklichen*. Die „mechanische" Leistung, im Sinne einer vergleichsweise einfachen Tätigkeit (z.B. in Bildung, Arbeit oder Sport), mit sich permanent wiederholenden, schnellen und stereotypen Abläufen, ist heute nicht mehr unter dem Deckmantel der Leistungsdefinition zu finden. Ganz im Gegenteil: Es müssen eher freiheitliche und vor allem dynamische Abläufe sein, die es dem Leistungsorientieren ermöglichen, seinem Bedürfnis nach Selbstverwirklichung nachzukommen. Hierzu gehören anspruchsvolle Tätigkeiten ebenso, wie beispielsweise Trend- und Extremsportarten. Entsprechend dieser Feststellungen wollen Leistungsorientierte überdurchschnittlich häufig „bei neuen Entwicklungen dabei sein" (0,433). Sie wollen das Neue erleben und nicht den Anschluss verpassen. Hierdurch werden sie auch in Zukunft die Träger des Fortschrittes sein.

Menschen, die den Wert der Leistung betonen, sind jedoch keine integrationsunwilligen Egoisten, die in jeder Form ausschließlich nach vorn wollen. Für sie sind gleichzeitig *auch* zwischenmenschliche Werte von Bedeutung: Sie brauchen „Anerkennung im beruflichen Umfeld" (0,481) und möchten „überall mitreden können" (0,400). Sie sind somit in hohem Maße von den Reflektionen ihres Umfeldes – und mithin von anderen Menschen – abhängig. Leistungsorientierte stehen auch dem „sozialen Engagement" (0,308) tendenziell positiv gegenüber. Das soziale Umfeld wird hiermit ein wichtiger Referenzbereich für Menschen, die Leistung besonders betonen.

Dem eher klassischen Leistungsstreben entsprechend betonen Leistungsorientierte auch eine Reihe von traditionellen Werten: Für sie haben „Lebensplanung" (0,514) und die hiermit angestrebte „sichere Zukunft" (0,422) ebenfalls zentrale Bedeutung. Leistung wird somit heute *auch* betont, damit man einer sicheren Zukunft entgegen blicken kann. Dies beinhaltet zudem, dass man „sich etwas leisten können" (0,414) möchte. Doch alle Zukunfts-, Sozial- und Unabhängigkeitsorientierungen helfen nichts, wenn „Spaß und Freude" (0,406) fehlen. Das Leben darf bei den Leistungsorientierten nicht zu „trocken" werden, sondern braucht Anregungen und positive Unterhaltung.

13.9 Der Wunsch nach Individualität

Individualität galt noch in den 1960er und 1970er Jahren als einer der Trendwerte. Die bereits mehrfach angesprochene Individualisierungshypothese fand entsprechend in dieser Zeit ihren Nährboden. Die Hochphase des Individualitätsstrebens gehört mittlerweile jedoch ebenfalls der Vergangenheit an: Wurde „Individualität" 1999 noch von 57,9 Prozent für wichtig erachtet, so sind es aktuell nur noch 54,6 Prozent (-3,3 Prozentpkt.). Ein ehemaliger Kernwert der 1968er-Bewegung verliert kulturell weiter an Boden. Der Deutungsraum für den Begriff „Individualität" muss in unserer heutigen Massengesellschaft jedoch aus verschiedenen Blickwinkeln betrachtet werden. Als Beispiel mag der Konsum dienen: Auf der einen Seite haben die Menschen heute mehr konsumtive und gestalterische Möglichkeitsräume durch gestiegene Masseneinkommen. Sie können hierbei gleichzeitig auf einen wachsenden Angebotsumfang durch (vermeintlich) steigende Produkt- und Dienstleistungsvielfalt zurückgreifen und haben mehr Kombinationsmöglichkeiten (z.B. „Zusammenstellung" eines Neuwagens). Hierdurch sind die Möglichkeiten, Individualität zu leben, heute mehr gegeben denn je.

Diesen gewachsenen Möglichkeitsräumen stehen jedoch Entwicklungen gegenüber, die das Mehr an Möglichkeiten in ihre physischen und psychologischen Schranken verweist. Zunächst einmal zeichnet sich die Gegenwart in der breiten Perspektive zwar durch eine potentiell wachsende Produktvielfalt, nicht aber durch eine wachsende Verfügbarkeit dieser Produkte aus. Der Grund hierfür ist vor allem in der wachsenden Zahl von Filialisten im Einzelhandel zu sehen: Das Management dieser Filialisten betreibt in der Praxis eine ausschließlich umsatzbezogene Artikellistung – eine unter wirtschaftlichen Gesichtspunkten nahe liegende Maßnahme. Dies führt allerdings dazu, dass nahezu ausschließlich Produkte geführt werden, die eine hohe Umschlagsgeschwindigkeit garantieren. Also werden Massenartikel statt Individualprodukte geführt. Kleinere Händler und sonstige Anbieter mit „echter" individueller Sortimentspolitik werden gleichzeitig aus den Märkten verdrängt.

Graphik 45:

Wertewandel – „Individualität"

„wichtige Dinge im Leben"; Antworten: „ganz besonders" oder „sehr wichtig" / in %

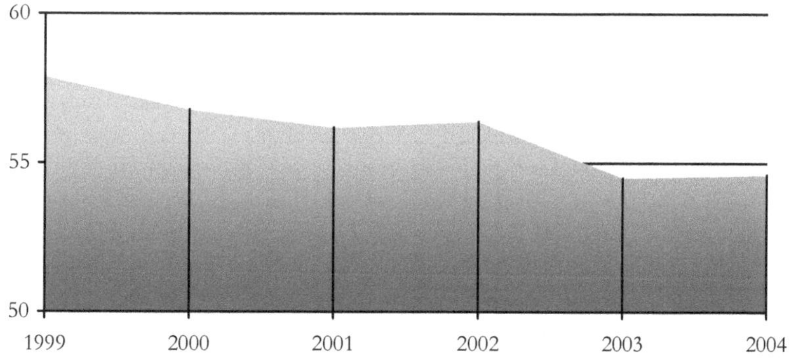

Quelle: VerbraucherAnalyse 1999 bis 2004
n > 31.000

Dies ist jedoch nur die Anbieterseite der einschränkenden Individualitätsmedaille: Auch bei den Abnehmern der verschiedenen Angebote haben sich Veränderungen ergeben. So hat die Menge und Vielfalt der verfügbaren Produkte und Leistungen bei vielen Menschen zu einer Art Reizüberflutung geführt. Wenn die Angebotsvielfalt über den Bedarf hinausgeht, dann sind nicht wenige überfordert. Aus der klassischen nutzentheoretischen Perspektive ist bekannt (z.B. Opp, 1983), dass dieses Überangebot zu einer Art Entscheidungsstress führt. Wenn viele Stile, vergleichbare Produkte und Produktlinien nebeneinander bestehen, dann muss sich der Konsument zwischen den verschiedenen Angeboten entscheiden. Die Entscheidung für eine bestimmte Alternative beinhaltet immer die Ablehnung der verbleibenden Alternativen.

Dieser indirekte Ablehnungsprozess verursacht so genannte „Opportunitätskosten" (z.B. Opp 1983, 43f) – man *muss* auf die verbleibenden Alternativen verzichten. In diesem Sinne kann Angebotsvielfalt ab einem gewissen Umfang zu Orientierungsproblemen führen (Lübbe 1994, 15ff.). Schnelllebige Trends mit immer neuen und anderen Angeboten verstärken diese Orientierungsprobleme zusätzlich. Natürlich leiden nicht alle Menschen unter Orientierungsproblemen. Ganz im Gegenteil: Auf der einen Seite entsteht eine Blüte der Alltagskultur. Auf der anderen Seite stehen hingegen diejenigen Menschen, die den Entwicklungen nicht mehr folgen können und wollen. Fest steht jedoch, dass der wachsende Bevölkerungsteil mit Orientierungsproblemen den Wert „Individualität" mit Sicherheit nicht für besonders wichtig erachten wird. Ganz im Gegenteil: Gefragt werden dann Angebote, die tendenziell einfacher, alternativlos und Orientierung gebend sind. Der Trend führt mehr zum einfachen und konformen als zum individuellen Leben.

Individualität findet natürlich nicht nur über den Konsum von Gütern (Kleidung, Accessoires, Musik, Fahrzeuge etc.) ihren Ausdruck. Auch außergewöhnliche Glaubensbekenntnisse, Medienkonsum sowie philosophische und politische Überzeugungen gehören in großem Maße hierzu. Je kleiner der Kreis, der eine bestimmt Überzeugung vertritt, desto „individueller" erscheinen die beteiligten Personen. Dieses ist jedoch nur die eine Seite der Medaille: Individualität heißt nämlich auch, dass sich Menschen – abseits des Mainstreams – eigene und neue Gedanken machen. Solange diese keine offensiv-revolutionäre Tendenz haben, sind die Individualisten durchaus als Initiatoren neuer Gedanken und Entwicklungen zu sehen. Gerade diese Menschen sind es, die über innovative Ideen in der Lage sind, Neues zu schaffen. Zudem sind sie eher in der Lage bestehende Probleme zu lösen. Diese Frei-Denker sind es, die unsere Gesellschaft heute so dringend benötigt, wie schon lange nicht mehr. Fehlen die derart individualistisch ausgeprägten Menschen, so droht zumindest Stagnation.

Eine Gegenüberstellung der Entwicklungsverläufe des Wertes „Individualität" und der Entwicklung des bundesdeutschen Wirtschaftswachstums (vgl. Abschn. 16) mag diese These bestätigen. Je weiter die Bedeutung der „Individualität" zurückgeht, desto geringer wächst gleichzeitig auch das Bruttoinlandsprodukt (vgl. Graphik 80/Trendlinie). Eben dieses war in den vergangenen Jahren zu beobachten. Dieser bisherige Entwicklungsverlauf ist jedoch nicht in Stein gemeißelt: Zaghaft verzeichnet die Individualität in 2004 wieder verstärkten Zuspruch. Offensichtlich ist das Gegenstück zur Individualität, nämlich die Konformität, für immer weniger Menschen der heilsame Ausstieg. Erst zaghaft, dann jedoch spürbarer, wird dieser Wert auch künftig eine weiterführende Aktuierung erfahren.

Graphik 46:

Wichtigkeit von „Individualität" und „Anerkennung" im Altersvergleich

„wichtige Dinge im Leben"; Antworten: „ganz besonders" oder „sehr wichtig" / in %

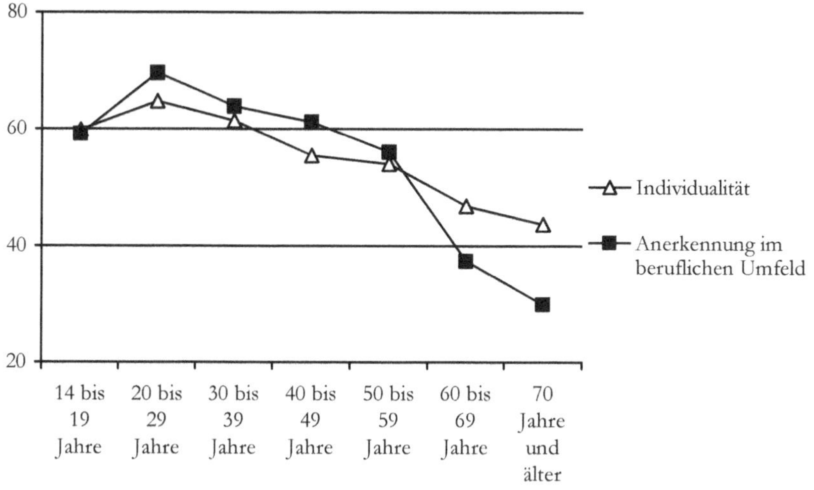

VerbraucherAnalyse 2004
n = 31.783

Wieder einmal zeigt sich „Individualität" als Wert der jüngeren Generation. Insbesondere die 20- bis 29-Jährigen (69,7 Proz.) erachten Individualität für besonders wichtig. Mit steigendem Alter nimmt die Bedeutung dieses Wertes jedoch schrittweise ab, so dass bei den über 70-Jährigen nur noch 43,7 Prozent die Wichtigkeit von „Individualität" betonen (-26,0 Prozentpkt.). Interessant erscheint zudem die Tatsache, dass die Altersgruppe der 14- bis 19-Jährigen die Individualität noch seltener für wichtig erachtet, als die 20- bis 39-Jährigen. Viele Jugendliche haben offensichtlich noch kein stabiles Referenzsystem, aus dem sie die notwenige persönliche Verankerung für eine individuelle Lebensweise schöpfen können.

Erwartungsgemäß korreliert die Individualität stark mit dem Faktor „Selbstverwirklichung" (r = 0,525). Noch stärker ist jedoch der Zusammenhang mit dem Wert „Lebensplanung" (0,545). **Individualisten sind hierdurch – wie zuvor beschrieben – ein wesentlicher Teil des „Zukunftsmotors": Sie versuchen sich selbst zu verwirklichen, und sind in diesem Zusammenhang darauf angewiesen, ihre Lebensplanung selbst in die Hand zu nehmen. Dies bedeutet, sie müssen sich Gedanken über Lebensziele und die entsprechenden Wege zu selbigen machen. Dieser neue Typ des „Individualisten" verlässt sich nicht mehr auf strukturelle und staatliche Vorgaben. Im Rahmen seiner Möglichkeiten nimmt er sein Leben selbst in die Hand und ist sich dabei durchaus bewusst, dass dies nicht ohne „Leistung" (0,430) geht.**

Die neuen „Individualisten" zeigen sich zudem weltoffen: In ihrem Wertehorizont spielen auch „kulturelles Leben" (0,491) und „bei neuen Entwicklungen dabei sein" (0,491) eine herausragende Rolle. Sie sind ständig bemüht, auf dem Laufenden zu bleiben. Sie machen sich ein möglichst breites Bild sowohl von der Gesellschaft als auch von den technischen Entwicklungen. Hierzu gehört auch eine „aktiv gestaltete Freizeit" (0,427). Im Vergleich zum Bundesdurchschnitt sind Individualisten insgesamt deutlich aktiver: Sie treiben öfter selbst Sport (+6,6 Prozentpkt.), bilden sich in der Freizeit öfter beruflich fort (+6,3), erledigen in der Freizeit häufiger berufliche Arbeiten (+5,6), nutzen öfter das Internet (+4,2) und besuchen vergleichsweise oft Theater, Oper oder Konzerte (+3,3). Aus einer Liste von 42 Items nennen sie lediglich das Sammeln von Briefmarken o.ä., Handarbeiten und die Gartenarbeit seltener als Freizeitbeschäftigung. Dieses sind jedoch auch Tätigkeiten, die tendenziell nicht so recht zum Individualisten passen wollen. Was im Wertehorizont der Individualisten hingegen nicht fehlen darf, sind „Spaß und Freude" (0,432).

13.10 Anerkennung im beruflichen Umfeld

Berufliche Anerkennung ist ein wesentlicher Schlüssel der Erwerbsmotivation. Frei nach dem Motto „du bist, was du tust", verleiht der Beruf gesellschaftliches Prestige. Aktuell darf man sogar überspitzt hinzufügen, dass der Arbeitsplatz an sich zunehmend zum Statussymbol wird: Bei einer seit längerem anhaltenden Arbeitslosenquote von etwa 10 Prozent sind die Menschen bereits glücklich, überhaupt einen Arbeitsplatz zu haben. Die „Anerkennung" kann in diesem Zusammenhang schnell zur Nebensache werden. So wird auch das Erlangen von Anerkennung im beruflichen Umfeld in den vergangenen Jahren immer seltener als wichtig bezeichnet. Der Bedeutungsabschwung von 56,7 Prozent in 1999 auf 53,4 Prozent in 2004 beträgt -3,3 Prozentpunkte. Zunehmend geht es bei der Arbeit offensichtlich nicht um die *Anerkennung*, sondern vielmehr um die *Sicherheit*.

Der Bedeutungsabschwung der „Anerkennung im beruflichen Umfeld" erstreckte sich in den vergangenen 5 Jahren über alle Altersgruppen gleichermaßen. Auffällig ist hingegen die altersspezifische Verteilung. Aufgrund der Tatsache, dass sich ein Großteil der 14- bis 19-Jährigen noch Schülerstatus hat, wird die „Anerkennung im beruflichen Umfeld" hier mit 59,2 Prozent noch vergleichsweise selten als besonders wichtig bezeichnet. Die 20- bis 29-Jährigen, die sich häufig am Start ihrer beruflichen Laufbahn befinden, erachten die „Anerkennung im beruflichen Umfeld" bereits zu 69,6 Prozent für wichtig. Dies ist das höchste Ergebnis aller Altersgruppen.

Graphik 47:

Wertewandel – „Anerkennung im beruflichen Umfeld"

„wichtige Dinge im Leben"; Antworten: „ganz besonders" oder „sehr wichtig" / in %

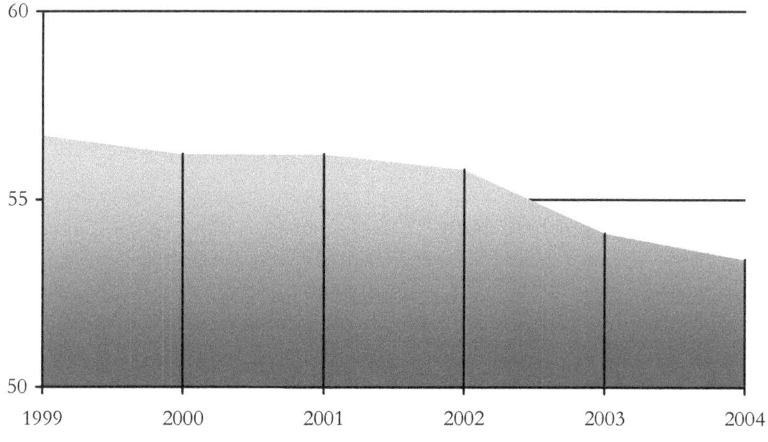

Quelle: VerbraucherAnalyse 1999 bis 2004

n > 31.000

Mit zunehmenden Berufsjahren haben die Menschen offensichtlich überwiegend ihren Status erreicht oder haben sich mit dem, was sie erreicht haben, ganz gut arrangieren können. Bei den 50- bis 59-Jährigen ist die berufliche Anerkennung daher auch nur noch für 56,0 Prozent der Befragten wichtig. Äußerst interessant ist zudem die Tatsache, dass 32,6 Prozent der Pensionäre und Rentner, d.h. der nicht mehr Berufstätigen, die Anerkennung im beruflichen Umfeld im aktuellen Leben wichtig ist. Diese Menschen können zwar keine akute Bestätigung über ihren Beruf erfahren, nehmen jedoch die identitätsstiftende Dimension und die Erinnerungen an das vergangene Erwerbsleben offensichtlich gern mit in den Ruhestand.

Wer nach „Anerkennung im beruflichen Umfeld" strebt, ist hiermit noch nicht zufrieden: Mit r = 0,561 brauchen diese Menschen zudem auch „Anerkennung im privaten Umfeld" – dies ist die zweitstärkste Korrelation zwischen allen untersuchten Wertorientierungen. Diese Menschen definieren sich hierbei vor allem über den Faktor „Leistung" (0,481). Sie bringen Leistung mithin auch, um von Anderen das benötigte Quantum Anerkennung zu bekommen. Dieses Bedürfnis ist sogar derart stark, dass der Erhalt von Anerkennung sowohl in der Arbeitswelt als auch im Privatleben besonders wichtig ist.

Zu diesem Befund passt die überdurchschnittlich hohe Korrelation mit dem Wert „*überall* mitreden können" (0,469). Wer jedoch denkt, dass diese Menschen ausschließlich außengesteuert sind, der irrt: Menschen, die nach „Anerkennung im beruflichen Umfeld" streben, betonen auch die Wichtigkeit der „Selbstverwirklichung" (0,437).

13.11 Die neue Definition von Selbstverwirklichung

Auf Platz 11 des deutschen Werterankings befindet sich die „Selbstverwirklichung". Diese Wertorientierung war – ähnlich dem Unabhängigkeitsstreben – noch bis in die frühen 1980er Jahre hinein einer der Zentralwerte in der deutschen Alltagskultur. **Bereits seit Ende der 1980er Jahre hat jedoch das Streben nach Selbstverwirklichung, ebenso wie das Streben nach Freiheit und Unabhängigkeit, spürbar nachgelassen (vgl. Duncker 1998; 2000). Dieser Trend hat sich auch in den vergangenen Jahren fortgesetzt: Seit 1999 wurde Selbstverwirklichung um -4,1 Prozentpunkte seltener als wichtig erachtet. Im Resultat dieser Entwicklung betont mit**

53,1 Prozent aktuell nur noch wenig mehr als jeder zweite Deutsche die Wichtigkeit der Selbstverwirklichung.

Die „Selbstverwirklichung" ist nach wie vor ein Wert der jungen Menschen: In den Altersgruppen 14 bis 29 Jahren wird dieser von überdurchschnittlichen 63,4 Prozent als besonders wichtig erachtet. Dies ist jedoch keine Besonderheit der Gegenwart: Bereits historisch sind es vor allem die jungen Menschen, die versuchen, sich aus den Vorgaben ihrer Kindheit und Jugend zu befreien. Haben bisher primär Eltern und Schule das Leben bestimmt, so folgen auf den Schulabschluss die ersten Wahlmöglichkeiten: Weiterführende Schule, Ausbildung, Studium, Jobben oder auch das Nichtstun sind ein Bereich der Wahlmöglichkeiten. Hinzu kommen organisatorische Fragen, ob man beispielsweise bei den Eltern bleiben soll, lieber auszieht oder sich um Auslandsaufenthalte kümmert.

Graphik 48:

Wertewandel – „Selbstverwirklichung"

„wichtige Dinge im Leben"; Antworten: „ganz besonders" oder „sehr wichtig" / in %

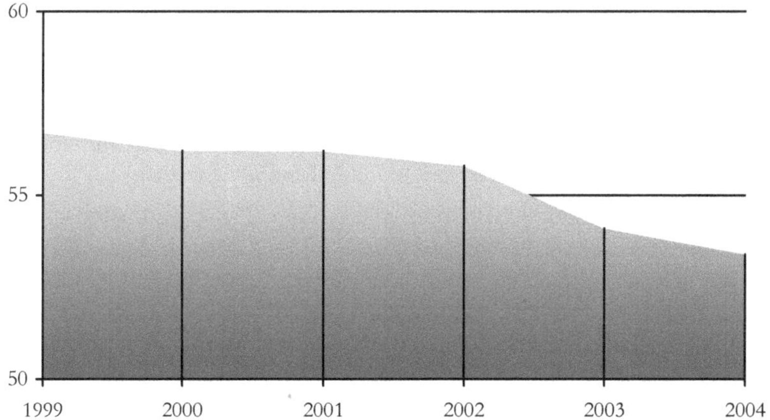

Quelle: VerbraucherAnalyse 1999 bis 2004
n > 31.000

Mit dem Schulabschluss können sich die jungen Menschen erstmals vom Elternhaus lösen, und (müssen) versuchen, sich ihre eigene Position in der Gesellschaft zu erwerben. Die bis zu 29-Jährigen stehen in der Regel vor einer

Vielzahl von wichtigen Lebensentscheidungen. In diesem Lebensabschnitt müssen erstmals alle Entscheidungen selbst getroffen werden. Dieser, für die Betroffenen in der Regel noch unbekannte, Prozess stellt die erste echte Form der Selbst-Verwirklichung dar. Dies ist jedoch nur dann möglich, wenn auch die hierfür notwendige Freiheit erfahren wird. Um Missverständnissen vorzubeugen: Hiermit ist kein exzessiv-hedonistisches Sich-Ausleben gemeint. Vielmehr geht es um den notwendigen Freiraum, die eigenen Grenzen kennen zu lernen. Dieser Prozess der Selbst-Verwirklichung ist ein erstes Sammeln von Erfahrungen unter eigener Verantwortung – er ist notwendig und für die Bildung der individuellen Persönlichkeit von äußerster Wichtigkeit. In der Tendenz der vergangenen Jahre zeigt sich die Bedeutung von Selbstverwirklichung jedoch auch in den jungen Altersgruppen rückläufig. Mit -4,4 Prozentpunkten ist der Bedeutungsverlust seit 1999 bei den 20- bis 29-Jährigen sogar überdurchschnittlich stark.

Ab den 30-Jährigen sinkt die Wichtigkeit des Wertes „Selbstverwirklichung" parallel zum steigenden Lebensalter. Ein besonders ausgeprägter Sprung ist zwischen den Gruppen „50 bis 59 Jahre" und „60 bis 69 Jahre" festzustellen: Die Zustimmung sinkt hier von 49,6 auf 41,7 Prozent und somit um -7,9 Prozentpunkte. Dieses Teilergebnis ist besonders interessant: Ab dem 60. Lebensjahr befindet sich der Durchschnittsbürger heute bereits im Ruhestand und somit in einem Lebensabschnitt, der relativ selbstbestimmt gelebt werden kann. Zumindest die Vorgaben des beruflichen Alltags gehören in dieser Generation der Vergangenheit an. Doch trotz des Zuwachses an Möglichkeiten, beispielsweise durch einen relativ selbst zu bestimmenden Tagesablauf, wird die Selbstverwirklichung zunehmend unwichtig.

Hier tritt ein besonderes Phänomen zu Tage: Haben die Menschen erst einmal einen gewissen Grad der erwünschten Selbstverwirklichungsmöglichkeiten erreicht, so scheint sie zunehmend unwichtig zu werden. Ganz im Sinne der „Sättigungshypothese" nach Inglehart (1989) streben Menschen häufig nach Dingen oder Zuständen, die sie nicht haben. Sollte dann jedoch ein erwünschter Zustand oder das Traumobjekt erreicht sein, dann sinkt dessen Wichtigkeit rapide.

Aus Hunger-haben wird Satt-sein. Senioren müssen jedoch auch aus einer zweiten Perspektive mit besonderem Augenmerk betrachtet werden: Wenn sie nach der Wichtigkeit der „Selbstverwirklichung" gefragt werden, dann verfügen sie zwar über ausreichend Freizeit, in der sie sich selbst verwirklichen können, doch fällt es besonders den frischen Ruheständlern schwer, das Mehr an Zeit mit Inhalt zu füllen. Man hätte zwar theoretisch mehr Möglichkeiten zur Selbstverwirklichung, doch steht sich im Alltag die Mehrheit der Senioren selbst im Weg.

Die Bedeutung der „Selbstverwirklichung“ wird mit 54,0 Prozent häufiger von Männern als wichtig bezeichnet als von Frauen mit 48,8 Prozent. An dieser Stelle wirken offensichtlich noch tradierte Rollenverständnisse: Wie bereits anhand der Analyse zu den Einstellungsänderungen nachgewiesen werden konnte (vgl. Abschn. 6), wirken – trotz sinkender Entwicklungstendenz – immer noch traditionelle Bewertungsmuster, welche die Frauen lieber im häuslichen und erzieherischen Lebensbereich sehen. Hier ist wenig Platz für die Selbstverwirklichung. Im Zuge des fortschreitenden Einstellungswandels dürfte diese geschlechtsspezifische Differenz jedoch in den kommenden Jahren sinken. Vor allem das Streben der Frauen nach Selbstverwirklichungsmöglichkeiten wird weiter zunehmen.

Im Lichte der Korrelationsanalyse zeigt sich die Selbstverwirklichung als zweiter Zentralwert der Deutschen: Er wird zwar mit 53,1 Prozent von nur wenig mehr als jedem Zweiten für besonders wichtig erachtet, doch korreliert er mit 9 weiteren Werten mit einem Ergebnis von r > 0,4. Eine derartig hohe Gesamtkorrelation zeigt sonst nur das Leistungsstreben (vgl. Abschn. 13.8). Selbstverwirklichung geht in hohem Maße mit dem Streben nach „Individualität“ (0,525) und einer „aktiv gestalteten Freizeit“ (0,531) einher. Selbstverwirklicher gleichen hierin stark dem Individualisten.

Selbstverwirklichern ist sowohl die „Anerkennung im beruflichen Umfeld“ (0,437) als auch „im privaten Umfeld“ (0,410) besonders wichtig. Die tatsächliche Selbstverwirklichung wird hierdurch für einen nicht unerheblichen Teil der Deutschen zur Makulatur: Wenn es um die „reine“ Verwirklichung des Selbst ginge, wären diese Menschen nicht auf Anerkennung durch Dritte angewiesen. Sie wären mit sich selbst zufrieden und zögen nicht aus dem Feedback anderer ihr Selbstbewusstsein. Durch dieses Teilergebnis bekommt der Wert „Selbstverwirklichung“ eine neue und vor allem konkretere Bedeutung:

Wenn Menschen angeben, ihnen sei Selbstverwirklichung wichtig, dann meinen sie häufig, dass es ihnen wichtig ist, etwas aus ihrem Leben zu machen. Dieses orientiert sich allerdings an Maßstäben, die nicht aus dem Menschen selbst heraus kommen, sondern durch (vermeintliche) Erwartungen, die durch verschiedene gesellschaftliche Instanzen an den Menschen herangetragen werden. Diese neue Definition der „Selbstverwirklichung“ ist genau das Gegenteil der ursprünglichen Bedeutung: Aus dem Streben nach Selbst-Verwirklichung wurde in den vergangenen Jahren eher eine Art *Erwartungs-Verwirklichung*.

Zu dieser starken Außenorientierung der (vermeintlichen) Selbstverwirklicher gehört auch das Bedürfnis „überall mitreden zu können" (0,426) und „sich etwas leisten zu können" (0,421). Sie möchten dabei sein und dazu gehören. Hierfür ist es zudem wichtig, „bei neuen Entwicklungen dabei zu sein" (0,411) und immer auf dem Laufenden zu bleiben. Um an dieser Stelle nicht falsch verstanden zu werden: Der bisher mittels Korrelationen ermittelte Bedeutungshof der „Selbstverwirklichung" ist, aus der ethisch-moralischen Perspektive, bestimmt weder falsch noch schlecht.

Erwähnenswert ist allerdings die Tatsache, dass dieser Bedeutungshof weder der ursprünglichen Bedeutung der Selbstverwirklichung entspricht noch den Inhalt des kulturpessimistischen Tenors widerspiegelt, über den viele Jahre hinweg diskutiert wurde (z.B. Hillmann 1986; Klages 1992; Beck/Beck-Gernsheim 1994 u.v.m.). Fest steht an dieser Stelle auf jeden Fall eines: Selbstverwirklichung (im heutigen Bewusstsein der Menschen) und Individualisierung (i.S.e. Egozentrierung) haben aktuell nur noch wenig miteinander zu tun. Hierfür ist die Außenorientierung der heutigen Selbstverwirklicher viel zu stark ausgeprägt.

Menschen, die Selbstverwirklichung für besonders wichtig erachten, zeigen zudem eine hohe Affinität zum Wert „Leistung" (0,431). Sie sind sich der Tatsache bewusst, dass das Bestreben, sich selbst zu verwirklichen, nicht der einfachste aller möglichen Wege im Leben ist. Selbstverwirklichung ist eine selbst gesteckte Aufgabe, die eines hohen Energieeinsatzes bedarf und eine Vielzahl von Adaptions- und Orientierungsleistungen erfordert. Um diese Aufgaben erfüllen zu können, bedarf es auch der „Lebensplanung" (0,415). Selbstverwirklichung kommt nicht von allein, sondern muss mit einer strategischen Lebensplanung hinterlegt werden. Die modernen Selbstverwirklicher sind sich dessen überwiegend bewusst.

In einer hochgradig komplexen Gesellschaft, wie der Deutschen, stellen die *modernen* Selbstverwirklicher eine wichtige Bevölkerungsgruppe: Sie zeigen sich offen gegenüber Innovationen, sind bereit, zur Lösung von Problemen auch individuelle Ansätze zu finden und sind hierbei auch motiviert, Leistung zu zeigen. Anders als vom kulturpessimistischen Tenor häufig behauptet, sind die modernen Selbstverwirklicher auch keine Einzelgänger. Ganz im Gegenteil: In hohem Maße leben sie in Reflexionsstellung, brauchen Anerkennung von Anderen. Hierdurch integrieren sich Selbstverwirklicher hochgradig – und wahrscheinlich unbewusst – in die „neuen" gesellschaftlichen Anspruchswelten. Ein Ausbau der Selbstverwirklichungsmotive breiter Bevölkerungsgruppen könnte mit hoher Wahrscheinlichkeit dazu beitragen, die Deutschen wieder liberal, agil und lebensbejahend werden zu lassen.

13.12 Aktiv gestaltete Freizeit

Die Freizeit war, bis vor wenigen Jahren, einer der immateriellen Wachstumsbereiche im Leben der Deutschen. Im Zuge der laufenden Verkürzung von tariflichen Wochenarbeitszeiten und einer zunehmenden Tendenz zur Frühverrentung hatten die Menschen de facto immer mehr arbeitsfreie Lebenszeit. Freie Zeit, die auch mit Sinn und Inhalt gefüllt werden muss. Mit 50,5 Prozent ist es im Resultat dieser Entwicklung einer knappen Mehrheit der Deutschen besonders wichtig, diese Freizeit „aktiv zu gestalten". In den vergangenen Jahren hat dieser Wert allerdings einen deutlichen Bedeutungsverlust erfahren (seit 1999: -4,0 Prozentpkt.). Es stellt sich die Frage, ob den Menschen der Lebensbereich Freizeit immer weniger bedeutet?

Graphik 49:

Wertewandel – „aktiv gestaltete Freizeit"

„wichtige Dinge im Leben"; Antworten: „ganz besonders" oder „sehr wichtig" / in %

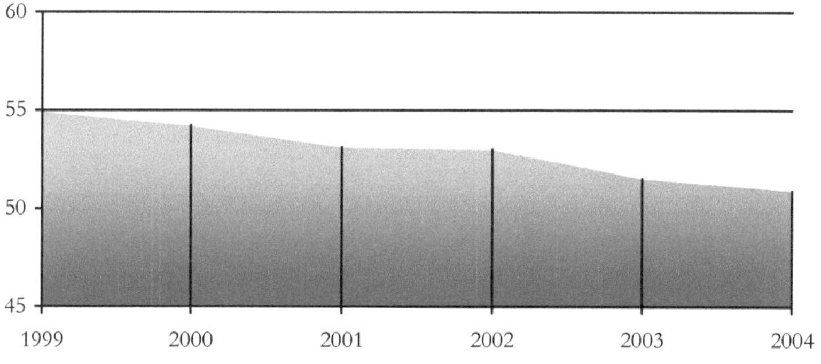

Quelle: VerbraucherAnalyse 1999 bis 2004
n > 31.000

Sicher hat sich in den vergangenen Jahren der Fokus der Menschen von der Freizeit wieder in Richtung Arbeitswelt gedreht. In wirtschaftlich schweren Zeiten schwenkt die „primäre Problemdefinition" von einer Verbesserung der Lebensumstände zunehmend in Richtung des Erhaltes des Arbeitsplatzes und somit der finanziellen Versorgungsgrundlage. Die Tatsache, dass in jüngerer Vergangenheit immer mehr Tarifverträge mit längeren Wochenarbeitszeiten (ohne Lohnausgleich!) abgeschlossen wurden, mag als deutlicher Hinweis darauf dienen, dass die Arbeit, respektive der individuelle Arbeitsplatz, heute wichtiger ist als die Freizeit. Aus dieser Perspektive ist die Tatsache, dass mehr als jedem zweiten Bundesbürger eine „aktiv gestaltete Freizeit" immer noch besonders wichtig ist, ein bemerkenswertes Ergebnis. Trotz der Probleme in der Arbeitswelt und dem damit verbundenen Sicherheitsverlust (Arbeitsplatzsicherheit), ist der Mehrheit der Deutschen die „aktive Freizeit" immer noch besonders wichtig.

Graphik 50:

Bedeutung einer „aktiv gestalteten Freizeit" im Altersvergleich

„wichtige Dinge im Leben"; Antworten: „ganz besonders" oder „sehr wichtig" / in %

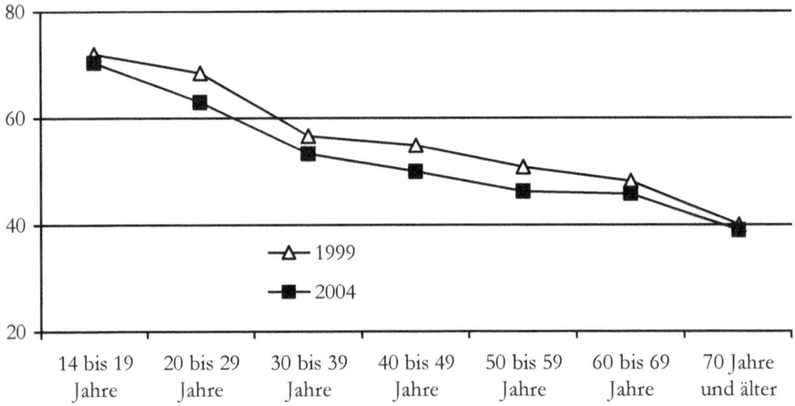

VerbraucherAnalyse 1999 und 2004
n > 31.000

Wieder einmal sind es vor allem die Jungen, die die Bedeutung einer aktiv gestalteten Feizeit betonen: Sind es bei den 14- bis 19-Jährigen noch 70,4 Prozent, so sinkt der Anteil stetig bis zu 39,0 Prozent bei den über 70-Jährigen. Der Bedeutungsverlust der vergangenen Jahre ist allerdings weniger bei den ganz Jungen und Alten angesiedelt, sondern vielmehr bei den dazwischen liegenden Altersgruppen. Dieses ist jedoch kein Wunder, da primär die 20- bis 60-Jährigen von den Wandlungen der Arbeitswelt betroffen sind. Diese Menschen haben, überspitzt formuliert, schlicht andere Probleme.

Graphik 51:

Geschlechtsspezifische Unterschiede im Freizeitverhalten

„Besonders gern“ oder „gern“ ausgeübte Freizeitaktivitäten
Darstellung: Abweichungen Frauen ggü. Männern in Prozentpunkten

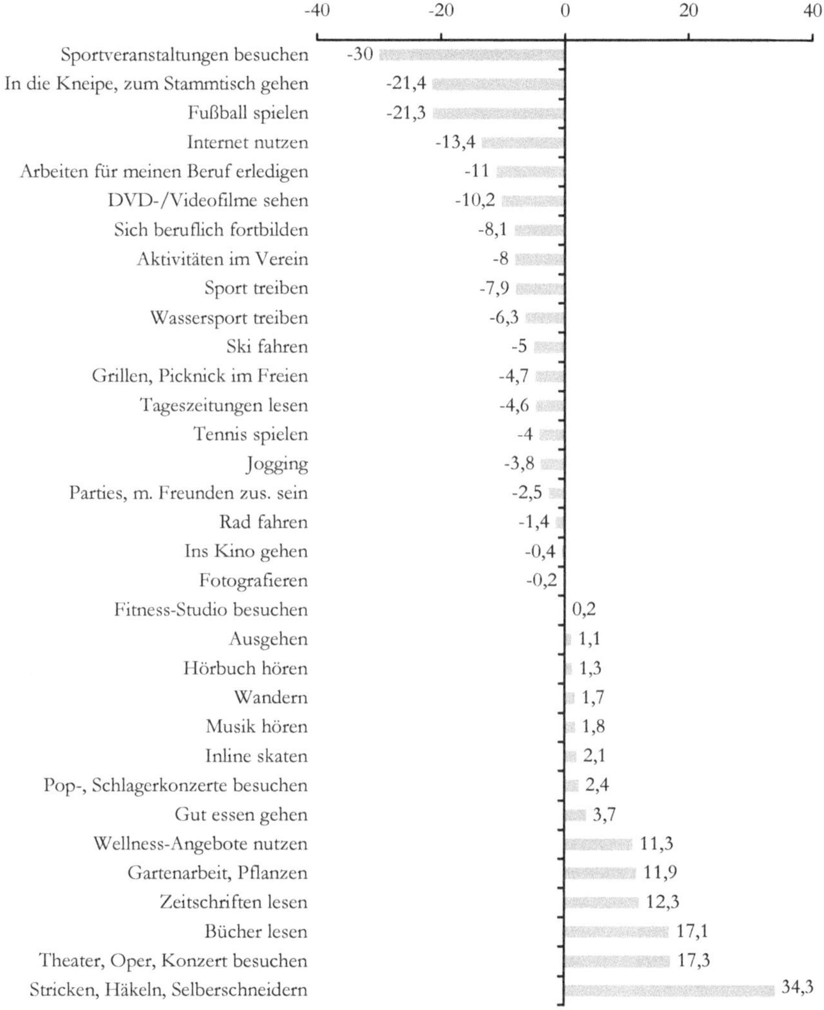

Quelle: VerbraucherAnalyse 2004
n = 31.783

Neben den Altersunterschieden zeigen sich auch geschlechtspezifische Abweichungen. Während aktuell 54,0 Prozent der Männer eine „aktiv gestaltete Freizeit" für besonders wichtig erachten, sind dies bei den Frauen lediglich 47,6 Prozent (-6,4 Prozentpkt.). In diesem Zusammenhang darf nicht vergessen werden, dass die Erwerbsquote bei Männern immer noch höher ist als bei Frauen. Aus diesem Grunde hat die Freizeit, im Sinne einer arbeitsfreien Zeit, bei Männern (durchschnittlich) weiterhin eine ganz andere Bedeutung als bei Frauen. Aber auch in der tatsächlichen Freizeitgestaltung zeigen sich geschlechtsspezifische Unterschiede: Männer zeigen sich in ihrem Freizeitverhalten insgesamt aktiver als Frauen. Graphik 51 zeigt die geschlechtsspezifischen Merkmale der Freizeitpräferenzen. Während Frauen deutlich seltener aktiven (Vereins-)Sport treiben und auch seltener berufliche Aktivitäten mit in die Freizeit nehmen, bevorzugen Frauen eher kulturelle Aktivitäten, wie Konzert-, Oper- oder Theaterbesuche, und tendenziell ruhige Freizeitbeschäftigungen, wie beispielsweise Handarbeiten, Gartenarbeit und Wellness-Angebote. In Anbetracht dieser Daten mag es nicht erstaunen, dass Frauen einer „*aktiv* gestalteten Freizeit" weniger Bedeutung zukommen lassen.

Menschen, die eine „aktiv gestaltete Freizeit" für besonders wichtig erachten, betonen vor allem die Bedeutung von „Selbstverwirklichung" ($r = 0,531$) und „Individualität" (0,427). Dies mag jedoch weniger erstaunen, da es vor allem die jüngeren Generationen sind, die der aktiven Freizeitgestaltung eine besondere Rolle zukommen lassen. Zu einer aktiven Freizeit gehört der „große Freundeskreis" (0,409), mit denen man „Spaß und Freude" (0,420) haben möchte. Die Freizeitaktiven zeigen sich hierdurch besonders kommunikativ, möchten viele Menschen um sich herum haben und mit ihnen positive Erlebnisse erfahren. Erstaunen mag hingegen die Tatsache, dass Freizeitaktive nicht automatisch auch Menschen sind, die besonderen Wert auf „viel Freizeit" (0,499) legen. Wäre dies der Fall, dann müsste das Ergebnis der Korrelationsanalyse bei über 0,8 liegen. Viel Freizeit ist ihnen zwar wichtig, aber keine implizite Voraussetzung. Man ist mit dem gegenwärtigen Umfang der arbeitsfreien Zeit zufrieden. Wichtig ist nur, dass die zur Verfügung stehende Freizeit „aktiv" genutzt wird.

13.13 Die Bedeutung eines großen Freundeskreises

Jedem zweiten Bundesbürger (50,5 Proz.) ist ein „großer Freundeskreis" besonders wichtig. Dies mag zunächst als lediglich geringer Anteil erscheinen, doch ist an dieser Stelle auf die Besonderheit der Formulierung hinzuweisen:

Hier wird nach der Bedeutung eines „großen" Freundeskreises gefragt, nicht aber nach der Bedeutung von Freundschaft an sich. Quantität und Qualität sind auch bei der Freundschaft zwei Dimensionen, die nicht miteinander verwechselt werden dürfen. Aus diesem Grunde muss bei der Interpretation der nachfolgenden Ausführungen berücksichtigt werden, dass hier nur der quantitative Aspekt abgefragt wurde. Dies mag auch ein wesentlicher Grund dafür sein, dass der „große Freundeskreis" seit 1999 um -2,5 Prozentpunkte seltener als besonders wichtig erachtet wurde. Erneut sind es vor allem die Jungen, die die Bedeutung eines „großen Freundeskreises" betonen: Sind es bei den 14- bis 19-Jährigen noch 80,4 Prozent, so sinkt der Anteil bei den 30- bis 39-Järigen auf 55,4 Prozent und bei den über 70-Jährigen schließlich auf 35,2 Prozent. Mit steigendem Alter nimmt offensichtlich die Bedeutung eines großen Freundeskreises ab. Anderes, und mit hoher Wahrscheinlichkeit auch die Qualität der Freundschaften, wird wichtiger.

Graphik 52:

Wertewandel – „großer Freundeskreis"

„wichtige Dinge im Leben"; Antworten: „ganz besonders" oder „sehr wichtig" / in %

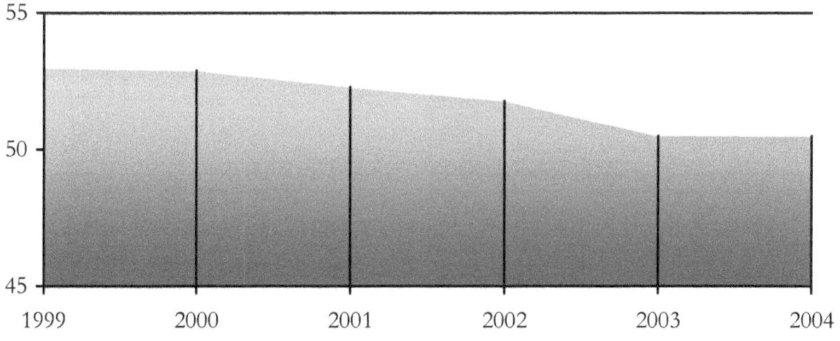

Quelle: VerbraucherAnalyse 1999 bis 2004
n > 31.000

Der „große Freundeskreis" zeigt im Rahmen der Korrelationsanalyse nur wenige stark ausgeprägte Zusammenhänge. Wem viele Freunde wichtig sind, der möchte „überall mitreden können" (r = 0,403). Er ist offensichtlich an vielen Themen interessiert und möchte sich hierüber mit den Freunden auseinander setzen. Große Freundeskreise bringen es qua Definition mit sich, dass auch die Freizeit „aktiv gestaltetet" (0,409) wird. Es gibt verschiedene

Anlässe zu denen, oder bei denen, man Freunde trifft – hierdurch wird der Freundeskreis entsprechend schnell „groß".

Die Wichtigkeit der beiden Sozialorientierungen „großer Freundeskreis" und „Familie und Partnerschaft" stehen mit einem Korrelationsergebnis von r = 0,162 interessanterweise in einem unterdurchschnittlich hohen Zusammenhang. Offensichtlich sind dies zwei Dimensionen des menschlichen Miteinanders, die unanhängig voneinander Bestand haben: Wer die Bedeutung des „großen Freundeskreises" betont, dem ist nicht automatisch auch der Faktor „Familie und Partnerschaft" wichtig. Wenn einer der beiden Werte kommuniziert werden soll, sollte dieser vom jeweils anderen abgegrenzt werden.

13.14 Der Wunsch nach viel Freizeit

Der Wunsch nach „viel Freizeit" ist nicht mehr mehrheitsfähig: Seit 1999 hat dieser Wert -3,0 Prozentpunkte verloren und wird aktuell nur noch von 45,2 Prozent der Bevölkerung für wichtig erachtet. Die im Rahmen der „aktiven Freizeit" bereits besprochenen ökonomischen und gesellschaftlichen Wandlungen (vgl. Abschn. 13.12) haben auch den Wunsch nach „viel" Freizeit sinken lassen.

Graphik 53:

Wertewandel – „viel Freizeit"

„wichtige Dinge im Leben"; Antworten: „ganz besonders" oder „sehr wichtig" / in %

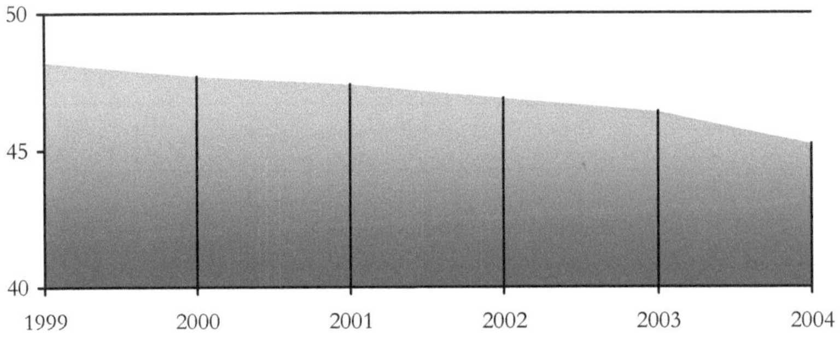

Quelle: VerbraucherAnalyse 1999 bis 2004

n > 31.000

Menschen, die „viel Freizeit" für wichtig erachten, brauchen diese auch: Sie möchten auf der einen Seite „hin und wieder die Zeit mit Nichtstun verbringen" (r = 0,578) können, betonen auf der anderen Seite gleichzeitig auch die Wichtigkeit einer „aktiv gestalteten Freizeit" (0,499). Wer beides, Faulenzen und Aktivität gleichermaßen, in der Freizeit erfüllt sehen möchte, der braucht in der Tat viel Frei-Zeit. Aus diesem Grunde wundert es nicht, dass vor allem den 14- bis 19-Jährigen „viel Freizeit" wichtig ist: Sie sind häufig noch in der Schule oder einer nicht-beruflichen Ausbildung und haben de facto mehr freie Tageszeit. Mit steigendem Alter, und dem parallel hierzu sinkenden Freizeitbudget, nimmt die Bedeutung von „viel Freizeit" auch wieder ab. Die über 70-Jährigen, also die Altersgruppe, die de facto über die meiste freie Zeit verfügt, messen dieser Wertorientierung jedoch die geringste Bedeutung zu. Sie haben schließlich oftmals mehr Freizeit als ihnen lieb ist.

„Viel Freizeit" ist ein Wert der Jungen. Aus diesem Grunde möchten sich viele „etwas leisten können" (0,522) und auch auf „Spaß und Freude" (0,440) im Leben nicht verzichten. Diese jungen Menschen haben im Leben noch viel vor und möchten dabei die Unterhaltung nicht missen. Menschen, die die Wichtigkeit von „viel Freizeit" betonen, sind zudem neugierig und zeigen eine gewisse Extrovation: Die Tatsache, dass „überall mitreden können" (0,404) ebenfalls in den Wertehorizont der Viel-Freizeiter gehört, gibt Aufschluss über ihren vergleichsweise hohen Informations- und Kommunikationshunger. Zu dieser Tendenz gehört es auch, dass „Leistung" (0,440) ebenso in den Werterahmen gehört. In Verbindung mit der hohen Bedeutung des Statements „hin und wieder die Zeit mit Nichtstun verbringen" (s.o.) zeigt sich einmal mehr, dass der Wunsch nach gelegentlichem Faulenzen nicht automatisch mit Leistungsverweigerung einhergeht. Ganz im Gegenteil: Mittels einer Art *Wertsynthese* haben es vor allem diese Menschen gelernt, dass eine gesunde Mischung aus „Leistung" in Verbindung mit einer „aktiv gestalteten Freizeit" auf der einen Seite, und dem gelegentlichen „Nichtstun" auf der anderen Seite nicht im Widerspruch zueinander stehen. Ganz im Gegenteil – sie bilden vielmehr eine gesunde Ergänzung. Das Motto lautet: Nur wer auch Erholungsphasen hat, kann ausreichend Energie für künftige Aktivitäten und Leistungen schöpfen.

13.15 Traditionelle Werte

Vor allem der „Verlust" der traditionellen Werte stand in den vergangenen Jahren im Vordergrund der öffentlichen Diskussion (vgl. Duncker 2000, S.

52ff.). Traditionelle Werte waren – trotz des irritierenden Wortlautes – natürlich nicht verloren gegangen, so dass man sie quasi nur „wieder finden" musste. Mit dem Terminus „Verlust" war in der Regel vielmehr ein *Bedeutungs*-Verlust traditioneller Werte gemeint. Zwar ist die Debatte um den Bedeutungsverlust der Werte mittlerweile ein wenig abgeflacht, doch ist sie durchaus immer noch präsent.

Graphik 54:

Wertewandel – „traditionelle Werte"

„wichtige Dinge im Leben"; Antworten: „ganz besonders" oder „sehr wichtig" / in %

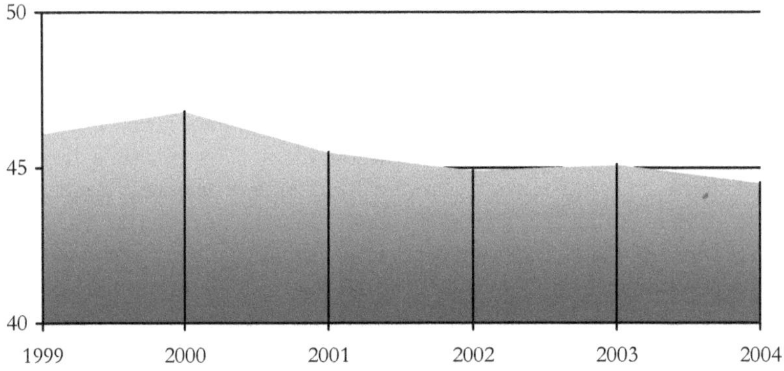

Quelle: VerbraucherAnalyse 1999 bis 2004
n > 31.000

Aus diesem Grunde sind „traditionelle Werte" auch im Zusammenhang mit der vorliegenden Untersuchung von besonderer Bedeutung. Allerdings kann die Thematik nur unter deutlichen Restriktionen aufgenommen werden. Innerhalb der VA werden verschiedene traditionelle Einzelwerte, wie beispielsweise *Bescheidenheit*, *Sicherheit*, *Fleiß* oder *Pflichterfüllung* (und viele mehr), in einer einzigen Kunstformulierung namens „traditionelle Werte" zusammengefasst. Dies ist für eine detaillierte Untersuchung des Wertewandels hochgradig problematisch. Erstens ist die gewählte Formulierung auf einem abstrakten Niveau: Jeder Befragte hat seine eigene Vorstellung, welche Werte traditionell sind und welche nicht. Für den einen ist beispielsweise „Leistung" ein traditioneller Wert, und für einen anderen ist er eher den modernen Werten zuzuordnen.

Dieses Zuordnungsproblem führt zu ausschließlich assoziativen Antworten der Befragten, aus denen später keine eindeutigen Ableitungen getroffen werden können. Zweitens ist es durchaus möglich, dass verschiedene, als traditionell empfundene Einzelwerte, unterschiedlich beantwortet worden wären. Ein Beispiel soll dies verdeutlichen: Während der traditionelle Wert „Bescheidenheit" in den vergangenen Jahren mit hoher Wahrscheinlichkeit immer seltener als besonders wichtig erachtet wurde, hat die Bedeutung des ebenfalls traditionellen Wertes „Sicherheit" zugenommen (vgl. auch Abschn. 13.2). Beide Einzelwerte sind nun unter dem Terminus „traditionelle Werte" zusammengefasst. Der Befragte kann jedoch nur eine Angabe machen, obwohl er eigentlich eine differenzierte Werthaltung hat. Die Aussagefähigkeit des Items „traditionelle Werte" wird hierdurch verwässert.

Diese assoziativen Probleme führen drittens dazu, dass die älteren Generationen mit „traditionellen Werten" tendenziell positive Attribute, wie beispielsweise Vertrautes, Beständiges u.ä. verbinden. Die Jungen betrachten diese Formulierung eher als etwas „altbacken" und überholt – und dieses, obwohl sie traditionellen Werten eigentlich recht aufgeschlossen gegenüberstehen (vgl. Abschn. 14.3) – sie dürfen jedoch keinesfalls als „traditionell" bezeichnet werden.

Trotz der zuvor geschilderten Abgrenzungsprobleme ist auf eine Reihe interessanter Ergebnisse hinzuweisen: So wurde der Begriff „traditionelle Werte" in den vergangenen Jahren immer seltener als wichtig bezeichnet. Der Bedeutungsverlust war mit -1,6 Prozentpunkten allerdings im Vergleich zu anderen Wertorientierungen gering. Differenziert nach Altersgruppen sind es vor allem die älteren Jahrgänge, die dem abstrakten Wert „traditionelle Werte" eine größere Bedeutung zumessen. Sind es bei den über 70-Jährigen noch 58,5 Prozent, so sinkt die Zustimmung, je jünger die Menschen sind. Bei den 14- bis 19-Jährigen sind es nur noch 28,3 Prozent.

Hinsichtlich dieser Altersgruppe ist jedoch eine Besonderheit anzumerken: Während in allen weiteren Altersgruppen die Wichtigkeit der „traditionellen Werte" seit 1999 gesunken ist, wurde diese Wertorientierung im gleichen Zeitraum bei den Jugendlichen um +1,4 Prozentpunkte häufiger genannt. An dieser Stelle scheint sich eine kleine Revolution anzubahnen: Während die Älteren „traditionelle Werte" zunehmend als weniger wichtig erachten, sind es gerade die Jungen, die eine Renaissance traditioneller Werte einleiten. Dieses Teilergebnis wird auch durch die Tatsache bestätigt, dass junge Menschen dem ebenfalls traditionellen Wert „Leistung" deutlich mehr Beachtung schenken als die höheren Altersgruppen (vgl. Abschn. 13.8).

Der Begriff „traditionelle Werte“ zeigt im Rahmen der Korrelationsanalyse eine Besonderheit: Er ist, neben „Familie und Partnerschaft“, die einzige Wertorientierung, die mit keinem weiteren Wert überdurchschnittlich stark korreliert. Die Ursache hierfür liegt in der eingangs erwähnten, abstrakten Formulierung dieses Wertes. Aufgrund des unscharfen Bedeutungsumfanges war es offensichtlich auch vielen Befragten nicht möglich, diesen Begriff stringent in ihrem Wertekosmos einordnen zu können.

Erwähnenswert erscheint hingegen, dass mit r = 0,336 zwar ein schwacher, aber dennoch existierender Zusammenhang zur „Selbstentfaltung“ besteht. Somit scheinen auch die traditionellen Werte eine Neuinterpretation erfahren zu haben: Standen sich Tradition und Selbstentfaltung historisch absolut polarisierend gegenüber, so ist es heute möglich, einen zwar schwachen, aber dennoch verbindenden Zusammenhang nachzuweisen. Die – wenn man so sagen darf – moderne Interpretation „traditioneller Werte“ schließt die Selbstentfaltung mit ein. Was sich am Wertehorizont in der Vergangenheit gegenüber stand, gehört heute bis zu einem gewissen Grad zusammen.

13.16 Hin und wieder die Zeit mit Nichtstun verbringen

In den vorhergehenden Abschnitten wurden bereits mehrere Diagnosen zur Wertigkeit der Freizeit getroffen (vgl. Abschn. 13.12 und 13.14). Die Wichtigkeit der Orientierung, „hin und wieder die Zeit mit Nichtstun verbringen“, gehört sowohl semantisch als auch inhaltlich in die gleiche Kategorie. Im Vergleich zu den bisher analysierten Orientierungen zeigt dieser Wert jedoch innerhalb des Untersuchungszeitraumes keinen linearen Bedeutungsverlust. Während das Gros der anderen Werte seit 1999 nahezu linear an Bedeutung verloren hat, zeigt sich hier bis zum Jahr 2002 zunächst ein Bedeutungsgewinn, der erst seit 2003 wieder rückläufig ist. Aktuell ist es noch 40,6 Prozent der Bundesbürger besonders wichtig, „hin und wieder die Zeit mit Nichtstun zu verbringen“. Hiermit ist der 1999er Ausgangwert von 40,8 Prozent nahezu wieder erreicht.

„Hin und wieder die Zeit mit Nichtstun verbringen“ steht in einem engen Zusammenhang mit der Wichtigkeit „viel Freizeit“ zu haben (r = 0,578). Aus diesem Grunde gelten die Feststellungen, die bereits bezüglich der anderen Freizeitwerte getroffen wurden. „Hin und wieder Nichts tun“ ist ein Wert der Jungen. Möchte bei den 14- bis 19-Jährigen noch mehr als jeder Zweite gelegentlich faulenzen können (54,8 Proz.), so ist es bei den über 70-Jährigen nur noch jeder Dritte (34,2 Proz.). Je älter die Menschen werden, desto weniger wichtig werden offensichtlich die Entspannungszeiträume, in denen man einfach einmal nichts tut.

Graphik 55:

Wertewandel – „hin und wieder die Zeit mit Nichtstun verbringen“

„wichtige Dinge im Leben“; Antworten: „ganz besonders“ oder „sehr wichtig“ / in %

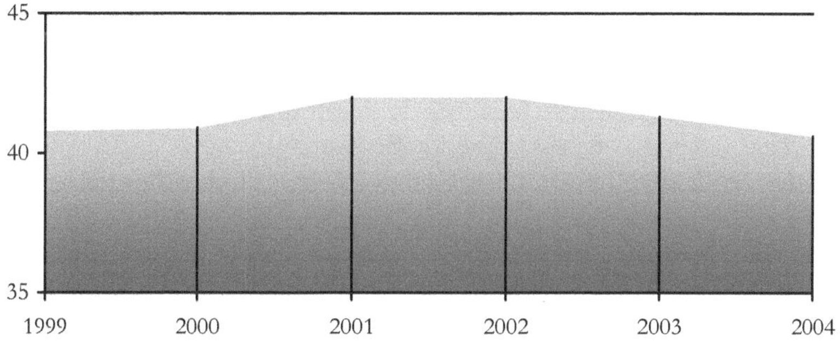

Quelle: VerbraucherAnalyse 1999 bis 2004
n > 31.000

Dieses dürfte jedoch überwiegend mit dem generationsspezifischen Lebenswandel in Zusammenhang stehen: Während die Jungen eine Vielzahl von Orientierungsleistungen zu erbringen haben, stehen die Älteren in der Regel mit beiden Beinen fest im Alltag. Während die Jungen ein weit überdurchschnittlich hohes Niveau an Freizeitaktivitäten haben, lässt das Aktivitätsniveau mit zunehmendem Alter nach. Aufgrund dieses hohen, und zudem facettenreichen, Aktivitätsniveaus der jüngeren Menschen ist es auch nachvollziehbar, dass sie „hin und wieder die Zeit mit Nichtstun verbringen“ wollen.

13.17 Die Bedeutung des kulturellen (Er-)Lebens

Die Bedeutung des „kulturellen Lebens“ hat seit 1999 ebenfalls einen Bedeutungseinbruch erfahren. Bezeichneten noch 1999 40,2 Prozent der Bundesbürger diesen Wert als wichtig, so sind es aktuell nur noch 36,0 Prozent. Die ist mit -4,2 Prozentpunkten der zweitstärkste Bedeutungsverlust aller untersuchten Wertorientierungen. Das kulturell orientierte Milieu in Deutschland zeigt sich sehr heterogen: Innerhalb der Altersgruppen schwankt die Wichtigkeit dieser Orientierung zwischen 31,4 und 38,1 Prozent, wobei kein kausaler Zusammenhang zum steigenden oder sinkenden Alter besteht. Tendenziell sind es eher Frauen (37,4 Proz.) als Männer (34,5 Proz.), die dem „kulturellen Leben" eine besondere Bedeutung beimessen.

Im Zusammenhang mit dem „kulturellen Leben" muss auf eine Besonderheit hingewiesen werden. In den vergangenen Jahren zeigten sich in Deutschland zwei unterschiedliche kulturelle Entwicklungsströme: Während sich die „Ernste Kultur" (Oper, klass. Konzert, Ballett etc.) mit latenten Akzeptanzproblemen konfrontiert sieht, hat die „Unterhaltungskultur" (Musical, Kino etc.) einen hohen Zuspruch erfahren (s.a. Opaschowski 2004, S. 278f.). Aus dem Ernst des kulturellen Lebens wurde durch massenwirksames Entertainment „kulturelles ER-leben". Dieser Bedeutungswandel dürfte einer der Hauptgründe für den Bedeutungsverlust des Wertes „kulturelles Leben" sein.

Graphik 56:

Wertewandel – „kulturelles Leben"

„wichtige Dinge im Leben"; Antworten: „ganz besonders" oder „sehr wichtig" / in %

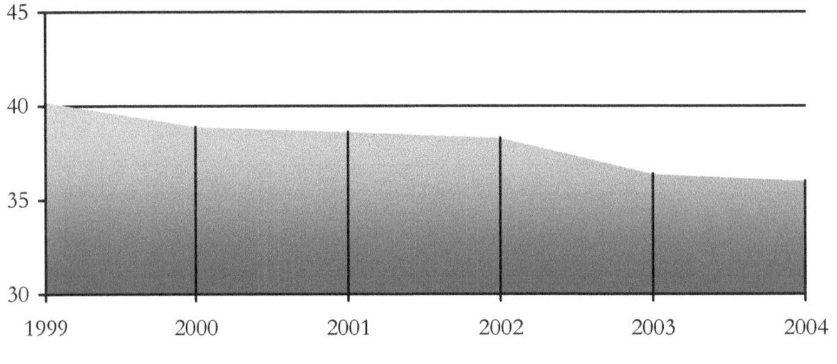

Quelle: VerbraucherAnalyse 1999 bis 2004
n > 31.000

Im Rahmen der Korrelationsanalyse zeigen die Kulturorientierten eine hohe Orientierung an sozialen Werten: Mit r = 0,596, dies ist die höchste gemessene Korrelation (!), ist den Kulturorientierten vor allem „soziales Engagement" wichtig. Die Kulturinteressierten setzen sich somit nicht nur für kulturelle Belange ein, sondern auch für ihre Mitmenschen. Hierzu mag die ebenfalls betonte „Individualität“ (0,491) auf den ersten Blick nicht so recht passen. Doch dürfte dies der charakteristische Mentalitätszug der Kulturorientierten sein: Wie auch die Biographien vieler Künstler zeigen, setzen sich diese Menschen gern für andere ein und versuchen einen verantwortungsvollen Lebensstil zu zeigen, achten jedoch gleichzeitig sehr darauf, ein individuelles Profil zu bewahren. In diesem Sinne passen die auf den ersten Blick gegensätzlichen Wertorientierungen „soziales Engagement“ und „Individualität“ durchaus beide zum Wesenszug der Kulturorientierten. Die Tatsache, dass Kulturorientierte auch einen umweltbewussten Lebensstil pflegen, rundet dieses Bild der verantwortungsvollen Individualisten ab: Sie „kaufen häufiger Reformkost“, „achten sehr auf gesunde Ernährung“ und kaufen keine Produkte „von Firmen, die die Umwelt verschmutzen“ (vgl. Einstellungen in Abschn. 9.4).

13.18 Soziales Engagement

Das „soziale Engagement“ ist mit 35,6 Prozent etwas mehr als jedem dritten Bundesbürger wichtig. Der historische Entwicklungsverlauf zeigt sich bei dieser Werthaltung eher uneinheitlich: Während zwischen den Jahren 1999 und 2001 immer weniger Menschen das „soziale Engagement“ für wichtig hielten, zeigte sich im Krisenjahr 2002 (vgl. Abschn. 9 und 16.1) eine kurzfristige Aktuierung, die sich jedoch in den Folgejahren wieder umkehrt. Im Gesamtzeitraum wird das „soziale Engagement“ um -1,2 Prozentpunkte seltener für wichtig erachtet.

Ähnlich dem „kulturellen Leben“ wird auch das „soziale Engagement“ von allen Altersgruppen im nahezu gleichen Umfang als besonders wichtig erachtet. Die Zustimmung schwankt hier zwischen 33,1 und 37,9 Prozent. Ein linearer Alterszusammenhang besteht nicht. Frauen betonen die Wichtigkeit des „sozialen Engagements“ mit 37,8 Prozent häufiger als Männer mit 33,2 Prozent (-4,6 Prozentpkt.). Der Bedeutungsverlust des „sozialen Engagements“ innerhalb des Untersuchungszeitraumes ist übrigens nahezu ausschließlich durch Männer bedingt: Wahrend Männer diese Sozialorientierung 1999 noch zu 36,1 Prozent für wichtig erachteten, waren es 2004 nur noch 33,2 Prozent (-2,9 Prozentpkt.). Bei den Frauen stieg der Zuspruch hingegen sogar von 37,4 auf 37,8 Prozent an (+0,4 Prozentpkt.). Sollte sich diese Entwicklungstendenz fortsetzen, so wird das „soziale Engagement“ künftig ein „Frauen-Thema“ werden.

Graphik 57:

Wertewandel – „soziales Engagement"

„wichtige Dinge im Leben"; Antworten: „ganz besonders" oder „sehr wichtig" / in %

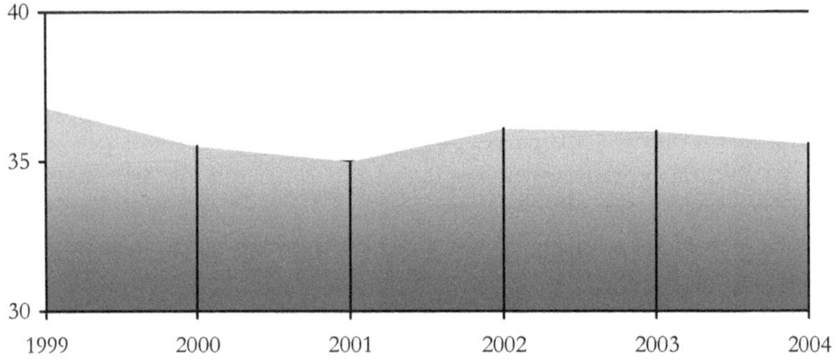

Quelle: VerbraucherAnalyse 1999 bis 2004
n > 31.000

Das „soziale Engagement" korreliert lediglich mit einem weiteren Wert: Dem „kulturellen Leben". Gemäß der Devise „lieber Qualität als Quantität" ist dies mit r = 0,596 sogar die höchste gemessene Korrelation zwischen zwei Wertorientierungen. Beide Werte, „soziales Engagement" und „kulturelles Leben", gehören hiermit untrennbar zusammen. Dies belegt auch die Tatsache, dass Sozialorientierte, ebenso wie die Kulturorientierten, besonders häufig Einstellungen des naturnahen Lebensstils betonen. Vielleicht erklärt dieses Teilergebnis, warum auf der politischen Bühne Sozialdemokraten und die so genannten „Grünen" besser zusammenpassen als mit jeweils anderen potentiellen Koalitionspartnern: Ihre Wählerschaften haben offensichtlich bezüglich der Kerninhalte „Soziales" und „Naturerhalt" recht hohe Übereinstimmungen.

13.19 Der Wunsch, „überall mitreden zu können"

In den vorhergehenden Abschnitten zeigte sich bereits, dass die Wertlegung „überall mitreden zu können" überdurchschnittlich häufig stark mit anderen Werten korreliert. Mit zusammen acht Korrelationen bei r > 0,4 trägt dieser Wert am drittstärksten zum Wertehorizont der Deutschen bei – in der Betonung und Ablehnung gleichermaßen. Der Wert „überall mitreden können" hat jedoch in den vergangenen Jahren den stärksten Bedeutungseinbruch erlitten: War dies noch 1999 exakt 35,4 Prozent der Menschen wichtig, so sind es aktuell nur noch 30,3 Prozent (-5,1 Prozentpkt.). Es ist offensichtlich: Immer weniger Menschen wollen „überall mitreden können".

Die Wichtigkeit, „überall mitreden zu können", ist mit 41,9 Prozent vor allem bei den jüngeren Menschen ausgeprägt. Sie sind neugierig und noch bemüht, möglichst *überall* mitreden zu können. Mit fortscheitendem Alter nimmt die Motivation, „überall" mitreden zu können, jedoch ab, so dass bei den über 70-Jährigen nur noch 24,3 Prozent diese Orientierung für wichtig erachten. Im Jahresvergleich 1999 zu 2004 fällt auf, dass der Bedeutungsverlust dieser Orientierung vor allem durch die mittleren Altersgruppen bedingt ist. Während bei den 14- bis 19-Jährigen und den über 70-Jährigen lediglich ein Bedeutungsverlust von -2,6 Prozentpunkten festzustellen ist, ist der Bedeutungsverlust bei den mittleren Altersgruppen mit bis zu -8,4 Prozentpunkten dreimal so hoch. Vor allem die mittleren Generationen haben es sich offensichtlich abgeschminkt, „überall mitreden zu können", beziehungsweise zu *wollen.*

Graphik 58:

Wertewandel – „überall mitreden können"

„wichtige Dinge im Leben"; Antworten: „ganz besonders" oder „sehr wichtig" / in %

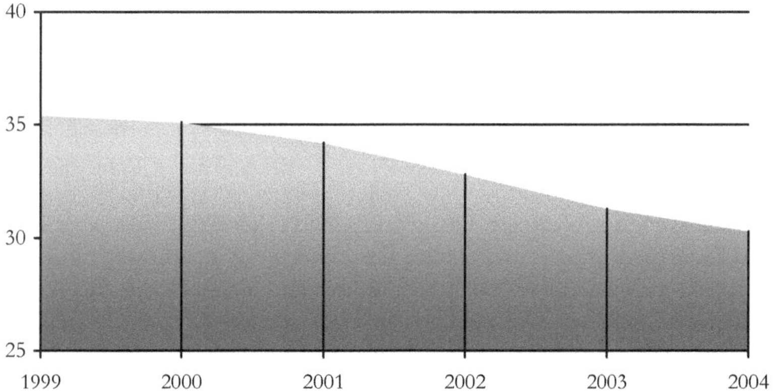

Quelle: VerbraucherAnalyse 1999 bis 2004
n > 31.000

Die vergleichsweise jungen Menschen, die „überall mitreden können" möchten, sind in hohem Maße außenorientiert: Sie betonen die Bedeutung eines „großer Freundeskreises" (r = 0,403). Zudem ist es ihnen wichtig, „Anerkennung im privaten Umfeld" (0,430) und auch im „beruflichen Umfeld" (0,469) zu erfahren. Sie brauchen offensichtlich ein soziales Umfeld, das Ihnen positives Feedback gibt. Um Anerkennung zu erlangen, sind diese Menschen auch bereit, „Leistung" (0,400) zu erbringen.

Graphik 58:

„Überall mitreden können" im Alters- und Jahresvergleich

„wichtige Dinge im Leben"; Antworten: „ganz besonders" oder „sehr wichtig" / in %

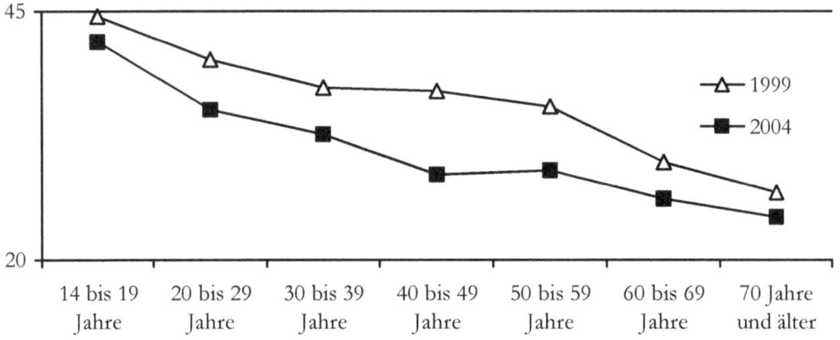

VerbraucherAnalyse 1999 und 2004
n > 31.000

Neben der reflektionsbedingten Sozialorientierung der Menschen, die „überall mitreden können" möchten, stehen auch Individualparameter im Fokus: Sie betonen die Bedeutung von „Selbstverwirklichung" (0,426) und möchten „sich etwas leisten können" (0,409). Zur Realisation des Selbstverwirklichungsbedürfnisses darf auch der Wunsch „viel Freizeit" (0,404) nicht fehlen. Diese Menschen brauchen Identität und sind auf verschiedenen Ebenen bemüht, diese aufzubauen.

Hierzu gehört es auch, „bei neuen Entwicklungen dabei (zu) sein" (0,523). Man möchte dabei sein und immer auf dem Laufenden bleiben. Die Menschen, die „überall mitreden können" möchten, sind hierdurch in hohem Maße die Innovatoren von heute und morgen: Dieses ist nämlich insbesondere der Bevölkerungsteil, der sich „auf dem Laufenden" hält. Dies zeigt sich ebenso im Zusammenhang mit den in den Abschnitten 7 und 9 untersuchten Einstellungen: Menschen, die „überall mitreden können möchten" kleiden sich „gern nach der neuesten Mode" und haben ein überdurchschnittliches Interesse an „Geräten mit ausgefallener Technik" und mit „gutem Aussehen/Design". Sie haben ein (noch) offenes Weltbild, sind interessiert an Neuem und versuchen zudem, durch den Bezug auf das Neue auch Anerkennung auf allen Ebenen zu erlangen. Dies schafft Identität und Sicherheit. Für den kulturellen und wirtschaftlichen Fortschritt ist dies eine wichtige Motivlage: Nur wenn Menschen „dabei sein wollen" und „mitreden" möchten, können sich gesellschaftliche, technische und wirtschaftliche Innovationen auch wirklich durchsetzen. Im folgenden Abschnitt wird auf diese Dimension noch intensiver eingegangen.

13.20 Bei neuen Entwicklungen dabei sein

Mit 27,9 Prozent ist es aktuell wenig mehr als jedem vierten Bundesbürger wichtig, „bei neuen Entwicklungen dabei zu sein". Seit 1999 hat diese Orientierung schrittweise einen Bedeutungsverlust erlitten: Wurde sie seinerzeit noch von 30,9 Prozent als „wichtig" bezeichnet, so ist die Zustimmung bis 2004 um insgesamt -3,0 Prozentpunkte gesunken. Damals wie heute bleibt der Wert, „bei neuen Entwicklungen dabei sein", das Schlusslicht der Werteskala. **Dieses Teilergebnis stellt ein schwerwiegendes Problem für eine auf Wachstum und somit Entwicklung programmierte Gesellschaft dar: Wenn die Mehrheit der Bevölkerung *nicht* willens und in der Lage ist, sich auf neue Entwicklungen einzulassen, so mündet diese Haltung schnell in kultureller und wirtschaftlicher Stagnation – wenn nicht gar Rezession.**

Bei dieser Feststellung geht es nicht nur um die Inanspruchnahme von Konsumgütern oder Dienstleistungen. Vielmehr ist das gesamte Spektrum der Gesellschaft hiervon betroffen: Es geht gleichermaßen um Entwicklungen in der Kultur, Wissenschaft, Politik und ähnlichen gesellschaftlichen Feldern. Wenn es den Menschen mehrheitlich nicht wichtig ist, „bei neuen Entwicklungen dabei zu sein", dann ist es beispielsweise auch nicht möglich, die dringend erforderlichen Reformen der staatlichen Systeme zu begleiten. Ist die Bereitschaft für Neues und somit für, wie auch immer geartetes, Anderes in der Bevölkerung nicht vorhanden, sind die politischen Entscheidungen nicht mehrheitsfähig. In der Folge droht den an der Macht befindlichen Parteien beim Versuch, Neues zu implementieren (z.B. durch Reformen), der Verlust eben dieser Macht. Hierdurch droht heute jeder Instanz, die sich in neuen Lösungen oder Angeboten versucht, an den Bedürfnissen der Zielgruppen abzuprallen – egal ob mit ökonomischen, technischen, kulturellen oder politischen Angeboten. Die eh schon schwächelnde Entwicklungsdynamik innerhalb Deutschlands, droht gänzlich zum Erliegen zu kommen. Dringend erforderliche Prozesse können nicht angestoßen und erst recht nicht realisiert werden. Die hieraus resultierende Stagnation wird schnell zur Gefahr des Fortbestandes unserer Gesellschaft heutiger Prägung.

Der Teil der Bevölkerung, der trotz dieses traurigen Szenarios „bei neuen Entwicklungen dabei sein" möchte, ist tendenziell männlich und eher jung. Von dem männlichen Bevölkerungsteil vertreten noch 33,1 Prozent diese Wertorientierung und bei den Frauen sind es vergleichsweise geringe 23,1 Prozent (-10,0 Prozentpkt.). Während die 14- bis 19-Jährigen noch zu 38,3 Prozent „dabei sein" wollen, sinkt der Zuspruch nahezu linear mit dem steigenden Alter: Mit 19,4 Prozent stimmen bei den über 70-Jährigen nur noch halb so viele Menschen diesem Wert zu (-18,9 Prozentpkt.). Die Entwicklungen der vergangenen Jahre weisen zudem auf eine Art Entwicklungsschere hin: Während bei den Jungen, bis zu 19-Jährigen, die Zustimmung um +1,5 Prozentpunkte anstieg, ist sie in den höheren Altersgruppen um bis zu -5,6 Prozentpunkte gesunken.

Graphik 59:

Wertewandel – „bei neuen Entwicklungen dabei sein"

„wichtige Dinge im Leben"; Antworten: „ganz besonders" oder „sehr wichtig" / in %

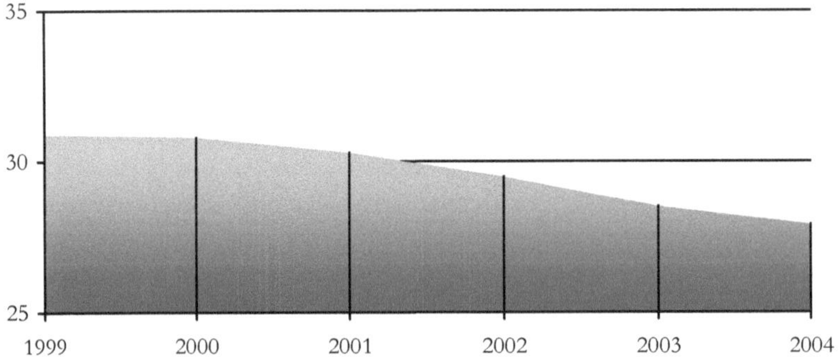

Quelle: VerbraucherAnalyse 1999 bis 2004
n > 31.000

Basierend auf der Tatsache, dass der demographische Trend in Deutschland in Richtung eines steigenden Anteils älterer Menschen geht (vgl. Graphik 74), resultiert aus dem Wandel der Werte ein ernsthaftes Risiko: Bei einer Zunahme des Anteils älterer Personengruppen wird auch die Innovationsfähigkeit, im Sinne einer zugrunde liegenden Innovations*willigkeit*, noch weiter sinken. Die dringend benötigte Offenheit gegenüber den technischen, kulturellen und auch politischen Neuerungen droht, zunehmend abhanden zu kommen. Die Menschen bleiben lieber bei dem, was sie haben und kennen. Der hieraus resultierende Stillstand bedroht die Existenzfähigkeit einer auf Fortschritt ausgelegten Gesellschaft – so auch die der Deutschen.

Menschen, die „bei neuen Entwicklungen dabei sein" möchten (= „Innovatoren"), wollen auch „überall mitreden können" (r = 0,523). Sie möchten offensichtlich verstehen können, worum es bei neuen Entwicklungen geht, und sich über die zugrunde liegenden Prozesse auch mit anderen unterhalten können. Die Innovatoren von heute und morgen betonen zudem die Werte „Selbstverwirklichung" (0,411) und „Individualität" (0,405). Offensichtlich werden gerade diese Wertorientierungen, die in den vergangenen Jahrzehnten überwiegend negativ diskutiert wurden, dringend für die gesellschaftliche Entwicklung benötigt. Besonders jene Menschen, die offen für neue Entwicklungen und somit auch Veränderungen sind, zeigen einen Wertehorizont, der *auch* auf der Entwicklung des Individuums basiert (hier: Selbstverwirklichung und Individualität).

Dies ist ein wichtiger Faktor, der in den vergangenen Jahren (nicht nur in der Wertediskussion) sträflich vernachlässigt wurde: **Menschen, die bereit sind, an Neuerungen teilzuhaben, tun dies nicht primär dem sozialen Umfeld zuliebe, sondern aus Motiven der individuellen Selbstverwirklichung. Neueste Mode und technische Artikel werden zwar auch gekauft, um andere zu beeindrucken, im Vordergrund steht jedoch die Befriedigung eigener Bedürfnisse – der Selbst-Verwirklichung**.

Zudem können die Innovatoren keine Menschen sein, die ausschließlich mit dem Strom schwimmen. Vielmehr brauchen sie ein gewisses Maß an Individualität, um sich abseits des Mainstream auch einmal nach „Neuem" umzusehen; sich auf die zur Verfügung stehenden Innovationen einzulassen. Hierdurch rücken die Werte „Selbstverwirklichung" und „Individualität" in ein neues Licht: Es sind *die* zentralen Werte, die die Gesellschaft braucht, um sich weiter entwickeln zu können. Zu dieser Feststellung gehört auch die Tatsache, dass der für die gesellschaftliche und individuelle Entwicklung ebenfalls wichtige Wert „Leistung" (0,433) bei den Innovatoren eine hohe Bedeutung hat.

14. Wertewandel gestern und heute – zusammenfassende Feststellungen

In den vorhergehenden Abschnitten wurde eine Vielzahl verschiedener Wertdimensionen untersucht. Übergeordnet wurde hierbei zunächst analysiert, wie sich die Bedeutung der jeweiligen Werte in den vergangenen Jahren gewandelt hat (Zeitreihenanalyse). Zudem wurde für jede Wertorientierung separat herausgearbeitet, in welchen Bevölkerungsgruppen (v.a. nach Alter und Geschlecht) sich der Bedeutungswandel besonders niedergeschlagen hat. Für die Gegenwart wurde zudem untersucht, welche Bevölkerungsgruppe die jeweilige Wertorientierung besonders stark vertritt. Abschließend wurde aufgezeigt, in welcher Verbindung die verschiedenen Werte und Einstellungen zueinander stehen (Korrelationsanalyse). Aufgrund dieser mehrdimensionalen Betrachtungsweise dürfte es selbst für den geübten Leser schwer sein, die Vielzahl der Einzelergebnisse zusammenzufassen. Entsprechend schwer dürfte es sein, sich ein umfassendes Bild vom Wandel der Werte zu machen.

Die nachfolgenden Zusammenfassungen der bisherigen Einzelergebnisse sollen einen strukturierten Überblick ermöglichen. Die Gliederung erfolgt anhand der übergeordneten Differenzierungsvariablen Alter und Geschlecht. In diesem Zusammenhang wird analysiert, welche Bevölkerungsgruppen in welchem Ausmaß zum Wertewandel beigetragen haben. Im selben Atemzug wird zudem gezeigt, durch welche Wertpräferenzen sich die jeweiligen Bevölkerungsgruppen auszeichnen. Anschließend werden die hier analysierten Daten zusammengefasst und der übergeordnete Wertewandel in der Gesamtbevölkerung untersucht und dokumentiert. Hierbei werden auch die Bedingungen der demographischen Entwicklung berücksichtigt, die primär auf den altersgruppen-spezifischen Ergebnissen beruhen. Basierend auf diesen Daten wird abschließend eine fundierte Prognose hinsichtlich der künftigen Wertetrends erstellt.

14.1 Wertewandel in übergeordneten Bevölkerungsgruppen

In der modernen Gesellschaftsforschung wird mittlerweile eine unglaubliche Vielzahl von Zielgruppen konfiguriert und analysiert. Je nach Forschungsgegenstand werden spezifische Cluster und so genannte Lebensstilmuster „erstellt“ (s.a. Abschn. 13). Das wachsende und zudem nicht selten widersprüchliche Angebot derartiger Untersuchungsmethoden hat die Analyse der gesellschaftlichen Veränderungen nicht gerade vereinfacht. Die hieraus resultierenden Betrachtungsunterschiede und Differenzierungsprobleme sind nicht Gegenstand der vorliegenden Untersuchung. Der Interessierte Leser sei jedoch an eine jüngere Arbeit zum Thema verwiesen: Der Gesellschaftswissenschaftler Hermann (2004) entdeckte kürzlich, dass in vielen Untersuchungen „die Beziehung zwischen Lebensstilen und Handlungen eine Scheinkorrelation ist, die durch Wertorientierungen als gemeinsame Ursache von Lebensstilen und Handlungen entsteht“ (ebd., S. 153). Diese Feststellung hat weitreichende Konsequenzen für die praktische Werteforschung: Gesellschaftliche und individuelle Werte sind gemäß dieses Untersuchungsergebnisses nicht nur Bestandteil eines Lebensstiles. Vielmehr sind sie *die* Ursache für einen konkreten Lebensstil und den hiermit einhergehenden Verhaltens- und Konsummustern.

Basierend auf diesen neueren Forschungsergebnissen sollen nachfolgend keine Lebensstilmuster konfiguriert und untersucht werden. Vielmehr steht die klassische und auch deutlich effizientere Betrachtung von alters- und geschlechtsspezifischen Merkmalen im Vordergrund. Fragen nach Wertewandlungen in mehrdimensional konfigurierten Zielgruppen können und sollen durch die vorliegenden Ausführungen nicht berücksichtigt werden. Diese lassen sich auch nur durch spezifisch orientierte Marktforschungen analysieren. Aus Gründen der Übersichtlichkeit werden in den anschließenden Ausführungen lediglich jene Werte untersucht, die im entsprechenden Bevölkerungsteil spezifische Bedeutungsveränderungen erfuhren. Sollte der geneigte Leser die Erwähnung einer Wertorientierung vermissen, so kann er diesen in den Detailausführungen der Abschnitte 13.1 bis 13.20 nachlesen.

14.2 Geschlechtsspezifischer Wertewandel

14.2.1 Wertewandel bei Frauen

Frauen betonten in den vergangenen Jahren vor allem die Sicherheit gebenden Werte „Familie und Partnerschaft“ (2004: 87,5 Proz.), „sichere Zukunft“ (80,8 Proz.) und „finanzielle Unabhängigkeit“ (77,9 Proz.). Dies sind *die* drei Wertorientierungen, die auch in der Gesamtbevölkerung den meisten Zuspruch erfahren. Seit 1999 haben vor allem die beiden Top-Werte „Familie und Partnerschaft“ sowie „sichere Zukunft“ an Bedeutung hinzugewonnen (+4,1 und +1,9 Prozentpkt.).

Graphik 60:

Wertewandel bei Frauen

Wichtige Dinge im Leben; Antworten: „ganz besonders“ oder „sehr wichtig“ / in %

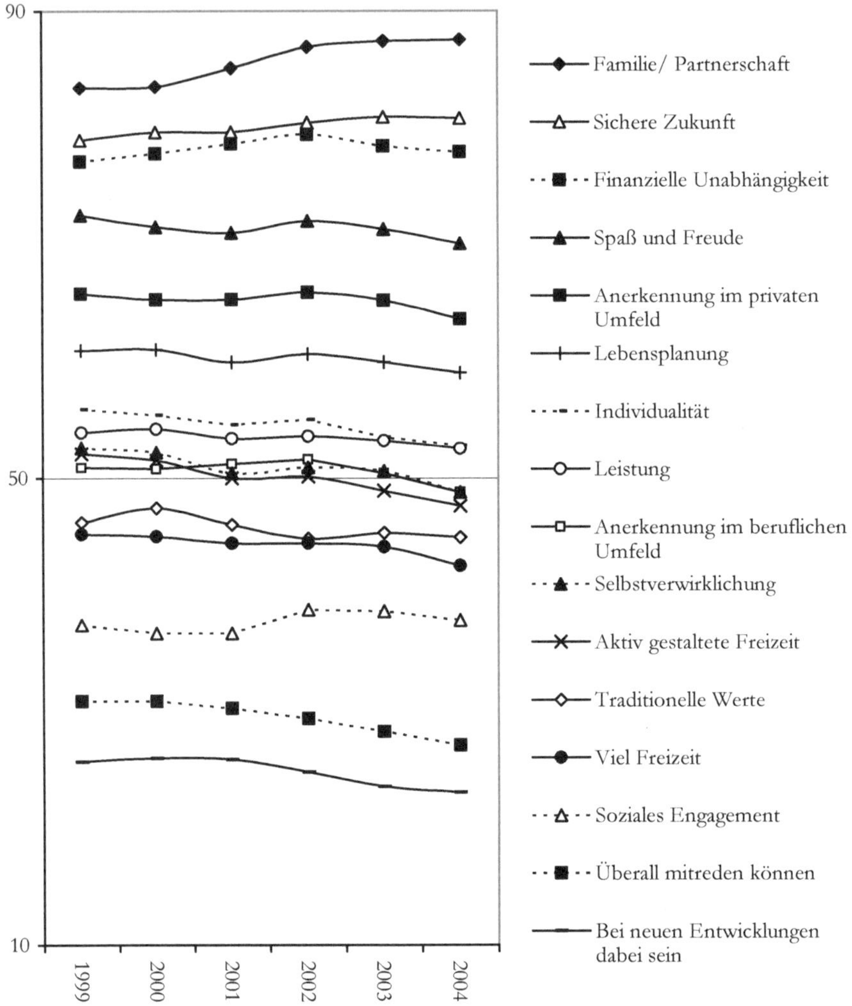

Quelle: VerbraucherAnalyse 1999 bis 2004
n > 16.000

Hierdurch haben diese Werte eine für die jüngere Vergangenheit nahezu einmalige Reichweite – Tendenz weiter, aber nur noch leicht steigend. Das Streben nach „finanzieller Unabhängigkeit“ hat hingegen bei Frauen seit dem Jahr 2002 den Höhepunkt überschritten und verliert seitdem sukzessive an Bedeutung – Tendenz weiter sinkend. Ebenfalls positiv entwickelte sich die Wichtigkeit des „sozialen Engagements“ (+0,4 Prozentpkt.). Mit einer Zustimmung von aktuell 37,8 Prozent liegt die Reichweite dieses Wertes jedoch deutlich unter denen der zuvor besprochenen Top-Werte.

Alle weiteren Wertorientierungen haben im Untersuchungszeitraum einen Bedeutungsverlust erlitten. Insofern kann an dieser Stelle erstmals von einem tatsächlichen und breit angelegten „Werteverlust“ gesprochen werden. Dieser Werteverlust erstreckte sich über nahezu alle untersuchten Ebenen: Sowohl die „traditionellen Werte“ als auch Selbstentfaltungswerte und Freizeitorientierungen sind Frauen seit einigen Jahren immer seltener wichtig. Ausnahme: Die zuvor genannten, Sicherheit gebenden Orientierungen sowie das „soziale Engagement“.

Im Ranking des weiblichen Wertehorizontes stehen heute Pflicht- und Akzeptanzwerte wie „Lebensplanung“ und „Leistung“ sowie die Selbstentfaltungswerte „Selbstverwirklichung“ und „Individualität“ nahezu gleichbedeutend nebeneinander. Waren dies in der Vergangenheit noch Wertgruppen, die inhaltlich einander gegenüber gelegen haben (z.B. Klages 1987), so hat an dieser Stelle in den vergangenen Jahren eine Art „Wertesynthese“ stattgefunden: Diese ermöglicht es, dass beide Wertgruppen heute nebeneinander Bestand haben, ohne miteinander in Konkurrenz zu stehen.

In Bezug auf die Selbstentfaltungswerte „Individualität“ und „Selbstverwirklichung“ zeigt sich bei den Frauen seit dem „Krisenjahr“ 2002 (vgl. Abschn. 9 und 15.1) ein sichtbarer Bedeutungsverlust. Aufgrund der klaren Fokussierung auf Sicherheit gebende Werte steht der Bereich der Selbstentfaltung bei Frauen heute nicht mehr uneingeschränkt auf der Tagesordnung – Tendenz weiter sinkend.

Anerkennung wollen Frauen deutlich häufiger im „privaten“ als „im beruflichen Umfeld“ erfahren. Der häusliche Bereich ist ihnen hiermit immer noch wichtiger als das Berufsleben. Die Bedeutung der Anerkennung ist jedoch in beiden Lebensbereichen seit 1999 sinkend (privat: -2,2 und berufl.: -2,1 Prozentpkt.). Die Innovationswerte „überall mitreden können“ und „bei neuen Entwicklungen dabei sein“ (vgl. Abschn. 13.19 und 13.20) stehen an unterster Stelle des Werterankings von Frauen – Tendenz sogar noch weiter sinkend. Frauen tragen hierdurch immer weniger zu den übergeordneten gesellschaftlichen und wirtschaftlichen Entwicklungen bei. Diese Aussage betrifft jedoch primär *übergeordnete* Themenbereiche (z.B. technische, ökonomische und politische Entwicklung) und gilt nicht automatisch für *alltägliche* Verhaltensweisen und Einstellungen. Unter Berücksichtigung der Ergebnisse der Einstellungsforschung (vgl. Abschn. 6 bis 10) zeigen sich Frauen gegenüber alltäglichen Neuerungen wesentlich aufgeschlossener als Männer:

Tabelle 1: Einstellungen und Leseinteressen im Vergleich (in Proz.)

VerbraucherAnalyse 2004 / Einstellungen u. Leseinteressen	**Männer**	**Frauen**	**Differenz:**
Ich probiere gern neue Koch-Rezepte aus	19,9	59,9	**+40,0**
Für neue Kosmetikprodukte bin ich immer aufgeschlossen	17,9	44,0	**+26,1**
Ich probiere häufiger mal eine neue Frisur aus	13,2	31,9	**+18,7**
Bei den täglichen Einkäufen probiere ich gern mal ein neues Produkt aus	51,4	64,5	**+13,1**
Ich weiß immer, was gerade im Trend ist	38,2	45,7	**+7,5**
ABER:			
Bei technischen Geräten lege ich Wert auf gutes Aussehen/ Design	60,1	51,2	**- 8,9**
Leseinteresse: „günstige Geldanlage" etc.	31,3	18,5	**- 12,8**
Leseinteresse: „Politik"	62,8	36,6	**- 26,2**
Leseinteresse: „Wirtschaft"	55,6	28,4	**- 27,2**
Geräte mit ausgefeilter Technik interessieren mich besonders	62,1	23,4	**- 38,7**

Quelle: VA 2004; n = 31.783

Frauen zeigen sich gegenüber neuen Kochrezepten, Kosmetikprodukten und Frisuren wesentlich aufgeschlossener als Männer. Auch probieren sie beim täglichen Einkauf „gern mal ein neues Produkt aus" und wissen auch häufiger, „was gerade im Trend ist". **Frauen kennen sich somit vor allem in den Bereichen des *täglichen Konsums* sowie beim individuellen Styling aus. Weniger aufgeschlossen sind sie hingegen bei übergeordneten Fragestellungen, wie den technischen Entwicklungen, sowie Themen aus den Bereichen Wirtschaft, Politik und Geldanlagen und somit Themen, die einen höheren Abstraktionsgrad aufweisen. Das Innovationsinteresse von Frauen findet offensichtlich häufiger am Rande des individuellen Nahbereiches sein Ende.** Alte Rollenmuster finden in diesen Zahlen weiterhin ihre Bestätigung. Bei der Betrachtung dieses Teilergebnisses muss jedoch berücksichtigt werden, dass hier *alle* Altersgruppen zusammengefasst sind. Eine Differenzierung in jüngere und ältere Teilgruppen löst diese geschlechtsspezifischen Unterschiede zwar nicht auf, egalisiert sie jedoch deutlich.

Der Lebensbereich „Freizeit“ hat in den vergangenen Jahren bei Frauen ebenfalls einen Bedeutungseinbruch erfahren. War es im Jahr 1999 mit 52,1 Prozent noch der Mehrheit der Frauen besonders wichtig, eine „ aktiv gestaltete Freizeit“ zu haben, so ist dies aktuell mit 47,6 Prozent nicht einmal mehr jede Zweite. Auch die Wichtigkeit von „viel Freizeit“ war in den vergangenen Jahren rückläufig (-2,7 Prozentpkt.) und wird aktuell nur noch von 42,5 Prozent als wichtig bezeichnet. In Zeiten der Fokussierung auf Familie, Partnerschaft und Sicherheit hat auch der Faktor Freizeit einen spürbaren Bedeutungsverlust erlitten.

14.1.2 Wertewandel bei Männern

Die grundsätzliche Hierarchie der Werte von Männern unterscheidet sich nur in Nuancen von der der Frauen. Bei ihnen stehen ebenfalls die Sicherheit gebenden Werte „Familie und Partnerschaft“ (2004: 84,1 Proz.), „finanzielle Unabhängigkeit“ (82,1 Proz.) und „sichere Zukunft“ (81,5 Proz.) im Vordergrund. Während die Familien- und Partnerschaftsorientierung bei Männern etwas geringer ausgeprägt ist als bei Frauen (-3,4 Prozentpkt.), werden die anderen beiden Werte von Männern häufiger als wichtig erachtet (+4,2 und +1,5 Prozentpkt.). Diese stärkere Wertbetonung von Männern beschränkt sich allerdings nicht nur auf die Sicherheit gebenden Orientierungen: Auch insgesamt zeigen sich Männer wertorientierter. Durchschnittlich betonen sie die abgefragten Werthaltungen um +3,3 Prozentpunkte häufiger als Frauen. In diesem, sehr besonderen, Kontext zeigen sich Männer in der Gesamtbetrachtung „wertorientierter“ als Frauen.

Während die tendenziell traditionellen Wertorientierungen, „sich etwas leisten können“, „Leistung“ und „Lebensplanung“, von den Männern noch mehrheitlich für wichtig erachtet werden, sind es bei den abstrakt abgefragten „traditionellen Werten„ (zur Problematik vgl. Abschn. 13.15) nur noch 44,1 Prozent – Tendenz weiterhin sinkend. Der Bedeutungsverlust dieser Werte lag innerhalb des Untersuchungszeitraumes zwischen vergleichsweise geringen -2,2 und -3,5 Prozentpunkten. Seit 2004 zeichnet sich im Zusammenhang mit traditionellen Werten jedoch eine Trendwende ab: Aktuell ist bei den deutschen Männern wieder eine leichte Aktuierung dieser Werte zu erkennen. Ob diese traditionellen Orientierungen in den kommenden Jahren auch weiterhin einen leicht positiven Entwicklungstrend zeigen, lässt sich aus dem vorliegenden Datenmaterial nicht ableiten.

Anerkennung suchen Männer zudem häufiger im „privaten" als im „beruflichen Umfeld". Gegenüber den Frauen ist die Wichtigkeit der Anerkennung im beruflichen Umfeld jedoch deutlich stärker ausgeprägt: Während dieser Wert von vergleichsweise geringen 48,8 Prozent der Frauen betont wird, sind es bei den Männern 58,3 Prozent (+9,5 Prozentpkt.). Im Ranking steht dieser Wert bei Frauen auf Platz 11 und bei Männern auf Platz 9. In Anbetracht der stärker ausgeprägten Erwerbsneigung von Männern mag dieses Teilergebnis nicht erstaunen. In den vergangenen Jahren haben die Anerkennungswerte jedoch auch bei Männern einen starken Bedeutungsverlust erfahren: Die Wichtigkeit der „Anerkennung im beruflichen Umfeld" ist um -4,8 Prozentpunkte gesunken, im „privaten Umfeld" und -4,0 Prozentpunkte. Seit 2004 ist jedoch bei Männern erstmalig wieder ein leichter Anstieg hinsichtlich der Wichtigkeit von Anerkennung zu erkennen: Sowohl im privaten als auch im beruflichen Umfeld wird es langsam wieder mehr Männern wichtig, Anerkennung zu erfahren.

Auf der Ebene der Selbstentfaltungswerte zeigt sich auch bei den Männern innerhalb des Untersuchungszeitraumes auf breiter Basis ein Bedeutungsverlust: „Individualität" (-3,5 Prozentpkt.), „Selbstverwirklichung" (-4,5 Prozentpkt.) sowie die Werte der arbeitsfreien Zeit, „aktiv gestaltete Freizeit" (-3,5 Prozentpkt.) und „viel Freizeit" (-3,2 Prozentpkt.), wurden in den vergangenen Jahren immer seltener als besonders wichtig erachtet. Der Bedeutungszuwachs von Sicherheit gebenden Werten ging offensichtlich vor allem zu Lasten der Selbstentfaltungsorientierungen. Hinsichtlich der „Individualität" zeigt sich jedoch seit 2004 bei Männern ebenfalls wieder ein leichter Bedeutungszuwachs. Dies sind erste Anzeichen für einen künftigen Anstieg der Bedeutung von Individualität – wobei sich dieser Trend zunächst recht langsam vollziehen wird.

Die Bedeutung des „sozialen Engagements" führte in den vergangenen Jahren bei Männern eher ein Schattendasein. Insgesamt wurde das „soziale Engagement" im Untersuchungszeitraum um -2,9 Prozentpunkte seltener als besonders wichtig bezeichnet. Seit 2002 ist jedoch wieder eine leichte Aktuierung dieses Wertes festzustellen – Tendenz leicht steigend. „Soziales Engagement" bleibt weiterhin ein Wert der Frauen: Während diese noch zu 37,4 Prozent die Wichtigkeit dieses Wertes betonen, sind es bei den Männern lediglich 33,2 Prozent (-4,6 Prozentpkt.).

Graphik 61:

Wertewandel bei Männern

Wichtige Dinge im Leben; Antworten: „ganz besonders“ oder „sehr wichtig“ / in %

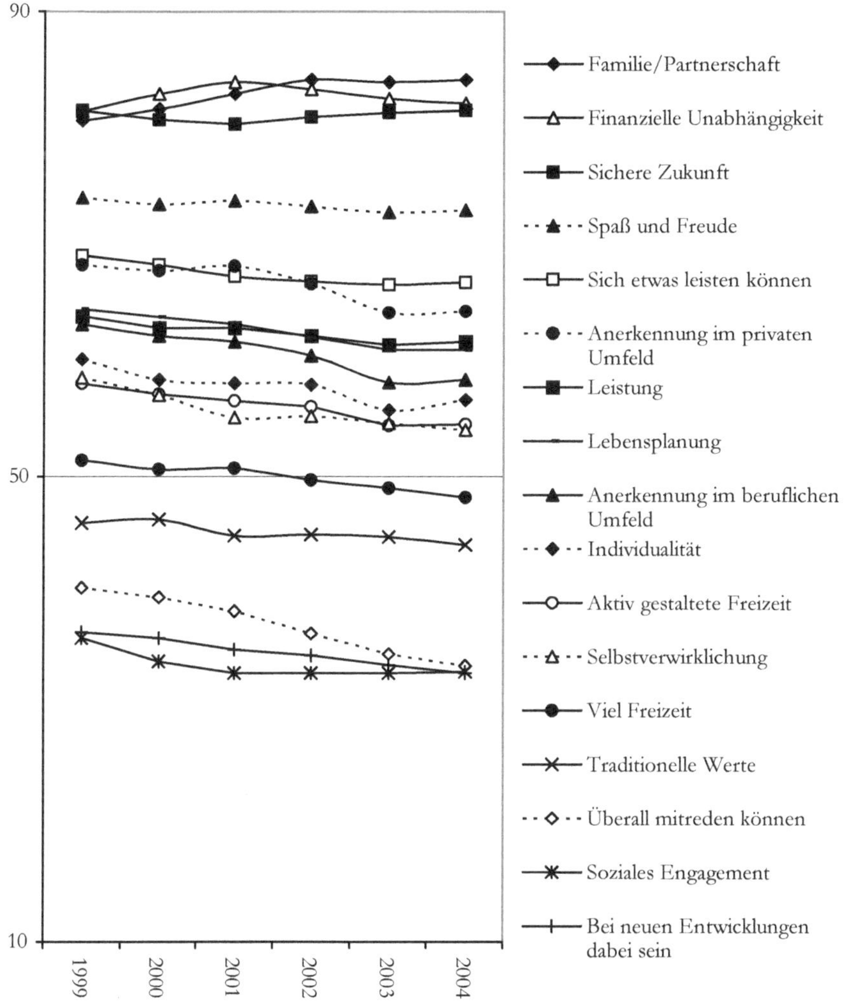

Quelle: VerbraucherAnalyse 1999 bis 2004

n > 14.600

Die Innovationswerte „überall mitreden können“ und „bei neuen Entwicklungen dabei sein“ haben auch bei Männern seit 1999 einen spürbaren Bedeutungsverlust erlitten (-6,7 und -3,5 Prozentpkt.). Im Vergleich zu den Frauen zeigen sich Männer jedoch weiterhin als die potentiell stärkeren Innovatoren: Sie möchten um +6,6 Prozentpunkte häufiger „überall mitreden können“ und wollen um +10,0 Prozentpunkte häufiger „bei neuen Entwicklungen dabei sein“. Dieses trifft jedoch ausschließlich auf technische, politische und wirtschaftliche und somit übergeordnete Themen zu. Im Alltag zeigen sich Frauen deutlich innovativer (vgl. Abschn. 14.2.1).

In der Gesamtbetrachtung des männlichen Wertehorizontes zeigt sich seit kurzem eine Art breit angelegte Wertaktuierung: Bei der Mehrheit der untersuchten Wertorientierungen ist seit 2004 eine leichte Bedeutungszunahme zu verzeichnen, beziehungsweise stagniert der bisherige Bedeutungsverlust. Hierdurch unterscheidet sich der Trend bei den Männern gegenüber den jüngsten Entwicklungen bei den Frauen: Dort verzeichnen alle Orientierungen weiterhin einen Bedeutungsverlust (Ausn. „Familie/Partnerschaft“). Aufgrund der Tatsache, dass sich die Männer tendenziell innovativer zeigen, sind hier erste Anzeichen einer Trendwende zu sehen. Diese Trendumkehr könnte in den kommenden Jahren auch auf den weiblichen Bevölkerungsteil überspringen. Doch sind dies zunächst noch feine Andeutungen, die nicht zwangsläufig auch in Zukunft einen stabilen Entwicklungsverlauf zeigen müssen (vgl. Abschn. 16 bis 17).

14.3 Wertewandel im Generationsvergleich

14.3.1 Hohe Sozialorientierung bei 14- bis 19-Jährigen

Die 14- bis 19-Jährigen (im Folgenden „Jugendliche“) betonen vor allem soziale Wertorientierungen. Wie bei keiner anderen Altergruppe bezeichnen Jugendliche die kommunikativen Werte „Spaß und Freude“ (2004: 87,2 Proz.), „großer Freundeskreis“ (80,4) und „Familie und Partnerschaft“ (79,2) als besonders wichtig. Ihnen ist es wichtig, möglichst häufig mit anderen Menschen zusammen zu sein und mit diesen viel Spaß und Freude zu haben. Im Laufe des Untersuchungszeitraumes sind diese Werte den Jugendlichen sogar zunehmend wichtiger geworden. Mit der Ausnahme des Wertes „Spaß und

Freude“ hält dieser Trend seit einigen Jahren kontinuierlich an. **Das Miteinander ist in der persönlichen Lebenswelt mithin *der* Wertetrend der Jugend. Spaß darf gern, muss aber nicht mehr zwingend sein.**

Die bisher untersuchten sozialen Orientierungen stehen im Werteranking der Jugendlichen fast gleichbedeutend mit der Wichtigkeit einer „sicheren Zukunft“ (2004: 79,2 Proz.). Seit dem bereits mehrfach angesprochenen Wandlungsjahr 2002 (vgl. Abschn. 9 und 15.1) nimmt die Bedeutung dieses Wertes deutlich zu. In wirtschaftlich unsicheren Zeiten wird es selbst den Jugendlichen, die in der Regel noch in vergleichsweise behüteten Verhältnissen leben, immer wichtiger, in eine „sichere Zukunft“ blicken zu können. Tendenz weiterhin ansteigend.

Jugendliche verfügen in der Regel über ein recht enges Budget. Aus dieser Perspektive ist es verständlich, dass sie sich überdurchschnittlich häufig etwas „leisten können“ möchten: Mit aktuell 75,1 Prozent liegt das Ergebnis deutlich über dem Bevölkerungsdurchschnitt mit 62,8 Prozent (+12,3 Prozentpkt.). Jugendliche möchten sich dabei „etwas leisten können“ – auch um „Anerkennung im privaten Umfeld“ zu erlangen (2004: 73,0 Proz.). Über den Konsum bestimmter Güter und Dienstleistungen bauen viele Jugendliche ihre Identität auf. Speziell der Bereich der Markenprodukte erlaubt es jungen Menschen, sich mittels Distinktion gegenüber anderen entweder abzugrenzen oder sich als Gleichgesinnter zu zeigen (vgl. Abschn. 9). Aus dieser Perspektive sind die Anerkennungsbestrebungen der Jugendlichen durchaus nachvollziehbar.

Doch den Konsum oft teurer Angebote muss man sich auch leisten können: Aus diesem Grunde erachten 71,6 Prozent die „finanzielle Unabhängigkeit“ für wichtig. Bei den Jungendlichen dürfte die finanzielle Unabhängigkeit jedoch eine andere Bedeutung haben als in den höheren Altersgruppen. Während es bei den Jungen um die Unabhängigkeit *gegenüber dem Elternhaus* geht, steht bei den älteren Generationen der Begriff „Unabhängigkeit“ vielmehr für ein *ausreichendes Einkommen und finanzielles Auskommen*, das dem Menschen möglichst wenig Restriktionen setzt. Finanzielle Unabhängigkeit ist hierdurch für Jugendliche weniger existentiell. Aus diesem Grunde wird die „finanzielle Unabhängigkeit“ bei Jugendlichen auch seltener genannt als im Bevölkerungsdurchschnitt (79,9 Proz. = -8,3 Prozentpkt.).

Jugendliche sind Freizeitmenschen: Wie keine andere Generation betonen sie die Bedeutung der Freizeit. Die Wichtigkeit von „viel Freizeit“ steht mit 71,0 Prozent an 8. Stelle des Werterankings – im Bevölkerungsdurchschnitt liegt dieses Ergebnis mit 45,1 Prozent (-25,9 Prozentpkt.) erst an 14. Stelle. Es geht jedoch nicht nur um die Quantität der Freizeit, sondern gleichzeitig um

Graphik 62:

Wertewandel bei 14- bis 19-Jährigen

Wichtige Dinge im Leben; Antworten: „ganz besonders“ oder „sehr wichtig“ / in %

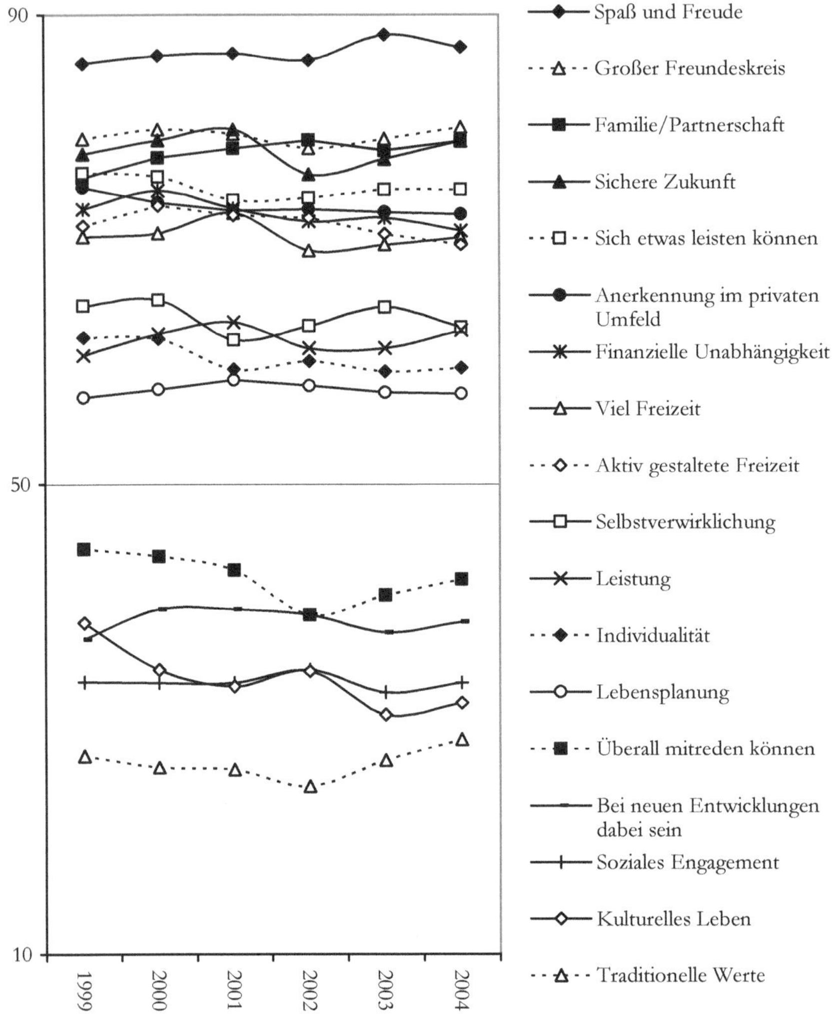

Quelle: VerbraucherAnalyse 1999 bis 2004

n > 2.300

die Qualität: Jugendlichen ist es mit 70,4 Prozent überdurchschnittlich häufig wichtig, die Freizeit „aktiv“ zu gestalten (+19,5 Prozentpkt.). Auch diese aktive Freizeitgestaltung ist für Jugendliche ein Weg sowohl die individuelle Identität aufzubauen als auch die weiter oben bereits erwähnten Sozial- und Anerkennungsorientierungen zu befriedigen. Freizeit ist hierdurch ein wichtiger Lebensbereich, innerhalb dessen insbesondere Jugendliche eine Vielzahl von Bedürfnissen befriedigen können.

Die subjektive Wichtigkeit der Selbstentfaltungswerte „Selbstverwirklichung“ und „Individualität“ ist bei den Jugendlichen ebenfalls stärker ausgeprägt als im Bevölkerungsdurchschnitt. Ist bei den Jungen die „Selbstverwirklichung“ noch für 63,4 Prozent wichtig, sind es im Durchschnitt nur 51,3 Prozent (+12,1 Prozentpkt.). Bei der „Individualität“ liegen die entsprechenden Werte bei 59,9 bzw. 54,6 Prozent (+5,3 Prozentpkt.). Auch dieses dürfte im Kontext des jugendlichen Identitätsaufbaus eher typisch für den Lebensabschnitt sein als ein zu Pessimismus Anlass gebendes Zeichen unserer Zeit. Als generationsspezifische Besonderheit zeigt sich zudem die Tatsache, dass die Positionen der beiden Werte innerhalb des jeweiligen Werterankings nahezu spiegelverkehrt sind: Während für die Generationen die „Individualität“ (Platz 9) wichtiger ist als die „Selbstverwirklichung“ (Platz 11), liegt das Verhältnis bei den Jungen genau anders herum (Platz 12 und 10). **Selbstverwirklichung steht hierdurch bei Jugendlichen wesentlich stärker im Vordergrund als Individualität. Individualität würde jedoch auch nicht zu der hohen Sozialorientierung der Jungen passen: In der Gruppe zählt Konformität schließlich – in der Regel – eine größere Rolle als „Individualität“.**

Die abstrakt abgefragten „traditionellen Werte“ (zur Problematik vgl. Abschn. 13.5) werden mit 28,3 Prozent nur von einer Minderheit der Jugendlichen als wichtig bezeichnet. Der ebenfalls traditionelle Wert „Leistung“ wird hingegen mit 63,1 Prozent mehrheitlich als wichtig erachtet. Jugendliche betonen die Bedeutung von „Leistung“ sogar deutlich häufiger als der Bundesdurchschnitt mit 56,8 Prozent (+6,3 Prozentpkt.). In diesem Widerspruch zeigt sich einmal mehr, dass die Verwendung des zusammenfassenden Terminus „traditionelle Werte“ höchst problematisch ist. **Vor allem die Jugendlichen betonen eigentlich traditionelle Werte, mögen diese jedoch nicht mit dem abstrakten und aus ihrer Perspektive auch „altbackenen“ Begriff *Tradition* belegen. Trotz des Formulierungsdefizites (s.o.) zeigt sich bei Jugendlichen an dieser Stelle ein neuer Trend: Seit 2002 werden „traditionelle Werte“ (Ausn. „Lebensplanung“) wieder häufiger als besonders wichtig bezeichnet – Tendenz weiter steigend.**

Die Innovationswerte „überall mitreden können" (2004: 41,9 Proz.) und „bei neuen Entwicklungen dabei sein" (38,3 Proz.) werden ebenfalls von Jugendlichen überdurchschnittlich häufig genannt. **Hiermit zeigen sich Jugendliche wieder einmal als *die* gesellschaftlichen Innovatoren, die Neuem gegenüber besonders aufgeschlossen sind und – obwohl noch nicht bei jedem Thema in der Lage – sich gern informieren und auch darüber reden. Der Zuspruch zu beiden Wertorientierungen ist bei den Jugendlichen in den vergangenen Jahren sogar wieder gestiegen – Tendenz weiter steigend.**

„Soziales Engagement" und „kulturelles Leben" stehen nicht auf der Prioritätenliste der Jugendlichen. Mit 33,1 beziehungsweise 31,4 Prozent der Nennungen stehen diese am unteren Ende der jugendlichen Werteskala. Zudem werden diese Werte von Jugendlichen auch deutlich seltener vertreten als im Bevölkerungsdurchschnitt. Soziale und kulturelle Fragen lassen die Mehrheit der jungen Generation (noch) kalt. Während sich die subjektive Wichtigkeit des „sozialen Engagements" in den vergangenen Jahren per Saldo nicht verändert hat, verzeichnet das „kulturelle Leben" mit -6,8 Prozentpunkten einen recht deutlichen Einbruch. Vor allem die Kulturorientierung verzeichnet in den vergangenen Jahren einen leichten Aufschwung.

In der Gesamtbetrachtung zeigt sich, dass Jugendliche die „wertvollsten" aller Altersgruppen sind: Wie keine andere Altersgruppe betonen sie gleichzeitig sowohl traditionelle Werte als auch die Bedeutung von Selbstverwirklichung und kommunikativen Komponenten des Lebens. Zudem zeigen sie sich innovationsorientierter als der Rest der Bevölkerung. Durchschnittlich wird jeder Wert von den Jugendlichen um +6,8 Prozentpunkte (!) häufiger für wichtig erachtet, als im Bevölkerungsdurchschnitt. **Hierbei dürfen auch gern Tradition und Moderne nebeneinander stehen, ohne dass sie sich in der Philosophie oder im tatsächlichen Verhalten der Jugendlichen widersprechen müssen. Die viel geforderte Wertesynthese ist hierdurch vor allem in der jungen Generation geglückt.**

14.3.2 20- bis 29-Jährige brauchen noch viel Bestätigung

Die 20- bis 29-Jährigen (im Folgenden „junge Erwachsene") zeigen bereits eine vom Wertehorizont der Jugendlichen abweichende Werteskala. Die Bedeutung von „Spaß und Freude" wird durch den Wert „Familie und Partnerschaft" auf Platz 2 verdrängt. Die jungen Erwachsenen sind die erste aller folgenden Altersgruppen, bei denen die „Familie und Partnerschaft" an erster

Stelle stehen. **Der Grundstein der Orientierung an festen Bindungen wird offensichtlich in diesem Alter gelegt. Innerhalb des Untersuchungszeitraumes war „Familie und Partnerschaft" zudem der einzige Wert, der in dieser Altersgruppe einen positiven Entwicklungsverlauf zeigt (+3,6 Prozentpkt.). Dieser scheint jedoch seinen Höhepunkt überschritten zu haben: Seit 2003 sinkt die Zustimmung zu dieser Wertorientierung wieder leicht – Tendenz stabil.**

Der zweite Platz der Werteskala ist durch „Spaß und Freude" (2004: 83,6 Proz.) besetzt. Im Vergleich zum Bundesdurchschnitt (Platz 4) mit 71,5 Prozent liegt der Anteil der Spaß- und Freudeorientierten um +12,1 Prozentpunkte höher. Diese Orientierung sollte nicht, wie häufig geschehen, als hedonistische Untugend bewertet werden: Bereits die Tatsache, dass die Werte „finanzielle Unabhängigkeit" (2004: 83,4 Proz.) und „sichere Zukunft" (81,5 Proz.) nahezu genau so häufig als wichtig bezeichnet werden wie „Spaß und Freude" zeigt, dass die **jungen Erwachsenen durchaus den Ernst des Lebens begriffen haben. Auf „Spaß und Freude" möchten sie jedoch gleichzeitig nicht verzichten – bei genauem Hinsehen ein nachvollziehbares Anliegen. Seit 2002 wird „Spaß und Freude" sogar wieder häufiger als besonders wichtig bezeichnet. Tendenz – weiter steigend.**

Ein weiteres zentrales Merkmal der jungen Erwachsenen ist das Bedürfnis nach Anerkennung. Mit 71,1 Prozent ist ihnen vor allem die „Anerkennung im privaten Umfeld" wichtig. Dies sind +7,2 Prozentpunkte mehr als im Bevölkerungsdurchschnitt (63,9 Proz.). Noch spezifischer ist für diese Altersgruppe das Bedürfnis nach „Anerkennung im beruflichen Umfeld": Während dies durchschnittlich für 53,4 Prozent der Bevölkerung wichtig ist, sind es bei den jungen Erwachsenen 69,6 Prozent (+16,2 Prozentpkt. !).

Junge Menschen brauchen für den Aufbau ihrer persönlichen Identität neben Sicherheit und Spaß vor allem eines: Viel positive Anerkennung und Bestätigung – sowohl im Privatleben als auch im Beruf. Dies war schon immer so und wird sich auch in Zukunft nicht ändern.

Lag die Bedeutung des „großen Freundeskreises" noch bei den Jugendlichen auf Platz 2, so ist diese Orientierung bei den jungen Erwachsenen mit 67,8 Prozent erst auf Platz 8 zu finden. Der Verlauf dieses Wertes ist über den Untersuchungszeitraum recht wechselhaft. Im Vergleich zu 1999 wird dieser Wert aktuell um -4,3 Prozentpunkte seltener als wichtig bezeichnet. Dieser Bedeutungsverlust des „großen Freundeskreises" ging jedoch nicht mit einem zunehmenden Individualitätsstreben einher. Ganz im Gegenteil: In den vergangenen Jahren ging parallel zu dieser Entwicklung auch die Bedeutung

Graphik 63:

Wertewandel bei 20- bis 29-Jährigen

Wichtige Dinge im Leben; Antworten: „ganz besonders" oder „sehr wichtig" / in %

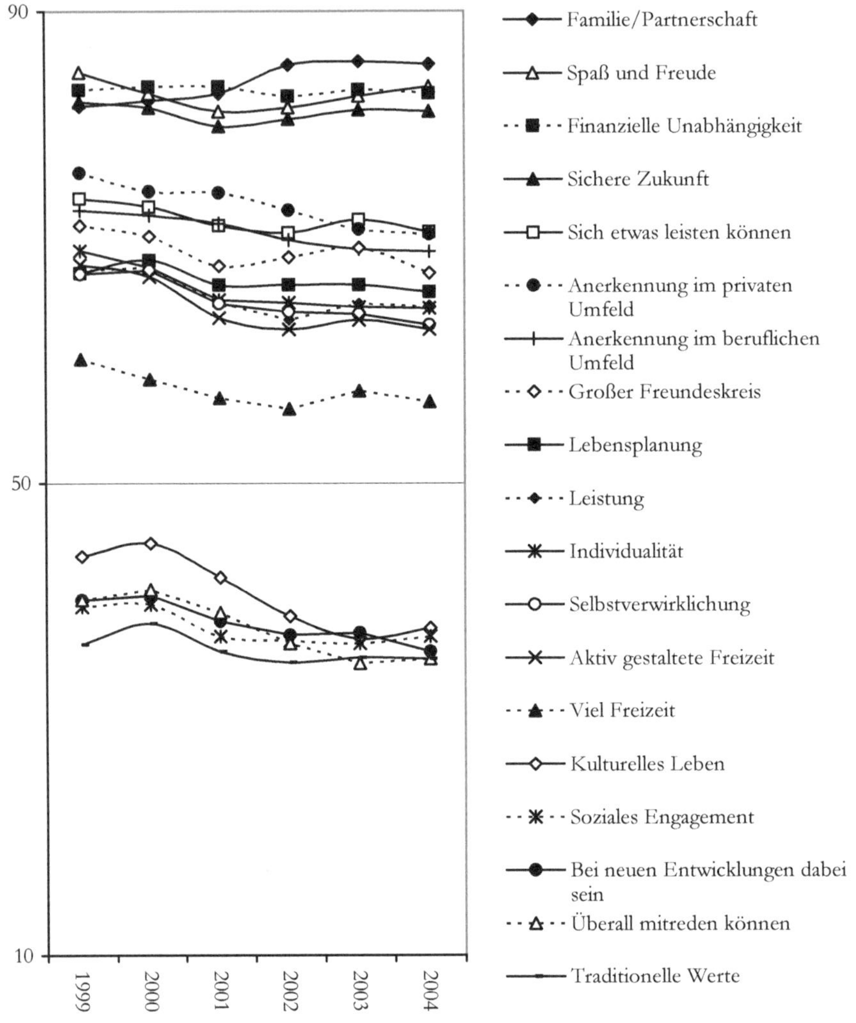

Quelle: VerbraucherAnalyse 1999 bis 2004
n > 3.700

des Wertes „Individualität“ (-4,9 Prozentpkt.) und „Selbstverwirklichung“ (-4,3 Prozentpkt.) zurück.

Wo die Bedeutung von Individualität und Freundschaft gleichzeitig rückläufig ist, muss eine andere Orientierung in den Vordergrund getreten sein: Bei den jungen Erwachsenen ist dies „Familie und Partnerschaft“. Bei ihnen hat offensichtlich eine Art der Konzentration des Beziehungsgeflechtes auf den individuellen Nahbereich stattgefunden. Anstelle der quantitativen Dimension des „großen“ Freundeskreises tritt die qualitative Dimension von Nähe und Verbindlichkeit.

Befragt nach der Wichtigkeit „traditioneller Werte“ zeichnen sich auch die jungen Erwachsenen tendenziell durch Desinteresse aus. Mit 35,1 Prozent erachtet nur etwas mehr als jeder Dritte diesen Wert für wichtig. Scheinbar geht es jedoch auch bei den jungen Erwachsenen mehr um die Begrifflichkeit als um den Inhalt (zum Problem der Formulierung vgl. Abschn. 13.5): Während die abstrakt abgefragte Wertgruppe der „traditionellen Werte“ seit 2001 auf niedrigem Niveau stagniert, erfahren die konkret abgefragten traditionellen Werte „Lebensplanung“ (66,2 Proz.) und „Leistung“ (64,9 Proz.) von den jungen Erwachsenen durchaus eine hohe Zustimmung. Diese beiden Werte werden innerhalb dieser Altersgruppe sogar signifikant häufiger vertreten als im Bevölkerungsdurchschnitt (+6,3 und +8,1 Prozentpkt.). **Traditionelle Werte haben hierdurch, besonders bei den jungen Erwachsenen, eine zentrale Bedeutung** – deren Wichtigkeit muss nur konkret ermittelt werden.

War die Freizeit historisch noch ein Privileg der jüngeren Generationen, so zeigt sich auch hier ein Wandel der Werte: Sowohl die Bedeutung des Wertes „viel Freizeit“ (2004: 56,9 Proz.) als auch die Wichtigkeit einer „aktiv gestalteten Freizeit“ (63,0 Proz.) war in den vergangenen Jahren rückläufig. Seit 1999 betrug der Rückgang bei den 20- bis 29-Jährigen -3,6 und -5,5 Prozentpunkte. Diese Werte werden in dieser Altersgruppe zwar immer noch mehrheitlich vertreten, doch ist der Rückgang überdurchschnittlich hoch.

Die Ergebnisse der Korrelationsanalyse (vgl. Abschn. 13.17 und 13.18) zeigten bereits, dass ein hoher Zusammenhang zwischen den Werten „kulturelles Leben“ und „soziales Engagement“ besteht. Der Entwicklungsverlauf der beiden Werte bei den jungen Erwachsenen seit 1999 unterstreicht dieses Ergebnis: Während beide bis zum Jahr 2000 eine gewisse Aktuierung erfuhren, nahm die Zustimmung zu diesen Werten bis 2003 kontinuierlich ab. Seit 2004 ist jedoch wieder ein leichter Aufwärtstrend zu erkennen, der sich auch in den kommenden Jahren fortsetzen dürfte. In der Gesamtbetrachtung haben beide Werte jedoch deutliche Bedeutungseinbußen erlitten: Bei dem „sozialen Engagement“ waren es seit 1999 -2,5 und bei dem „kulturellen Leben“

sogar -6,1 Prozentpunkte. Beide verzeichnen zwar seit 2004 einen leichten Aufwärtstrend, doch haben sie heute eine deutlich geringere Reichweite als in den Ausgangsjahren 1999 und 2000.

Im Vergleich zu den jugendlichen Innovatoren messen die jungen Erwachsenen den Innovationswerten „bei neuen Entwicklungen dabei sein" und „überall mitreden können" bereits eine geringere Bedeutung bei (-2,6 und -6,8 Prozentpkt.). **Das Innovationsinteresse der jungen Menschen sinkt bereits nach wenigen Jahren. Andere Orientierungen, wie beispielsweise „Familie und Partnerschaft" und „Anerkennung im beruflichen Umfeld", treten stärker in den Vordergrund. Damit keine Missverständnisse auftreten: Im Vergleich zum Bevölkerungsdurchschnitt ist die Innovationsneigung der jungen Erwachsenen wesentlich stärker ausgeprägt (+7,8 Prozentpkt.). Doch ist sie bereits signifikant niedriger als bei den 14- bis 19-Jährigen (-2,5 Prozentpkt.).**

14.3.3 Bei den 30- bis 39-Jährigen sinkt das Sicherheitsstreben

Die 30- bis 39-Jährigen sind die erste Altersgruppe, bei denen die drei Werte „Familie und Partnerschaft"(2004: 88,6 Proz.), „sichere Zukunft" (82,4) und „finanzielle Unabhängigkeit" (80,7) die ersten drei Plätze des Werterankings belegen. Bei allen nachfolgenden Altersgruppen werden sich diese Positionen innerhalb des Rankings exakt wiederholen. Der Wert „Familie und Partnerschaft" genießt in dieser Altersgruppe jedoch den höchsten Grad der Zustimmung: Erachten in der Bevölkerung durchschnittlich 85,9 Prozent „Familie und Partnerschaft" für besonders wichtig, so sind es bei den 30- bis 39-Jährigen 88,6 Prozent (+2,7 Prozentpkt.). Dies ist auch das Alter, in dem die Mehrzahl der Menschen heute heiratet und eine Familie gründet. Und wer noch nicht verheiratet ist, lebt in der Regel zumindest in einer festen Partnerschaft. Aus dieser Perspektive ist es nahe liegend, dass „Familie und Partnerschaft" in dieser Altersgruppe besonders wichtig sind. Im Untersuchungszeitraum wurde dieser Wert um +4,1 Prozentpunkte häufiger genannt – Tendenz weiter leicht steigend. "Familie und Partnerschaft" ist und bleibt hierdurch der wichtigste Wert der 30- bis 39-Jährigen.

Die beiden Sicherheit gebenden Orientierungen „sichere Zukunft" (+1,6 Prozentpkt.) und „finanzielle Unabhängigkeit" (+0,7 Prozentpkt.) haben innerhalb des Untersuchungszeitraumes insgesamt einen Bedeutungsgewinn erfahren. Hinsichtlich des Kurvenverlaufes bestehen jedoch deutliche Unterschiede. Wurde die „sichere Zukunft“ bei den 30- bis 39-Jährigen bis 2003 noch immer häufiger als besonders wichtig genannt, so ist hier seit 2004 erstmalig ein Bedeutungseinbruch zu erkennen – mit -0,8 Prozentpunkten, binnen Jahresfrist, ist dieser Einbruch sogar vergleichsweise hoch. Die „finanzielle Unabhängigkeit“ hatte ihren Bedeutungshöhepunkt bereits im Jahr 2001. Seither ist die Zustimmung um -2,5 Prozentpunkte deutlich gesunken. **Es ist in dieser Altergruppe offensichtlich: Mit Ausnahme der hohen Familien- und Partnerschaftsorientierung werden Sicherheit gebende Wertorientierungen hier seit einigen Jahren zunehmend unwichtig – Tendenz stabil.**

Der Wunsch, „Spaß und Freude“ zu haben, zeigt bei den 30- bis 39-Jährigen einen ähnlichen Entwicklungsverlauf: Wurde er noch bis 2002 immer häufiger als besonders wichtig bezeichnet, nimmt die Zustimmung seither wieder ab. Aktuell liegt das Ergebnis mit 77,5 Prozent zwar immer noch über dem des Ausgangsjahres (1999: 75,4 Proz.), doch sinkt die Zustimmungstendenz weiter. Seit 2003 um -0,6 Prozentpunkte. Einen entsprechenden Trend zeigen auch die weiteren Freizeitwerte: Bis 2001 war es noch 50,8 Prozent wichtig, „viel Freizeit“ zu haben, und 57,6 Prozent betonten die Wichtigkeit einer „aktiv gestalteten Freizeit“. Bei diesen Orientierungen ist der Bedeutungseinbruch mit -2,6 und -4,3 Prozentpunkten sogar noch deutlich höher. **Freizeitwerte und der Sinn nach „Spaß und Freude“ scheinen bei den 30- bis 39-Jährigen in den vergangenen Jahren immer weniger ausgeprägt. Im Gegenzuge wurde und wird es den Menschen wichtiger, „hin und wieder die Zeit mit Nichtstun“ zu verbringen (+1,9 Prozentpkt.). Von den Ansprüchen und der Reizüberflutung des Alltages überlastet, suchen die 30- bis 39-Jährigen offensichtlich zunehmend die Ruhe und den entspannenden Ausgleich des Nichtstuns**.

Die Wertlegung auf „Anerkennung im privaten“ und „beruflichen Umfeld“ ist bei den 30- bis 39-Jährigen überdurchschnittlich stark ausgeprägt: Legen im Bevölkerungsdurchschnitt 63,9 Prozent Wert auf „Anerkennung im privaten Umfeld“, so sind es in dieser Altersgruppe 67,4 Prozent (+3,5 Prozentpkt.). Bei der „Anerkennung im beruflichen Umfeld“ ist der Unterscheid mit 53,4 zu 63,9 Prozent noch deutlicher (+10,4 Prozentpkt.). Der Wunsch nach Anerkennung ist in dieser Altersgruppe zwar bereits geringer als bei den Jugendlichen und bei den jungen Erwachsenen, doch immer noch deutlich stärker ausgeprägt als in der Gesamtbevölkerung. **Hinsichtlich der Entwicklungsverläufe zeigt sich jedoch bei beiden Orientierungen ein deutlicher Reichweitenverlust seit 2002: Die Wichtigkeit der beruflichen Anerkennung ist um -4,7 Prozentpunkte gesunken, die der priva-**

ten Anerkennung um -4,0 Prozentpkt. Die Gruppe der 30- bis 39-Jährigen ist offensichtlich immer seltener auf Anerkennung durch Dritte angewiesen. Zu dieser Feststellung gehört auch die Tatsache, dass die tendenziell außenorientierten Faktoren „Leistung" (-2,0 Prozentpkt.) und „überall mitreden können" (-5,7 Prozentpkt.) ebenfalls seit 2002 sichtlich Bedeutungseinbußen erfuhren. Auch in dieser Entwicklung deutet sich ein neuer Trend in Richtung einer wachsenden Innen- und Ruheorientierung dieser Altersgruppe ab. Die Außenorientierung sinkt entsprechend – Tendenz stabil.

„Traditionelle Werte" scheinen, mit aktuell 38,9 Prozent, bei den 30- bis 39-Jährigen nur noch bei einer Minderheit beliebt. Seit 2000 wird diese Orientierung sogar um -2,5 Prozentpunkte seltener als wichtig erachtet – Tendenz weiter leicht sinkend. Auf den zweiten Blick zeigt sich jedoch auch in dieser Altersgruppe, dass wiederum primär ein Formulierungsproblem vorliegt (vgl. Abschn. 13.15): **Tatsächlich werden nämlich traditionelle Werte wie „Leistung" (2004: 61,3 Proz.) und „Lebensplanung" (66,5 Proz.) immer noch mehrheitlich für besonders wichtig erachtet – sie müssen nur als konkreter Einzelwert ausgewiesen werden und dürfen nicht das Attribut „traditionell" mit sich führen. „Moderne" Menschen mögen es offensichtlich nicht, sich mit dem Begriff Tradition zu schmücken**. Im Verlauf des Untersuchungszeitraumes haben jedoch auch „Leistung" (-1,9 Prozentpkt.) und „Lebensplanung" (-1,4 Prozentpkt.) einen leichten Bedeutungsverlust hinnehmen müssen – Tendenz fragil. Traditionelle Werte spielen, wenn sie konkret ermittelt werden (!), mithin immer noch mehrheitlich eine wichtige Rolle im Leben der 30- bis 39-Jährigen. Deren Bedeutung ist jedoch weiter rückläufig.

Die Werte der Selbstentfaltung zeigen in dieser Altersgruppe erstmals gegenläufige Entwicklungen: Während die „Individualität" seit 1999 um +1,2 Prozentpunkte häufiger als wichtig bezeichnet wird (2004: 61,4 Proz.), ist der Wunsch nach „Selbstverwirklichung" im gleichen Zeitraum um -1,7 Prozentpunkte gesunken (2004: 56,6 Proz.). **An dieser Stelle zeigt sich eine neue Entwicklungsschere: Auf der einen Seite wächst seit mehreren Jahren die Bedeutung der „Individualität" im Sinne einer Ausbildung der Einzelpersönlichkeit. Auf der anderen Seite sinkt gleichzeitig die Bedeutung der Selbstverwirklichung im Sinne einer freien Entfaltung der Persönlichkeit (vgl. auch Abschn. 16.3). Im Resultat dieser Entwicklung zeigt sich auch in diesem Zusammenhang ein tendenzieller Rückgang der Außenorientierung hin zu einer wachsenden Binnenorientierung. Dieser Trend wird sich in den kommenden Jahren fortsetzen.**

Graphik 64:

Wertewandel bei 30- bis 39-Jährigen

Wichtige Dinge im Leben; Antworten: „ganz besonders“ oder „sehr wichtig“ / in %

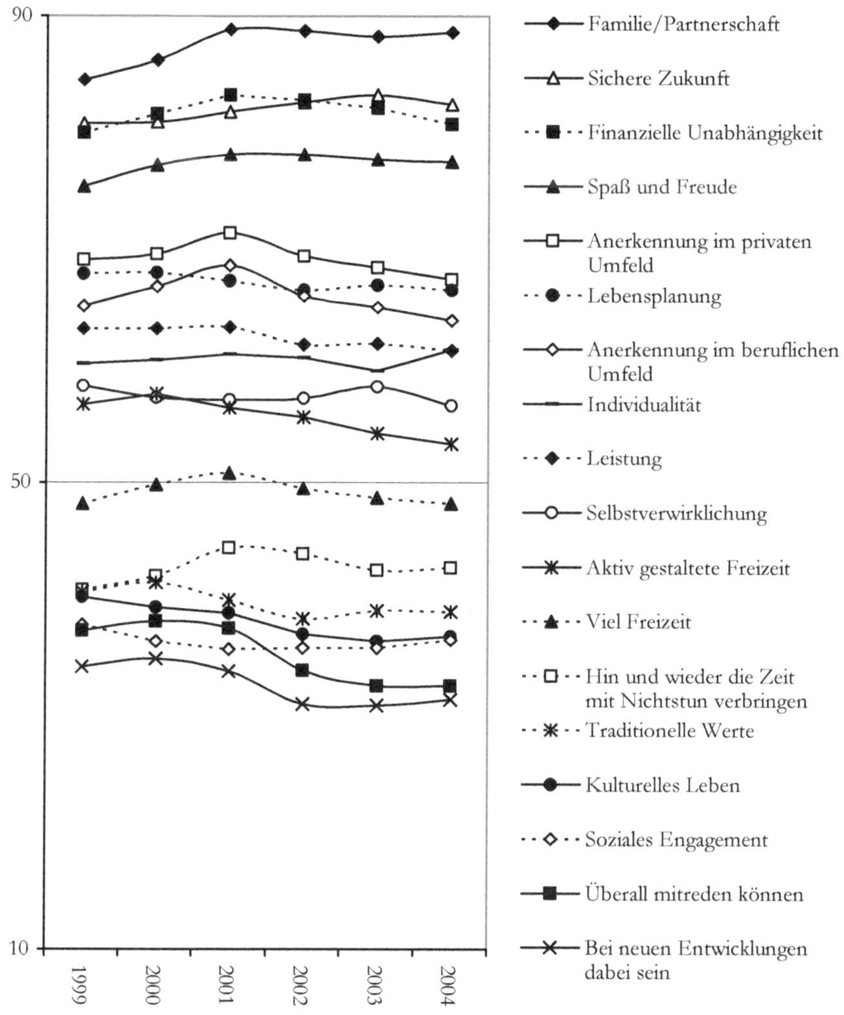

Quelle: VerbraucherAnalyse 1999 bis 2004

n > 5.600

„Kulturelles Leben“ und „soziales Engagement“ standen wahrscheinlich noch nie im Fokus der 30- bis 39-Jährigen. Aktuell betonen nur 36,8 beziehungsweise 36,5 Prozent dieser Altersgruppe die beiden Wertorientierungen. Seit 1999 ist mit insgesamt -3,4 Prozentpunkten insbesondere die Bedeutung des „kulturellen Lebens“ gesunken. Die Bedeutung des „sozialen Engagements“ sank parallel um -1,3 Prozentpunkte. Seit 2003 deutet sich jedoch eine kleine Revitalisierung dieser Werte an. Das „kulturelle Leben“ wird um +0,4 Prozentpunkte häufiger als wichtig bezeichnet und das „soziale Engagement“ um +0,7 Prozentpunkte. Ob sich dieser Umschwung bei den 30- bis 39-Jährigen in den kommenden Jahren fortsetzen wird, kann anhand des Datenmaterials noch nicht seriös ermittelt werden.

Die beiden Innovationswerte „bei neuen Entwicklungen dabei sein“ (2004: 31,4 Proz.) und „überall mitreden können“ (32,6 Proz.) bilden die Schlusslichter der Werteskala. Auch bei diesen Werten zeigt sich über die vergangenen Jahre hinweg ein Bedeutungsverlust von insgesamt -2,8 und -4,7 Prozentpunkten. Der Bedeutungsverlust des „überall mitreden können“ war sogar der stärkste innerhalb dieser Altersgruppe. Der Zenit dieser beiden Orientierungen war spätestens 2000 überschritten. Durch diese Ergebnislage ist auch die vergleichsweise junge Generation der 30- bis 39-Jährigen als Motor der Innovationen ausgefallen. Sollten sich jedoch die seit 2004 abzeichnenden positiven Entwicklungstendenzen fortsetzen, so kann für diese Altersgruppe mit einem leichten Bedeutungszuwachs der innovationsorientierten Werte ausgegangen werden.

In der Gesamtbetrachtung der Wertverläufe zeigen sich die Jahre 2000 und 2001 als die jeweiligen Jahre mit den überwiegend stärksten Wertausprägungen (Zenit). Spätestens seit diesen Jahren werden nahezu alle Orientierungen – soziale, materielle, innovative, traditionelle Werte und Freizeitwerte gleichermaßen – seltener als wichtig bezeichnet. Im Jahr 2004 deutet sich jedoch eine leichte Trendumkehr an: So wird der „große Freundeskreis“, binnen Jahresfrist, um +0,8 Prozentpunkte häufiger als besonders wichtig erachtet. Auch das „soziale Engagement“ erfreut sich eines Bedeutungszuwachses von +0,7 Prozentpunkten. Hierdurch gewinnen vor allem die Werte des Miteinanders wieder spürbar an Bedeutung – egal, ob im Nahbereich (Freunde) oder auf übergeordneter gesellschaftlicher Ebene (soziales Engagement). Parallel hierzu zeichnet sich auch ein tendenzieller Bedeutungsanstieg des „kulturellen Lebens“ ab (+0,4 Prozentpkt.).

Im Vordergrund dieser Entwicklungen steht jedoch die „Individualität“: In Verbindung mit dem außergewöhnlich hohen Anstieg von +1,8 Prozentpunkten innerhalb nur eines Jahres zeigt sich „Individualität“

als *der* Trendwert der 30- bis 39-Jährigen in den kommenden Jahren. Soziale, kulturelle und kommunikative Orientierungen dienen dann *auch* der Ausprägung der Individualität – vor allem im Sinne der *Identität.* Das Neue an dieser Entwicklung ist die Tatsache, dass Individualität nicht mit einer intentionalen Abgrenzung gegenüber anderen gleichzusetzen ist. So werden „Familie und Partnerschaft" auch weiterhin auf Platz 1 des Rankings stehen. Freunde sowie das „soziale Engagement" werden gleichzeitig an Bedeutung gewinnen. Von einem Individualismus im Sinne eines egoistischen Einzelgängertums ist nichts zu sehen. Ganz im Gegenteil: Zur modernen Individualität gehören bei den 30- bis 39-Jährigen soziale Komponenten künftig – wie selbstverständlich – dazu.

14.3.4 Die 40- bis 49-Jährigen verlieren die Lust an der Freizeit

Das Werteranking der 40- bis 49-Jährigen entspricht weitgehend dem des Bevölkerungsdurchschnittes. Lediglich die „Anerkennung im beruflichen Umfeld" (2004: 61,2 Proz.) liegt hier mit Platz 8 deutlich vor dem durchschnittlichen Platz 11. Des Weiteren sind nur geringfügige Verschiebungen hinsichtlich der Reihenfolgen zu erkennen. Die ersten drei Plätze sind wieder einmal durch die Altersgruppen übergreifenden Topwerte „Familie und Partnerschaft" (2004: 88,2 Proz.), „sichere Zukunft" (82,3 Proz.) und „finanzielle Unabhängigkeit" (80,9 Proz.) belegt. Auffällig ist die Tatsache, dass diese Topwerte von den 40- bis 49-Jährigen um bis zu +3,5 Prozentpunkte häufiger als wichtig bezeichnet werden als im Bevölkerungsdurchschnitt. **Die Orientierung an Sicherheit gebenden Werten ist mithin in dieser Altersgruppe überdurchschnittlich stark ausgeprägt. Die Hoch-Zeiten dieser Wertorientierungen sind jedoch spätestens seit 2003 überschritten. Die Sicherheit gebenden Werte werden seither immer seltener als besonders wichtig bezeichnet**. Im Vergleich zu den bisher analysierten Altersgruppen sinkt hier auch erstmals konstant die Wichtigkeit des Wertes „Familie und Partnerschaft" – seit 2002 um immerhin -1,2 Prozentpunkte.

Die 40- bis 49-Jährigen betonen im Gegenzuge überdurchschnittlich häufig die Wichtigkeit von Anerkennung: Sowohl im „privaten"(2004: 64,7 Proz.) als auch im „beruflichen Umfeld" (61,2 Proz.) ist die Anerkennung aus ihrem Wertehorizont nicht wegzudenken. Gegenüber

dem Bundesdurchschnitt liegt die Zustimmung +0,8 und +7,8 Prozentpunkte höher. Vor allem die Anerkennung für erbrachte Arbeitsleistungen ist diesen Menschen offensichtlich wichtig. Dies sollte jedoch keine Verwunderung hervorrufen: Es ist die Altersgruppe, in der das Gros der Menschen bereits hart für die beruflich erreichte Position gearbeitet hat und sich nun auch mit den Früchten der Ernte vergnügen möchte. Hierzu gehört es auch, sich mit dem Erreichten „etwas leisten zu können" (2004: 62,7 Proz.).

Die traditionellen Werte „Lebensplanung" und „Leistung" werden von den 40- bis 49-Jährigen ebenfalls mehrheitlich als besonders wichtig erachtet. Beide haben jedoch in den vergangenen Jahren an Bedeutung verloren: Wurde „Leistung" noch 1999 von 63,3 Prozent für wichtig erachtet, so sind dies heute nur noch 60,4 Prozent (-2,9 Prozentpkt.). „Lebensplanung" hatte 2001 den Zenit mit 66,5 Prozent erreicht und ist seitdem um -4,3 Prozentpunkte auf 62,2 Prozent gesunken. Durch diesen signifikanten Bedeutungsverlust der traditionellen Orientierungen heben sich die 40- bis 49-Jährigen auch von den jüngeren Altersgruppen ab, die diese Werte häufiger vertreten: „Leistung" und „Lebensplanung" haben in diesen Bevölkerungsteilen einen vergleichsweise geringen Bedeutungsverlust erfahren.

Dieser überdurchschnittlich hohe Bedeutungsverlust zeigt sich auch in der sinkenden Wichtigkeit des Items „traditionelle Werte". Mit -3,9 Prozentpunkten ist bei den 40- bis 49-Jährigen der höchste Bedeutungsverlust innerhalb des Untersuchungszeitraumes festzustellen. Allein von 2003 auf 2004 sank die Zustimmung um -2,0 Prozentpunkte auf nur noch 39,0 Prozent. **Es ist offensichtlich: Traditionelle Werte – sowohl direkt als auch indirekt abgefragt – haben in dieser Altersgruppe künftig einen schweren Stand.**

Die Selbstentfaltungswerte „Individualität" und „Selbstverwirklichung" haben im Untersuchungszeitraum ebenfalls deutliche Bedeutungseinbußen erfahren. Während 1999, dem Jahr mit den jeweils höchsten Ergebnissen, noch 59,9 beziehungsweise 56,8 Prozent diese Werte für wichtig erachteten, sind es aktuell nur noch 55,4 und 52,6 Prozent. Die Bedeutung der „Individualität" ist hierdurch um -4,5 Prozentpunkte gesunken, die der „Selbstverwirklichung" um -4,2 Prozentpunkte – Tendenz weiter sinkend. Zwei zentrale Werte der so genannten 68er-Bewegung werden hierdurch vor allen bei denen, die seinerzeit noch in den Kinderschuhen steckten, immer seltener als wichtig erachtet. Die Renaissance dieser Werte lässt noch auf sich warten.

Bei den bisher analysierten Werthaltungen handelte es sich um Sicherheits-, Anerkennungs- und Selbstentfaltungswerte. Dieses sind, zusammen mit dem Wert „Spaß und Freude" (2004: 72,4 Proz.), die wichtigsten Orientierungen

Graphik 65:

Wertewandel bei 40- bis 49-Jährigen

Wichtige Dinge im Leben; Antworten: „ganz besonders“ oder „sehr wichtig“ / in %

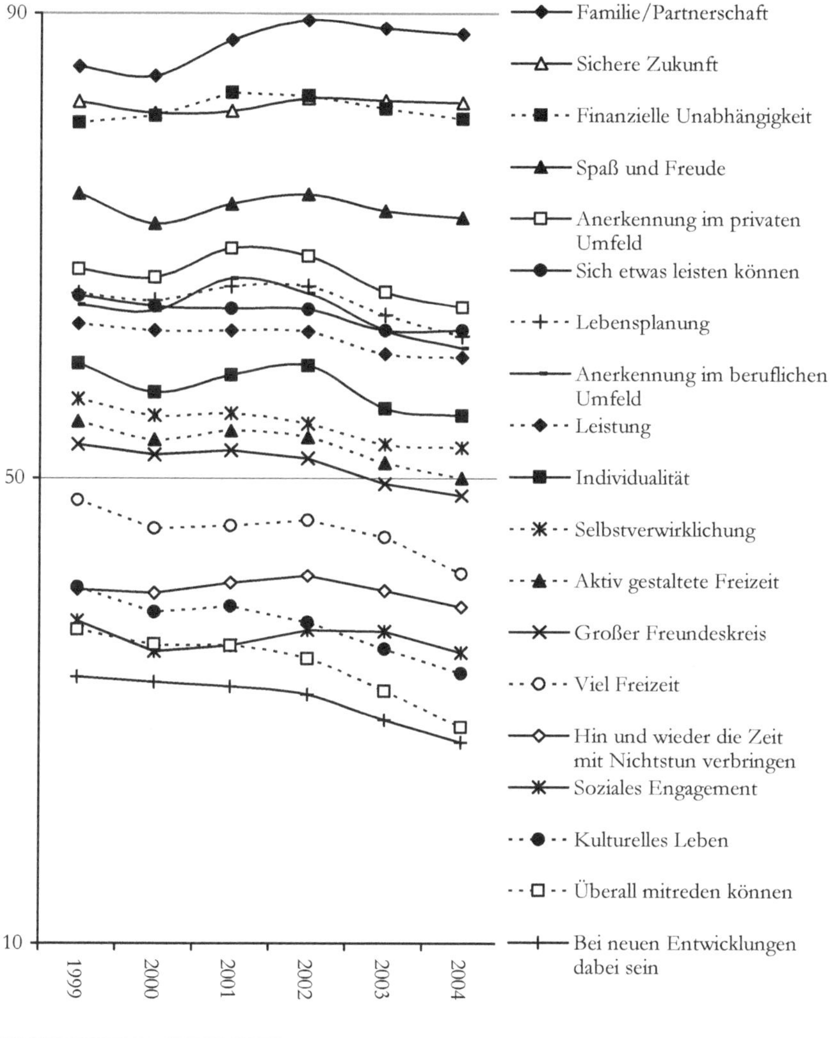

Quelle: VerbraucherAnalyse 1999 bis 2004

n > 4.900

der 40- bis 49-Jährigen. Sie werden in dieser Altersgruppe auch durchweg stärker betont als im Bevölkerungsdurchschnitt. Bei den nachfolgenden Werthaltungen dreht sich das Verhältnis ins Gegenteil: Diese werden nicht einmal von jedem Zweiten für wichtig erachtet und zeigen im Vergleich zum Bevölkerungsdurchschnitt niedrigere Ergebniszahlen. Hier tritt eine Art Kreuzentwicklung zu Tage: Die 11 Hauptwerte der 40- bis 49-Jährigen werden überdurchschnittlich häufig als besonders wichtig bezeichnet, alle nachfolgenden Werte werden im Gegenzuge unterdurchschnittlich häufig als wichtig bezeichnet.

Zu den unterdurchschnittlich häufig für wichtig erachteten Werten gehören bei den 40- bis 49-Jährigen sowohl Freizeit-, als auch Innovations- und Engagementwerte. Hinsichtlich der Freizeitorientierung erachten die Menschen dieser Altersgruppe mit 49,9 Prozent eine „aktiv gestaltete Freizeit" nur geringfügig seltener als wichtig als im Bevölkerungsdurchschnitt (50,9 Proz.). Deutlich wird der Abstand jedoch beim Wunsch nach „viel Freizeit": Während nur 41,8 Prozent der 40- bis 49-Jährigen diesen Wert für wichtig erachten, sind es im Bevölkerungsdurchschnitt 45,2 Prozent (-3,4 Prozentpkt.). Auch der Wunsch „hin und wieder die Zeit mit Nichtstun zu verbringen" wird mit 38,9 Prozent seltener für wichtig erachtet (Bevölkerungsdurchschnitt: 40,6 Proz.).

Die Freizeitwerte werden jedoch nicht nur im Vergleich zum Bevölkerungsdurchschnitt seltener vertreten. Zudem ist seit 1999 die Zustimmung zu den Freizeitwerten innerhalb dieser Altersgruppe sogar deutlich gesunken: Während das gelegentliche „Nichtstun" seither um -1,5 Prozentpunkte seltener als wichtig bezeichnet wurde, waren es bei der „aktiv gestalteten Freizeit" -4,9 Prozentpunkte und bei der Orientierung „viel Freizeit" sogar -6,3 Prozentpunkte.

Es ist offensichtlich: Freizeitwerte haben insbesondere bei den 40- bis 49-Jährigen eine eher untergeordnete Bedeutung – Tendenz weiter stark sinkend. **Parallel zur sinkenden Bedeutung der Freizeitwerte wurde auch der „große Freundeskreis" seit 1999 immer seltener als wichtig bezeichnet: Waren es seinerzeit noch 52,9 Prozent, so sind es aktuell nur noch 48,5 Prozent (-4,4 Prozentpkt.). Mit der rezessiven Freizeitorientierung ging offenbar auch ein Bedeutungsverlust der quantitativen Freundschaftsdimension einher.**

Zeigte noch die Korrelationsanalyse einen hohen Zusammenhang zwischen den Werten „soziales Engagement" und „kulturelles Leben" (vgl. Abschn. 13.7 und 13.18), so erweisen sich die 40- bis 49-Jährigen auch in diesem Zusammenhang als Sonderfall: Im Verlauf des Untersuchungszeitraumes zeigen diese beiden Wertorientierungen eine nahezu gegenläufige Entwicklung. Wurde noch 1999 das „kulturelle Leben“ von 40,6 Prozent (Rang 16) dieser Altersgruppe als besonders wichtig bezeichnet, so sind es aktuell nur noch 33,2 Prozent (Rang 17). Mit -7,4 Prozentpunkten ist dies ein deutlich überdurchschnittlicher Bedeutungsverlust. Zwar ist auch die Bedeutung des „sozialen Engagements“ von 37,7 auf 35,0 Prozent gesunken, doch war der Verlust mit -2,7 Prozentpunkten deutlich geringer. Per Saldo hat das „soziale Engagement“ das „kulturellen Leben“ jedoch auf den 17. Rang verdrängt und wird heute häufiger als besonders wichtig bezeichnet. In den vergangenen Jahren hat jedoch der Bedeutungsverlust beider Werte angehalten. Mit -1,8 und -2,1 Prozentpunkten seit 2003 ist dieser sogar als besonders stark zu bezeichnen.

Die Innovationswerte „bei neuen Entwicklungen dabei sein“ (2004: 27,3 Proz.) und „überall mitreden können“ (28,6 Proz.) bilden das Schlusslicht des Werterankings – auch bei den 40- bis 49-Jährigen. Dies entspricht zwar dem Stellenwert, den auch der Bevölkerungsdurchschnitt diesen Werten beimisst, doch sind die Ergebnisse in 2004 um jeweils -0,7 Prozentpunkte niedriger. Im Laufe des Untersuchungszeitraumes sind dies auch die Werte, die einen besonders hohen Bedeutungsverlust zu verzeichnen hatten: Die Wichtigkeit „überall mitreden zu können“ ist um -8,4 Prozentpunkte (!) gesunken und „bei neuen Entwicklungen dabei zu sein“ um -5,6 Prozentpunkte.

Bedingt durch diese Entwicklung drohen die 40- bis 49-Jährigen den Anschluss an den Zug namens Fortschritt zu verpassen. Sollte hier nicht in absehbarer Zeit eine Trendumkehr einsetzen, so wird diese letzte, zahlenmäßig große Generation (vor dem sog. „Pillenknick“) künftig eine ernsthafte Gefahr für den gesamtgesellschaftlichen Fortschritt bedeuten: Erst wenn auch die 40- bis 49-Jährigen wieder Interesse am Neuen zeigen, könnten sich die kulturellen und wirtschaftlichen Trends wieder ins Positive verkehren.

Abschließend ist noch auf eine weitere Besonderheit dieser Altersgruppe hinzuweisen: Von 2003 auf 2004 ist bei keinem der erhobenen Wertorientierungen eine Bedeutungssteigerung zu verzeichnen. In lediglich einem Fall („sich etwas leisten können“) ist eine Stagnation zu verzeichnen. In allen anderen Fällen liegt ein Bedeutungsverlust von bis zu -3,1 Prozentpunkten, binnen Jahresfrist, vor. **Hiermit sind die 40- bis 49-Jährigen die einzige Altersgruppe, bei der uneingeschränkt von einem breit angelegten „Werteverlust“ gesprochen werden kann. Sowohl traditionelle als auch familiäre, soziale, selbstentfaltungsorientierte und innovative Werte haben deutlich an Bedeutung verloren.**

14.3.5 Sind „traditionelle Werte" bei 50- bis 59-Jährigen ein sinkender Stern?

Auch bei den 50- bis 59-Jährigen dominieren die Sicherheit gebenden Werte „Familie und Partnerschaft" (2004: 87,7 Proz.), „sichere Zukunft" (81,0 Proz.) und „finanzielle Unabhängigkeit" (80,9 Proz.). Während insbesondere „Familie und Partnerschaft" innerhalb des Untersuchungszeitraumes einen konsequent steigenden Zuspruch erhalten (+4,6 Prozentpkt.), hatten die Werte „sichere Zukunft" und „finanzielle Unabhängigkeit" bereits im Jahr 2002 mit jeweils 82,2 Prozent ihren Zenit erreicht. Seither verlieren sie wieder an Zuspruch (-1,2 und -1,3 Prozentpkt.). Mit Ausnahme der Familienorientierung ist der Höhepunkt des Sicherheitsstrebens bei den 50- bis 59-Jährigen seit einigen Jahren überschritten. In naher Zukunft werden diese Werte auch weiterhin an Bedeutung verlieren – dann wird allerdings auch die Familienorientierung hiervon betroffen sein.

Mit einem recht deutlichen Abstand von über 14 Prozentpunkten folgt an Platz vier der Werteskala der 50- bis 59-Jährigen die Wertorientierung „Spaß und Freude". Auch diese hat jedoch in den vergangenen Jahren einen Bedeutungsverlust erfahren: Wurde „Spaß und Freude" noch 1999 von 68,1 Prozent für wichtig erachtet, so sind es aktuell nur noch 66,1 (-2,0 Prozentpkt.). Dieser Wert wird auch im Vergleich zum Bevölkerungsdurchschnitt (2004: 71,5 Proz.) in dieser Altersgruppe um -5,4 Prozentpunkte seltener als wichtig erachtet. Dieses ist – zumindest in Teilen – durch ein altersspezifisches Antwortverhalten bedingt: Während „Spaß und Freude" sowohl bei den 50- bis 59-Jährigen als auch im Bevölkerungsdurchschnitt auf Rang vier steht, wird dieser Wert in der Gesamtbevölkerung häufiger als wichtig bezeichnet (+5,4 Prozentpkt.). Dieses, nennen wir es einmal „zurückhaltendes Antwortverhalten", ist alterstypisch: Aus der empirischen Gesellschaftsforschung ist bekannt, dass Zustimmungstendenzen mit steigendem Alter sinken (vgl. Abschn. 14.4). Aus diesem Grunde sind auch an dieser Stelle und bei den nachfolgenden Orientierungen geringere Prozentziffern primär altersbedingt. Die Rangfolge des Wertes innerhalb der jeweiligen Altersgruppe rückt bei den nachfolgenden Ausführungen entsprechend stärker in den Fokus.

Das Streben nach Anerkennung ist auch bei den 50- bis 59-Jährigen eine wichtige Wertekomponente. Sowohl im „privaten" (2004: 62,2 Proz.) als auch im „beruflichen Umfeld" (56,0 Proz.) ist das Erlangen von Anerkennung wichtig. Im Vergleich zum Bevölkerungsdurchschnitt zeigt sich hier eine stärkere Fokussierung auf die „Anerkennung im beruflichen Umfeld": Diese wird von den 50- bis 59-Jährigen um +3,6 Prozentpunkte häufiger als wichtig bezeichnet. Im Gegenzuge wird die „Anerkennung im privaten Umfeld" um -1,7 Prozentpunkte seltener als besonders wichtig erachtet. Dieses Teilergebnis hat eine zentrale Hauptursache: Der Arbeitslosenanteil ist in dieser Altersgruppe seit vielen Jahren überdurchschnittlich hoch – entsprechend hoch ist hierdurch auch das Risiko, künftig von Arbeitslosigkeit betroffen zu sein. Je bedrohter das Arbeitsverhältnis scheint, desto subjektiv wichtiger wird die Anerkennung, die man aus eben diesem bezieht.

Dies sind jedoch lediglich die Unterschiede im Altersvergleich. Ungeachtet dieser Feststellungen ist sowohl das Streben nach Anerkennung im „privaten" als auch im „beruflichen Umfeld" im Verlauf der vergangenen Jahre von den 50- bis 59-jähigen immer seltener als besonders wichtig bezeichnet worden: Im privaten Bereich betrug der Bedeutungsverlust seit 2000 -3,4 Prozentpunkte und im beruflichen Bereich seit 2002 -2,1 Prozentpunkte. **Bei den 50- bis 59-Jährigen zeigt sich hierdurch ein neuer Trend: von einer sinkenden Außenorientierung („Anerkennung von Anderen") hin zu einer verstärkten Innenorientierung („selbst wissen, was man ist").**

„Traditionelle Werte" genießen bei den 50- bis 59-Jährigen eine vergleichsweise hohe Bedeutung. Während dieses Item (vgl. Anm. in Abschn. 13.15) im Bundesdurchschnitt von 44,5 Prozent als besonders wichtig bezeichnet wird, sind es in dieser Altersgruppe bereits 48,5 Prozent (+4,0 Prozentpkt.). Auch die konkret abgefragten traditionellen Werte „Lebensplanung" (2004: 61,3 Proz.) und „Leistung" (58,1 Proz.) werden von den 50- bis 59-Jährigen überdurchschnittlich häufig als wichtig bezeichnet (+1,4 und +1,3 Prozentpkt.). Der Vergleich zu anderen Bevölkerungsgruppen ist jedoch nur eine Betrachtungsdimension. Im Jahresvergleich zeigt sich, dass die Orientierung der 50- bis 59-Jährigen an traditionellen Werten rückläufig ist: Bei der „Lebensplanung" betrug der Rückgang -1,4 Prozentpunkte, bei der „Leistung" sind es -0,9 und bei den „traditionellen Werten" immerhin -3,4 Prozentpunkte.

In dieser Entwicklung tritt ein besonderes Phänomen der aktuellen Wertewandlungen zu Tage: Während in der Vergangenheit insbesondere bei den Jugendlichen das Interesse an traditionellen Werten vergleichsweise gering ausgeprägt war, verlieren aktuell speziell die höheren Altersgruppen das Interesse an eben diesen Werten. Die Jugendlichen erachten die traditionellen Werte im Gegenzug immer häufiger als besonderes wichtig. Dies ist eine neue Entwicklungstendenz: Die ursprünglichen Verhältnisse scheinen sich langsam umzukehren und aus ehemaligen Traditionalisten werden Anti-Traditionalisten und umgekehrt.

Graphik 66:

Wertewandel bei 50- bis 59-Jährigen

Wichtige Dinge im Leben; Antworten: „ganz besonders" oder „sehr wichtig" / in %

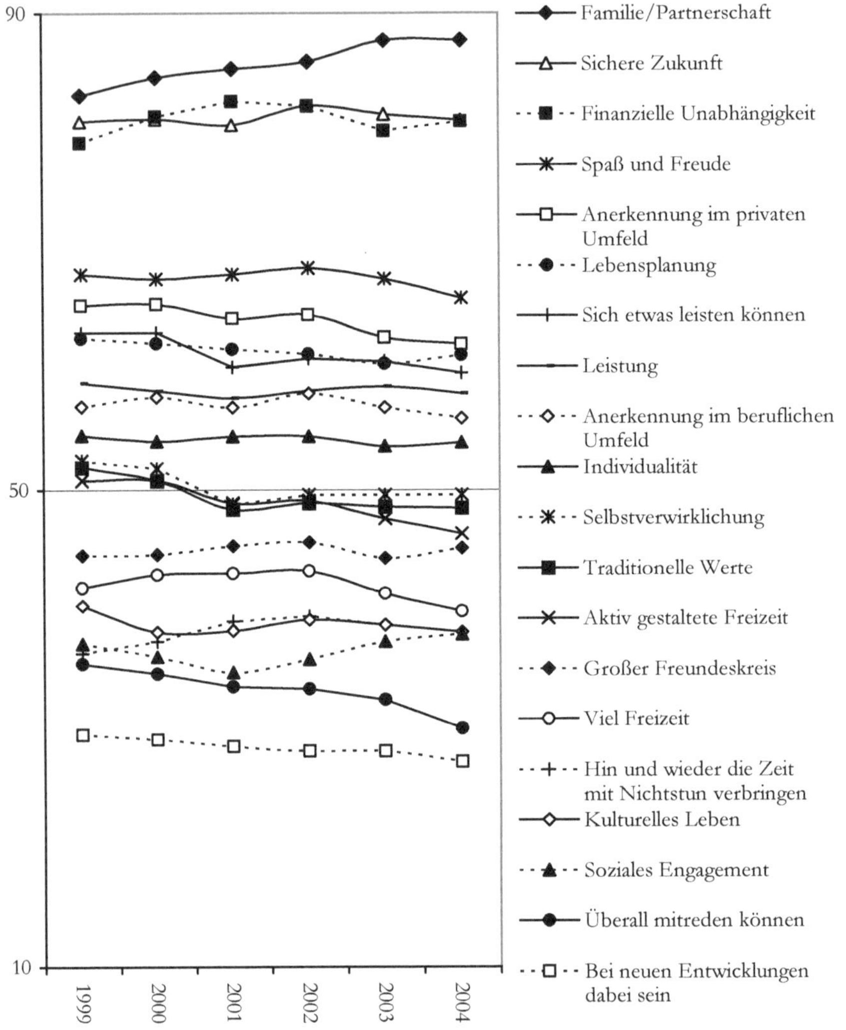

Quelle: VerbraucherAnalyse 1999 bis 2004

n > 4.600

Dieser Bedeutungsabschwung von traditionellen Werten ging bei den 50- bis 59-Jährigen jedoch nicht mit einer steigenden Bedeutung des nahezu klassischen Gegenpols „Selbstentfaltungswerte" einher. Im Untersuchungszeitraum wurden auch die Werte „Individualität" (2004: 54,0 Proz.) und „Selbstverwirklichung" (49,6 Proz.) immer seltener als wichtig erachtet (-0,6 und -2,9 Prozentpkt.). Und auch die gegenwartsorientierten Werte „überall mitreden können" (2004: 30,0 Proz.) und „bei neuen Entwicklungen dabei sein" (27,2 Proz.) wurden deutlich seltener als wichtig bezeichnet (-5,4 und -2,3 Prozentpkt.).

Per Saldo ist bei den 50- bis 59-Jährigen ein breit angelegter Bedeutungsverlust sowohl traditioneller als auch selbstverwirklichungs- und innovationsorientierter Wertorientierungen festzustellen. **Gewinner des hier ermittelten Wertewandels dürfte die - im Rahmen der VA empirisch nicht nachweisbare – „goldene Mitte" sein. Das Motto dieser Altersgruppe lautet: Ein bisschen Tradition: ja; Selbstentfaltung und Innovation: darf gern sein – aber bitte nicht zu viel des Guten.**

Zu dieser Tendenz, in Richtung einer ruhigeren Gangart, passt auch die Tatsache, dass die 50- bis 59-Jährigen zunehmend „hin und wieder die Zeit mit Nichtstun verbringen" wollen (2004: 38,1 Proz.). Um den wachsenden Ansprüchen des Alltages entfliehen zu können, möchten die Menschen gern häufiger *auch* Zeit für das Nichtstun haben. Hierzu ist es jedoch nicht zwingend notwendig „viel Freizeit" zu haben: Wurde dieser Wert noch 1999 von 41,8 Prozent der 50- bis 59-Jährigen als besonders wichtig erachtet, so sind es aktuell nur noch 39,8 Prozent (-2,0 Prozentpkt.). Hinsichtlich einer „aktiv gestalteten Freizeit" ist der Bedeutungsverlust sogar noch stärker ausgeprägt: Hier sank die Zustimmung um -4,5 Prozentpunkte auf heute nur noch 46,3 Prozent.

Das steigende Bedürfnis nach „Nichtstun" hat offensichtlich die Aktivitätsorientierungen der Menschen, zumindest in der Freizeit, sinken lassen. Diese Entwicklungen gingen jedoch nicht mit einer Vernachlässigung der privaten Kontakte einher: Die Wichtigkeit eines „großen Freundeskreises" ist bei den 50- bis 59-Jährigen seit 1999 sogar noch um +0,6 Prozentpunkte auf aktuell 45,1 Prozent angestiegen – im Bevölkerungsdurchschnitt sank hingegen das Ergebnis im gleichen Zeitraum um -2,5 Prozentpunkte. **Zusammengefasst ließe sich der Freizeittrend der 50- bis 59-Jährigen wie folgt zusammenfassen: Freizeit: ja bitte, es reichen jedoch auch kleinere Dosen. Wichtig ist, dass genug Zeit für die benötigte Ruhe sowie Zeit für die Freunde bleibt.**

Während das „kulturelle Leben“ seit 1999 insgesamt einen Bedeutungsverlust zu verzeichnen hat (-2,2 Prozentpkt.), wird das „soziale Engagement“ immer häufiger als wichtig erachtet: Seit 2001, mit 34,7 Prozent das Jahr mit der geringsten Zustimmung, wird dieser Wert um +3,2 Prozentpunkte häufiger als besonders wichtig bezeichnet. Die soziale Frage rückt bei den 50- bis 59-Jährigen auch tatsächlich verstärkt in den Vordergrund: Zum einen sind sie, wie bereits ausgeführt, deutlich häufiger von Arbeitslosigkeit bedroht oder gar betroffen.

Zum anderen sind es auch jene Menschen, die die kommende „Rentnergeneration“ bilden werden. **Die Renten, dies ist aus der öffentlichen Diskussion nur zu gut bekannt, gelten heute nicht mehr als unbedingt sicher. Aus diesem Grunde ist die wachsende Bedeutung des „sozialen Engagements“ der heute 50- bis 59-Jährigen nicht nur auf andere Menschen bezogen, sondern ein ganzes Stück weit auch auf die eigenen Lebensbedingungen in der gar nicht mehr so fernen Zukunft.**

14.3.6 60- bis 69-Jährige betonen die Qualität sozialer Orientierungen

Die Sicherheit gebenden Werte „Familie und Partnerschaft“ (2004: 86,5 Proz.), „sichere Zukunft“ (82,3 Proz.) und „finanzielle Unabhängigkeit“ (80,9 Proz.) führen auch das Werteranking der 60- bis 69-Jährigen an. Die drei Top-Werte werden von dieser Altersgruppe zudem überdurchschnittlich häufig als wichtig bezeichnet. Gegenüber dem Bundesdurchschnitt werden diese Wertorientierungen um aktuell +0,6 bzw. +1,3 und +1,0 Prozentpunkte häufiger als besonders wichtig erachtet. Diese überdurchschnittliche Popularität ist in den vergangenen Jahren „gewachsen“: Die Wichtigkeit von „Familie und Partnerschaft“ ist bei den 60- bis 69-Jährigen seit 1999 um +3,7 Prozentpunkte angestiegen, die der „sicheren Zukunft“ um +2,9 und die der „finanziellen Unabhängigkeit“ um +2,5 Prozentpunkte. **An dieser Stelle zeigt sich, dass das Sicherheitsbedürfnis der älteren Generationen deutlich zugenommen hat. Die wachsenden Probleme des Rentenversicherungssystems (steigende Arbeitslosigkeit, sinkende Anzahl von Erwerbstätigen, Anstieg der Rentenbezugsberechtigten) dürften die wesentliche Ursache für diesen Bedeutungsanstieg sein. Selbst Rentner und Pensionäre können sich heute nicht mehr sicher sein, auch morgen noch gut versorgt zu werden – und sie sind sich dessen offensichtlich zunehmend bewusst.**

Mit einem deutlichen Abstand in Höhe von 17,6 Prozentpunkten, steht „Spaß und Freude" mit aktuell 63,3 Prozent an vierter Stelle des Werterankings der 60- bis 69-Jährigen. Zudem wünschen sie sich „Anerkennung im privaten Umfeld" (2004: 58,7 Proz.) und möchten „sich etwas leisten können" (58,6 Proz.). Alle drei Wertorientierungen haben in den vergangenen Jahren einen leichten Bedeutungsverlust erlitten (zwischen -0,9 und -2,5 Prozentpkt.).

Auch im Vergleich zum Bevölkerungsdurchschnitt werden diese Werte deutlich seltener als besonders wichtig erachtet: Bei „Spaß und Freude" beträgt der Unterschied -8,3 Prozentpunkte, bei der „Anerkennung im privaten Umfeld" beträgt er -5,2 und bei „sich etwas leisten können" sind es -4,2 Prozentpunkte. **Die 60- bis 69-Jährigen zeigen sich durch diese Unterschiede gelassener: Man ist seltener auf Anerkennung angewiesen und hat es auch nicht mehr nötig, sich etwas leisten zu müssen. „Spaß und Freude" zu haben ist zwar schön, aber nicht mehr besonders wichtig.**

Eine Besonderheit der 60- bis 69-Jährigen besteht in der Tatsache, dass „traditionelle Werte" an siebter Stelle des Werterankings stehen – im Durchschnitt ist es der fünfzehnte Platz! Somit sind die abstrakt abgefragten „traditionellen Werte" (zur Problematik s. Abschn. 13.15) vor allem ein Wert der älteren Generation. Dies ist überwiegend durch die Formulierung des Items erklärbar, die in dieser Altersgruppe schon immer positiv besetzt war. Bei den 60- bis 69-Jährigen stehen die ebenfalls traditionellen Werte „Lebensplanung" (2004: 55,0 Proz.) und „Leistung" (49,7 Proz.) im Ranking erstmals direkt hinter den „traditionellen Werten".

Dieses Teilergebnis unterstützt die oben getroffene Feststellung, dass diese Generation auch wirklich ein geschlossenes traditionelles Weltbild hat, um so mehr. Erwähnenswert erscheinen hingegen die unterschiedlichen Verläufe der Werte im Zeitverlauf: Während „Leistung" seit 1999 um insgesamt +0,6 Prozentpunkte häufiger als wichtig erachtet wurde, haben „traditionelle Werte" (-0,3 Prozentpkt.) und „Lebensplanung" (-2,0 Prozentpkt.) einen leichten Bedeutungsverlust hinnehmen müssen. Dies ist jedoch mit einem zeitlichen Versatz zu erklären: Seit 2003 wird auch „Leistung" von immer weniger 60- bis 69-Jährigen als wichtig bezeichnet (-1,9 Prozentpkt.). **Traditionelle Werte sind dieser Altersgruppe zwar immer noch überdurchschnittlich wichtig, doch ist die Hoch-Zeit dieser Werte spätestens seit 2002 überschritten.**

Die Werte der Selbstentfaltung haben vor allem bei den 60- bis 69-Jährigen innerhalb des Untersuchungszeitraumes einen Bedeutungseinbruch erfahren. Während „Individualität" (2004: 46,8 Proz.) seit 1999

um -4,9 Prozentpunkte seltener genannt wurde, waren es bei „Selbstverwirklichung“ (2004: 41,7 Proz.) sogar -5,8 Prozentpunkte. Dies ist der größte gemessene Bedeutungsverlust in dieser Altersgruppe. Im Resultat dieser Entwicklung sind beide Wertorientierungen hier nicht mehr mehrheitsfähig. Im Vergleich zum Bevölkerungsdurchschnitt wird dieser Bedeutungseinbruch sogar noch unterstrichen: 60- bis 69-Jährige erachten aktuell „Selbstverwirklichung“ um -9,6 Prozentpunkte und „Individualität“ um -7,8 Prozentpunkte seltener für wichtig.

Unter Berücksichtigung der relativ hohen Bedeutung von traditionellen Wertorientierungen zeigen sich die 60- bis 69-Jährigen als vergleichsweise konservative Menschen: Sie betonen häufiger die Pflicht- und Akzeptanzwerte und bezeichnen die Selbstentfaltungswerte gleichzeitig seltener als wichtig. An dieser Stelle erweisen sich die Älteren auch im noch jungen 21. Jahrhundert weiterhin als *die* Bewahrer der deutschen Traditionen. In logischer Konsequenz betont auch nur noch wenig mehr als jeder Fünfte 60- bis 69-Jährige die Innovationswerte „bei neuen Entwicklungen dabei sein“ (22,2 Proz.) und „überall mitreden können“ (26,1 Proz.). Der, bei diesen beiden Werten erst 2002 einsetzende, Bedeutungsverlust betrug -1,6 beziehungsweise -1,7 Prozentpunkte –Tendenz weiter sinkend.

Dieses sind, im Vergleich zu den übrigen Altersgruppen, die zweitniedrigsten Ergebnisse für die Innovationsorientierungen. Zugegeben, die Innovationsorientierung war bei den älteren Generationen zu keinem Zeitpunkt sonderlich ausgeprägt. Im Zuge des demographischen Wandels, d.h. einem steigenden Anteil älterer Menschen bei einem gleichzeitig schrumpfenden Anteil der jüngeren Innovatoren, kommt den älteren Generationen heute jedoch eine neue Aufgabe zu: Damit sich die Gesellschaft (nicht nur technologisch) weiter entwickeln kann, wird die Innovationsbereitschaft der Älteren immer wichtiger. Sollte sich diese in naher Zukunft nicht positiv entwickeln, werden es Neuerungen – egal ob technisch, politisch, wirtschaftlich, o.ä. - in Zukunft immer schwerer haben, mehrheitsfähig zu werden und sich somit durchzusetzen.

Entsprechend der geringen Verbreitung von Selbstverwirklichungs- und Innovationswerten hat auch die Freizeit bei den 60- bis 69-Jährigen eine tendenziell untergeordnete Bedeutung. Für die ältere Generation stehen die Orientierungen „aktiv gestaltete Freizeit“ (2004: 45,8 Proz.) und auch der Wunsch nach „viel Freizeit“ (39,1 Proz.) nicht unbedingt im Vordergrund. In den vergangenen Jahren ist deren Bedeutung sogar noch um -2,4 und -1,8 Prozentpunkte zurückgegangen.

Die Menschen, die aufgrund ihres Ruhestandes in der Regel die größten Freizeit*möglichkeiten* haben, können offensichtlich am wenigsten mit dem Mehr an freier Tageszeit anfangen. Sicherlich möchten auch sie in ihrem Leben nicht auf Freizeit verzichten, doch scheinen sie häufig nicht auch über die nötigen „Freizeitkompetenzen" (Opaschowski 1997, S. 28) zu verfügen. Das Mehr an Freizeit kann in der Regel ab dem Moment nicht mehr optimal genutzt werden, in dem sie als „zu viel" wahrgenommen wird. Freie Zeit kann dann schnell zur Last werden.

Hinsichtlich des historischen Verlaufes macht die Entwicklung der Wichtigkeit des Nichtstuns eine gewisse Ausnahme: Das Statement „hin und wieder die Zeit mit Nichtstun verbringen" wurde noch bis 2002 mit 38,4 Prozent von einem wachsenden Teil der 60- bis 69-Jährigen als besonders wichtig bezeichnet. Auch der älteren Generation war es bis zu diesem Jahr offensichtlich zunehmend wichtig, auch einmal Zeiträume zu haben, innerhalb derer man einfach die Seele baumeln lassen kann. Das Nichtstun verliert jedoch seit dem Jahr 2002 an Bedeutung (-3,0 Prozentpkt.), so dass die Freizeitwelt der älteren Generation auch weiterhin auf breiter Basis an Bedeutung verlieren wird.

Die Bedeutung eines „großen Freundeskreises" ist innerhalb des Untersuchungszeitraumes leicht gesunken. Aktuell wird dieser Wert noch von 38,9 Prozent als besonders wichtig bezeichnet. Der über die Jahre hinweg zu beobachtende Bedeutungsverlust des „großen Freundeskreises" (-0,9 Prozentpkt.) darf jedoch nicht als zunehmende Individualisierung, im Sinne einer Abgrenzung gegenüber anderen, verstanden werden. Bei der Interpretation dieser Daten muss berücksichtigt werden, dass beispielsweise die Familienorientierung (s.o.) im gleichen Zeitraum zugenommen hat. Parallel hierzu wurde auch das „soziale Engagement" (2004: 34,9 Proz.) immer häufiger als wichtig bezeichnet (+0,7 Prozentpkt.).

In diesem Sinne zeigt sich in der Altersgruppe der 60- bis 69-Jährigen keine Abkehr von sozialen Orientierungen, sondern vielmehr eine vorübergehende Umdeutung: „Familie und Partnerschaft" sowie „soziales Engagement" wurden zunehmend wichtig, die Bedeutung des *„großen* Freundeskreises" sank parallel hierzu. Das Motto lautet offensichtlich: Mehr Qualität als Quantität. Seit 2003 zeigt sich jedoch ein Richtungswechsel. Während das „soziale Engagement" (-1,5 Prozentpkt.) an Bedeutung verliert, erfreuen sich die Dimensionen Freundschaft (+1,0 Prozentpkt.) und Familie (+0,9) wachsender Beliebtheit. Das persönliche soziale Umfeld rückt hierdurch auf breiter Basis wieder stärker in den Fokus dieser Bevölkerungsgruppe.

Graphik 67:

Wertewandel bei 60- bis 69-Jährigen

Wichtige Dinge im Leben; Antworten: „ganz besonders" oder „sehr wichtig" / in %

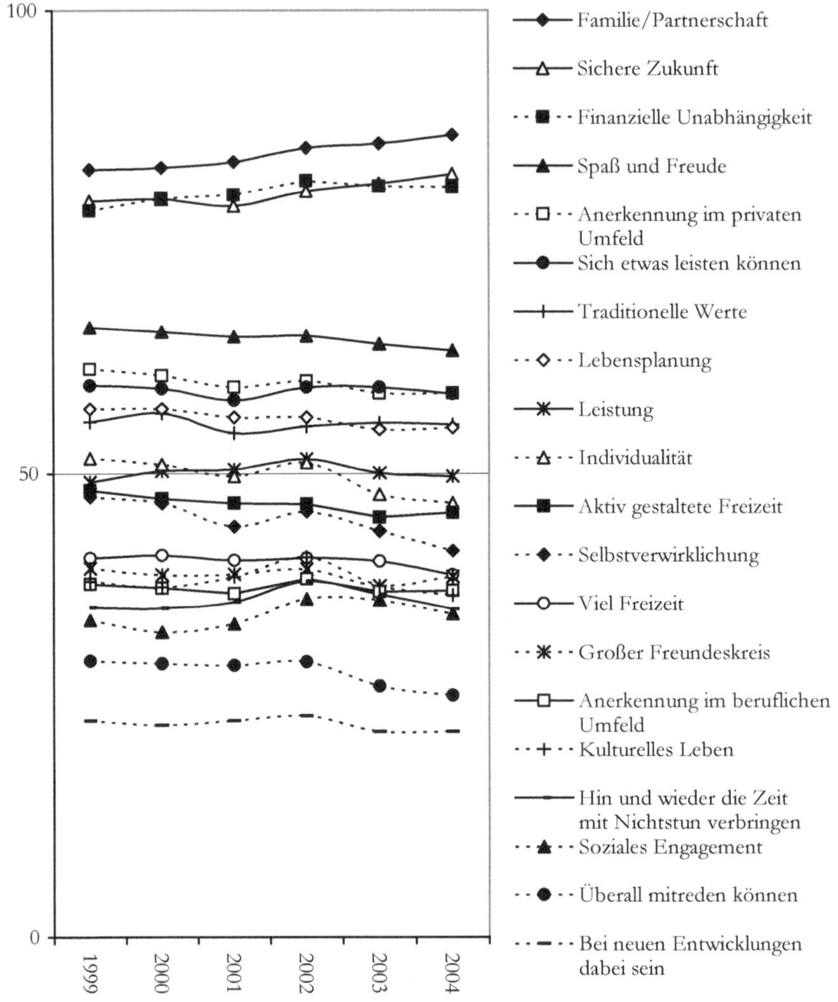

Quelle: VerbraucherAnalyse 1999 bis 2004

n > 4.300

37,4 Prozent der 60- bis 69-Jährigen betont die Wichtigkeit von „Anerkennung im beruflichen Umfeld". Dies ist insofern erstaunlich, als dass lediglich 11,8 Prozent der Befragten dieser Altersgruppe auch tatsächlich berufstätig sind. Entsprechend erachtet mit 25,6 Prozent (= 37,4 abzgl. 11,8 tatsächlich Berufstätiger) mehr als ein Drittel der älteren Generation „Anerkennung im beruflichen Umfeld" als besonders wichtig, ohne selbst berufstätig zu sein. An dieser Stelle zeigt sich einmal mehr die ungeheuer große Identitätsstiftung, die für das Gros der Deutschen von der Arbeitswelt ausgeht: Obwohl man heute nicht (mehr) arbeitet, ist einem dennoch die Anerkennung für das (einst) im Beruf geleistete immer noch wichtig.

Das „kulturelle Leben" ist, neben den traditionellen und Sicherheit gebenden Werten, einer der wenigen Werte, der von den 60- bis 69-Jährigen (36,9 Proz.) überdurchschnittlich häufig als wichtig bezeichnet wird (Durchschn. 36,0 Proz.). Doch auch dieses ist lediglich eine Momentaufnahme: Während sich bis zum Jahr 2002 eine sukzessive Bedeutungszunahme des „kulturellen Lebens" auf 41,0 Prozent zeigte, hat sich in nur zwei Jahren ein deutlicher Bedeutungsverlust von -5,1 Prozentpunkten eingestellt. Die ältere Generation folgt hiermit jedoch lediglich den Entwicklungen der jüngeren Altersgruppen – zwar mit etwa zwei Jahren Verspätung, dafür aber um so schneller.

14.3.7 „Familie und Partnerschaft" haben bei 70-Jährigen und Älteren einen hohen Bedeutungszuwachs

Die Top-3-Werte der 70-Jährigen und Älteren (Hochaltrigen) lauten wiederum „Familie und Partnerschaft" (2004: 81,3 Proz.), „sichere Zukunft" (78,1 Proz.) und „finanzielle Unabhängigkeit" (77,7 Proz.). Dies sind nicht nur die am häufigsten als besonders wichtig bezeichneten Werte, sondern zudem auch jene, die in den vergangenen Jahren den stärksten Zuwachs verzeichneten. Mit +5,1 Prozentpunkten hat vor allem der Wert „Familie und Partnerschaft" eine sichtbare Bedeutungszunahme zu verzeichnen. Der Zuwachs bei der „sicheren Zukunft" liegt bei +3,0 Prozentpunkten. Tendenz für beide Werte: weiter steigend. Eine Ausnahme macht der Wert „finanzielle Unabhängigkeit": Er erfährt zwar ebenfalls über den gesamten Untersuchungszeitraum per Saldo eine Bedeutungszunahme, doch war dessen Zenit bereits 2002 mit 79,4 Prozent erreicht. Seither hat er wiederum -1,7 Prozentpunkte eingebüßt.

Graphik 68:

Wertewandel bei 70-Jährigen und Älteren

Wichtige Dinge im Leben; Antworten: „ganz besonders" oder „sehr wichtig" / in %

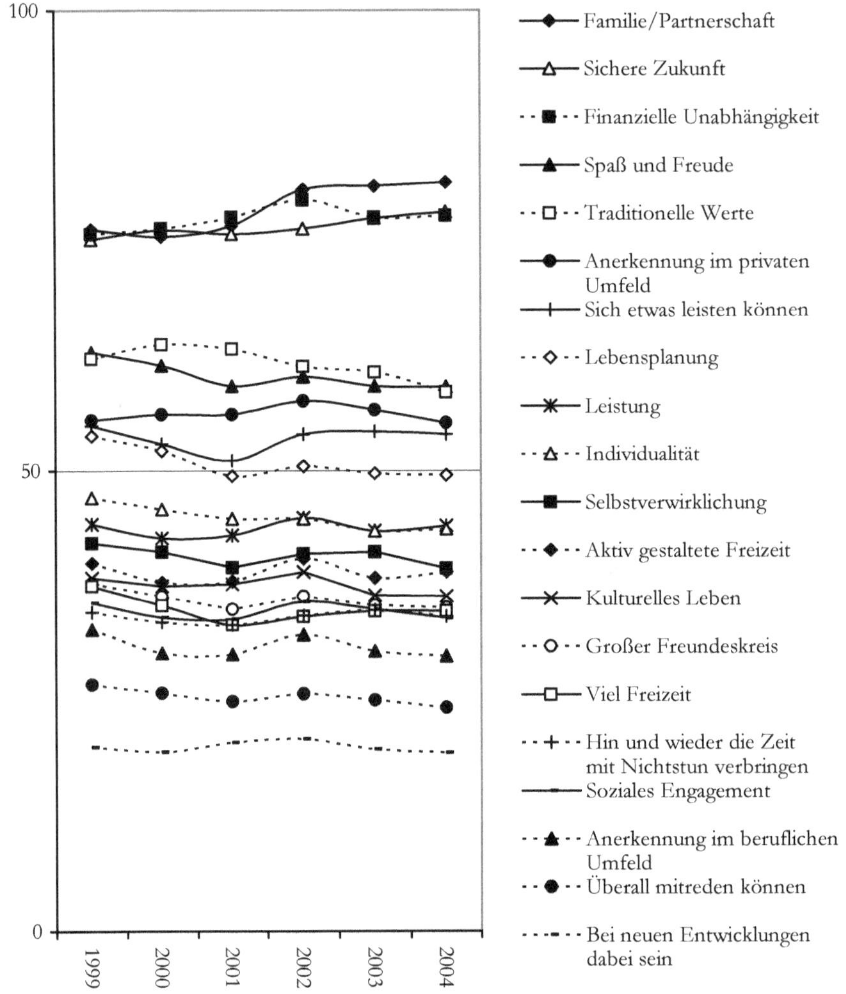

Quelle: VerbraucherAnalyse 1999 bis 2004

n > 4.200

Da die allgemeinen Entwicklungstendenzen der Hochaltrigen weitgehend denen der 60- bis 69-Jährigen entsprechen, soll im Folgenden lediglich auf die wenigen Besonderheiten der Hochaltrigen eingegangen werden. Für die weiteren Detailinformationen sei der geneigte Leser an den vorhergehenden Abschnitt 14.3.6 verwiesen. Während hinsichtlich des Rankings innerhalb der beiden Altersgruppen nur feine Abweichungen ermittelt werden konnten, besteht der einzige, allerdings auch ebenso übergeordnete wie verbindende, Unterschied in der Tatsache, dass die 70-Jährigen und Älteren über alle Wertorientierungen hinweg eine durchschnittlich um -3 bis -4 Prozentpunkte niedrigere Zustimmungstendenz zeigen. Dieses ist jedoch ein alterstypisches Antwortverhalten, das auf psychologischen Ursachen basiert (vgl. Abschn. 14.4). Es ändert nichts an der jeweiligen Position der einzelnen Werte innerhalb der hierarchischen Werteordnung.

Das Herausragende des Wertehorizontes der Hochaltrigen ist die Betonung der „traditionellen Werte". Mit 58,5 Prozent werden diese um +13,0 Prozentpunkte häufiger als wichtig erachtet als im Bevölkerungsdurchschnitt (44,5 Proz.). Unter Berücksichtigung der Tatsache, dass ältere Menschen eine insgesamt niedrigere Zustimmungstendenz aufweisen (s.o.), ist dies ein bemerkenswertes Ergebnis. Im Ranking der über 70-Jährigen stehen „traditionelle Werte" an Platz 5, während es im Bevölkerungsdurchschnitt Platz 15 ist – dies unterstreicht die Reichweite dieses Wertes bei den Hochaltrigen umso mehr.

Ebenfalls überdurchschnittlicher Beliebtheit erfreut sich bei den über 70-Jährigen das „kulturelle Leben". Wird dieses im Bevölkerungsdurchschnitt von 36,0 Prozent für wichtig erachtet, so sind es bei den Hochaltrigen 36,4 Prozent. Der Unterschied mag mit +0,4 Prozentpunkten auf den ersten Blick gering erscheinen. Unter Berücksichtigung der Tatsache, dass „kulturelles Leben" im Durchschnitt auf Rang 17 der Wertehierarchie zu finden ist, und bei den über 70-Jährigen auf Rang 13, zeigt sich der Bedeutungsunterschied. **Das „kulturelle Leben" steht hiermit zwar immer noch nicht im Zentrum der Lebenswelt, ist jedoch ebenso wenig aus dem Wertehorizont der älteren Generationen wegzudenken.**

14.4 Generationsspezifische Wertausprägungen

Die zuvor analysierten Wertewandlungen in den verschiedenen Altersgruppen weisen eine Reihe altersspezifischer Merkmale auf, die an dieser Stelle zusammengefasst werden sollen. Das herausragende Merkmal besteht zunächst in der Tatsache, dass ein nahezu linearer Zusammenhang zwischen den Altersgruppen und der Zustimmungstendenz besteht. Eine Zusammenfassung aller Einzelprozentwerte pro Altersgruppen soll dieses deutlich machen (vgl. Graphik 69): Zählt man bei den 14- bis 19-Jährigen alle 20 Einzelergebnisse zusammen („Familie und Partnerschaft": 79,2 + „großer Freundeskreis": 80,4 + „sichere Zukunft2: 79,2 + ...), so ergibt die Summe 1.218,2. Bei den 20- bis 29-Jährigen erzielt die Summe mit 1.221,9 den Höchstwert aller Altersgruppen. In den nachfolgenden Gruppen sinkt der Summenwert nahezu linear zum zunehmenden Alter und mündet bei 927,7 in der Gruppe der 70-Jährigen und Älteren. Nachfolgende Graphik soll diesen Zusammenhang verdeutlichen:

Graphik 69:

Allgemeine Zustimmungstendenzen nach Altersgruppen

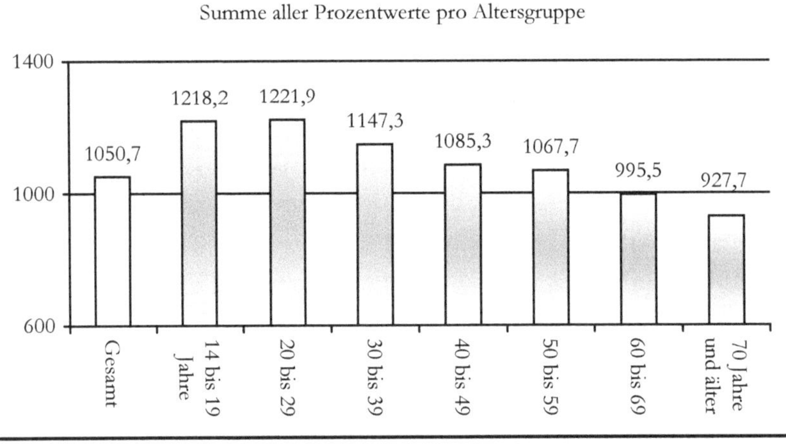

Quelle: VerbraucherAnalyse 2004
n = 31.783

Anhand dieser Daten zeigt sich der bereits mehrfach erwähnte Zusammenhang zwischen Alter und dem Antwortverhalten. Die Motivation, einen Wert als besonders wichtig zu bezeichnen, sinkt offensichtlich mit steigendem Alter. Aufgrund dieses Phänomens ist es vergleichsweise schwer, einen haltbaren intergenerativen Vergleich vorzunehmen. Schnell können Daten auf diese Weise als etwas Besonderes bezeichnet werden, obwohl sie lediglich auf einer psychologischen Disposition im Zusammenhang mit dem Antwortverhalten basieren. Aus diesem Grunde wird der nachfolgende Vergleich der Altersgruppen bewusst vorsichtig durchgeführt.

Graphik 70:

Werterankings nach Altersgruppen – Top 10

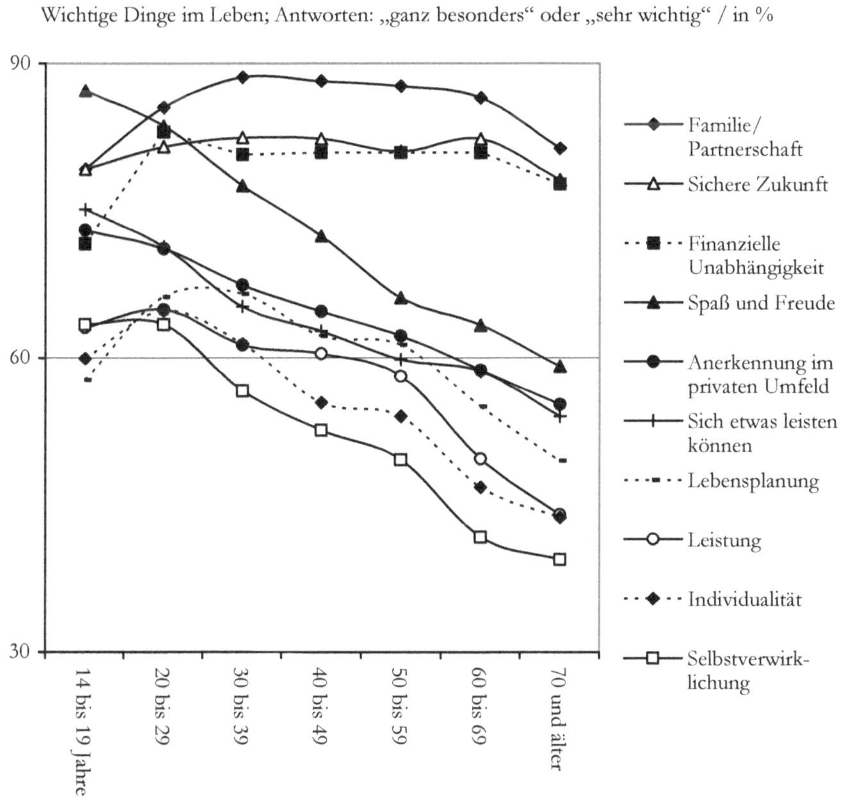

Quelle: VerbraucherAnalyse 2004
n = 31.783

Bei der Betrachtung des Generationenvergleichs zeigen sich überwiegend altersspezifische Wertverteilungen. Lediglich die drei auch in den vorhergehenden Abschnitten immer wieder hervorgehobenen, Sicherheit gebenden

Werte „Familie und Partnerschaft", „Sichere Zukunft" und „finanzielle Unabhängigkeit" zeigen sich vergleichsweise Altersgruppen-unabhängig. Mit Ausnahme der 14- bis 29-Jährigen stehen sie bei allen Altersgruppen an den obersten drei Rangplätzen. Und selbst bei den Jüngeren genießen sie einen hohen Stellenwert. Offensichtlich sind dies *die* zentralen Werte der Deutschen, die über die gesamte Bevölkerung hinweg den höchsten Grad der Wichtigkeit innehaben.

Ebenfalls „altersresistent" zeigen sich auf den ersten Blick die Werte „kulturelles Leben" und „soziales Engagement". Hier liegen die Ergebnisse über alle Altersgruppen hinweg relativ konstant bei jeweils etwa 35 Prozent. Die Bedeutung von Kultur und Sozialem ist jedoch weniger alters- als vielmehr bildungs- und einkommensabhängig: Es sind primär Menschen mit gehobenem Nettoeinkommen (2.000 bis 3.000 €) sowie Menschen mit Abitur und Hochschulabschluss, die diese beiden Werte für wichtig erachten. Mit Ausnahme der 14- bis 19-Jährigen sind diese Personengruppen natürlich in allen Altersgruppen gleichermaßen zu finden. Auf den zweiten Blick zeigt sich hingegen ein abweichendes Bild: Unter Berücksichtigung der Tatsache, dass Menschen mit zunehmendem Alter eine insgesamt geringere Zustimmungstendenz aufweisen, zeigen die Älteren eine insgesamt höhere Sozial- und Kulturorientierung.

Eine weitere Besonderheit ist in den Antwortverteilungen der 14- bis19-Jährigen zu erkennen: Die Werte „Lebensplanung", „Leistung", „soziales Engagement", „Anerkennung im beruflichen Umwelt" sowie das „kulturelle Leben" werden von ihnen, im Vergleich zu den 20- bis 29-Jährigen, noch vergleichsweise selten als wichtig bezeichnet. Dies ist vor allem durch die spezifischen psychosozialen Dispositionen der jungen Menschen bedingt, die sich noch relativ selten um die „erwachsenen" Werte kümmern können und wollen. Sie genießen häufiger (noch) das Privileg der Jugend, das Leben nicht allzu ernst nehmen zu müssen. Der „große Freundeskreis" und die verschiedenen Freizeitwerte sind dieser Generation schlicht näher.

Bereits die 20- bis 29-Jährigen zeigen sich nicht nur als verantwortungsorientierter, sondern gleichzeitig auch als die stärksten Vertreter aller abgefragten Wertebereiche. Wie keine zweite Altersgruppe vertreten sie sowohl Selbstentfaltungswerte als auch gleichzeitig Sicherheits- und Pflichtorientierungen. Ihnen ist es offensichtlich gegeben, die gelegentlich geforderte „Wertesynthese" (s.a. Hillmann 2001, S. 25) verschiedener Wertdimensionen zu erstellen und auch zu vertreten. Mit Ausnahme der Betonung der abstrakt abgefragten „traditionellen Werte" (zur Problematik dieses Items vgl. Abschn. 13.5) werden alle verbleibenden Werte in den höheren Altersgruppen seltener als wichtig bezeichnet. In diesem, sehr speziellen, Sinne weisen sich die 20- bis 29-Jährige als die größten „Wertevertreter" aus. Der häufig beklagte „Werteverfall" der jüngeren Generationen zeigt sich in Anbetracht dieser Datenlage als kulturpessimistischer Mythos.

Graphik 71:

Werterankings nach Altersgruppen – Bottom 10

Wichtige Dinge im Leben; Antworten: „ganz besonders" oder „sehr wichtig" / in %

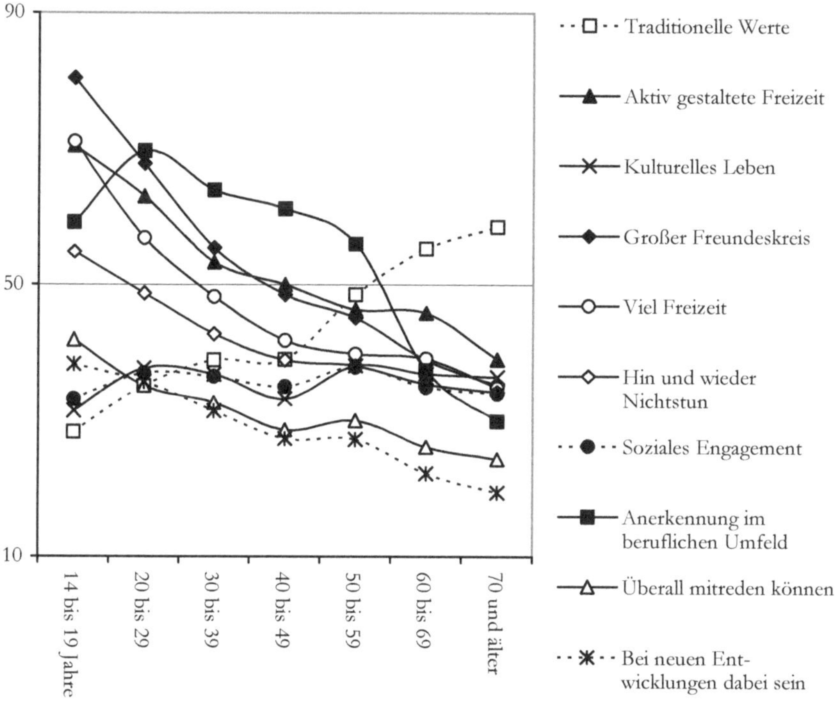

Quelle: VerbraucherAnalyse 2004
n = 31.783

Eine wesentliche Ausnahme stellt, wie gesagt, die Bedeutung der konkret als „traditionell" bezeichneten Werte dar. Sie werden mit dem Ansteigen der Altersgruppe immer häufiger als wichtig erachtet. Verzerrend wirkt an dieser

Stelle die altersspezifische Interpretation des Begriffes „Tradition“: Während dieser Terminus bei den jüngeren Altersgruppen im negativen Sinne stellvertretend für Stillstand, Rückschritt und Überholtes steht, assoziieren die höheren Altersgruppen hiermit primär die positiven Merkmale Verlässliches, Bekanntes und Vertrautes. Diese Unterschiede in der Begriffsassoziation erklären auch den starken Bedeutungsanstieg der „traditionellen Werte“ bei Personen ab 50 Jahren. Befragt nach konkreten traditionellen Orientierungen, wie beispielsweise „Leistung“ und „Lebensplanung“, zeigt sich ein gänzlich abweichendes Bild: Diese traditionellen Werte werden, ohne dass sie gleichzeitig auch als traditionell bezeichnet werden, von den jüngeren Generationen wesentlich häufiger als besonders wichtig bezeichnet als in den höheren Altersgruppen. Anhand dieses feinen, aber umso bedeutungsvolleren Unterschiedes zeigt sich einmal mehr, wie sensibel Menschen bei Befragungen bereits auf unterschiedliche Formulierungen zur eigentlich gleichen Messdimension (hier „Tradition“) reagieren.

Alle weiteren untersuchten Wertorientierungen erhalten mit steigendem Alter nahezu linear einen sinkenden Zuspruch. Unabhängig vom Wertebereich, d.h. Werte der Selbstverwirklichung, Freizeit und Freundschaft, Anerkennung u.ä., werden die Wertorientierungen mit steigendem Alter immer seltener als besonders wichtig bezeichnet. Die beiden Innovationswerte „bei neuen Entwicklungen dabei sein“ und „überall mitreden können“ zeigen sich nicht nur bei den älteren Generationen als Minderheitenwerte. Bis auf die Altersgruppe der 14- bis 19-Jährigen stehen diese bei allen weiteren Gruppen erst am Ende der Skala. Dass sich diese Werte mit steigendem Alter einer sinkenden Beliebtheit erfreuen, mag in Anbetracht der im Allgemeinen sinkenden Innovationsoffenheit der älteren Menschen nicht erstaunen (vgl. Abschn. 14.3.6 und 14.3.7).

14.5 Der Wandel der Werte in der Gesamtbevölkerung

In der Gesamtbetrachtung der Wertewandlungen im noch jungen 21. Jahrhundert zeigt sich vor allem eines: Die drei historischen Top-Werte „Familie und Partnerschaft“, „sichere Zukunft“ und „finanzielle Unabhängigkeit“ sind den Deutschen in den vergangenen Jahren noch wichtiger geworden. Im Gegenzug haben alle weiteren 17 untersuchten Werte sogar noch einen Bedeutungsverlust erfahren! Hierdurch sind ausschließlich diejenigen Werte, die vor allem Sicherheit versprechen, den Menschen noch wichtiger geworden. Der bereits vor einigen Jahren ermittelte Trend in Richtung eines steigenden Sicherheitsstrebens (Duncker 1998, S. 145ff.) hat mithin auch in den vergangenen Jahren angehalten. Die Ursachen für diese Entwicklung sind vielfältiger Natur. Als wesentlich dürften die folgenden Punkte gelten:

- Steigende Orientierungsverluste breiter Bevölkerungsteile.
- Wirtschaftliche Stagnation und z.T. Rezession und hiermit einhergehende
- Arbeitsplatz- und
- Statusunsicherheit.

Die Debatte über Orientierungsverluste ist in den vergangenen Jahren etwas ruhiger geworden. Wenn eine Debatte zur Ruhe gekommen ist, bedeutet dies jedoch noch lange nicht, dass die dort aufgegriffenen Themen nicht mehr relevant sind. Ganz im Gegenteil: Die Tatsache, dass in den vergangenen Jahren ausschließlich Sicherheit gebende Wertorientierungen einen Bedeutungszuwachs erfahren haben, ist ein eindeutiger Hinweis dafür, dass Orientierungsverluste weiterhin ein zentrales Thema in der deutschen Wertediskussion bleiben müssen. Bevor nun in den anschließenden Absätzen auf die gesellschaftlichen Phänomene eingegangen wird, die sich unter dem bereits mehrfach erwähnten Begriff „Orientierungsverluste" zusammenfassen lassen, scheint es zuvor notwendig, eine klare Begriffsabgrenzung vorzunehmen.

Nachfolgend sollen „Orientierungsverluste" weder durch die Abnahme von religiösen Orientierungen definiert werden (vgl. Berger/Luckmann 1995; Huber 1994) noch durch die mögliche Abkehr traditioneller Werte (Fleiß, Sauberkeit etc.) gekennzeichnet sein. Der Begriff „Orientierungsverluste" wird vorliegend vielmehr als Reaktion auf die wachsende Komplexität moderner Gesellschaften verstanden (s.a. Duncker 1998, S. 145ff.). Als Ursache der individuellen und gesellschaftlichen Verunsicherung sollen vor allem die wachsenden Ansprüche der gesellschaftlichen Umwelt an den Einzelnen gelten. Die Bedeutung dieser Definition soll anhand der anschließenden Ausführungen eingehend erläutert werden.

Moderne Gesellschaften zeichneten sich in den vergangenen Jahrzehnten vor allem durch eine ständig ansteigende Komplexitätszunahme aus. Der Anstieg des Wissens, die globale Vernetzung von Informationen und die wachsenden Möglichkeitsräume in allen Lebensbereichen führten zum Aufbrechen vieler traditioneller Gesellschafts- und Privatsphären. Die aus der allgemeinen Modernisierung resultierenden Freisetzungen führten dabei sowohl zu individuellen und gesellschaftlichen Gewinnen (i.S.v. Entscheidungschancen, steigenden Optionen) als auch zu Verlusten (i.S.v. Orientierungsverlusten). Der Zuwachs an Möglichkeitsräumen führte somit nicht nur zu den angestrebten kulturellen und ökonomischen Verbesserungen (Verfügbarkeit, Wahlfreiheit etc.), sondern brachte gleichzeitig vielfältige individuelle und soziale Problemlagen mit sich. Hieraus resultierende Defizite werden häufig gar nicht wahrgenommen. Sie erscheinen den Menschen aufgrund ihrer Alltäglichkeit als „normal" und einfach vorgegeben. Der Philosoph Pascal befand bereits im Jahre 1670 bezüglich einer derartigen Entwicklung: „Das Übermäßige ist uns feindlich und sinnlich unerkennbar. Wir empfinden es nicht mehr – wir erleiden es." Das Problem ist demzufolge an sich nichts Neues. Das heutige Ausmaß dürfte hingegen historisch einmalig sein. Zur Verdeutlichung dieser Problemlagen sollen im Folgenden einige Themenbereiche dargestellt werden, die auf das wachsende – aber überwiegend nicht mehr wahrgenommene – Unbehagen in komplexen Kulturen hinweisen.

Eine Folge der ständig steigenden Umweltkomplexität ist die Tatsache, dass viele Zusammenhänge und alltägliche Handlungs- und Denkstrukturen einen steigenden Abstraktionsgrad aufweisen. Viele Lebensvoraussetzungen sind im Resultat dieser Entwicklung heute nicht mehr in der individuellen Praxis erfahrbar, erfassbar und zunehmend seltener „aus eigener Erfahrung verständlich." (Lübbe 1994, S. 16). Die ständig wachsende Menge an Informationen und Erkenntnissen wird heute von breiten Bevölkerungskreisen aus den verschiedenen Medienangeboten übernommen, ohne dass diese vom einzelnen Rezipienten überprüft oder gar angewendet werden können.

Diese Entwicklung führt dazu, dass sich der Einzelne immer häufiger auf immer speziellere Kenntnisse von immer stärker spezialisierten Fachleuten verlassen muss. Deren Wirken und Zuverlässigkeit beeinflusst die Ordnung und Sicherheit seines Lebens grundlegend. Eine besondere Rolle spielen auch in diesem Zusammenhang die öffentlichen Meinungsträger. Sie dienen den Menschen als Fachpersonen, die zudem überwiegend auch noch das Geschick der Gesellschaft und somit derer Teilnehmer leiten. Bis auf die Berufsgruppe der Journalisten sind nahezu alle öffentlichen Meinungsträger in politischen, wissenschaftlichen und wirtschaftlichen Institutionen oder Verbänden mit führenden Aufgaben betraut. Diese Entscheidungs- und Meinungsträger leiten die Gesellschaft nun in Fragen mit einem unglaublich hohen Abstraktionsniveau – einem Niveau zumindest, dem „Otto Normalverbraucher" schon lange nicht mehr folgen kann.

Als Beispiel für ein Thema, welchem nur noch wenige Menschen wirklich folgen können, mag die öffentliche Debatte um genetisch veränderte Lebensmittel dienen: Durch biogenetische Veränderungen sollen beispielsweise

Pflanzen gegen Schädlingsbefall resistent gemacht werden, so dass im Zuge dieser genetischen Veränderungen idealtypisch auf eine Reihe von Pestiziden verzichtet werden kann. Die Fachwelt präsentiert öffentlich eine gespaltene Meinung: Die eine Fraktion weist auf die Vorteile des Pestizidverzichts hin und unterstellt, dass eine genetische Veränderung der Pflanzen für den Menschen nicht schädlich sei. Die andere Fraktion warnt hingegen, wegen der nicht abschätzbaren Auswirkungen, vor potenziellen Langzeitfolgen des Konsums genetisch veränderter Lebensmittel. Der durchschnittliche Nicht-Fachmann ist den kontroversen Meinungen der Fachwelt überwiegend hilflos ausgeliefert. Er muss sich darauf verlassen, dass eben das Nahrungsmittel, welches er verzehrt, seiner Gesundheit nicht schadet. Das Individuum kann hier nicht auf eigene Erfahrungen zurückgreifen, sondern muss sich auf die von Fachleuten geäußerten Abstrakta verlassen.

Die mittlerweile seit vielen Jahren anhaltende Diskussion über staatliche Sicherheitsmaßnahmen mag als weiteres Beispiel dienen. Die Fraktion der Befürworter des Ausbaus von Überwachungsmaßnahmen betont das Ziel der Sicherheitssteigerung. Maßnahmen, wie beispielsweise Videoüberwachungen in Bahnen und auf öffentlichen Plätzen, der „genetische Fingerabdruck", das Speichern genetischer Informationen auf dem Personalausweis, die deutlich vereinfachten Möglichkeiten des Abhörens von Telefongesprächen und viele weitere Ansätze, sollen den staatlichen Sicherheitsorganen helfen, die Sicherheit der Menschen zu erhalten und, wenn möglich, sogar zu erhöhen. Die Fraktion der Kritischen hingegen weist darauf hin, dass die Menschen zunehmend „gläsern" werden. Sie befürchten in Zukunft deutliche Einbußen in der individuellen Privatsphäre. Diese Kritiker warnen vor einem künftigen „Überwachungsstaat", der eine Vielzahl von Informationen sammelt, die nicht für die staatlichen Überwachungsorgane bestimmt sind. Die Folge sei eine Beschränkung der individuellen Freiheit. Beide Fraktionen haben nun mit ihrer jeweiligen Argumentation recht. Doch welches ist der Königsweg?

An dieser Stelle tritt, neben der Delegation des persönlichen Vertrauens an andere, ein weiteres Problem hinzu: Die „Nichtverfügbarkeit des Einvernehmens der Fachleute in wichtigen zukunftsbezogenen Lebensfragen der modernen Gesellschaft hat die Konsequenz einer enormen Verunsicherung des Publikums" (Lübbe 1994, S. 16). Diese Aussage dürfte zweifelsfrei für die Entwicklungen der vergangenen Jahrzehnte zutreffend sein. Fragen zur Zukunft der Atompolitik, der europäischen Vereinigung, der Globalisierung politischer wie wirtschaftlicher Strukturen, der medizinischen Entwicklung, der Reform der staatlichen Sicherungssysteme, der Steigerung von Sicherheitsmaßnahmen oder eben auch der genetischen Manipulation der Natur sind seit vielen Jahren durchaus populär. Und mit zunehmendem Abstraktionsgrad und der wachsenden Tragweite von Themenbereichen fällt auch eine persönliche Positionierung, und der damit einhergehende individuelle Entscheidungsprozess, zunehmend schwerer. Bedingt durch die Tatsache, dass der Einzelne unter der Last der öffentlichen Debatten immer häufiger den Stellungnahmen anderer (Fach-) Menschen vertrauen muss, erfährt dieser immer häufiger so genannte Erfahrungsverluste und sieht „sich zunehmend als Objekt nicht beeinflussbarer Prozesse“ (Weidenfeld 1994, S. 9). Dass auch hierdurch eine Kultur der Unsicherheit, und hieraus resultierend oft auch der Angst, entsteht und zudem unbewusst auch noch gepflegt wird, braucht wahrscheinlich nicht weiter betont zu werden.

Ein weiterer Faktor fortschreitender Orientierungsverluste beruht auf der rasanten Dynamik des Informationshorizontes. Die „Halbwertszeit“ (Lübbe 1994, S. 17) von politischen, wissenschaftlichen und technischen Erkenntnissen sinkt zunehmend. Immer schneller ist eine gestern erst präsentierte Innovation durch eine „neue“ und „speziellere“ abgelöst. Ein Indiz dieser Entwicklung ist, bei genauer Betrachtung, auch in der so genannten Informationsflut zu erkennen – kaum ist eine öffentliche Botschaft rezipiert, wird diese schon durch eine weitere und z.T. gänzlich andere Information ersetzt. Nur noch selten werden im Zuge dieser lawinenartigen Informationskonfrontation übergeordnete und langfristige Entwicklungen behandelt, es siegt vielmehr der Imperativ „Agiere im Hier und Jetzt – und das schnell!“. Einen wirklichen Überblick behält hierbei wohl kaum noch ein Mensch.

„Otto-Normalbürger“ ist – wenn überhaupt – nur noch fähig, in einem oder zwei Bereichen der Alltagskultur Stellung zu beziehen, alles andere ist für ihn derartig abstrakt und komplex, dass er sich den Entwicklungen seiner Umwelt fügen muss. Dies führt zu einem wachsenden Gefühl der individuellen und kollektiven Unsicherheit. Es bestehen jedoch noch weitere alltagskulturelle Wandlungen, welche die bereits bestehenden Orientierungsdefizite zusätzlich erhöhen: Heute ist nahezu jeder Mensch darauf angewiesen, im Laufe seines Lebens immer wieder neu zu lernen, sich auf veränderte Strukturen und Situationen einzustellen, neue Kompetenzen zu erwerben – unabhängig davon, ob er will oder nicht. Derartige Entwicklungen bergen sowohl Chancen als auch Risiken: **Für die einen sind Pluralität und Entwicklungsdynamik ein angenehmer und fast erstrebenswerter Zustand und für die anderen führen diese Zustände zu ernsthaften Belastungen – nicht selten sogar zu Überlastungen. Im Ergebnis entsteht eine Blüte der Alltagskultur auf der einen Seite und eine wachsende psychosoziale Verelendung auf der anderen Seite.**

Die im Alltag erfahrenen Orientierungsverluste finden auch in der Entwicklung der Werthaltungen ihren Niederschlag: Der Anteil der Bundesbürger, die „bei neuen Entwicklungen dabei sein“ wollen, ist von eh schon geringen 30,9 Prozent in 1999 auf mittlerweile 27,9 Prozent gesunken. Diese Orientierung ist heute immer noch auf dem letzten Platz des deutschen Werterankings zu finden – Tendenz weiter sinkend. Immer mehr Menschen sind von den kleinen und größeren Veränderungen in ihrer Umwelt überlastet und wenden sich vom dauerhaften „Innovationsstress“ ab. Gleichzeitig ist auch der Anteil der Informationsinteressierten, die “überall mitreden wollen“, von 35,4 Prozent auf 30,3 Prozent gesunken. Dies ist mit -5,1 Prozentpunkten der stärkste gemessen Bedeutungsverlust der vergangenen Jahre! **Die Menschen verlieren zunehmend die Motivation, sich in einer durch ständig wachsende Komplexität auszeichnenden Gesellschaft zurechtzufinden. Ursprüngliches Interesse an Information und Innovation schlägt im Zuge dieser Entwicklung immer häufiger in Desinteresse um.**

In einer an Wachstum und Entwicklung orientierten Gesellschaft, wie die der Deutschen, ist dieses ein ernstzunehmendes Problem. Es werden künftig immer mehr Menschen den Anschluss an die vielfältigen wirtschaftlichen, technischen, kulturellen und auch politischen Änderungen verlieren. Im Resultat dieser Entwicklung werden breite Massen den (notwendigen) Entwicklungen nicht mehr folgen können und wollen. Sie werden sich von den vielfältigen gesellschaftlichen Prozessen abkoppeln. Die bereits seit längerem zu beobachtenden sinkenden Wahlbeteiligungen sind nur ein plastisches Beispiel für die Folgen dieser Entwicklung. Ist die Abkoppelung der Menschen erst einmal erfolgt, wird es anschließend unglaublicher Aufwendungen bedürfen, eben diese Menschen wieder in die immer weiter laufenden Prozesse einzubeziehen. In der Konsequenz müssen sich alle Instanzen, die auf die Resonanzen einer breiten Öffentlichkeit angewiesen sind, so auch Konsumgüterhersteller, Dienstleister, Parteien, Verbände und alle weiteren Formen der Interessensvertretung, auf die sinkende Innovations- und Informationsbereitschaft ihrer Zielgruppen einstellen. **Das Hauptproblem besteht dann darin, die wachsende Wissens- und Erkenntnisdynamik, die auf Seiten der Forschung, Technik und Wissenschaft zur Verfügung steht, einem Publikum zu präsentieren, das immer seltener bereit und fähig ist, eben diese Erkenntnisse aufzunehmen. Im Resultat dieser Entwicklungen stehen dann Phänomene, die beispielsweise als „Politikverdrossenheit“, „Vereinsmüdigkeit“ und auch als „Konsumverweigerung“ schon lange den Einzug in die Alltagssprache der Deutschen gefunden haben.**

Neben den individuellen und kulturellen Konsequenzen hat der Wandel der Werte vor allem ökonomische Konsequenzen. Wenn die Menschen nicht mehr bereit sind, dem Neuen zu folgen, dann hat dies auch Auswirkungen auf die Konsumwelt. Wie bereits im Rahmen der untersuchten Konsumeinstellungen nachgewiesen werden konnte, werden die Deutschen zunehmend Informations- und Konsummüde: Den Aussagen „*vor Anschaffungen lese ich möglichst Testberichte*" und „*ich weiß immer, was gerade im Trend ist*" stimmten in den vergangenen Jahren immer weniger Menschen zu. Der Anteil der „Test-Orientierten" ist um -5,7 Prozentpunkte auf mittlerweile 46,0 Prozent gesunken. Noch deutlicher ist der Rückgang der „Trendorientierten": Deren Anteil ist sogar um -10,7 Prozentpunkte auf nur noch 42,1 Prozent gesunken. Auch der Aussage „*ich kaufe gern Produkte mit modernem Design*" stimmen aktuell nur noch 16,2 Prozent zu (-2,3 Prozentpkt.). **Im Resultat dieser Entwicklung lässt das aktuelle Marktgeschehen offensichtlich immer mehr Menschen kalt. Die Kommunikation von Fakten und der Aktualität von Waren erreicht immer weniger Menschen. Diese haben schon lange abgeschaltet und sich aus der Konsumwelt zurückgezogen.**

Für Konsumgüterhersteller und Marketer ist dies ein ernsthaftes Problem: Wie soll man den potentiellen Kunden über die Kommunikation konkreter Produktmerkmale erreichen, wenn sich immer weniger Menschen in diesen Themenfeldern zurechtfinden? Sicher ist auch ein Stück weit der bisher ungebrochene Trend zur Diversifikation von Produktfeldern *eine* Ursache dieser Entwicklung. Bei der historisch einmaligen Vielfalt der heute am Markt verfügbaren Produkte findet sich offensichtlich kaum noch ein Mensch zurecht – auch dieses führt zu Orientierungsverlusten. Eines ist klar: Sollte die heutige Unübersichtlichkeit der Marktverhältnisse anhalten und der Anteil der Menschen mit Orientierungsverlusten weiter zunehmen, wird parallel auch der Anteil der Desinformierten künftig zwangsläufig weiter zunehmen. **Das „Auswählen dürfen" ist für viele bereits seit längerem in ein „Auswählen müssen" übergegangen. Sich anhand konkreter Produktinformationen eine Marktübersicht zu beschaffen (z.B. durch Testergebnisse), interessiert hierdurch immer weniger Menschen.**

Diese Entwicklungen zeigen bereits seit einigen Jahren ihre Auswirkungen: Der private Konsum ist in Deutschland auch aus Gründen zunehmender Orientierungsdefizite breiter Bevölkerungsgruppen zurückgegangen (vgl. Abschn. 9). Ein Großteil der Konsumenten hat sich schon lange vom Ideal des innovativen Wachstums verabschiedet. Heute bleiben immer mehr Menschen lieber bei dem, was sie bereits haben und kennen. Auf der Seite der Dienstleistungs- und Produktanbieter führt diese Seite des Wertewandels au-

Graphik 72:

Wertewandel in der Gesamtbevölkerung

Wichtige Dinge im Leben; Antworten: „ganz besonders“ oder „sehr wichtig“ / in %

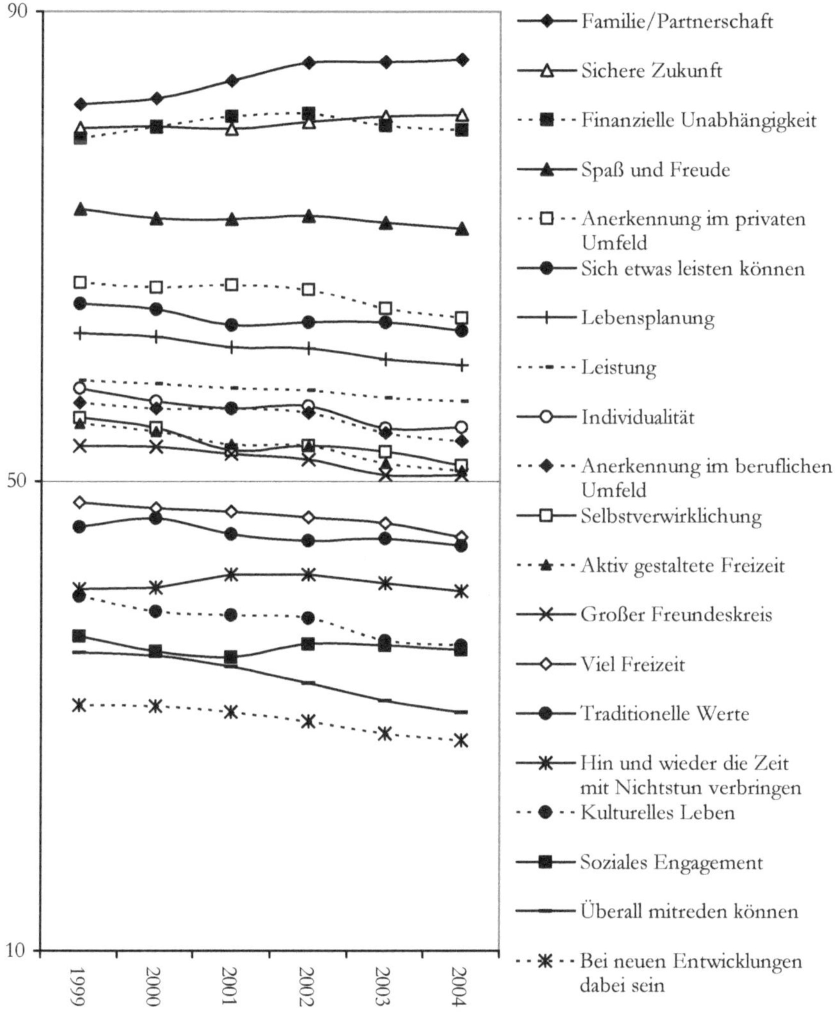

Quelle: VerbraucherAnalyse 1999 bis 2004

n > 31.000

tomatisch zu Umsatzeinbußen. Die Menschen kaufen sich seltener neue Bekleidung, technische Geräte und andere der Mode beziehungsweise Innovation unterworfene Konsumgüter. Dies führt zu Umsatzeinbußen auf dem Absatzmarkt Deutschland und somit zu einer verringerten Auslastung der Produzenten. Die Folge sind Ertragsprobleme und ein hiermit häufiger Abbau bestehender Kapazitäten.

Kapazitätsabbau zeichnet sich, unter anderem, durch den Abbau von Personalkapazitäten aus. Dieser führt wiederum, aufgrund seiner Massenhaftigkeit, zu einem Anstieg der Arbeitslosigkeit in breiten Bevölkerungsteilen und mithin zu sinkenden Konsum*möglichkeiten*. An dieser Stelle wird das bereits vorliegende niedrige Innovations- und Konsumbedürfnis noch durch sinkende Konsumbudgets verstärkt (vgl. Graphik 1). Die Folge: Die Menschen *wollen* und *können* immer weniger konsumieren. Jetzt ist der Teufelskreis perfekt, da Hersteller und Anbieter weitere Kapazitäten abbauen (müssen), um weiterhin rentabel agieren zu können. Bedingt durch eine eh schon ausufernde Staatsverschuldung wird es kaum möglich sein, an der materiellen Schraube (z.B. Steigerung der staatl. Investitionen oder Sozialbudgets) zu drehen. Steuererleichterungen und die Höhe von Renten- wie Arbeitslosenleistungen sind schlicht begrenzt – heute bereits mehr als überstrapaziert. **Aus diesem Grunde ist es von eminenter Wichtigkeit, die Menschen wieder auf den Pfad der Innovationslust zu führen. Sie müssen wieder neugierig werden und Spaß entwickeln, sich auf das Neue einzulassen, und somit wieder mehr Konsumlust entwickeln.**

Dies darf jedoch nicht mit der Erzeugung eines offenen oder auch subtilen Informations- und Innovations*drucks* geschehen. Ganz im Gegenteil: Innovationen müssen so konstruiert und kommuniziert werden, dass deren Zielgruppen von ganz allein Interesse an den jeweiligen Themen, Produkten oder Dienstleistungen bekommen. Hierbei macht es allerdings strategisch wenig Sinn, sich als hypnotisierende Cobra aufzustellen. Sicher, es muss im gewissen Sinne verführt und überzeugt werden – aber bitte nicht mit Übertreibungen und Überzeichnungen. Der große deutsche Markentechniker Domizlaff erkannte bereits vor vielen Jahrzehnten, dass „jede laute Reklame gefährlich“ sei (ebd. 1991, S. 39). Eine gesunde Mischung aus wesentlichen (!) Fakten und somit Nutzen sowie einer Interesse steigernden Verpackung kann die Menschen bereits wieder auf den Pfad der Konsumfreuden zurückbringen.

Der Bedeutungsverlust von „Selbstverwirklichung“ und „Individualität“ mögen als weiterer Beleg für steigende Orientierungsdefizite dienen: Während die Sicherheit gebenden Werte „Familie und Partnerschaft“(+3,8 Prozentpkt.), „sichere Zukunft“ (+1,1) und „finanzielle Unabhängigkeit“ (+0,7) innerhalb des gesamten Untersuchungszeitraumes an Bedeutung hinzugewonnen haben, sind die Werte „Individualität" (-3,3 Prozentpkt.) und „Selbstverwirklichung" (-4,1) immer seltener als wichtig erachtet worden. Zunehmend suchen die Menschen offensichtlich nach Sicherheit gebenden Strukturen, die dem Leben Stabilität versprechen. Die Bedeutung der Selbstentfaltungswerte gerät hierdurch nahezu automatisch in den Hintergrund. Die Suche nach Sicherheit ist jedoch häufig nicht mit Erfolg gekrönt. Der Gesellschaftswissenschaftler Gerhard Schulze formulierte kürzlich treffend: „Orientierungssicherheit und Orientierungsbedarf passen nicht zusammen" (2003, S.38). **Diese Differenz zwischen Sicherheits*angebot* und Sicherheits*nachfrage* führt jedoch eine Reihe negativer Konsequenzen mit sich. Als zusammenfassende Überschrift gilt: Die Menschen suchen zunehmend nach Orientierung, finden sie jedoch immer seltener.**

Schon aus der Ökonomie ist bekannt, dass die Attraktivität eines Gutes wächst, je größer die Nachfrage nach eben diesem Gut ist: „Der Wertbegriff ist ja, ökonomisch verstanden, ein Begriff für das Maß unserer Schätzung von etwas, von Gütern vorzugsweise und insbesondere von solchen, die auf dem Markt angeboten werden und dort zu haben sind. Hier setzt sich unsere Schätzung von Gütern in Nachfrage um, und diese wirkt auf den Preis, in welchem sich insofern ... dann auch der Wert eines Gutes spiegelt" (Lübbe 2001, S. 177). Ähnlich verhält es sich auch mit den nicht-materiellen gesellschaftlichen Werten: Wächst die Nachfrage nach Sicherheit gebenden Werten, dann steigt auch deren Wertigkeit. Je schwerer individuelle und kollektive Sicherheit verfügbar ist, desto höher steigt ihre Wertigkeit sogar noch (Angebot-Nachfrage-Relation).

Um dieses im vorliegenden Kontext verstehen zu können, muss auf eine ältere Studie zurückgegriffen werden (Duncker 2000). Zeitreihenanalysen anhand der Allensbacher-Werbeträger-Analyse zeigen deutlich, aus welcher Richtung der übergeordnete Wertewandel der 1980er und 1990er Jahre kam: „War noch 1986 das Streben nach „Freiheit und Unabhängigkeit" weiter verbreitet als die Suche nach „Sicherheit und Geborgenheit", so hat sich dieses Verhältnis bis 1995 genau umgekehrt entwickelt. In Zeiten wachsender Orientierungsprobleme ist das Streben nach schützender „Geborgenheit" wesentlich weiter verbreitet als das Streben nach „Freiheit und Unabhängigkeit". So ist auch die hohe Popularität traditioneller Orientierungen in dieser Zeit ein Hinweis darauf, dass die Menschen versucht haben, den Verlust der verbindlichen Festlegungen durch die Betonung traditioneller Werte zu kompensieren" (ebd. S. 121f.). Das objektive Angebot an Sicherheit gebenden Werten sinkt und die gesellschaftliche Nachfrage steigt gleichzeitig an.

Was die vergangenen Jahre anbetrifft, haben sich im Wertehorizont der Deutschen auf den ersten Blick die Trends des ausgehenden 20. Jahrhunderts fortgeschrieben. Hinsichtlich der weiterhin hohen Sicherheitsorientierung der Menschen ist dieses nachvollziehbar. Anders verhält es sich hingegen mit dem Bedeutungswandel traditioneller Werte: während diese noch in den 1990er Jahren einen vermehrten Zuspruch erführen, befinden sie sich heute ebenfalls in einer Phase des Bedeutungsabschwunges. So haben die Werte „Leistung" (-1,8 Prozentpkt.) und „Lebensplanung" (-2,7 Prozentpkt.) seit 1999 ebenso an Bedeutung verloren wie die abstrakt abgefragten „traditionellen Werte" (-1,6 Prozentpkt.).

Dies ist das besondere Merkmal des Wertewandels im noch jungen 21. Jahrhundert: Während sich historisch entweder traditionelle Orientierungen oder Selbstentfaltungswerte abwechselnd in den Vordergrund drängten, sind gegenwärtig beide Gruppen auf dem Rückzug – gleichzeitig! Das Besondere an der Gegenwart ist es, dass sich die Menschen ausschließlich in Richtung Sicherheit gebender Werte bewegen und *alle* anderen Werte zunehmend einen Bedeutungsverlust erfahren. Für die deutsche Alltagskultur hat dieser übergeordnete Wertewandel weit reichende Konsequenzen: Die Menschen wünschen sich mehr Sicherheit und versuchen diese primär über den an Bedeutung ständig zunehmenden Wert „Familie und Partnerschaft" zu erreichen.

Per Saldo konzentrieren sich alle Bemühungen, die gewünschte Sicherheit auch zu realisieren, allein auf „Familie und Partnerschaft". Hierdurch entsteht eine enorme Anspruchshaltung gegenüber diesen Institutionen. Sie werden zunehmend als einziger Anker der Menschen wahrgenommen – und dies bei aktuell mehr als unruhiger See. Führt man sich die hieraus resultierende Bedeutungslast vor Augen, die auf Familien und Partnerschaften drückt, so ist es kein Wunder, dass ein wachsender Anteil von Beziehungen diesem Druck nicht mehr standhält. Im Resultat dieser Entwicklung sind immer mehr Partnerschaften (ehelich und nicht-ehelich) schlicht überfordert. Steigende Scheidungsziffern mögen aus diesem Blickwinkel nicht verwundern (vgl. Abschn. 13.1 und 13.2).

Nun soll die vorliegende Zusammenfassung jedoch keine pessimistische Untergangsstimmung produzieren – diese wird uns täglich medial bereits mehr als ausreichend präsentiert. Es ist mit 71,5 Prozent immer noch der Mehrheit der Deutschen wichtig, „Spaß und Freude" zu haben. An dieser Stelle kann zwar nicht beantwortet werden, ob die Menschen selbst Spaß und Freude haben oder ob sie sich dies nur wünschen – doch der Wunsch allein kann auch schon helfen, den Wertehorizont der Deutschen ein wenig aufzuhellen. Im Verlauf der vergangenen Jahre hat dieser Wert jedoch einen leichten Bedeutungsverlust (-1,7 Prozentpkt.) erfahren – Tendenz: stabil.

Parallel zur sinkenden Wichtigkeit von „Spaß und Freude" zeichnen sich auch die verschiedenen Freizeitwerte durch einen Bedeutungseinbruch aus: Die „aktiv gestaltete Freizeit" ist mit 49,9 Prozent zwar heute noch nahezu jedem Zweiten wichtig, doch ist die Zustimmung in den vergangenen Jahren um insgesamt -4,0 Prozentpunkte gesunken. Auch der Wunsch nach „viel Freizeit" ist im Zuge des Wertewandels heute mit 45,2 Prozent nicht mehr mehrheitsfähig (-3,0 Prozentpkt.). Zudem wird das Streben nach Ruhe, „hin und wieder die Zeit mit Nichtstun verbringen", nur noch von 40,6 Prozent als wichtig bezeichnet. Dieser Wert verliert allerdings erst seit 2002 an Zuspruch (-1,4 Prozentpkt.).

Freizeit dürfte auch nicht mehr die primäre Problemorientierung der Menschen sein. War, zumindest bei Arbeitnehmern, der Abbau der Wochenarbeitszeit bis in die frühen 1990er Jahre hinein noch eine wesentliche Variable der Tarifverhandlungen, so ist dies heute kein Thema mehr. Ganz im Gegenteil: Sowohl in der freien Wirtschaft als auch im öffentlichen Dienst wurde in der jüngeren Vergangenheit immer häufiger eine Verlängerung der Wochenarbeitszeit vereinbart – und dieses nicht selten ohne entsprechenden Lohnausgleich. Heute steht die Wichtigkeit der Arbeit wieder deutlich über dem Wert der Freizeit. Heute sind die Menschen froh, wenn sie einen einigermaßen abgesicherten Arbeitsplatz haben. Da dieser sie und ihre Familie ernährt, ist die Arbeit den Menschen heute schlicht wichtiger als Freizeit. Um nicht falsch verstanden zu werden: Freizeitorientierungen gehören auch heute noch fest in den Wertehorizont der Deutschen. Hierfür spricht die Tatsache, dass es den Menschen wichtiger ist, die Freizeit „aktiv" zu gestalten, als möglichst „viel" hiervon zu haben. Doch führen die aktuellen ökonomischen Wandlungen zu einer Prioritätenverlagerung, die auch in den kommenden Jahren anhalten wird.

Die zunehmende Bedeutung der Arbeitswelt (welche leider weder im Rahmen der VA noch der AWA erhoben wird) hat jedoch nicht nur die Wichtigkeit der Freizeitwerte zunehmend zurückgedrängt. Gleichzeitig ist es auch immer seltener Menschen wichtig, Anerkennung zu erfahren. Sowohl im „privaten" (-3,0 Prozentpkt.) als auch im „beruflichen Umfeld" (-3,3 Prozentpkt.) ist die Bedeutung der Anerkennung innerhalb des Untersuchungszeitraumes gesunken. Auch dieser Bedeutungsverlust steht im Schatten der zunehmenden Sicherheitsorientierung. Dieser Trend stellt für die wirtschaftliche Entwicklung jedoch ein ernsthaftes Risiko dar: So zeigte die Korrelationsanalyse einen überdurchschnittlich hohen Zusammenhang zwischen dem

Streben nach Anerkennung und der Wichtigkeit des Wertes „Leistung“ (vgl. Abschn. 13.8; r = 0,481). Dies bedeutet im Klartext, wem Anerkennung nicht mehr wichtig ist, der zeigt auch gleichzeitig eine deutlich verringerte Leistungsbereitschaft und ist in der Regel weniger motiviert. **Auch aus dieser Perspektive heraus ist es zwingend erforderlich, dass die Menschen neben der Sicherheit, zumindest parallel, auch andere Primärorientierungen entwickeln. Wenn dieses nicht geschieht, dann ist ein fortschreitender Rückzug der Menschen aus den Lebensbereichen der Konsum-, Freizeit- und Arbeitswelt vorprogrammiert. Die kulturellen und volkswirtschaftlichen Konsequenzen sind kaum mehr überschaubar.**

Stichwort Kultur: Die Wichtigkeit des „kulturellen Lebens“ hat in den vergangenen Jahren mit -4,2 Prozentpunkten den zweitstärksten Bedeutungseinbruch aller untersuchten Wertorientierungen erfahren und wird aktuell nur noch von 36,0 Prozent der Bevölkerung für wichtig erachtet. Den größten Bedeutungsverlust hatte dieser Wert mit -7,4 Prozentpunkten in der Altersgruppe der 40- bis 49-Jährigen zu verzeichnen. Aber auch die bis zu 19-Jährigen (-6,8 Prozentpkt.) und die 20- bis 29-Jährigen (-6,1 Prozentpkt.) erachten diesen Wert immer seltener für wichtig. Hiermit sind es vor allem die jungen, nachwachsenden Generationen, bei denen die Kulturorientierung deutlich sinkt. Der hier zu beobachtende Wertewandel steht wiederum in engem Zusammenhang mit der wirtschaftlichen Entwicklung: Wenn sowohl öffentliche Gelder fehlen als auch das gesellschaftliche Interesse an kulturellen Belangen fehlt, wird es zunehmend schwer, die Menschen für kulturelle Fragen zu begeistern. Die interessantesten Angebote und die beste Presse- und Öffentlichkeitsarbeit nützen den Anbietern kultureller Angebote wenig, wenn die potentielle Zielgruppe immer kleiner wird. Dies merken auch die privaten und wirtschaftlichen Förderer, die ihre Unterstützungsleistungen langsam zurückfahren. Für den Kulturstandort Deutschland stehen hierdurch schwere Zeiten vor der Tür.

Wenn auch die Korrelationsanalyse mit r = 0,596 zwischen den Werten „kulturelles Leben“ und „soziales Engagement“ den stärksten Zusammenhang zwischen allen Wertorientierungen ausweist (vgl. Abschn. 13.17), zeigt sich der historische Verlauf beider Werte nicht synchron. Während das „kulturelle Leben“ seit 1999 einen nahezu linearen Bedeutungsverlust aufweist, zeigt das „soziale Engagement“ einen ungleichmäßigen Entwicklungsverlauf: Nach einem kurzfristigen Bedeutungseinbruch zwischen 1999 und 2001 (-1,8 Prozentpkt.) wurde das „soziale Engagement“ 2002 wieder von 36,1 Prozent für besonders wichtig erachtet. Seither nimmt die Reichweite dieser Orientierung jedoch wieder leicht ab, so dass heute nur noch 35,6 Prozent deren Wichtigkeit betonen (-0,6 Prozentpkt.). Hinsichtlich der jüngeren Entwicklung ist wiederum zwischen den verschiedenen Altersgruppen zu differenzieren: Während bei den bis zu 39-Jährigen das „soziale Engagement" zwischen 2003 und 2004 weiter an Bedeutung gewinnt (etwa +0,7 Prozentpkt.), erachten dieses in den älteren Generationen weiterhin immer mehr Menschen als weniger wichtig (bis zu -1,8 Prozentpkt.). **Die älteren Generationen haben offensichtlich das Vertrauen in den Sinn und Zweck des sozialen Engagements verloren und engagieren sich lieber für andere Themenbereiche – die eigene „sichere Zukunft" sowie die „Familie und Partnerschaft".**

In der Zusammenfassung aller bisher besprochenen Werte zeigt sich vor allem eines: Das Gros der untersuchten Werte hat in Deutschland in den vergangenen Jahren einen Bedeutungsverlust erlitten. Lediglich drei Wertorientierungen werden heute häufiger als wichtig erachtet als im Ausgangsjahr 1999. Wurde noch in den einleitenden Ausführungen behauptet, in der Realität gäbe es so etwas wie einen breit angelegten Werteverlust nicht, so haben die tatsächlichen Entwicklungen das Gegenteil gezeigt. Mit einem Verhältnis von 17:3 überwiegt der Anteil der „rückläufigen Werte" deutlich. Das Szenario eines „Werteverlustes" erscheint erstmalig plausibel: Es sind zwar nicht die Werte an sich verloren gegangen (denn sie sind durchaus noch existent), es sinkt jedoch deren Reichweite. Aus der ökonomischen Perspektive heraus sind wir an dieser Stelle mit einer "Nachfrage-Veränderung" konfrontiert, die zwar nicht die Bedeutung der Werte geändert hat, aber das Ausmaß ihrer Wichtigkeit.

Dieser weit reichende Werteverlust hat überwiegend zum Jahrtausendwechsel eingesetzt. Von den untersuchten 20 Wertorientierungen wurden 16 im Jahr 2000 erstmalig seltener für wichtig erachtet – Tendenz seither weit überwiegend stabil. Lediglich die Bedeutung des „Nichtstuns" und der „finanziellen Unabhängigkeit" erfuhren erst ab dem Rezessionsjahr 2002 einen Bedeutungseinbruch. Selbst diese Wertorientierungen zeigen sich hiermit in den vergangenen Jahren rückläufig. **Dieser breit angelegte Bedeutungsrückgang erstreckte sich auf nahezu alle Lebensbereiche: Tradition, Selbstentfaltung, Finanzen, Kultur, Soziales, Freizeit und selbst die Lebensfreude. Die einzigen Bedeutungszuwächse, die bis heute stabil sind, konnten die Werte „sichere Zukunft" und „Familie und Partnerschaft" verzeichnen. Diese beiden Werte drohen jedoch, unter der Last der einseitigen Bedeutungsverschiebung zu ersticken. Wenn sich ein**

Graphik 73:

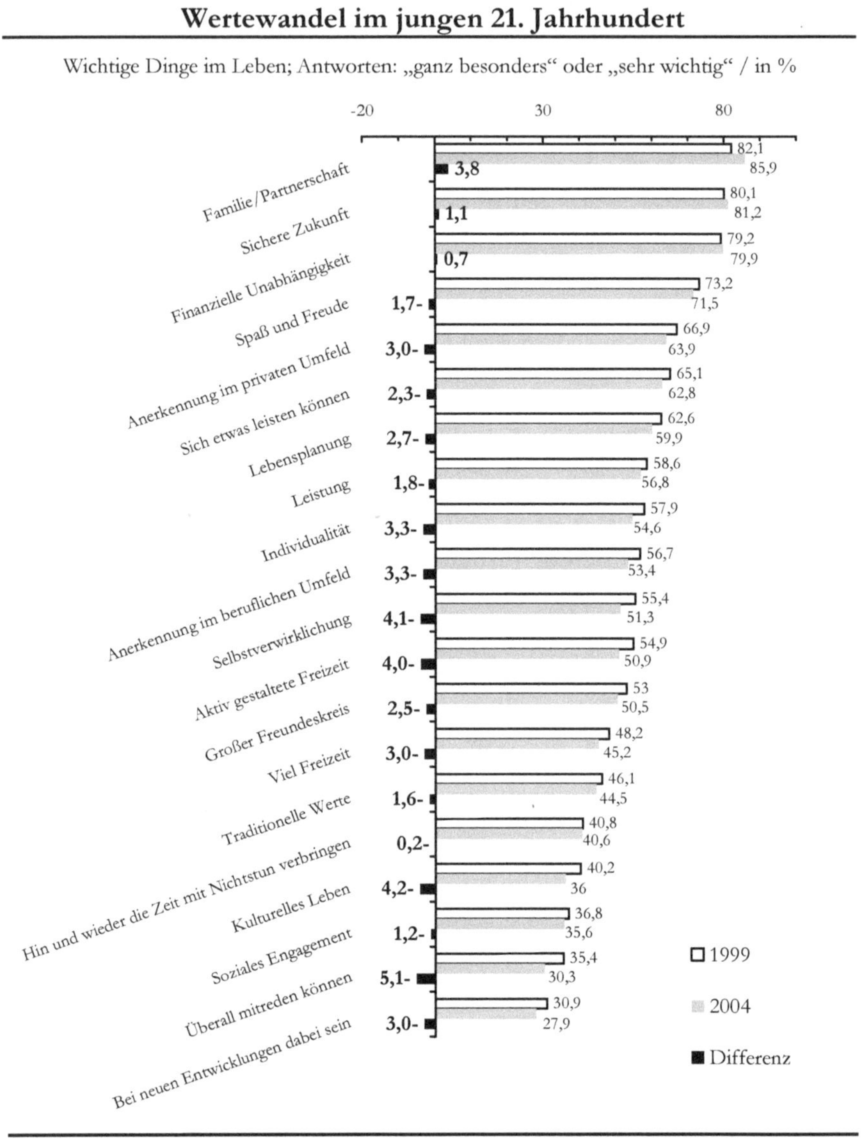

Quelle: VerbraucherAnalyse 1999 und 2004
n > 31.000

ursprünglich breites Lebensspektrum auf nur noch zwei Bereiche fokussiert, dann sind diese schnell überlastet. Es droht eine mangelnde „Wertverwirklichung", die irgendwann zwangsläufig aus dieser Überlastung resultiert. Diese Entwicklung kann schnell zu massenhaften, psychischen Problemlagen führen (s.a. Klages 2002, S. 72).

Die Ergebnisse der vorhergehenden Einstellungsmessung können diese These belegen. Die Untersuchung der psychosozialen Merkmale (vgl. Abschn. 5) zeigte, dass die Mehrheit der Deutschen im Gesamtzeitraum der vergangenen 20 Jahre eine durchaus positive Entwicklung hinsichtlich der Selbstwahrnehmung erfahren hatte. Es fiel den Deutschen zunehmend „leicht, neue Leute kennen zu lernen", sie rechneten immer häufiger „bei dem, was ich mache, mit Erfolg", übernahmen immer öfter „gern Verantwortung", konnten sich zunehmend „gut durchsetzten" und waren immer seltener „unsicher, wie ich mich verhalten soll". Dies ist jedoch nur die Tendenz über den gesamten Untersuchungszeitraum (hier 1985 bis 2004). Seit 2001 werden all diese Persönlichkeitsmerkmale immer seltener als „zutreffend" bezeichnet. Besonders ausgeprägt ist der Ergebnisrückgang bei dem Statements „ich bin selten unsicher, wie ich mich verhalten soll" (-2,7 Prozentpkt.) und „gewöhnlich rechne ich bei dem, was ich mache, mit Erfolg" (-2,5 Prozentpkt.). Die Unsicherheit der Menschen nimmt seit einigen Jahren spürbar zu.

An dieser Stelle hat der Wandel der gesellschaftlichen und ökonomischen Rahmenbedingungen zu einer Entwicklung geführt, die eine gesonderte Betrachtung verdient. **Die Mehrzahl der untersuchten Werte hatte bereits seit dem Jahr 2000 einen Bedeutungsverlust erfahren. Mit einer Verzögerung von einem Jahr werden dann auch die psychosozialen Merkmale der subjektiven Persönlichkeitseinschätzung immer seltener als zutreffend genannt. Vor allem die Selbstsicherheit sinkt, aber auch die subjektiven, individuellen Erfolgsaussichten. An dieser Stelle hat der vorgelagerte Wertewandel (ab 2000) zu einem hierauf folgenden Wandel der Selbstwahrnehmung (ab 2001) geführt. Als abschließende Folgewirkung ist schließlich seit 2002 auch die private Nachfrage in Deutschland gesunken. In dieser chronologischen Kette zeigt sich einmal mehr die Wichtigkeit der Werteforschung: Wertewandlungen sind den tatsächlichen Verhaltensänderungen zeitlich immer vorgelagert, hinsichtlich ihrer Dynamik stabil und hierdurch ein gutes Prognoseinstrument – auch bei volkswirtschaftlichen Betrachtungen.**

Doch zurück zu den psychosozialen Auswirkungen des Wertewandels der vergangenen Jahre. Es wurde bereits festgestellt, dass das Selbstbewusstsein der Deutschen (i.w.S.) in den vergangenen Jahren spürbar rückläufig ist. Dies ist jedoch nur eine Betrachtungsebene des Werte-*Wandels*. Von hoher Bedeutung ist auch die Tatsache, dass einige Werte heute in einem Atemzug genannt werden, die sich historisch gegenüber standen. Standen beispielsweise „traditionelle Werte" und "Selbstverwirklichung" in der Vergangenheit einander diametral gegenüber (z.B. Klages 1984), so korrelieren sie heute mit r = 0,336 vergleichsweise hoch – was früher eigentlich strikt getrennt war, und eine Reihe von Sozialwissenschaftlern heute immer noch versuchen zu trennen (Klages 2002, S.47f.), gehört mittlerweile für viele Menschen zusammen. Heute erachten beispielsweise 69,6 Prozent der Personengruppe, die „traditionelle Werte" betonen, gleichzeitig auch die „Selbstverwirklichung" für besonders wichtig.

Dieses ist eine wirklich neue Dimension des Wertewandels: Die Kategorisierung der Menschen mittels weniger übergeordneter Wertgruppen, macht im Resultat dieser Entwicklung keinen Sinn mehr. Ähnliches gilt für die Verwendung von Lebensstilanalysen, da diese häufig versuchen, Sachverhalte und Werte zu differenzieren, die eigentlich zusammen gehören (Duncker 2004). Sicher scheint es auf den ersten Blick vereinfachend, die Vielzahl von Einzelwerten in übergeordnete Gruppen zu gliedern. Aufgrund dynamischer Wertverschmelzungen macht dies jedoch nur wenig Sinn. Der Forschende zwingt sich künstlich, an der Oberfläche der gesellschaftlichen Wirklichkeit zu bleiben. Wer sich ernsthaft mit Werten und dem Wandel der Werte auseinandersetzten möchte, der sollte sich die Mühe machen, sich mit den immer wichtiger werdenden Details zu beschäftigen. EDV-basierte Auswertungssysteme (z.B. SPSS, MDS etc.) machen dies ohne große Aufwendungen und Zeitverluste möglich. Es ist jedoch von eminenter Wichtigkeit, dass der Auswertende nicht nur die Computeranwendungen und statistischen Methoden beherrscht, sondern auch fundamentale Kenntnisse von der Funktion und Dynamik von Werten besitzt.

15. Aussichten – der Wertewandel in den kommenden Jahren

Die Trendforschung lebt seit Jahren im Reich der Halbwissenschaften: „Sie firmiert irgendwo zwischen Scharlatanerie und Sozialwissenschaft, zwischen Kaffeesatzleserei und seriöser Unternehmens- und Politikberatung" (Barz et al. 2003, S. 28). Bisher konnte offensichtlich noch kein Königsweg gefunden werden, der es ermöglicht, seriöse Entwicklungsprognosen zu liefern. Dies ist jedoch kein Wunder: In der sozialen Realität treffen eine Vielzahl von Faktoren aufeinander, die den Wertehorizont der Menschen beeinflussen. Die nachfolgenden Ausführungen können und sollen dieses Problem nicht allumfassend aushebeln. Sie haben jedoch das Ziel, unter Berücksichtigung der wesentlichen Faktoren, eine seriöse Prognose zu liefern. Die Konkretisierung der wichtigsten Parameter fällt hierbei gewissermaßen leicht. Anhand der bisherigen Ausführungen konnte bereits nachgewiesen werden, dass drei zentrale Faktoren die Wertestruktur der Menschen beeinflussen:

- Werte und Wertzusammenhänge (Korrelationen)
- Demographische Entwicklungen
- Ökonomische Bedingungen

In den nachfolgenden Abschnitten sollen nun diese drei Faktoren miteinander verknüpft werden. Hierbei muss natürlich wiederum auf eine Reihe von Annahmen zurückgegriffen werden, die jedoch nachfolgend mittels „harter Daten" der Bevölkerungs- und Wirtschaftsstatistik belegt werden und hierdurch in hohem Maße nachvollziehbar sind. Hinsichtlich der Bevölkerungs- und Wirtschaftsstatistik wird auf die Daten des GENESIS-Datenbestandes des statistischen Bundesamtes zurückgegriffen. Diese – übrigens sehr zu empfehlende – Online-Datenbank führt ein äußerst umfassendes Datenangebot, welches in wenigen Sekunden hinsichtlich verschiedener Betrachtungsdimensionen abgerufen werden kann. Ein weiterer Vorteil besteht in der vergleichsweise hohen Aktualität des verfügbaren Datenmaterials, welche für öffentliche Daten leider noch nicht üblich ist.

15.1 Ausgangsbedingungen für die Entwicklungsprognose

Die herausragende Variable zur Ermittlung des künftigen Wertewandels in Deutschland ist die Entwicklung der nationalen Altersstruktur. Hinsichtlich des entsprechenden Datenmaterials steht eine Vielzahl seriöser Untersuchungen zur Verfügung. Problematisch ist jedoch, dass die dort verwendeten Altersgruppen nicht denen der parallel verwendeten VerbraucherAnalyse (VA) entsprechen. Aus diesem Grunde musste vorliegend eine spezielle Prognose erstellt werden. Als besonders hilfreich erwies sich in diesem Zusammenhang die Verwendung der GENESIS-Datenbank. Diese weist für jedes Kalenderjahr den Bevölkerungsbestand für jedes Lebensjahr aus. Die Daten geben Aufschluss über den „Bestand" der 1-Jährigen, 2-Jährigen, 3-Jährigen ... bis hin zu den über 85-Jährigen im Jahre xy. Gegenwärtig liegen in der GENESIS-Datenbank die Werte bis zum Jahr 2003 vor.

Graphik 74:

Entwicklungen der Altersstruktur in Deutschland 1990 bis 2010

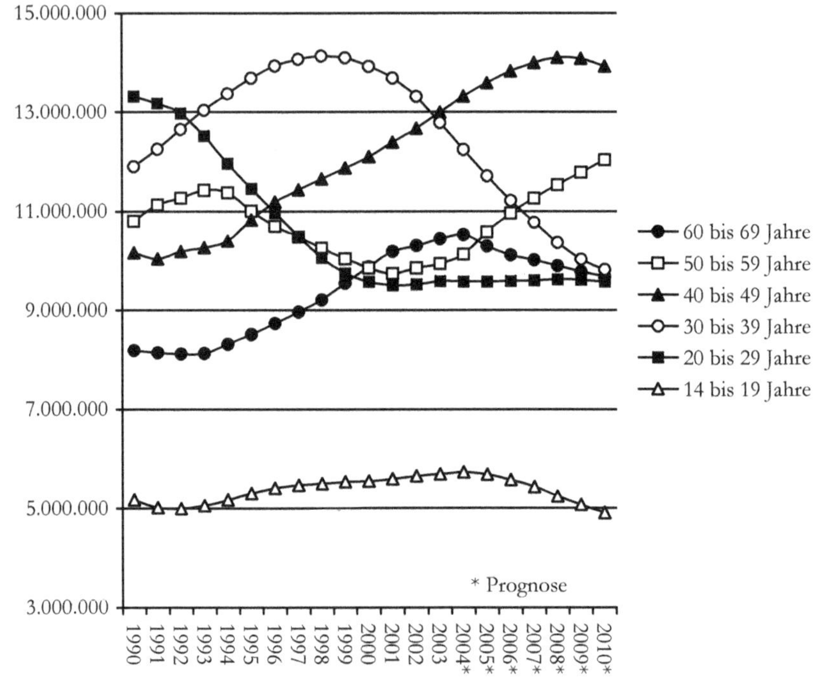

Quelle: GENESIS des Statistischen Bundesamtes; Internetzählung vom 11.04.2005
Bevölkerung: Fortschreibung des Bevölkerungsstandes
Deutschland – Stichtag 31.12. des jew. Jahres
Prognose = eigene Hochrechnung

Für die Erstellung der Prognosedaten ab dem Jahr 2004 wurde ein einfaches mathematisches Verfahren angewendet: Der Anteil der 1-Jährigen aus dem Jahr 2003 wurde beispielsweise im Folgejahr in das Cluster der 2-Jährigen überführt. Aus dem Cluster der 2-Jährigen wurden in 2004 3-Jährige. Dieses Verfahren wurde für alle Lebensalter angewendet, so dass für das Folgejahr alle Cluster eine Jahrgangsstufe höher gesetzt wurden. Dieses Hilfsmittel erscheint legitim, da der entsprechende Bevölkerungsteil ja auch tatsächlich um jeweils 1 Jahr älter wird. Die auf diese Weise vorgenommene Hochrechnung wurde auch für die Folgejahre bis 2010 wiederholt. Einschränkend muss an dieser Stelle angemerkt werden, dass beeinflussende Faktoren, wie beispielsweise die Mortalität und die Migration, nicht mit in das Zahlenmaterial eingeflossen sind. Dies sind jedoch auch Faktoren, die das Ergebnis in naher Zukunft eher marginal beeinflussen dürften. Die *grundsätzliche Verteilung* bleibt stabil.

Um eine spätere Vergleichbarkeit mit den Daten der VerbraucherAnalyse (VA) zu erlangen, wurden die jährlich hochgerechneten Jahrgänge zu Altersgruppen zusammengefasst. Hierbei wurde zum einen auf die Altersgruppe der unter 14-Jährigen verzichtet, da diese auch in der VA nicht erfasst werden. Als zweite Altergruppe konnten die über 70-Jährigen nicht berücksichtigt werden, da die Altersgruppe der 85-Jährigen und Älteren auch im Rahmen der GENESIS-Anwendung als kompakte Altersgruppe geführt werden. Da dieses, Stand 31.12.2003, etwa 1.375.000 Bundesbürger waren, ließ sich aus diesem Cluster keine seriöse Fortschreibung für die Folgejahre erstellen. Mit einem Altersspektrum von 14 bis 69 Jahren ist jedoch die Mehrheit der Bundesbürger durch diese Methode erfasst. Zudem sind dies auch jene Personengruppen, die bei bevölkerungsbezogenen Entscheidungen in Politik, Wirtschaft und Marketing die wesentlichen Gruppen bilden.

Im Ergebnis der auf die beschriebene Weise angefertigten Entwicklungsprognose zeigen sich zwei übergeordnete Zentraltrends: Während der Umfang der 30- bis 39-Jährigen in den kommenden Jahren deutlich sinken wird, steigt der Anteil der 40- bis 59-Jährigen rapide an. Hier zeigen sich einmal mehr die Auswirkungen des so genannten „Pillenknicks" seit Einführung der hormonellen Schwangerschaftsverhütung („Pille"). Seit 1961 erstmalig auf dem Deutschen Markt verfügbar, hatte sich die Pille nach langjährigen Kontroversen bis zum Anfang der 1970er Jahre breitenwirksam durchgesetzt.

Die, auch vorliegend sichtbare, Konsequenz war ein deutlicher Geburtenrückgang. Mit der Folge, dass die Altersgruppe der 20- bis 29-Jährigen bis zur Jahrtausendwende deutlich schrumpfte. Mit einem zeitlichen Verzug von 10 Jahren folgt dann auch die Gruppe der 30- bis 39-Jährigen: Waren zu ihrem Höhepunkt im Jahr 1998 noch 14,13 Mio. Bundesbürger in dieser Altersgruppe, so sind es 2003 nur noch 12,78 Mio. und bis 2010 werden es nur noch 9,81 Mio. sein. Dies entspricht einer Reduktion von über 30 Prozent innerhalb von nur 7 Jahren.

Bedingt durch diese Entwicklung wird der Anteil der jungen Erwachsenen in der Bevölkerung zunehmend sinken. Der in den kommenden Jahren ebenfalls sinkende Anteil der 14- bis 19-Jährigen wird diese Entwicklung sogar noch verstärken. Im Gegenzuge werden die „Vor-Pillen-Jahrgänge" der 40- bis 59-Jährigen weiter anwachsen. Beträgt ihr Anteil an der Gesamtgruppe der hier analysierten 14- bis 69-Jährigen im Jahr 1990 noch 35,2 Prozent, so sind es heute bereits 38,1 Prozent und im Jahr 2010 wird ihr Anteil sogar 43,3 Prozent betragen – Tendenz weiter leicht steigend. Mithin werden die 40- bis 59-Jährigen künftig die dominante Altergruppe der Bevölkerung stellen. Im Gegenzuge sinkt der Anteil der 60- bis 69-Jährigen. Entgegen der weit verbreiteten Auffassung, künftig würde eine starke Überalterung der bundesdeutschen Gesellschaft drohen, zeigt die hier gewählte Form der Altersfortschreibung ein abweichendes Bild: Der Anteil der 60- bis 69-Jährigen wird von aktuell 17,1 Prozent (entspr. 10,5 Mio.) auf 16,1 Prozent im Jahre 2010 sinken (entspr. 9,7 Mio.). Bei der Betrachtung dieser Zahlen muss zudem berücksichtigt werden, dass Mortalitätseffekte bei der Berechnung noch nicht einmal mit eingeflossen sind. Entsprechend wird der Anteil der über 60-Jährigen in der Realität künftig sogar noch stärker sinken, als an dieser Stelle berechnet.

Die Anteile der über 70-Jährigen wurden im Rahmen der vorliegenden Berechnungen nicht berücksichtigt. Global zeigt sich, dass diese in den kommenden Jahren anteilig weiter ansteigen werden. Da die über 70-Jährigen jedoch aus methodischen Gründen bei der vorliegenden Betrachtung nicht berücksichtigt werden können (s.o.), müssen sie an dieser Stelle vernachlässigt werden. Wesentlich wichtiger erscheint im vorliegenden Zusammenhang die Tatsache, dass die „nachwachsende Generation" der 14- bis 19-Jährigen ab 2005 ebenfalls sinken wird. Die oben vorgenommene Altersfortschreibung ist hierfür ein erster Beleg. Die niedrigen Geburtenraten der 1980er und frühen 1990er Jahre werden sich dann endgültig in der Altersverteilung niederschlagen (vgl. Graphik 75).

Die Hauptursache für diese Entwicklung ist, wie bereits angesprochen, in den sinkenden Geburtenziffern zu sehen: Während im Jahr 1960 noch nahezu eine Million Lebendgeborene zur Welt kamen, halbierte sich diese Ziffer fast auf 586.155 in 1985. An dieser Stelle zeigen sich die dramatischen Folgen des weiter oben angeführte „Pillenknicks". In den anschließenden Jahren nahm die Zahl der Lebendgeborenen zwar wieder auf 812.173 in 1997 zu. Doch seit diesem Jahr sinkt die Zahl wieder spürbar. Aus diesem Grunde muss über das Jahr 2010 hinaus weiterhin mit einem sinkenden Anteil nachrückender jüngerer Bundesbürger kalkuliert werden – Tendenz stabil. Diese Tendenz kann auch durch eine optimale Steuerung der Migration kaum noch gestoppt werden.

Graphik 75:

Anzahl der Lebendgeborenen seit 1960

Pro Jahr in 1.000

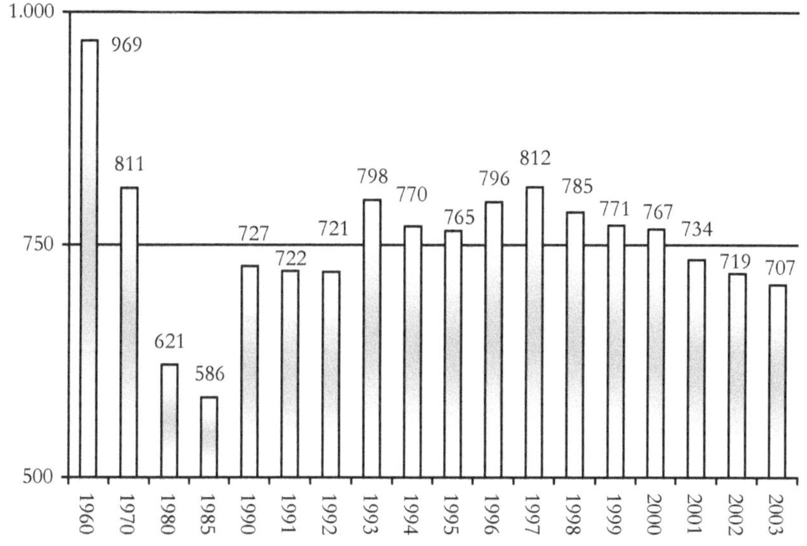

StBa : GENESIS, „Statistik der Geburten"
Stand 13.04.2005
Bis 1992: Früheres Bundesgebiet

Die bisher besprochenen demographischen Veränderungen haben natürlich auch Auswirkungen auf die ökonomischen Rahmenbedingungen. Insbesondere das bereits seit längerem zu beobachtende Anwachsen der Altersgruppe der 50- bis 59-Jährigen wird sich künftig deutlich in der Wirtschaftswelt niederschlagen. Bereits seit 1991 ist in Deutschland ein Anstieg der Bezieher von Rente und dergleichen festzustellen. Quasi als Gegentrend nimmt die Anzahl der Erwerbstätigen jährlich ab. Diese Entwicklungen führen auf der Versorgungsebene zu gravierenden Veränderungen. Bis zu einem gewissen Grad mag es möglich sein, dass immer weniger Erwerbstätige für die steigenden Sozialleistungen des zunehmenden Rentneranteils aufkommen können. Doch selbst mit Steuermitteln wird es künftig nahezu unmöglich sein, das aus der demographischen Entwicklung resultierende Defizit zu decken.

Graphik 76:

Entwicklung der Erwerbstätigkeit und der Rentenempfänger seit 1991

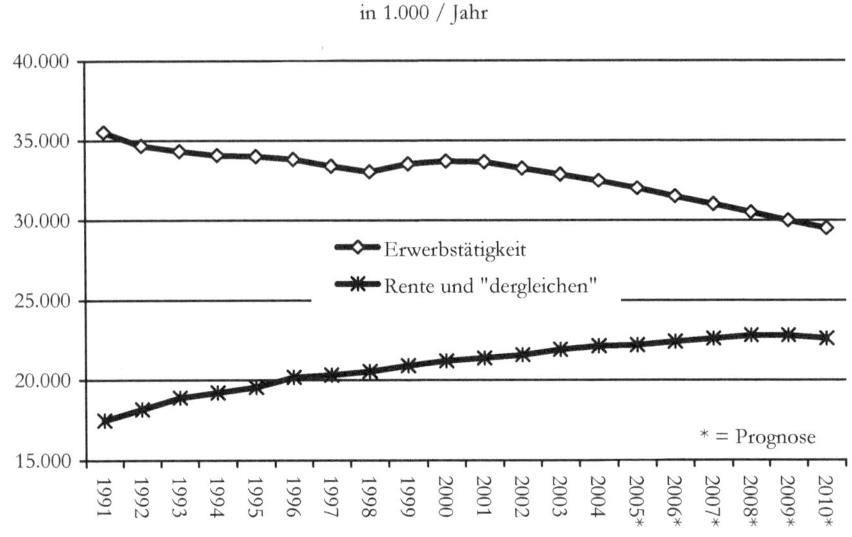

StBa : GENESIS, Stand 13.04.2005
Ergebnisse des Mikrozensus
Prognose = eigene Hochrechnung

Der parallel hierzu bestehende Trend zur Frühverrentung tut sein übriges: Kommen immer mehr Menschen immer früher in den Genuss dieser staatlich verordneten Versicherungsleistung, dann können die zunehmend ausgeschöpften Töpfe der Rentenversicherung nicht mehr ausreichend nachgefüllt werden. Im Zuge der permanenten Produktivitätssteigerung, die auch in Zukunft anhält, wird es außer der Arbeitslosigkeit nur wenig Alternativen zur Frühverrentung geben. Wenn immer mehr Output mit immer weniger Personalressourcen geschaffen werden kann, dann sinkt der Bestand der Erwerbstätigen auch in Zukunft weiter ab. So oder so – die Konsequenz ist in beiden Szenarien die gleiche: Die Konsumkraft der betroffenen Bevölkerungsgruppen wird von diesen Entwicklungen negativ beeinflusst. Erst nach dem Jahr 2010, wenn ein Großteil der heute 50- bis 59-Jährigen bereits in den Ruhestand übergegangen ist, wird die Anzahl der Rentenbezieher wieder leicht sinken. Aufgrund der niedrigen „Nachwuchsziffern" wird jedoch der Anteil der

Erwerbstätigen ebenfalls sinken. Die wachsende Differenz zwischen Einzahlenden und Leistungsempfängern wird die Rentenkassen mithin weiter belasten. Aus diesem Grunde werden die pro Kopf ausgeschütteten Rentenbeiträge in absehbarer Zeit zwangsläufig gesenkt werden müssen.

Diese vor allem altersbedingten Wandlungen haben auch Auswirkungen auf die Finanzierung des individuellen Lebensunterhaltes. Ergebnisse des Mikrozensus bzw. der ehemaligen Volkszählungen zeigen in diesem Zusammenhang bereits für die Vergangenheit ein eindeutiges Bild: Seit den 1960er Jahren hat vor allem der Anteil der Bezieher von Renten und dergleichen stark zugenommen. Lebten 1961 noch 13,4 Prozent von der staatlich garantierten Altersabsicherung, so hat sich deren Anteil mit 26,8 Prozent in 2004 exakt verdoppelt (+100 Prozent) – Tendenz, aufgrund der demographischen Entwicklung, in den kommenden Jahren weiter leicht steigend. Deutlich zugenommen hat im gleichen Zeitraum auch der Anteil der Bezieher von Arbeitslosengeld oder -hilfe. Lebten noch 1961 lediglich 0,1 Prozent der Bevölkerung von dieser Quelle, so waren es 2004 bereits 4,6 Prozent (+460 Prozent) – Tendenz auch hier, aufgrund der ökonomisch-technischen Wandlungen, steigend.

Die Erwerbstätigkeit unterliegt offensichtlich gewissen Periodeneffekten und zeigt hierdurch keinen linearen Verlauf. Auffällig ist lediglich die Tatsache, dass die Erwerbstätigenquote 2004 mit 39,4 Prozent exakt der des Jahres 1970 entspricht. Die aktuellen Probleme der Erwerbstätigenquote treten mithin nicht erstmalig auf. Die Probleme, die aus den steigenden Anteilen der Bezieher von „Rente und dergleichen" sowie Arbeitslosengeld und -hilfe resultieren, sind hingegen historisch neu: Bedingt durch die Tatsache, dass diese Bevölkerungsteile weit überwiegend durch Abgaben auf Erwerbseinkommen finanziert werden, entwickelt sich hier eine neue Finanzierungsdimension. Wenn immer mehr Menschen berechtigt sind, staatliche Sozialleistungen in Anspruch zu nehmen, und immer weniger Menschen in die entsprechenden Töpfe einzahlen, dann droht ein Ungleichgewicht, welches die Töpfe schnell zum Umstürzen bringen kann.

Ein weiteres Phänomen kennzeichnet die Entwicklungen der Quellen des Lebensunterhaltes: Betrug der Bevölkerungsanteil, der durch Unterstützungsleistungen von Angehörigen lebt, in den 1960er und 70er Jahren noch etwa 44 Prozent, so ist dieser heute auf 29,2 Prozent gesunken. Dies entspricht einer Senkung um etwa ein Drittel (-33,6 Prozent). Dieses Drittel, ehemals durch Angehörige Unterstützte, finanziert sich jedoch nicht über Erwerbstätigkeit. Da der Anteil der Erwerbstätigen ebenfalls sinkt, findet sich der entsprechende Bevölkerungsanteil ausschließlich in den Gruppen „Arbeitslosengeld und

-hilfe“ sowie „Rente und dergleichen“ wieder. Hierdurch wurde die finanzielle Belastung indirekt von den Angehörigen auf die staatlichen Sicherungssysteme „verschoben“. Da diese heute nahezu ausschließlich durch den Faktor Arbeit finanziert werden, werden auch die Nebenkosten der Arbeit zunehmend „teuer“. Doch die hieraus resultierenden Konsequenzen seien an dieser Stelle lediglich angedeutet – sie sind nicht das eigentliche Thema dieser Betrachtungen.

Graphik 77:

Quellen des (überwiegenden) Lebensunterhaltes im Zeitvergleich

in %

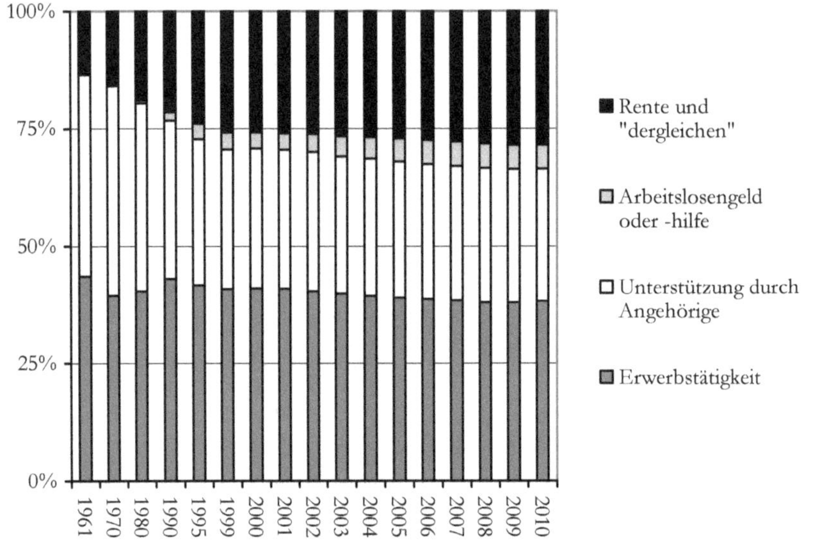

StBa : DESTATIS, „Quellen des Lebensunterhaltes“
Ergebnisse des Mikrozensus, Stand 22.03.2005
bis 1990 Früheres Bundesgebiet
ab 2005 = eigene Hochrechnung

Hinsichtlich der zukünftigen Entwicklungen der Quellen des Lebensunterhaltes lassen sich nur vorsichtige Aussagen treffen. Aufgrund der Komplexität der Thematik sollen im Folgenden lediglich wenige zentrale Annahmen gelten:

- Aufgrund des leicht sinkenden Anteils der 60- bis 69-Jährigen wird der Anteil der Rentenempfänger nur noch leicht ansteigen – von 26,8 Prozent in 2004 auf 28,4 Prozent in 2010 (+1,6 Prozentpkt.).
- Aufgrund der weiterhin steigenden Produktivität werden, unter der Annahme einer stabilen Gesamtnachfrage (zusammengefasst aus privater, öffentlicher, gewerblicher und internationaler Nachfrage), weiterhin immer weniger Menschen ihren Lebensunterhalt aus Erwerbstätigkeit finanzieren. Der Anteil der Erwerbstätigen sinkt aus diesen Gründen von 39,4 Prozent in 2004 auf 38,2 Prozent in 2010 (-1,2 Prozentpkt.).
- Aufgrund der selben Ursachen wird der Bevölkerungsanteil, der den Lebensunterhalt durch Arbeitslosengeld und -hilfe finanziert, weiterhin leicht ansteigen – von 4,6 Prozent in 2004 auf 5,1 Prozent in 2010 (+0,5 Prozentpkt.). Erst nach diesen Jahren wird es eine Entspannung aufgrund einer (zunächst hypothetisch) sinkenden Gesamtbevölkerung geben.
- Aufgrund der sinkenden Geburtenraten, der steigenden Scheidungsraten, dem Anstieg der Erwerbsneigung von Frauen sowie einer Zunahme von Ein-Personen-Haushalten wird der durch Angehörige unterstützte Bevölkerungsteil weiter sinken. Von 29,2 Prozent in 2004 auf 28,1 Prozent in 2010 (-1,1 Prozentpkt.)

Dies sind, wie gesagt, nur vorsichtige Schätzungen, die mit Sicherheit nicht alle beeinflussenden Merkmale (z.B. Mortalität, Migration, arbeits- und sozialrechtliche Bedingungen, National- und Weltökonomie etc.) berücksichtigen konnten. Die Tendenz dürfte jedoch aufgrund der übergeordneten Bedeutung der berücksichtigten Merkmale mit hoher Sicherheit zutreffend sein. Im Resultat dieser Entwicklungen werden sich auf jeden Fall die durchschnittlichen ökonomischen Handlungsspielräume des Einzelnen künftig weiter verschlechtern. Wenn weniger Geld (Erwerbseinkünfte) durch immer mehr Menschen geteilt werden muss (staatliche Sozialleistungen; Finanzierung von Angehörigen), dann kann dem Einzelnen per Saldo nicht mehr übrig bleiben.

Die zuvor besprochenen demographischen und ökonomischen Veränderungen finden auch in der Entwicklung der Sozialleistungen des Staates ihren Niederschlag: Seit 1991 sind diese um 59,4 Prozent auf mittlerweile € 662,31 Mrd. gestiegen. Allein die so genannten „monetären Sozialleistungen an inländische private Haushalte“ sind innerhalb von 13 Jahren von 231,7 auf stolze € 415,4 Mrd. angestiegen. Dies entspricht einem Zuwachs von über 80 Prozent und kann nur zu einem geringen Teil durch inflatorische Ursachen erklärt werden. Vielmehr hat der ständig steigende Anteil von Arbeitslosen, Rentnern und Sozialhilfeempfängern (s.o.) zu diesem deutlichen Anstieg dieses Faktors geführt.

Graphik 78:

Entwicklung der staatlichen Sozialleistungen in Deutschland seit 1991

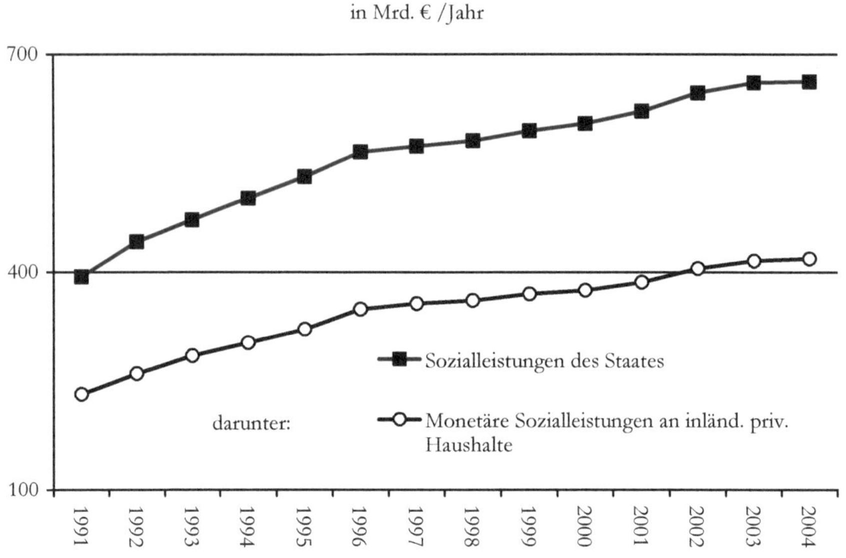

StBa : GENESIS, Stand 13.04.2005
Volkswirtschaftliche Gesamtrechnungen des Bundes (Auszug)

An dieser Stelle erscheint es sehr riskant, sich auf konkrete Prognosen festzulegen. Die Entwicklungen der vergangenen Jahre dürften die politischen Instanzen in Deutschland in naher Zukunft unter Reformzwänge stellen, denen schlicht nicht mehr auszuweichen ist. Welche Entscheidungen mit welchen Auswirkungen getroffen werden, kann an dieser Stelle nicht antizipiert werden. Es dürfte jedoch nicht von der Hand zu weisen sein, dass der Umfang, der über staatliche Sozialleistungen zu vergebenden Mittel, in absehbarer Zeit nicht wachsen wird. Im Gegenteil: Es ist eine weitere Schrumpfung zu erwarten.

Graphik 79:

Entwicklung der Bruttolöhne und -gehälter (im Inland) seit 1991

in Mrd. € (nominal) /Jahr

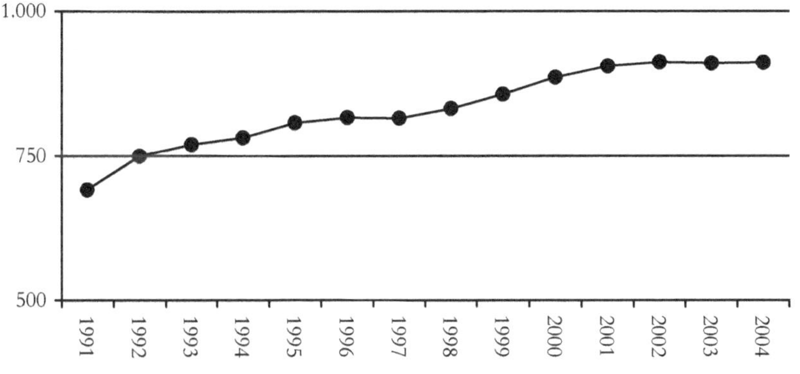

StBa: GENESIS; Stand 13.04.2005
Volkswirtschaftliche Gesamtrechnungen des Bundes
Erwerbstätigkeit, Löhne und Gehälter, Arbeitsstunden
Deutschland, Jahr

Die bisher besprochenen demographischen und ökonomischen Entwicklungen haben sich in den vergangenen Jahren bereits auf die Einkommensentwicklungen der Bundesbürger niedergeschlagen. Die Entwicklung der Bruttolöhne und -gehälter, als weiterhin *die* wesentliche Einkommensquelle der Bundesbürger, stagniert seit 2002. Im Jahr 2003 war sie das erste Mal seit 1997 sogar wieder rückläufig (-0,18 Proz.). Dieses sind zunächst lediglich die absoluten Veränderungen. Unter Berücksichtigung inflatorischer Bedingungen und steigender Zahlungen in die staatlichen Sicherungssysteme sieht das Bild noch wesentlich düsterer aus: Seit dem Jahr 2000 sind die Bruttolöhne und -gehälter nominal durchschnittlich um lediglich 1,26 Prozent gestiegen. Dieser geringe Zuwachs wurde sowohl durch die Währungsinflation als auch durch steigende Beiträge zur Sozialversicherung mehr als „aufgefressen". Per Saldo steht den deutschen Lohn- und Gehaltsempfängern mithin netto real (!) weniger Geld für den Konsum zur Verfügung als noch vor wenigen Jahren.

Die sinkenden Realeinkommen führten in der logischen Konsequenz ebenfalls zu einem sinkenden Nachfrageverhalten der Bundesbürger. So sind die Konsumausgaben der privaten Haushalte im Inland seit 2001 rückläufig (vgl.

Graphik 15). Um an dieser Stelle ein inflationsunabhängiges Bild der Entwicklungen zu bieten, werden hier die vom Statistischen Bundesamt angefertigten Zeitreihen in Preisen von 1995 zugrunde gelegt. Haben die Deutschen noch 1995 € 972,43 Mrd. für den privaten Konsum ausgegeben, so stiegen die Ausgaben bis 2001 auf € 1.085,46 Mrd. an (+11,6 Proz.). Seither hat sich – übrigens parallel zur Entwicklung der Bruttolöhne und -gehälter – auch das Ausgabevolumen der privaten Haushalte für den Konsum gewandelt – die Ausgaben sanken bis 2004 um 1,2 Prozent auf € 1.072,74 Mrd. (siehe auch Abschn. 9). Der Zusammenhang zwischen Einnahmen und Ausgaben tritt an dieser Stelle deutlich zutage.

Entsprechend dieser Feststellung stehen auch die Entwicklungen des Brutto-Inlands-Produktes (BIP) und der Arbeitnehmerentgelte in einem engen Zusammenhang. Seit den 1970er Jahren haben sich beide Indizes nahezu parallel entwickelt. Beim Vergleich der nachfolgenden Zahlen muss einschränkend berücksichtigt werden, dass das BIP in Preisen von 1995 ausgewiesen ist, während für die Arbeitnehmerentgelte die jeweiligen Preise gelten. Hierdurch ist der Kurvenverlauf der Arbeitnehmerentgelte um so ausgeprägter, je weiter sie in die Vergangenheit zurück reichen, während die Zahlen des BIP „angepasst" sind und mithin weniger starke Ausprägungen aufweisen. Für die Betrachtung des BIP wurden jedoch bewusst die Zahlen in Preisen von 1995 gewählt, da diese Ziffern inflationsbereinigte und somit tatsächliche Veränderungen ausweisen. Für die Arbeitnehmerentgelte stehen diese bereinigten Zahlen leider nicht zur Verfügung. Trotz dieser Unterschiede innerhalb des Zahlenmaterials sprechen die nahezu parallel verlaufenden Entwicklungskurven für sich.

Seit den frühen 1980er Jahren erfährt das BIP in relativ regelmäßigen Abständen von etwa 10 Jahren eine rezessive Entwicklung. Diese gesamtwirtschaftlichen Rückschläge sind zwar im Vergleich zu den sonstigen Zuwächsen relativ gering. Doch haben sie in Bezug auf die Entwicklung der Arbeitnehmerentgelte gravierende Folgen: In rezessiven Wirtschaftsphasen sinkt logischerweise auch der Zuwachs der Arbeitnehmerentgelte. Um Missverständnissen vorzubeugen, sei an dieser Stelle darauf hingewiesen, dass die *Entwicklungs*tendenz der Arbeitnehmerentgelte zwar rückläufig ist, aber bisher nie einen negativen Wert auswies. Selbst wenn die gesamtwirtschaftliche Entwicklung rezessiv war, konnten Arbeitnehmer immer noch mit zwar reduzierten, aber dennoch positiven Entgelt*zuwächsen* rechnen.

In Bezug auf die vergangenen Jahre ist jedoch festzustellen, dass sich sowohl das Wachstum der Arbeitnehmerentgelte und auch das des BIP deutlich verlangsamt haben. Konnten in den 1970er Jahren noch Entgeltzuwächse von über 10 Prozent erzielt werden, so hat sich der Kurvenverlauf seither sukzessive abgeflacht. Unter der Vernachlässigung des Wiedervereinigungs-bedingten Wirtschaftsbooms der Jahre 1990 und 1991 sind die „Höhepunkte“ der wirtschaftlichen Entwicklung zunehmend abgeflacht (vgl. Trendlinie).

Graphik 80:

Entwicklungen des BIP und der Arbeitnehmerentgelte seit 1971

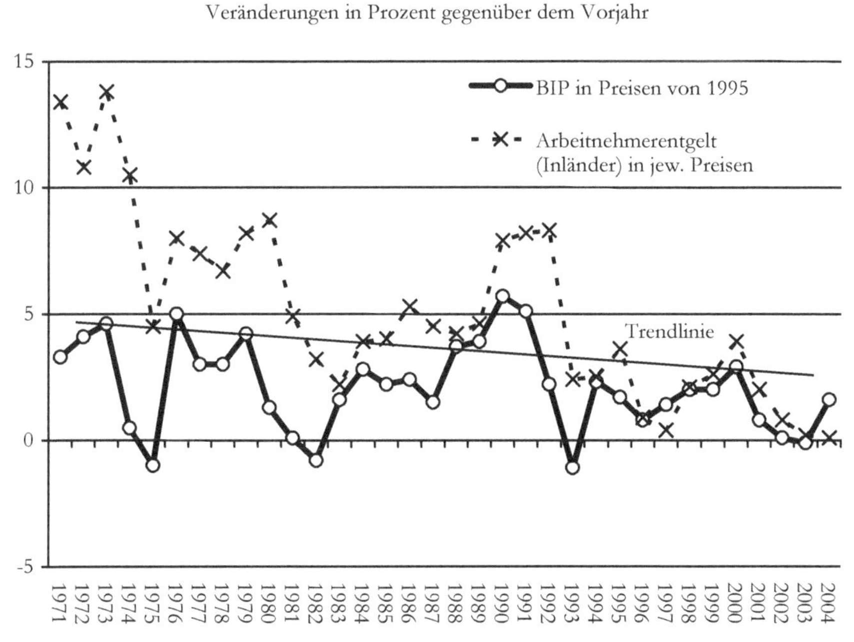

Quelle: StBa – DESTATIS; Stand 13.04.2005
Fachserie 18, „Revidierte Ergebnisse 1970 bis 2004“
Tabellen für die Gesamtwirtschaft
Inlandsprodukt, Nationaleinkommen (Sozialprodukt) und Volkseinkommen

Diese übergeordnete Gesamttendenz wird auch in den kommenden Jahren keine gravierende Veränderung erfahren. Aus diesem Grunde wird die positive Entwicklungstendenz des BIPs im Jahr 2004 (+1,6 Proz.) noch nicht für eine nachhaltige positive wirtschaftliche Entwicklung sorgen können. Dies trifft umso stärker zu, als dass die Arbeitnehmerentgelte in diesem Jahr mit 0,1 Prozent nur mäßig gestiegen sind. Hierdurch sind positive Impulse für und durch den inländischen Konsum nahezu nicht vorhanden.

16. Werte- und Einstellungswandel morgen – Trends und Aussichten

In diesem abschließenden Abschnitt werden die verschiedenen, bisher separat analysierten Daten zusammengefasst. Entgegen dem seit einigen Jahren zu beobachtenden Trend, möglichst langfristige Prognosen zu erstellen, soll im Folgenden lediglich die Entwicklung der kommenden 5 Jahre betrachtet werden. Dies ist ein Zeitraum innerhalb dessen noch eine einigermaßen seriöse Verknüpfung und Prognose der in Abschnitt 15.1 dargestellten Daten möglich erscheint. Alle Prognosen, die über diesen Zeitraum hinausgehen, erscheinen äußerst riskant. Innerhalb von 5 Jahren können technologische Neuerungen, wirtschaftlich unvorhersehbare Wandlungen, politische Entscheidungen und Gesetzesänderungen (z.B. Einwanderungsgesetze) sowie globale Entwicklungen (z.B. Kriege) die gesamtgesellschaftlichen Rahmenbedingungen dermaßen verändern, dass sich hierdurch auch Veränderungen in der Wandlungstendenz von Einstellungen und Werten ergeben würden.

Um die Auffassungsbereitschaft des geneigten Lesers nicht zu strapazieren, wird die Vielzahl der potentiell beeinflussenden Variablen nicht separat dargelegt. Die den nachfolgenden Ausführungen zugrunde liegenden Annahmen ergeben sich aus den in den vorhergehenden Abschnitten dargelegten Veränderungen und Teilprognosen. Die Basis der nachfolgenden Prognosen bildet die Kombination der drei übergeordneten Faktoren Einstellungs- und Wertewandel sowie wirtschaftlicher und demographischer Wandel. Bei der Erstellung der Prognosen bildet der in den Abschnitten 13.1 bis 14.5 ermittelte Wandel der Werte die Ausgangsbasis. Diese Daten werden im ersten Schritt mit den künftigen Entwicklungen innerhalb der bundesdeutschen Altersstruktur verknüpft und fortgeführt.

An dieser Stelle sei eine wesentliche Ausgangsbedingung vorweggenommen: Als zentrale Entwicklungsrichtung zeigt sich die künftige Dominanz der Altersgruppen zwischen 40 und 59 Jahren. Der Anteil der jüngeren Generation wird gleichzeitig deutlich sinken. Diese Verschiebungen werden dazu führen, dass die Entwicklungen innerhalb der dominanten Altersgruppe eine Reihe von Ausstrahlungseffekten auf die übrigen Altersgruppen hat: Im Sinne eines Mainstreameffektes werden die Wertausprägungen der anteilmäßig dominanten älteren Altersgruppen einen spürbaren Einfluss auf zahlenmäßig kleinere Altersgruppen haben.

Hinsichtlich der wirtschaftlichen Entwicklung sei an dieser Stelle vorweggenommen, dass kein eindeutig kausaler Zusammenhang zwischen den kurzfristigen wirtschaftlichen Entwicklungsphasen im Sinne des Brutto-Inlands-Produktes (BIP) und der Arbeitnehmerentgelte auf der einen Seite und dem Wandel der Werte auf der anderen Seite nachgewiesen werden kann (siehe Graphik 81).

Dies ist vor allem mit der Tatsache zu erklären, dass die gesamtwirtschaftlichen Bedingungen aufgrund ihrer Komplexität (Binnen- und Außenhandel, Inflation, Währungsschwankungen etc.) stärkeren Schwankungen unterliegen als die recht stabilen Verläufe von gesellschaftlichen Werten. Dies ist jedoch nur ein Teil der Wahrheit: **Die *übergeordneten* wirtschaftlichen Entwicklungstrends haben durchaus einen Ausstrahlungseffekt auf den Wandel der Werte. Nur ist dieser Effekt weder kausal noch mathematisch eindeutig nachweisbar.**

Für die jüngere Vergangenheit dürfte jedoch als gesichert gelten, dass beispielsweise das Streben nach einer „sicheren Zukunft" zumindest *auch* aufgrund der wirtschaftlichen, und der hiermit einhergehenden sozialversicherungsrechtlichen Probleme zugenommen hat. Zudem dürfte die Wichtigkeit der Freizeitwerte *auch* gesunken sein, weil sowohl ökonomische als auch die auf Arbeitsplatzsicherheit bezogenen Orientierungen an Bedeutung hinzugewonnen haben. In diesem Sinne besteht zwar ein übergeordneter Zusammenhang zwischen den wirtschaftlichen Entwicklungen und dem Wandel der Werte, doch ist dieser nur schwer anhand des verfügbaren Datenmaterials nachzuweisen.

Ein weiteres Phänomen macht die Messung des Zusammenhanges zwischen gesellschaftlichen Werten und Ökonomie schwer: Ältere Untersuchungen zum Themenkomplex Wertewandel (Duncker 1998) konnten beispielsweise zeigen, dass in der Rezessionsphase des Jahres 1982 nicht das Streben nach „Sicherheit und Geborgenheit" im Fokus der Bevölkerung stand, sondern, ganz im Gegenteil, das Streben nach „Freiheit und Unabhängigkeit". Bereits in der darauf folgenden Rezession im Jahr 1993 hatten sich die Proportionen ins Gegenteil gewendet: Hier stehen „Sicherheit und Geborgenheit" – trotz makroökonomisch ähnlicher Verhältnisse – plötzlich wieder im Vordergrund (ebd., S. 151ff.). **Mithin scheinen sich die Reaktionen der Menschen, im Sinne eines Wandels der Werte, auf ökonomische Veränderungen nicht kausal in eine bestimmte Richtung zu entwickeln. Eher zeichnen sich hier zwei Extreme ab, bei denen die Reaktionen der Menschen auf ökonomische Problemlagen zwischen Extrovation (Freiheits- und Unabhängigkeitsstreben) und Introvation (Geborgenheitsstreben) bzw. dem so genannten „Cocoonig" (Popcorn 1996) hin und her pendeln.**

Graphik 81:

Wertewandel im Vergleich zum makroökonomischen Wandel

Wichtige Dinge im Leben; Antworten: „ganz besonders" oder „sehr wichtig" / in %
Indizes aus volkswirtsch. Rechnung

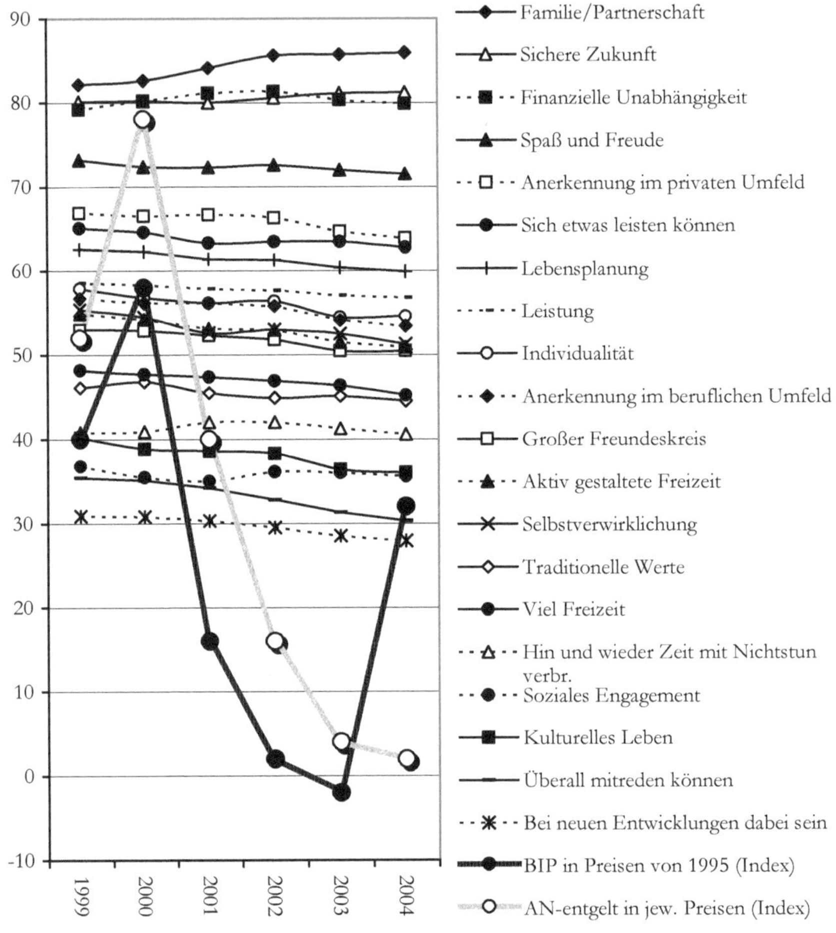

Quelle: VerbraucherAnalyse 1999 bis 2004, n = > 31.000; sowie
StBa – DESTATIS; Stand 13.04.2005
Fachserie 18, „Revidierte Ergebnisse 1970 bis 2004"
Tabellen für die Gesamtwirtschaft
Inlandsprodukt, Nationaleinkommen (Sozialprodukt) und Volkseinkommen
Hier: eigene Indexberechnung

Aus den zuvor genannten Gründen können die ökonomischen Entwicklungsparameter nicht mathematisch, sondern ausschließlich interpretativ mit in die Berechungen der Prognosedaten einfließen. Als Hilfsgröße konnte bei einigen Wertorientierungen lediglich auf die in Graphik 80 verwendete Trendlinie zurückgegriffen werden. Wenn bei den nachfolgenden Ausführungen der ökonomische Entwicklungstrend in die Berechnung mit einfließt, dann wird die explizit angeführt.

In den einleitenden Abschnitten wurde bereits darauf hingewiesen, dass Wertewandlungen offensichtlich gewissen Periodeneffekten unterliegen (vgl. Abschn. 3). Zur Erinnerung: Der amerikanische Gesellschaftswissenschaftler Namenwirth (1973 und ´87) konnte sogar nachweisen, dass der Wandel der Werte nahezu zyklisch verläuft. Da diese Zyklen in der Regel eine „Laufzeit" von etwa 48 Jahren aufweisen, kann in der vorliegenden Untersuchung kein direkter Bezug auf diesen Effekt genommen werden. Wichtig erscheint jedoch der Hinweis, dass die bisherigen Entwicklungen nicht automatisch eine lineare Fortschreibung aufweisen müssen. Ganz im Gegenteil: Unter Berücksichtigung zyklischer Bedingungen wird mittelfristig eine Trendumkehr einsetzen. Die bisherigen Wandlungsrichtungen werden dann eine gegenläufige Entwicklungsrichtung aufweisen.

Aus Gründen der Übersichtlichkeit werden die nachfolgenden Prognosen anhand einzelner Wertgruppen vorgenommen. In diesen Gruppen werden die einzelnen Werte folgenden Merkmalen zugeordnet:

- Zwischenmenschliche Orientierungen
- Pflicht- und Akzeptanzorientierungen
- Selbstentfaltungsorientierungen
- Freizeitorientierungen
- Innovationsorientierungen
- Konsumorientierungen
- Sonstige Orientierungen

Zwischen diesen Orientierungsgruppen wird jedoch bewusst keine „harte" Abgrenzung vorgenommen – auf Gegenüberstellungen wird gänzlich verzichtet. Wie die Ergebnisse der Korrelationsanalyse zeigen konnten (vgl. Abschn. 13. bis 13.20), läuft man mit derartigen Abgrenzungen Gefahr, die Komplexität der gesellschaftlichen Wirklichkeit zu übersehen. Falsche oder zumindest fehlerhafte Diagnosen und Prognosen sind dann die Folge. Aus diesem Grunde werden die herausragenden Teilergebnisse von einzelnen Werten erst im abschließenden Abschnitt 17 gegenübergestellt und analysiert.

16.1 Die Entwicklungen der zwischenmenschlichen Orientierungen

Der herausragende Zentralwert der Deutschen wird auch im Jahr 2010 „Familie und Partnerschaft“ heißen. Schon heute, mit 85,9 Prozent, der am häufigsten vertretene Wert, wird seine Popularität in den kommenden Jahren weiter, auf über 87 Prozent, ansteigen. Primär ist dieser Anstieg durch die demographische Entwicklung bedingt: Der Anteil der 40- bis 59-Jährigen wird in den kommenden Jahren auf über 43 Prozent ansteigen. Da diese Altersgruppe die Bedeutung von „Familie und Partnerschaft“ überdurchschnittlich häufig betont, wird dies zu einem Bedeutungsanstieg in Bezug auf die Gesamtbevölkerung führen. Dieser Anstieg wird jedoch im Vergleich zu den vergangenen Jahren klein ausfallen, weil die Popularität dieses Wertes bei der relevanten Altersgruppe der 40- bis 59-Jährigen stagniert. Die Tatsache, dass „Familie und Partnerschaft“ vor allem bei den zahlenmäßig schrumpfenden jüngeren Generationen in den kommenden Jahren eine positive Zuspruchstendenz aufweisen wird, kann diese Entwicklung nicht beeinflussen.

Eine weitere Ursache für den anhaltenden Bedeutungsanstieg der Orientierung „Familie und Partnerschaft“ ist auch im Wandel der „psychosozialen Merkmale“ zu sehen (vgl. Abschn. 5). Zur Erinnerung: Die Daten der Allensbacher Werbeträger Analyse (AWA) zeigen, dass die Menschen seit einigen Jahren vermehrt Anzeichen von Verunsicherung aufweisen. **Immer weniger Menschen rechnen „bei dem, was ich mache, mit Erfolg“ (seit 2001: -2,5 Prozentpkt.) und der Anteil der Befragten, die sagen „ich bin selten unsicher, wie ich mich verhalten soll“ (-1,6 Prozentpkt.) sinkt ebenfalls. Im Zuge derartiger Entwicklungen praktizieren die Menschen häufig eine Strategie des Rückzuges in das Private. „Familie und Partnerschaft“ werden dann zu einem sicheren Hafen, bei dem die steigende Unsicherheit vor der Haustür abgestreift werden kann**. Auch aus diesem Grunde wird dieser Wert in Zukunft weiterhin an Bedeutung gewinnen.

Das Streben nach Anerkennung wird bis 2010 weiterhin abnehmen. Besonders deutlich wird diese Abnahme bei der „Anerkennung im privaten Umfeld“ ausfallen: Wird diese aktuell noch von 63,9 Prozent für wichtig erachtet, so wird der Anteil sukzessive auf etwa 61 Prozent sinken. Diese Entwicklung ist vor allem durch die sinkende Zahl junger Menschen zu erklären, welche diesem Wert eine überdurchschnittlich hohe Bedeutung zukommen lassen. Sie leben überwiegend noch in Reflexionsstellung und sind für die Entwicklung ihrer Persönlichkeit stark auf Anerkennung von anderen angewiesen. Doch da der zahlenmäßige Anteil der jungen Bevölkerungsteile weiter sinkt, sinkt gleichzeitig auch die Reichweite dieses Wertes.

Graphik 81:

Zwischenmenschliche Orientierungen gestern, heute und morgen

Wichtige Dinge im Leben; Antworten: „ganz besonders“ oder „sehr wichtig“ / in %

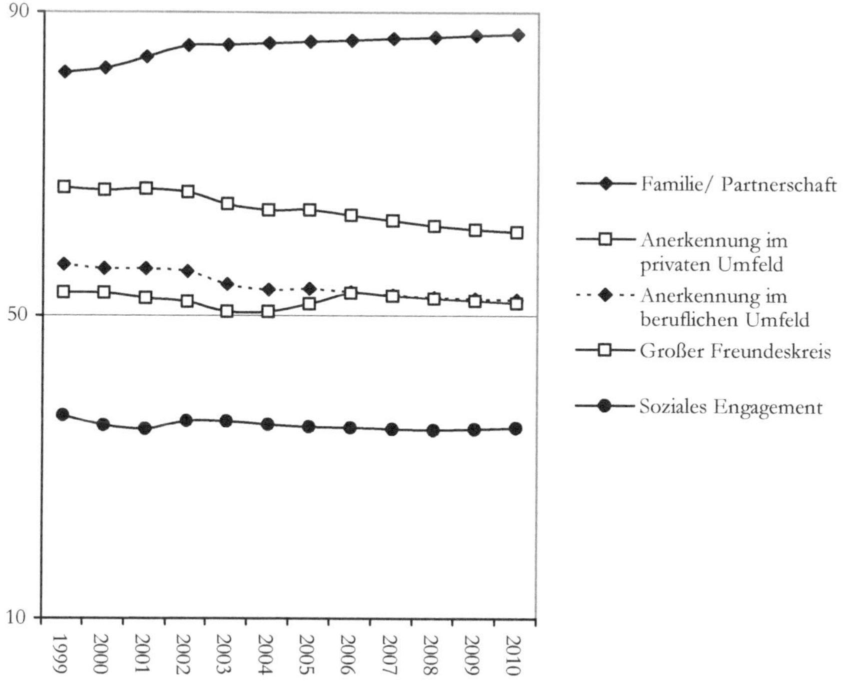

Quelle: VerbraucherAnalyse 1999 bis 2004; n > 31.000
ab 2005: eigene Berechnungen

Ähnlich verhält sich der Entwicklungstrend des Wertes „Anerkennung im beruflichen Umfeld“: Bedingt durch den sinkenden Anteil der 30- bis 39-Jährigen, die diesen Wert überdurchschnittlich häufig als besonders wichtig erachten, sinkt auch dessen Reichweite innerhalb der Gesamtbevölkerung von aktuell 53,4 Prozent auf etwa 52 Prozent im Jahr 2010. Aufgrund einer leichten wirtschaftlichen Erholung in den kommenden Jahren fällt der Bedeutungsverlust etwas geringer aus als bei der „Anerkennung im privaten Umfeld": **Erst wenn die Menschen wieder mehr Möglichkeiten sehen, sich beruflich zu verwirklichen, dann stabilisiert sich auch das Streben nach beruflicher Anerkennung wieder.**

Der „große Freundeskreis" ist und bleibt ein Wert der Jugend. Erachten aktuell 80,4 Prozent der 14- bis 19-Jährigen diesen für besonders wichtig, so sind es bei den über 70-Jährigen nur noch 35,2 Prozent. Diese Ungleichverteilung wird sich auch in Zukunft nicht ändern. Die leicht positive Entwicklungstendenz des Jahres 2004 wird sich bis etwa 2006 fortschreiben. Ab diesem Jahr wird jedoch der demographische Faktor mit einem Anstieg des Anteils älterer Menschen zu einem leicht rezessiven Entwicklungstrend führen. Im Resultat wird der Wert „großer Freundeskreis" im Jahr 2010 mit über 51 Prozent jedoch eine größere Reichweite haben als heute (50,5 Proz.).

Das „soziale Engagement" wird auch in Zukunft von allen Altersgruppen gleichermaßen, von etwa einem Drittel (zw. 33 und 37 Proz.), für besonders wichtig erachtet. Die leicht rückläufige Tendenz der vergangenen Jahre wird sich bis 2007 fortschreiben. Ab diesem Jahr führt vor allem der demographische Effekt wieder zu einer Aktuierung des „sozialen Engagements": Der dominierende Anteil der 40- bis 59-Jährigen, die diesen Wert überdurchschnittlich häufig vertreten, führt dann auch zu einer verbreiterten Zustimmungsbasis. Verstärkend wird sich zu diesem Zeitpunkt auch die wirtschaftlich stabilere Situation bemerkbar machen: Aus früheren Studien ist bekannt, dass soziale Orientierungen primär in prosperierenden Wirtschaftsphasen an Zuspruch hinzugewinnen (Duncker 1998, S. 89ff.).

16.2 Steigende Popularität von Pflicht- und Akzeptanzwerten

Neben „Familie und Partnerschaft" wird in Zukunft auch der Wert „sichere Zukunft" weiterhin im Zentrum des deutschen Wertehorizontes stehen. Die positive Entwicklungsrichtung ist bei der „sicheren Zukunft" sogar noch stärker ausgeprägt. Dieser Bedeutungszuwachs wird vor allem durch die jüngeren Generationen bedingt sein, die sich vermehrt Sorgen um ihre berufliche und somit auch materielle Zukunft machen müssen.

Aber auch die über 60-Jährigen wünschen sich vermehrt eine „sichere Zukunft". Bei ihnen steht vor allem die wachsende Sorge um ihre materielle

Versorgung im Ruhestand im Vordergrund. Die mittleren Altersgruppen zeigen sich hingegen vergleichsweise entspannt: Bei ihnen ist die Bedeutung der „sicheren Zukunft" sogar leicht rückläufig. Diese Tatsache schwächt den insgesamt progressiven Trend ein wenig ab. Dies kann jedoch die Entwicklungen innerhalb der anderen Altersgruppen nicht ausgleichen, so dass hier in Bezug auf die Gesamtbevölkerung ein spürbarer Bedeutungszuwachs von 81,2 Prozent in 2004 auf über 83 Prozent in 2010 eintreten wird.

Graphik 82:

Pflicht- und Akzeptanzwerte gestern, heute und morgen

Wichtige Dinge im Leben; Antworten: „ganz besonders" oder „sehr wichtig" / in %

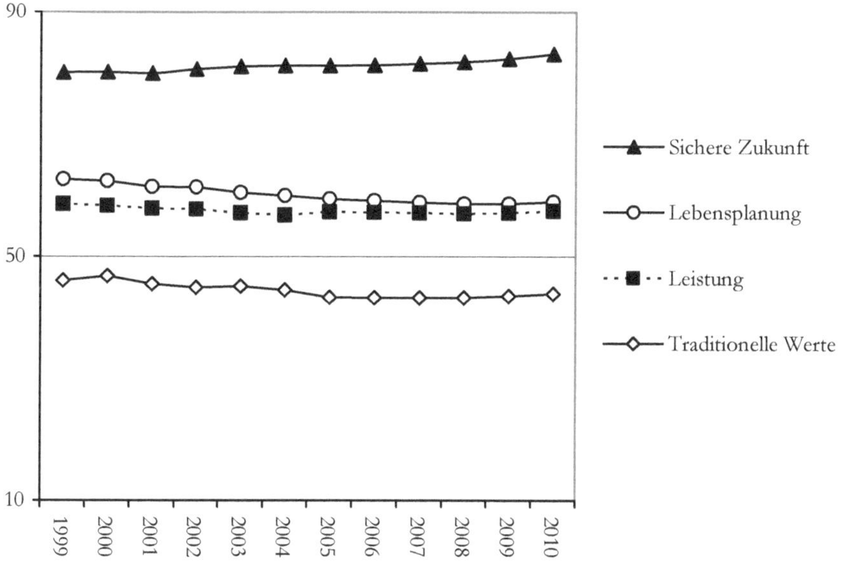

Quelle: VerbraucherAnalyse 1999 bis 2004; n > 31.000
ab 2005: eigene Berechnungen

Ging das Streben nach einer „sicheren Zukunft" in der Vergangenheit überwiegend mit einer steigenden Sparorientierung der Bundesbürger einher, so zeigt sich an dieser Stelle eine Entkoppelung der beiden Themenfelder. Wie die Entwicklungen der Einstellungen zum Thema

Sparsamkeit in Abschnitt 8.4 zeigen konnten, ist der Anteil der Deutschen, die „monatlich eine feste Summe sparen" und sich „für Geldanlagemöglichkeiten interessieren", bereits seit einiger Zeit rückläufig – Tendenz stabil. Im Gegenzuge wächst der Anteil der Menschen, die für „größere Anschaffungen schon mal einen Kredit in Anspruch nehmen". **Offensichtlich geht es den Menschen beim zunehmenden Streben nach Sicherheit nicht primär um *monetäre* als vielmehr um die *persönliche Sicherheit*. Dies meint eine Form der Sicherheit vor den vielfältigen Lebensrisiken, wie beispielsweise Gesundheit und Kriminalität, aber auch vor psychosozialen Risiken, wie Einsamkeit und andere Trennungsfolgen** (vgl. Abschn. 14.5). Steigende Scheidungsziffern und der wachsende Anteil an Ein-Personen-Haushalten sind nur zwei Belege für diese These.

Der Faktor „Lebensplanung" wird zwar mit 59,9 Prozent heute noch mehrheitlich vertreten, doch wird die Reichweite dieses Wertes in den kommenden Jahren sinken. Diese Entwicklung ist vor allem durch den sinkenden Anteil jüngerer Altersgruppen zu erklären. Diese sind, biographisch bedingt, nahezu gezwungen ihr Leben zu planen – sie stehen noch am Anfang des elternunabhängigen Lebens und haben die Zukunft noch vor sich. Da jedoch ihr Anteil an der Gesamtbevölkerung in den kommenden Jahren sinken wird, sinkt gleichzeitig auch die Reichweite dieses Wertes. **Hinzu kommt die Tatsache, dass es Menschen in wirtschaftlich unsicheren Zeiten häufig schwer fällt, ihre Zukunft zu planen. Einfach formuliert: Wer keine Perspektiven hat, dem fällt es auch zunehmend schwer, sein Leben zu planen (vgl. Abschn. 17).**

Erst ab dem Jahr 2008 ist bei der Entwicklung des Wertes „Lebensplanung" mit einer langsamen Trendumkehr zu rechnen. In diesem Jahr wird der Anteil der weniger an Lebensplanung orientierten 40- bis 49-Jährigen an der Gesamtbevölkerung erstmals wieder sinken. Weiterhin wird die positive Entwicklungstendenz durch die Auswirkungen des vorausgegangenen leichten wirtschaftlichen Aufschwunges unterstützt. Die Menschen sehen am Horizont wieder sich im Dunst abzeichnende Perspektiven. Die Möglichkeiten, das Leben zu planen, nehmen dann wieder zu.

„Leistung" wird auch in Zukunft mit jeweils über 57 Prozent von der Mehrheit der Deutschen für besonders wichtig erachtet. Dieser traditionelle Pflicht- und Akzeptanzwert wird im Jahr 2010 vor allem durch die jüngeren Generationen vertreten – Tendenz steigend. Gebremst wird diese progressive Entwicklung lediglich durch den steigenden Anteil der 50- bis 59-Jährigen. Dieser Bevölkerungsteil, der seine Jugend im Zeitalter der so genannten ´68er Revolution erlebte, erachtete bereits in den vergangenen drei

Jahren den Faktor „Leistung“ immer seltener als wichtig. Dieser Trend wird sich in absehbarer Zeit nicht ändern und zu einem weiteren Bedeutungsverlust in dieser Altersgruppe führen. Trotz dieses hemmenden Faktors wird „Leistung“ in Zukunft eine leicht positive Entwicklungstendenz erfahren. Doch Leistung muss sich auch lohnen – und dies kann erst wieder erfahren werden, wenn die gesamtwirtschaftliche Dynamik in Deutschland an Fahrt aufnimmt.

Im Rahmen der VerbraucherAnalyse wird nach der subjektiven Wichtigkeit des abstrakten Wertes „traditionelle Werte“ gefragt (zur Problematik s.a. Abschn. 13.15). Die bisherige Entwicklung dieses „Sammelwertes“ zeigt sich recht facettenreich. Aktuell wird er, mit 58,5 Prozent, vor allem durch die über 70-Jährigen vertreten. Parallel zum Alter sinkt jedoch die Zustimmung zu den derart abgefragten „traditionellen Werten“. Bei den 14- bis 19-Jährigen erachten aktuell nur noch 28,3 Prozent dieses Item für besonders wichtig. Bereits seit einigen Jahren zeigt sich jedoch eine Besonderheit: Während der Zuspruch zu „traditionellen Werten“ vor allem in den jüngeren Altersgruppen gestiegen ist, sinkt er gleichzeitig bei den über 60-Jährigen ab. **Hier bahnt sich eine kleine Revolution an, die sich auch in den kommenden Jahren fortsetzen wird: „Traditionelle Werte“ sind zwar auch künftig noch weit davon entfernt, den Wertehorizont der Jüngeren zu dominieren, doch gewinnen sie vor allem in diesen Altersgruppen künftig zunehmend an Bedeutung.**

Im Zuge des Wertewandels der kommenden Jahre werden „traditionelle Werte“, aufgrund der Entwicklungen in den jüngeren Generationen, einen leichten Bedeutungszuwachs erfahren. Verstärkt wird diese Entwicklung durch die demographischen Entwicklungen: Basierend auf der Tatsache, dass die Deutschen durchschnittlich immer älter werden, steigt auch der bevölkerungsweite Zuspruch zu den traditionellen Wertorientierungen.

In der Gesamtbetrachtung zeigt sich, dass vor allem die jüngeren Generationen die Welt künftig wieder in Richtung „traditioneller Werte“ bewegen werden. Diese Entwicklung fängt auch, bis zu einem gewissen Grad, die seit einigen Jahren zu beobachtende „anti-traditionelle Tendenz“ der 40- bis 59-Jährigen auf. Die Änderungen der Altersstruktur führen bis etwa 2007 zu einem leichten Bedeutungsabschwung der traditionellen Pflicht- und Akzeptanzwerte. Dieser Trend wird in den darauf folgenden Jahren jedoch durch die nachwachsenden, stärker traditionsbezogenen jungen und höheren Altersgruppen umgekehrt – Pflicht- und Akzeptanzwerte erfahren dann ihr breitenwirksames Comeback.

16.3 Selbstentfaltungsorientierungen üben den Spagat

Die Räume der Selbstentfaltung sind heute (noch) in einem historisch ungekannten Ausmaß am Konsum orientiert. Im Zuge der nahezu allgemein geltenden Formel „Du bist, was Du hast" sind Identität und Selbstentfaltung stark an materielle Bedingungen geknüpft. Sinkende Möglichkeitsräume werden daher, aufgrund weiterhin real sinkender Einkommen, auch in den kommenden Jahren zu einem weiteren Bedeutungsverlust des Wertes „Selbstverwirklichung" führen. Die Ergebnisse der Zeitreihenanalyse zu verschiedenen Konsumeinstellungen bestätigen diese Entwicklung: So sinkt beispielsweise der Anteil der Menschen, die „immer wissen, was gerade im Trend ist", bereits seit einigen Jahren. Der Konsumentenanteil, der häufig Dinge kauft, „die eigentlich nicht notwendig sind, nur um sich eine Freude zu bereiten", sinkt ebenfalls (vgl. Abschn. 9.ff.). Die Selbstverwirklichung über den Konsum findet immer seltener statt.

Die Auswirkungen dieser Entwicklung werden auch in den kommenden Jahren ihre Spuren im Wertehorizont der Deutschen hinterlassen: **Wird „Selbstverwirklichung" aktuell noch von 51,3 Prozent für besonders wichtig erachtet, so werden es im Jahr 2010 noch etwa 47 Prozent sein. Neben der konsumtiv-materiellen Dimension der Selbstverwirklichung wird auch das sinkende Selbstvertrauen der Deutschen (vgl. Abschn. 5) zu einem weiteren Bedeutungsverlust dieses Wertes führen**. Nur Menschen, die über ausreichend Selbst-*vertrauen* verfügen, können und wollen sich auch selbst *verwirklichen*. Die Tatsache, dass die Wichtigkeit des Wertes „Selbstverwirklichung" in allen Altersgruppen gleichermaßen einen sinkenden Entwicklungstrend aufweist, wirkt quasi als „Prozessbeschleuniger".

Verliert „Selbstverwirklichung" künftig weiterhin an Bedeutung, so entwickelt sich die Reichweite des Wertes „Individualität" leicht positiv. In Abgrenzung zur Selbstverwirklichung müssen die Entwicklungen des Wertes „Individualität" aus einem besonderen Blickwinkel betrachtet werden: Individualität ist zunächst nicht gleichzusetzen mit Individualisierung, im Sinne einer intentionalen Vereinzelung. Unter „Individualität" ist vielmehr die übergeordnete Perspektive zu sehen, eigene (nicht egoistische) Wege zu gehen. Individualität ist dann gleichzusetzen mit *Eigeninitiative*. Aus diesem Blickwinkel wird es verständlich, warum dieser Wert künftig einen weiteren Bedeutungszuwachs erfahren wird: Aufgrund der seit Jahren festgefahrenen gesellschaftlichen Strukturen wird es den Menschen zunehmend klar, dass ihnen als Ausweg aus dem Dilemma vor allem die Eigeninitiative hilft.

Graphik 83:

Selbstentfaltungsorientierungen gestern, heute und morgen

Wichtige Dinge im Leben; Antworten: „ganz besonders" oder „sehr wichtig" / in %

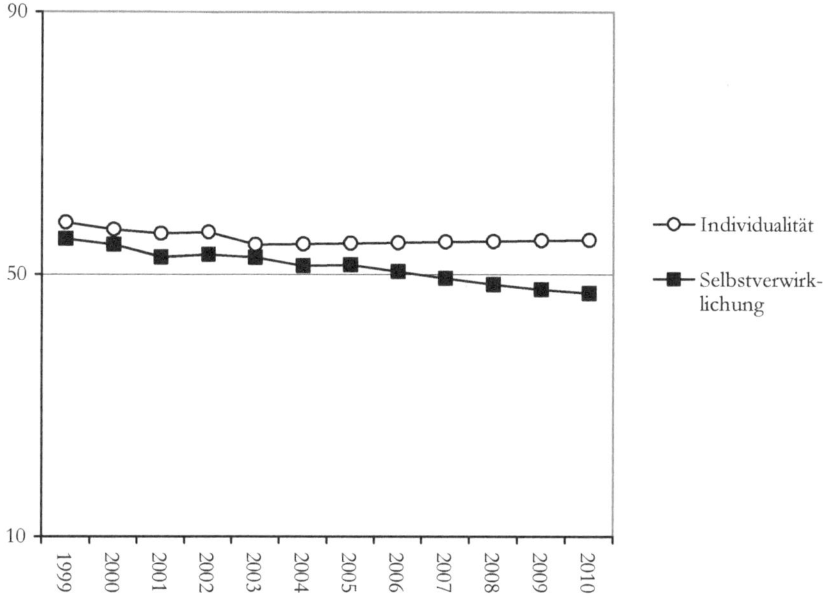

Quelle: VerbraucherAnalyse 1999 bis 2004; n > 31.000
ab 2005: eigene Berechnungen

Die Ergebnisse der Einstellungsmessung belegen diese These. Hier zeigen sich die Menschen, die „Individualität" für besonders wichtig erachten (n = 17.351), alles andere als egoistisch: 81,4 Prozent der „Individualisten" stufen sich beispielsweise als „pflichtbewusst und diszipliniert" ein, 85,9 Prozent nennen sich „kontaktfreudig" und 83,3 Prozent bezeichnen sich als „Optimisten". Auch konnte die Korrelationsanalyse zeigen, dass Individualität in engem Zusammenhang mit Pflicht- und Akzeptanzwerten wie „Leistung" (r = 0,430) und „Lebensplanung" (0,545) stehen (vgl. Abschn. 13.9). **Menschen, die die Wichtigkeit von Individualität betonen, nehmen das Leben selbst in die Hand und sind hierdurch auch den gegenwärtigen und künftigen Anforderungen des Lebens gleichermaßen gewachsen. Individualität wird hierdurch auch zur Kernkompetenz, um dem gegenwär-**

tigen Stillstand zu entkommen. Aus diesem Grunde wird Individualität einer *der* Zukunftswerte. In den kommenden Jahren wird dieser Wert zudem *auch* an Bedeutung hinzugewinnen, weil der Anteil der 60- bis 69-Jährigen schrumpft – und mit ihnen der Bevölkerungsanteil, bei dem die „Individualität" eine unterdurchschnittliche Reichweite hat.

16.3 Die neuen Freizeittrends

Die Werte der Freizeit haben in den vergangenen Jahren einen konstanten Bedeutungseinbruch erfahren. Diese Entwicklung wird sich auch in den kommenden Jahren fortsetzen. **Deutschland ist auf dem Weg aus der Freizeitgesellschaft.** Hat die „aktiv gestaltete Freizeit" bereits in den Jahren 1999 bis 2004 einen Bedeutungsverlust von -4,0 Prozentpunkten erfahren, so wird sich dieser Trend nach einer kurzfristigen Aktuierung in 2006 auch in den Folgejahren fortsetzen.

Im Jahr 2010 werden nur noch etwas über 47 Prozent die „aktiv gestaltete Freizeit" für wichtig erachten. Dieser Bedeutungsverlust ist vor allem durch den sinkenden Anteil der bis zu 39-Jährigen zu erklären. Dies sind die Altersgruppen, in denen die „aktive Freizeit" eine besonders hohe Wertschätzung genießt.

Allerdings zeigt sich selbst bei diesen Gruppen seit einigen Jahren eine rückläufige Tendenz. Verstärkt wird diese Entwicklung durch eine Verlagerung der gesamtgesellschaftlichen Problemdefinition: War es noch in der Vergangenheit vielen Menschen wichtig, sich für mehr Freizeit, im Sinne von weniger Arbeitszeit, einzusetzen, so hat sich der Trend in den vergangenen Jahren ins Gegenteil verkehrt. Heute zeigt bereits das Gros der Tarifverträge eher in Richtung Ausbau der Arbeitszeit, bei einem automatischen Sinken der Freizeit. Die knapper werdende Ressource Arbeit hat der Freizeit schon lange das Wasser abgegraben.

Es gibt jedoch auch Altersgruppen, in denen die „aktiv gestaltete Freizeit" einen tendenziellen Bedeutungszuwachs verzeichnet: die über 60-Jährigen. Offensichtlich wächst bei den „neuen Senioren" das Bedürfnis, das Mehr an freier Zeit auch aktiv zu gestalten. **Hier wächst eine neue Generation von Senioren heran, die den „*Ruhe*stand" neu definiert: Gesucht wird zwar die Ruhe von der Arbeitswelt, doch sollte das Leben bitte nicht zu langweilig, sondern lieber durch Aktivität gekennzeichnet sein.**

Graphik 84:

Freizeitorientierungen gestern, heute und morgen

Wichtige Dinge im Leben; Antworten: „ganz besonders" oder „sehr wichtig" / in %

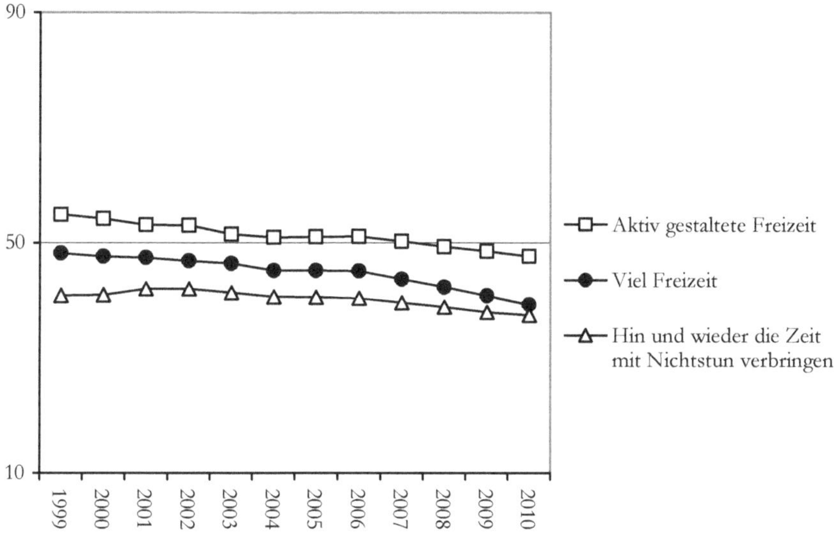

Quelle: VerbraucherAnalyse 1999 bis 2004; n > 31.000
ab 2005: eigene Berechnungen

Der Entwicklungstrend des Wertes „viel Freizeit" ist ebenfalls negativ: Erachteten noch 1999 exakt 48,2 Prozent diesen Wert für wichtig, so sind es aktuell noch 45,2 Prozent. Bis 2010 wird die Zustimmung deutlich auf etwa 39 Prozent sinken. Dieser Bedeutungsverlust zeigt sich über alle Altersgruppen hinweg. Der Reichweitenverlust des Wertes „viel Freizeit" ist mit etwa -6 Prozentpunkten bis zum Jahr 2010 entsprechend überdurchschnittlich hoch. **Die zur Verfügung stehende Freizeit reicht der Mehrheit der Deutschen offensichtlich aus – wichtiger ist es, die bereits vorhandene Zeit auch aktiv zu gestalten. Dieser Trend wird durch die wirtschaftlichen Umstände und den hiermit einher gehenden Arbeitsplatzunsicherheiten zusätzlich verstärkt: Im Zweifelsfall ist der Arbeitsplatz doch wichtiger als das Mehr an Freizeit.**

Die Entwicklung des Wertes „hin und wieder die Zeit mit Nichtstun verbringen" reiht sich in diesen Verlauf mit ein: Auch dieser Wert hat bereits in den vergangenen Jahren an Bedeutung verloren (-1,4 Prozentpkt.) und wird bis 2010 nur noch von etwa 37 Prozent der Bevölkerung als besonders wichtig erachtet. Im Vergleich zu den bisher analysierten Freizeitwerten wird der Bedeutungsverlust des Nichtstuns geringer ausfallen. Ursache hierfür ist ein leichter Bedeutungsanstieg bei den 20- bis 39-Jährigen: Von den wachsenden Ansprüchen des Alltages (Beruf, Medien, Familie etc.) überlastet suchen immer mehr Menschen dieser Altersgruppen ein wenig Ruhe – Zeit für das Nichtstun. Die wachsenden Anspruchsüberlastungen und die steigenden Orientierungsdefizite (vgl. Abschn. 14.5) der vergangenen Jahre finden an dieser Stelle ihren Niederschlag. Bei den über 40-Jährigen wird die Bedeutung des „Nichtstuns" jedoch in den kommenden Jahren weiter sinken. Aufgrund der anteilsmäßigen Dominanz dieses Bevölkerungsteil sinkt auch die Bedeutung dieses Wertes in der Gesamtbevölkerung.

16.4 Wenn Innovation zum Fremdwort wird …

Menschen, die „überall mitreden können" möchten, zeichnen sich primär durch ein ausgeprägtes Aktualitätsbedürfnis aus. Sie kleiden sich überdurchschnittlich häufig „gern nach der neuesten Mode", wissen häufiger „immer, was gerade im Trend ist", sind häufiger an technischen Geräten interessiert und probieren „bei täglichen Einkäufen gern einmal ein neues Produkt" aus (vgl. Abschn. 13.9). **Stärker noch als andere Bevölkerungsteile leben diese Menschen im Hier und Jetzt und sind zudem offen für Neues. Hierdurch avancieren gerade jene Menschen, die „überall mitreden können" möchten, zum Prototyp der nahen Zukunft: Sie werden dringend benötigt, um die gesellschaftliche, technische und somit auch wirtschaftliche Dynamik wieder in Schwung zu bringen.**

In den vergangenen Jahren hat jedoch auch der Wert „überall mitreden können" einen Bedeutungsverlust erfahren. Seit 1999 sank die Zustimmung um -5,1 Prozentpunkte auf aktuell 30,3 Prozent. Dieser Trend wird sich in den kommenden Jahren fortsetzen. Bis zum Jahr 2010 wird die Zustimmung auf etwa 25 Prozent sinken. Nur noch jeder Vierte hält es dann für wichtig, „überall mitreden" zu können. Es sind jedoch ausschließlich die älteren Generationen, die zu diesem Bedeutungsabschwung beitragen: Während die Zustimmung bei den bis zu 29-Jährigen künftig auf über 40 Prozent leicht ansteigt und bei den 30- bis 39-Jährigen mit 33 Prozent nahezu stabil bleibt, ist die Bedeutungsabnahme bei den über 40-Jährigen besonders hoch. Da dies jedoch gleichzeitig die Altersgruppen mit dem größten Mengenzuwachs sind, wird „überall mitreden können" in den kommenden Jahren bevölkerungsweit weiterhin an Bedeutung verlieren. In logischer Konsequenz verliert die gesellschaftliche Dynamik hierdurch weiter an Schwung.

Graphik 85:

Innovationsorientierungen gestern, heute und morgen

Wichtige Dinge im Leben; Antworten: „ganz besonders" oder „sehr wichtig" / in %

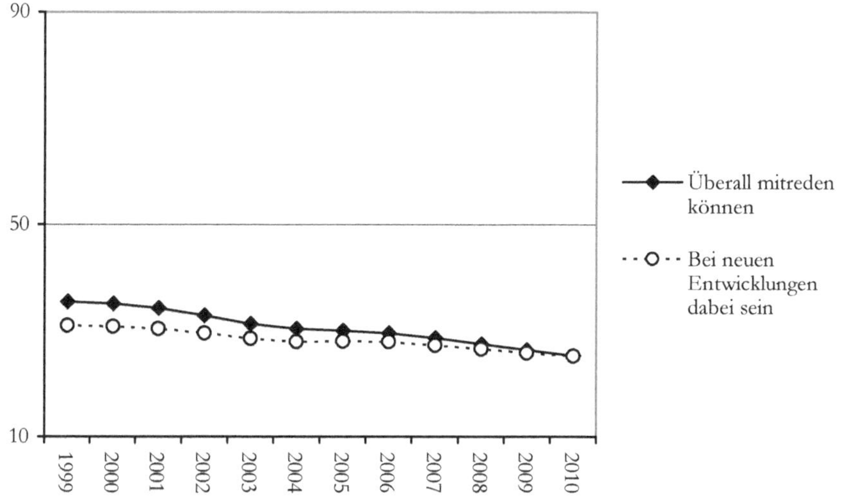

Quelle: VerbraucherAnalyse 1999 bis 2004; n > 31.000
ab 2005: eigene Berechnungen

Der zweite Innovationswert, „bei neuen Entwicklungen dabei sein", zeigt einen ähnlichen Entwicklungsverlauf. Der Bedeutungsverlust der vergangenen Jahre ist mit -3,0 Prozentpunkten allerdings weniger stark ausgeprägt. Im Jahr 2010 werden, ebenso wie beim Wert „überall mitreden können", nur noch etwa 25 Prozent „bei neuen Entwicklungen dabei sein" für wichtig erachten. Für beide Werteorientierungen ist dies ein historischer Tiefstand, der sich uneingeschränkt über alle Altersgruppen erstreckt. Wie die Analysen zum Einstellungswandel zeigen konnten (vgl. Abschn. 7), sinkt vor allem der Bevölkerungsanteil mit einer gesunden Technikaffinität bereits seit einigen Jahren. Das Interesse an technischen Neuentwicklungen wird mithin ebenfalls immer geringer. Im Zuge dieses Einstellungswandels wird sich das Sinken der Innovationsorientierung der Bevölkerung auch in den kommenden Jahren fortsetzen.

Dieser Trend birgt nicht zu unterschätzende Risiken: Wenn sich die Innovationsfähigkeit der Bevölkerung nicht aus sich heraus positiv entfaltet, dann hat die Implementierung von Neuerungen nur eine geringe Chance. Man kann Menschen jedoch nicht zwingen, sich auf das Neue einzulassen. Ein derartiger Zwang würde – im Gegenteil – nur zu einer Verstärkung der Ablehnung führen.

Damit technische und gesellschaftliche Neuerungen künftig eine Chance haben, dürfen diese nicht als Revolutionen gefeiert und verpackt werden. Sie müssen dem Publikum als etwas eigentlich Bekanntes präsentiert werden, bei dem lediglich Nuancen „neu" und vor allem „besser" erscheinen. Wenn dieses gelingt, dann sind die jeweiligen Zielgruppen nicht überfordert und können sich auf das Neue einlassen. Erst wenn diese Form der „sanften Heranführung" massenwirksam gelingt, hat auch die deutsche Volkswirtschaft wieder eine Chance, aus sich heraus zu wachsen. Der bereits seit einigen Jahren stotternde Motor des privaten Konsums (vgl. Abschn. 9) würde dann wieder genügend Kraftstoff erhalten, um schließlich wieder rund zu laufen.

16.5 Deutschland ist weit entfernt von einer „Konsumverweigerung"

Der Wunsch, „sich etwas leisten" zu können, ist bei der Mehrheit der Deutschen fest im Wertehorizont verankert. 2004 bezeichnen 62,8 Prozent diesen Wert für besonders wichtig. Auch 2010 werden noch etwa 60 Prozent diesen Wert als besonders wichtig erachten. Die grundsätzliche Entwicklungstendenz wird jedoch weiterhin rückläufig sein. Eine kurze Unterbrechung dieser Wertentwicklung wird es im Jahr 2005 geben. Bedingt durch eine kurzfristige Bedeutungszunahme bei der stark anwachsenden Bevölkerungsgruppe der 40- bis 59-Jährigen, wird es hier eine kurzfristig positive Akzentuierung geben. Bereits in den Folgejahren wird diese Entwicklung jedoch wieder rückläufig sein. In dieser Phase ist dann ein Rückgang in allen Altersgruppen zu verzeichnen.

Graphik 86:

Der Wunsch, „sicht etwas leisten zu können", gestern, heute und morgen

Wichtige Dinge im Leben; Antworten: „ganz besonders" oder „sehr wichtig" / in %

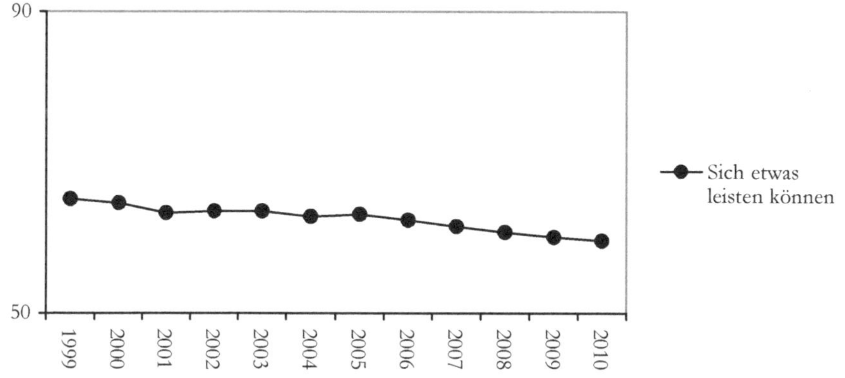

Quelle: VerbraucherAnalyse 1999 bis 2004

n > 31.000

ab 2005: eigene Berechnungen

Wie bereits im Verlauf des Abschnittes 9 nachgewiesen werden konnte, ist seit einigen Jahren sowohl der faktische Konsum (i.S.v. privater Konsumausgaben) als auch die subjektive Konsummotivation breiter Bevölkerungsteile rückläufig (i.S.v. Konsumeinstellungen). Das Sinken des faktischen Konsums basiert auf drei zentralen Entwicklungen:

1. Die realen (!) Arbeitnehmereinkommen sind in den vergangenen Jahren gesunken (vgl. Abschn. 15.1).
2. Parallel hierzu ist die Sparquote der Bundesbürger von 9,7 Prozent in 2000 auf aktuell 10,9 Prozent angestiegen. Im Jahr 2004 haben die privaten deutschen Haushalte bereits € 155,15 Mrd. auf die „hohe Kante" gelegt (StBa, GENESIS, Volkswirtschaftliche Gesamtrechnungen des Bundes, Stand 15.04.2004). Das Mehr an gespartem Einkommen steht dem Konsum nicht mehr zur Verfügung.
3. Viele Menschen haben die Lust am konsumieren verloren. Sowohl die Innovationsoffenheit als auch das Vertrauen in Marken, Qualität und Werbung sind deutlich rückläufig (vgl. Abschn. 9).

Wer das Vertrauen in Händler und Produkte verloren hat, der verliert auch die Lust am Konsumieren. Das Sparen führt in dieser Situation zu einer stärkeren Bedürfnisbefriedigung. Unter Berücksichtigung der Entwicklungen im Bereich der sozialen Sicherungssysteme wird dieses Mehr an Erspartem sogar existentiell. Viele Menschen sparen heute *auch*, um in Zukunft besser leben zu können. Die seit Jahren zunehmende Bedeutung des Wertes „sichere Zukunft" ist hierfür ein indirekter Beleg (vgl. Abschn. 13.2).

Die angestrebte Sicherheit wird künftig schließlich wesentlich durch die finanziellen Dispositionsmöglichkeiten des Einzelnen bestimmt. Doch wie kann man das Ruder des auf Kollisionskurs befindlichen Schiffes namens „Konsummotivation" auf Kurs bringen? Um entsprechende Handlungsableitungen treffen zu können, sollen zunächst nochmals die zentralen Konsumtrends aufgezeigt werden.

Die Konsumaspekte *Marke* und *Qualität* haben in der jüngeren Vergangenheit spürbar an Bedeutung verloren. Bereits seit 1993 glauben immer weniger Menschen, dass „Markenartikel qualitativ besser sind als markenlose Ware" (-13,4 Prozentpkt.). Entsprechend sind auch immer weniger Menschen bereit, „für besondere Qualität gern mehr auszugeben" (-10,3 Prozentpkt.). Im Gegenzuge hat in den letzten Jahren vor allem das Preisargument seine Bedeutung im Konsumhorizont der Deutschen ausbauen können.

Markenartikel werden zunehmend „gezielt" zu Sonderpreisen gekauft (seit 2001: +0,8 Prozentpkt.), beim Einkaufen wird zunehmend auf Sonderangebote geachtet (+5,3 Prozentpkt.) und immer mehr Menschen sind „immer auf der Suche nach Billigangeboten" (+4,5 Prozentpkt.). Es scheint, als würde sich die Preisorientierung zum alles dominierenden Konsummotiv entwickeln.

Dies ist jedoch nur die halbe Wahrheit. Unbestritten spielt der Preis heute eine wichtige Rolle beim Konsum. Dies ist jedoch historisch eigentlich nichts Neues. Bereits aus der Vergangenheit ist bekannt, dass der Mensch, als Homo Oeconomicus (Kirchgässner 1992), eine ökonomische Entscheidungsstruktur aufweist. In diesem Sinne entscheidet der rationale Mensch sich zwischen den verfügbaren Sachalternativen anhand der ebenfalls zur Verfügung stehenden Handlungsalternativen. Hierbei spielt logischerweise auch der Preis eine wesentliche Rolle. **Dementsprechend ist es keine grundsätzliche Neuerung, dass der Mensch diejenigen Angebote konsumiert, die ihm im subjektiven Preis-Leistungs-Verhältnis am günstigsten erscheinen. Historisch neu ist hingegen die heutige Omnipräsenz (vermeintlicher) Billigangebote.**

Graphik 87:

Wandlungen in den Konsumorientierungen seit 1990 (Auswahl)

stimme „voll" oder „weitgehend" zu (VA), bzw. zutreffende Einstellungen (AWA) / in %

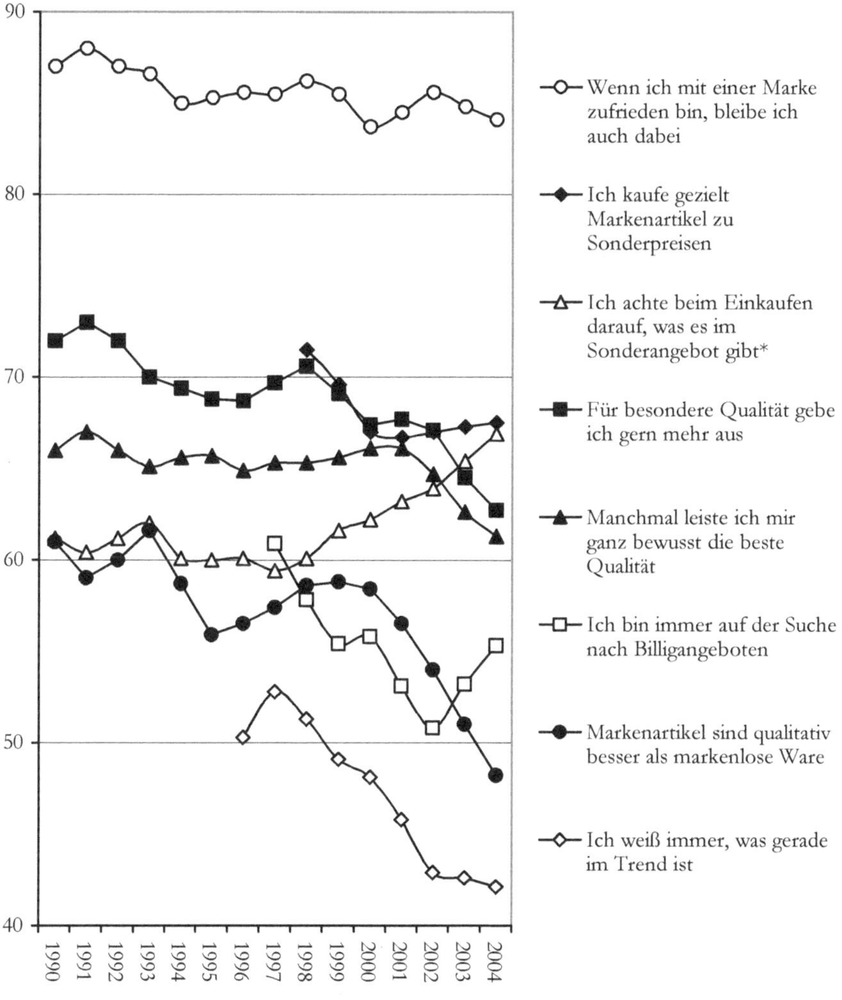

Quelle: * = Allensbacher Werbeträger Analyse 1990 bis 2004; n = bis 21.287 (2004);
Rest = VerbraucherAnalyse 1990 bis 2004; n = bis 31.783 (2004)

Nach dem Fallen der so genannten „Rabattgesetzte“ ist es für viele Händler zu einem Wettlauf um den niedrigsten Angebotspreis gekommen. Werblich, inhaltlich und in den Verkaufsräumen auch gestalterisch ist der Sonderpreis zur alles dominierenden Komponente geworden. Dies hat logischerweise Auswirkungen auf die Entscheidungsstruktur der Kunden: Wer überall mit Sonderpreisen konfrontiert wird, der *orientiert* sich auch immer stärker an eben diesen Sonderpreisen. Im Resultat dieser Entwicklung erscheint es nur logisch, dass Sonderpreise und Billigangebote zunehmend ins Zentrum der Konsumentenentscheidungen gerückt sind. Hierin sind Handel und Hersteller jedoch selbst schuld.

Erst wenn an der „Rabattitis“-Front wieder Ruhe einkehrt und sich die Menschen mit einer Vielzahl von vermeintlichen Sonderangeboten die Finger verbrannt haben, dann werden auch die Entscheidungsparameter Marke, und das hierin implizite Qualitätsversprechen, wieder in den Vordergrund der Konsumentscheidungen rücken.

Nicht umsonst dominiert die klassische Markentreue auch heute noch den Konsumhorizont der Deutschen: Keine konsumsteuernde Einstellung wird weiterhin so häufig vertreten wie *„wenn ich mit einer Marke zufrieden bin, bleibe ich auch dabei“* (84,1 Proz.)! Markentreue ist mithin heute nicht das Problem des privaten Konsums – dieses besteht vielmehr in der sinkenden Qualität der verfügbaren Markenprodukte.

Die Wichtigkeit, „sich etwas leisten zu können“, hängt zudem auch davon ab, was man sich wortwörtlich leisten *kann*. Neben den real sinkenden Erwerbseinkommen sind seit Anfang der 1990er Jahre in einigen Lebensbereichen auch die Fixkosten deutlich gestiegen. Eine Aufschlüsselung des privaten Konsums in untergeordnete Konsumgruppen zeigt, dass vor allem die Ausgaben für „Wohnungsmiete, Wasser, Strom, Gas u.a. Brennstoffe“ sowie für „Verkehr und Nachrichtenübermittlung“ deutlich gestiegen sind.

In diesen beiden Gruppen haben sich die jährlichen Aufwendungen seit 1991 real (!), d.h. in Preisen von 1995, um € 54,3 Mrd. (Miete etc.) und € 31,8 Mrd. (Verkehr, Nachrichtenübermittlung) erhöht. Diese steigenden Kosten konnten bis zum Jahr 2000 durch ebenfalls steigende Einkommen teilweise kompensiert werden. Seither ist der Preisanstieg jedoch höher als der Einkommensanstieg. Entsprechend *müssen* sich, in nahezu logischer Konsequenz, die Privathaushalte in anderen Konsumbereichen einschränken. In Deutschland betraf dies in den vergangenen Jahren alle verbleibenden Konsumbereiche, wie beispielsweise Freizeit, Unterhaltung, Kultur, Einrichtungsgegenstände und auch die Bereiche Bekleidung, Schuhe sowie Gastronomie und Hotels.

Graphik 88:

Entwicklung der privaten Konsumausgaben im Inland seit 1991

In Mrd. € / in Preisen von 1995

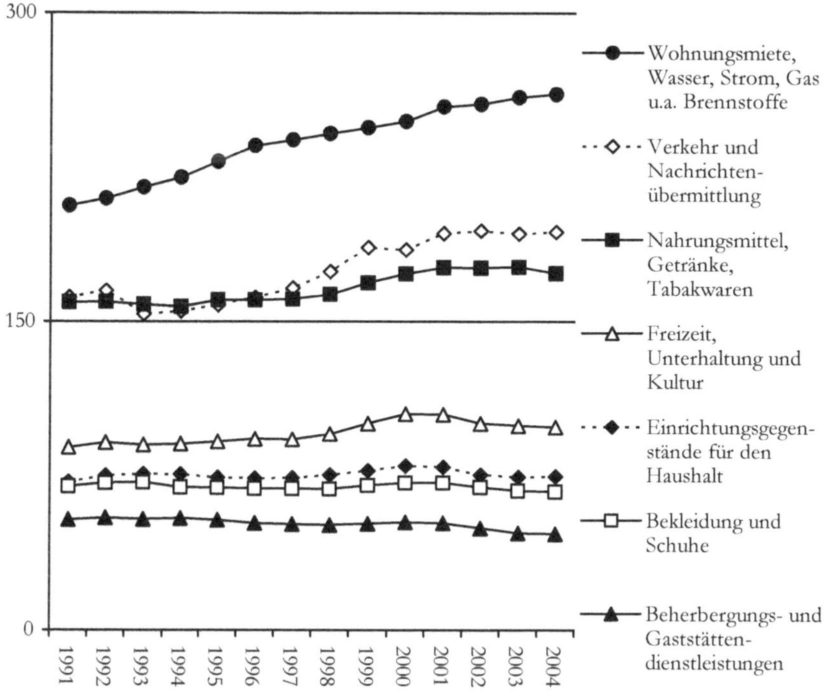

StBa: GENESIS: VGR des Bundes – Konsumausgaben der privaten Haushalte (real): Deutschland, Jahr, Gütergruppen
Stand: 14.04.2005

Dies sind ausgerechnet diejenigen Konsumbereiche, bei denen hohe Umsatzeinbußen beklagt werden. Sinkende Umsätze in diesen Bereichen sind mithin in starkem Maße durch die steigenden Kosten der (unvermeidbaren) Bereiche Wohnen, Verkehr und Nachrichtenübermittlung bedingt. **Was auf der einen Seite zusätzlich für Fixkosten ausgegeben werden *muss*, steht auf der anderen Seite nicht mehr für den Konsum zur Verfügung. Die Wahrscheinlichkeit, dass sich diese Fixkosten in den kommenden Jahren senken werden, ist mehr als gering.**

16.7 Und was wird aus Spaß, Freude und Kultur?

„Spaß und Freude" hatte, hat und wird auch in Zukunft eine zentrale Rolle im Wertehorizont der Deutschen spielen. Im Zeitverlauf verliert dieser Wert jedoch an Bedeutung: Wurde er noch 1999 von 73,2 Prozent als besonders wichtig erachtet, so sind es aktuell nur noch 71,5 Prozent und 2010 werden es nur noch etwa 69 Prozent sein. Wieder einmal sind es die jungen Altersgruppen, die diesen Wert überdurchschnittlich häufig betonen – und dieses auch noch mit steigender Tendenz. Im Gegenzuge messen die über 40-Jährigen dem Wert „Spaß und Freude" auch in den kommenden Jahren immer weniger Bedeutung zu. Doch dieses sind die Altersgruppen mit dem größten anteilmäßigen Zuwachs. Aus diesem Grunde wird dieser Wert bis 2010 einen weiteren Bedeutungsverlust erleiden.

Graphik 89:

Sonstige Orientierungen gestern, heute und morgen

Wichtige Dinge im Leben; Antworten: „ganz besonders" oder „sehr wichtig" / in %

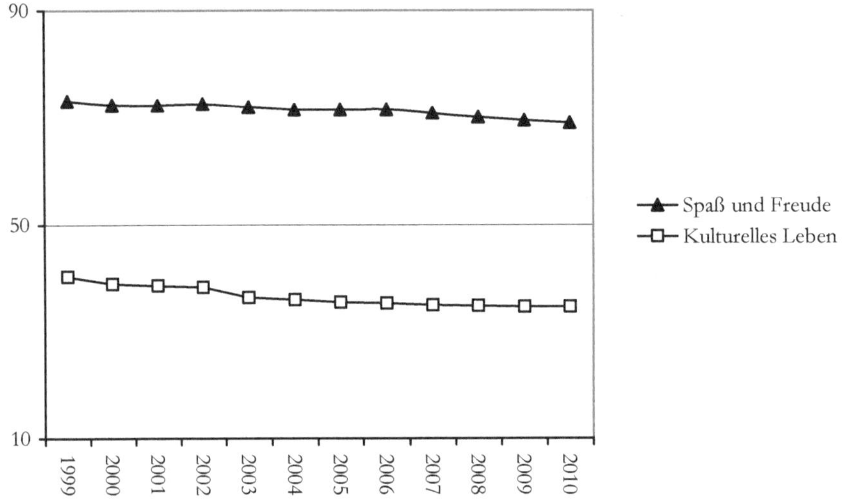

Quelle: VerbraucherAnalyse 1999 bis 2004

n > 31.000

ab 2005: eigene Berechnungen

Diese Entwicklung wird nicht gerade dazu beitragen die Stimmung in der Bevölkerung zu heben. Denn bei dem Wert „Spaß und Freude" geht es weniger um eine hedonistische Spaßorientierung als vielmehr darum, dem Leben *auch* ein bisschen Leichtigkeit und Freude abzugewinnen. Für eine positive Gesamtentwicklung der mentalen Verfassung der Deutschen ist es unerlässlich, dass der Wert „Spaß und Freude" wieder eine größere Verbreitung im Wertehorizont der Deutschen erfährt. Erst wenn eine entsprechende Renaissance dieses Wertes zu spüren ist, werden die Menschen wieder Spaß am Konsum, Spaß am Fortschritt und auch Spaß in den zwischenmenschlichen Beziehungen finden.

Stichwort „Spaß und Freude" an etwas haben: Diese Emotionen sind offensichtlich ebenso beim „kulturellen Leben" abhanden gekommen. Innerhalb der letzten fünf Jahre wurde dieser Wert um -4,2 Prozent seltener als wichtig erachtet. Sinkende Ausgaben bundesdeutscher Privathaushalte belegen diese Entwicklung (vgl. Graphik 88). Bis zum Jahr 2010 wird dieser Trend anhalten, da er sich über alle Altersgruppen hinweg gleichermaßen erstreckt. Auch die bis dahin eintretenden leicht positiven wirtschaftlichen Entwicklungen werden dem „kulturellen Leben" zunächst wenig Auftrieb geben können. Erst im zweiten Jahrzehnt dieses Jahrtausends wird Kultur wieder in den Fokus der Menschen zurücktreten. Bis zu diesem Zeitpunkt werden es viele Anbieter der „ernsten Kultur" schwer haben, breitere Bevölkerungskreise für sich zu begeistern (vgl. Abschn. 13.17).

17. Was erwartet uns in den kommenden Jahren? Perspektiven und Handlungserfordernisse bis zum Jahr 2010

Die vorausgehenden Abschnitte konnten bereits zeigen, dass sich die Analyse des Wertewandels niemals auf lediglich eine Betrachtungsebene beschränken lässt. Vielmehr befinden sich alle gesellschaftlichen Werte in einem *permanenten dynamischen Wandel* – und zwar *gleichzeitig*. Dies macht es natürlich nicht einfach, sich ein umfassendes Bild über den Wertewandel der vergangenen Jahre zu machen. Die Anfertigung zuverlässiger Prognosen ist nochmals um einiges schwerer. Um den geneigten Leser in diesem Zusammenhang nicht zu überlasten, werden bei dem nachfolgenden Ausblick nur die zentralen Wertetrends der kommenden Jahre erläutert. Wer ein besonderes Interesse an Detailbetrachtungen hat, der findet in den voranstehenden Abschnitten die notwendigen Informationen. Detaillierte Hinweise auf die entsprechenden Abschnitte innerhalb des Textes sollen hierbei behilflich sein.

Die dominante Entwicklungstendenz der kommenden Jahre ist das ungebrochene Sicherheitsstreben der Deutschen. Dieses ist vor allem durch die Werte „Familie und Partnerschaft“ sowie „sichere Zukunft“ gekennzeichnet. Bereits in den vergangenen Jahren zeichnete sich bei diesen beiden Orientierungen eine sukzessive Bedeutungszunahme ab, die sich auch bis ins Jahr 2010 ungebremst fortsetzen wird. In Zeiten steigender Orientierungsdefizite (vgl. Abschn. 14.5) und auch zunehmender markoökonomischer Probleme (vgl. Abschn. 15.1) zeigt sich das wachsende Streben nach Sicherheit als alles überlagernder Trend. „Familie und Partnerschaft“ fungieren in einer zunehmend unsicheren Welt immer häufiger als sicherer Hafen. Sie bleiben, zusammen mit dem Streben nach einer „sicheren Zukunft“, auch bis zum Jahr 2010 die beliebtesten Werte der Deutschen.

Indirekte Unterstützung erfährt das Sicherheitsstreben ab 2006 durch die Ausbreitung „traditioneller Werte“. Dieser Bedeutungszuwachs findet vor allem in den jungen Bevölkerungsgruppen statt. Er wird aber auch durch die Hochaltrigen mitgetragen, die einen immer größeren Anteil der Bevölkerung stellen. Lediglich bei den 40- bis 59-Jährigen erleiden sie einen tendenziellen Bedeutungseinbruch. Der insgesamt wachsende Zuspruch zu traditionellen Werten hat jedoch nicht nur eine demographische Ursache, sondern zudem auch eine psycho-*logische* Dimension: Traditionelle Werte stellen den Menschen Orientierungsleitlinien zur Verfügung. Diese können dabei helfen, die komplexe Umwelt (subjektiv) leichter zu „kategorisieren“. Aus dieser Perspektive reduzieren traditionelle Werte die zunehmende Umweltkomplexität, senken die bereits seit Jahren grassierenden Orientierungsverluste und entlasten den Menschen (vgl. Abschn. 14.5). Sie schaffen hierdurch auch die gewünschte Sicherheit.

Parallel zum nahezu omnipräsenten Sicherheitsstreben der Deutschen zeichnet sich jedoch in den kommenden Jahren eine ganz neue Form der Parallelentwicklung ab: Während die Bedeutung von Sicherheit-gebenden Werten wächst, nimmt gleichzeitig die Bedeutung des Wertes „Individualität“ zu. Dies mag auf den ersten Blick nicht zusammenpassen: Aus der klassischen Werteforschung ist bekannt, dass sich die beiden Wertorientierungen eigentlich diametral gegenüber stehen (vgl. z.B. Klages 1986). **Doch zeichnet sich an dieser Stelle ein ebenso besonderes wie überragendes Merkmal des künftigen Wertewandels ab: Die Faktoren Individualität und Sicherheit werden künftig nebeneinander Bestand haben. Eine Art Wertesynthese, zwischen Sicherheit auf der einen Seite und Individualität auf der**

anderen Seite, hat in den vergangenen Jahren zu einem Verschmelzungsprozess geführt. Dieser Prozess wird in den kommenden Jahren in die Abschlussphase treten und dann eine noch stärkere Ausprägung erfahren.

Tabelle 2:

Reichweite von Wertorientierungen im Vergleich (in Proz.):

Wertorientierung	Menschen, die „Individualität" für besonders wichtig erachten	Gesamtbevölkerung	**Differenz in Prozentpkt.**
Familie/Partnerschaft	90,1	85,9	**+4,2**
Sichere Zukunft	89,2	81,2	**+8,0**
Finanzielle Unabhängigkeit	88,0	79,9	**+8,1**
Traditionelle Werte	55,5	44,5	**+11,0**
Bei neuen Entwicklungen dabei sein	41,4	27,9	**+13,5**
Selbstverwirklichung	72,1	51,3	**+20,8**

Quelle: VerbraucherAnalyse 2004
n = 31.783

Eine Sonderauswertung des Datenmaterials der VerbraucherAnalyse aus dem Jahr 2004 liefert bestätigende Hinweise auf die zuvor angeführte Wertesynthese. Eine Gegenüberstellung der Zustimmungstendenzen von Menschen, die „Individualität" für besonders wichtig erachten, mit denen der Gesamtbevölkerung, bringt erstaunliche Ergebnisse zu Tage: Individualität-Befürworter vertreten deutlich häufiger Sicherheit-gebende Werte als der Bevölkerungsdurchschnitt. So wird „Familie und Partnerschaft" um +4,2 Prozentpunkte häufiger als wichtig erachtet, „sichere Zukunft" um +8,0 Prozentpunkte und „traditionelle Werte" sogar um +11,0 Prozentpunkte häufiger. **Sicherheit, Tradition und Individualität sind Begriffe, die heute nicht mehr voneinander getrennt werden dürfen. In den kommenden Jahren wird dieser Zusammenhang sogar noch stärker.**

Es sind jedoch nicht nur die klassischen Werte, die „Individualisten" überdurchschnittlich häufig betonen. Sie vertreten gleichzeitig *auch* die typischen Individualwerte: Sie betonen überdurchschnittlich häufig die Wichtigkeit der „finanziellen Unabhängigkeit" (+8,1 Prozentpkt.), wollen „bei neuen Entwicklungen dabei sein" (+13,5 Prozentpkt.) und betonen zudem die Bedeutung der „Selbstverwirklichung" (+20,8 Prozentpkt.!). **Für die modernen Individualisten ist die Sicherheit der Tradition mindestens genauso wichtig wie der dynamische Blick nach vorn. Sie nehmen das Leben selbst in die Hand. Auf Basis dieser vollkommen neuen Wertsynthese wird „Individualität" auch einer *der* Zukunftswerte.**

Eine weitere Besonderheit der Wertentwicklungen der kommenden Jahre ist die Tatsache, dass der Faktor „Individualität" zwar an Bedeutung zunehmen wird, der Wert „Selbstverwirklichung" jedoch im Gegenzug einen Bedeutungs*verlust* erfahren wird. Entwickelten sich beide Werte in der Vergangenheit noch überwiegend parallel, so kommt es hier erstmalig zu einer Abspaltung. Neu ist hieran vor allem, dass Individualität heute und in Zukunft nicht mehr mit Individualismus gleichgesetzt werden darf, sondern vielmehr mit dem Bedeutungshof der *Eigeninitiative* (vgl. Abschn. 13.9 und 16.3). Dies ist die Hauptursache für die Abspaltung der Wertentwicklungen zwischen einem degressiven Selbstverwirklichungsstreben, bei einer gleichzeitig progressiven Entwicklung des Wertes „Individualität".

Um Eigeninitiative zeigen und mithin Individualität leben zu können, bedarf es jedoch auch eines spürbaren Zuwachses an subjektiver und objektiver „Freiheit". Dies ist jedoch ein Wertebereich, der im Rahmen der VerbraucherAnalyse leider nicht erhoben wird. Ältere Studien zum Themenkomplex Wertewandel konnten jedoch nachweisen, dass der Wert „Freiheit und Unabhängigkeit" in den 1980er und 1990er Jahren noch einen massiven Bedeutungseinbruch erfahren hat (Duncker 1998, 2000). Dieser Trend hat jedoch im jungen 21. Jahrhundert eine Umkehr erfahren: **Aktuelle Untersuchungen konnten zeigen, dass freiheitliche Orientierungen seit etwa zwei Jahren wieder einen leichten Bedeutungszuwachs erfahren (Duncker 2004). Wenn sich diese zunächst noch zaghaft entwickelnde „Freiheitsorientierung" der Deutschen künftig weiter ausbreitet, dann wird dies den Trend in Richtung Individualitätsstreben positiv verstärken.**

Die hier skizzierte Entwicklung ist von fundamentaler Wichtigkeit, um einem anderen Haupttrend Einhalt zu gebieten: der dramatisch sinkenden Innovationsorientierung der Deutschen (vgl. Abschn. 7, 8, 13.20 und 16.5). Diese, bereits seit einigen Jahren zu beobachtende, Entwicklung wird sich in den kommenden Jahren noch beschleunigen. Vor allem bedingt durch den deutlich sinkenden Anteil jüngerer Menschen an der Gesamtbevölkerung droht eine massenhafte Innovationsverweigerung. Wenn es künftig nicht gelingt, die Orientierung der Menschen auf breiter Basis wieder in Richtung Individualitäts- und Freiheitswerte zu steuern, dann droht Deutschland den Anschluss an die vielfältigen Entwicklungen der Welt zu verpassen. **Erst wenn Neugierde, Eigeninitiative, Freiheitsstreben und das diesen Eigenschaften zugrunde liegende Selbstvertrauen der Menschen wieder auf breiter Basis geweckt und gestärkt werden, sind die Menschen auch wieder offen für Neues. Der Grundstein ist auf Basis der jüngsten Wertenwicklungen gelegt – nun gilt es, positiv verstärkend in diesen Wertebereich einzugreifen: für die Weiterentwicklung einer modernen Gesellschaft, für einen prosperierenden privaten Konsum und somit auch für den Fortbestand der wirtschaftlichen und politischen Stabilität in Deutschland.**

Um die gesamtdeutsche Wirtschaftslage wieder auf gesunde Füße stellen zu können, reicht es jedoch nicht, Individualität, Freiheit und Innovationsoffenheit zu predigen. Um die Umsatzentwicklungen des privaten Konsums wieder herstellen zu können, muss gleichzeitig auch das Vertrauen der Menschen in die Konsumfaktoren „Qualität" und „Marke" wieder hergestellt werden (vgl. Abschn. 8.2 und 8.5). Da, wie die vorliegenden Daten einmal mehr plastisch zeigen, sich die Einstellungen und Werte der Menschen jedoch nur langsam entwickeln, wird dieser *Rekultivierungsprozess* einige Zeit in Anspruch nehmen. Bis sich die Wandlungen von Einstellungen und Wertorientierungen schließlich im Verhalten der Menschen niederschlagen, vergeht viel Zeit.

Dies ist ein wesentlicher Grund dafür, dass sich die Konsumorientierungen der Bundesbürger in den kommenden Jahren nicht allzu schnell erholen werden. **Zunächst einmal wird es die Hauptaufgabe sein, den anhaltenden Trend des sinkenden Qualitäts- und Markenvertrauens zu stoppen. Erst im Anschluss an eine entsprechende *Stabilisierung* ist es möglich, wieder *Aufbauarbeit* zu leisten. Dies ist die Hauptursache dafür, dass die Wichtigkeit des Wertes, „sich etwas leisten zu können", in den kommenden Jahren zunächst weiter sinken wird. Eine massenwirksame Trendwende im Konsumbereich kann sich aus den zuvor genannten Gründen erst ab 2010 wieder einstellen. Dies ist der Zeitpunkt, ab dem der Prozess einer „Vertrauensrückgewinnung" bei den Konsumenten auf breiter Basis seine Früchte tragen kann.**

Parallel hierzu müssen die Menschen auch das Vertrauen in den Fortschritt wieder finden. Im Zuge des seit Jahren anhaltenden Sicherheitsstrebens wollen immer weniger Menschen „bei neuen Entwicklungen dabei sein" und auch die Wichtigkeit, „überall mitreden zu können", ist deutlich gesunken (vgl. Abschn. 13.19f.). Die Menschen bleiben lieber bei dem, was sie kennen. Diese spezielle Form des Konservatismus schafft (vermeintliche) Sicherheit.

Diese Entwicklungen werden sich in den kommenden Jahren sogar noch verstärken. Doch muss man auch in diesem Zusammenhang genauer hinsehen. Bei einem Vergleich der Ergebnisse des Einstellungs- und Wertewandels zeigen sich zwei separate Entwicklungen, die eine verstärkte Beachtung verdienen: Während auf der einen Seite die Mehrheit der Deutschen „immer wieder gern etwas Neues ausprobiert" und „großen Wert darauf legt, gründlich informiert zu werden…"(vgl. Abschn. 7), sinkt parallel hierzu die Technikaffinität (vgl. Abschn. 8) sowie die konsumtive Trendorientierung der Menschen (vgl. Abschn. 9).

Die Unterschiede zwischen den beiden Parallelentwicklungen sind im Detail zu finden: **Zwar probieren die Menschen *im Kleinen* gern mal ein neues Pflegeprodukt o.ä. aus, möchten auch gründlich über das Geschehen in der Welt *informiert werden*, doch möchten sie bei den *übergeordneten* „neuen Entwicklungen" (Technik, Wirtschaft, staatliche Systeme etc.) selbst nicht dabei sein. Aus Handelnden sind Beobachter geworden. Die Deutschen möchten lieber in der Sicherheit des Bekannten leben und lassen in ihrem Umfeld überwiegend nur noch kleine Änderungen im Alltag zu.** Dies wirkt sich natürlich nicht nur auf die Akzeptanz der in den kommenden Jahren anstehenden, großen strukturellen Veränderungen negativ aus, sondern auch auf die Konsumhaltung der Menschen: Übergeordnete Konsumtrends gehen immer häufiger an den Menschen vorbei. Was diese noch zulassen, sind kleine Veränderungen am Rande – jedoch nicht mehr die großen innovativen Würfe.

Im Zuge der vielfältigen technischen Veränderungen (z.B. sog. „digitale Revolution"), der Globalisierung der politischen und wirtschaftlichen Verflechtungen sowie der Notwendigkeit des Umbaus der staatlichen Systeme (Steuern, Sozialversicherung, „Europäisierung" etc.) leiden immer mehr Menschen unter „Orientierungsverlusten". Ihnen sind die anstehenden, großen (Ent-) Würfe eine Nummer zu groß (s.a. Abschn. 17). Sie leiden unter den vielfältigen Wandlungen und sind nicht mehr bereit, „bei neuen Entwicklungen dabei zu sein". Ganz im Gegenteil: Nichts wäre ihnen lieber, als weit davon entfernt in der Sicherheit stabiler Alltagsbedingungen zu leben. **Erst wenn die Vielzahl der heute noch offenen und erforderlichen strukturellen Veränderungen (z.B. europäischer Einigungsprozess, Umbau der staatlichen Sicherungssysteme) abgeschlossen sind, kommen die Menschen wieder zur Ruhe. Und erst aus dieser Ruhe heraus werden sie wieder bereit sein, „bei neuen Entwicklungen dabei zu sein" – doch dies wird, aufgrund des Umfanges der noch zu bewältigenden Aufgaben, erst *nach* dem Jahr 2010 sein.**

Diese Entwicklungen werden auch den Lebensbereich „Freizeit" deutlich beeinflussen: Die Werte der Freizeit werden in den kommenden Jahren deutliche Bedeutungseinbußen erfahren. Sowohl die politischen und wirtschaftlichen Entwicklungen, mit den hiermit einhergehenden individuellen Einkommens- und Arbeitsplatzunsicherheiten, als auch die demographischen Entwicklungen, hin zu einer immer älter werdenden Gesamtbevölkerung, werden einen deutlichen Einfluss auf die Werte der Freizeit haben. War noch zur Jahrtausendwende das Streben nach einer „aktiv gestalteten Freizeit" mit 54,9 Prozent mehrheitsfähig, so wird dieser Wert im Jahr 2010 nur noch von weniger als 48 Prozent der Bevölkerung für wichtig erachtet. Das Streben nach „viel Freizeit" rutscht sogar auf 39 Prozent ab. **Freizeitwerte verlieren hierdurch ihre Mehrheitsfähigkeit – ein Comeback ist aufgrund der ursächlichen Entwicklungsbedingungen, auch nach 2010, für längere Zeit nicht zu erwarten.**

Die Entwicklungen der Freizeitorientierungen werden auch Einfluss auf die Werte „kulturelles Leben" und „soziales Engagement" haben. Insbesondere das „kulturelle Leben", welches sich per Definition weit überwiegend in der Freizeit abspielt, wird einen weiteren, allerdings im Vergleich zu den vergangenen Jahren leichten, Bedeutungsrückgang erfahren. Stabilisierend wirkt die Tatsache, dass die jüngeren Altersgruppen, welche dem „kulturellen Leben" bereits historisch eine vergleichsweise geringe Bedeutung beigemessen haben, in den kommenden Jahren anteilig deutlich zurückgehen werden. Ohne diesen demographischen Faktor wäre der Bedeutungsverlust der kulturellen Orientierungen deutlich stärker ausgeprägt.

Die soziale Dimension im Wertehorizont der Deutschen zeigt eine übergeordnete Besonderheit: Sie wird sich in den kommenden Jahren noch stärker als bisher auf den individuellen Nahbereich konzentrieren. Während bis 2010 die Werte „Familie und Partnerschaft" (87 Proz.) und „großer Freundeskreis" (52 Proz.) an Bedeutung zunehmen, wird das „soziale Engagement" bis 2007 einen leichten Bedeutungsverlust erfahren. Erst ab dem Jahr 2008, d.h. mit dem ersten Einsetzen der wirtschaftlichen Erholung, gewinnt dieser Wert wieder an Popularität. **Doch selbst bei einer positiven Entwicklungstendenz bis hin zum Jahr 2010, bleibt das „soziale Engagement" (dann 35 Proz.) ein Minderheitenwert (vgl. Abschn. 16.1) – für zwei Drittel der Bevölkerung findet die soziale Orientierung auch weiterhin im persönlichen Nahbereich ihr Ende.**

Das Jahr 2008 wird jedoch nicht nur für die Sozialorientierung ein Wendejahr darstellen. **Das Einsetzen des wirtschaftlichen Aufschwunges, gekoppelt mit den demographischen Entwicklungen, findet dann auch in**

anderen Lebensbereichen seinen Niederschlag. Vor allem Werte, die (neben dem Konsum) in ökonomischen Zusammenhängen stehen, werden dann wieder verstärkt in den Fokus der Menschen rücken. Das Streben nach „finanzieller Unabhängigkeit" wird ab 2008 deutlich zunehmen und in 2010 wieder von über 79 Prozent als besonders wichtig bezeichnet. Die hiermit häufig einhergehende „Lebensplanung" erlebt dann ebenfalls ihre Renaissance: Nach einem langjährigen Bedeutungsverlust wird diese Orientierung erstmalig wieder von einem wachsenden Bevölkerungsanteil für wichtig erachtet (2010: 59 Proz.).

Der Wert „Leistung" wird ebenfalls ab 2008 nach einer längeren Phase des Bedeutungsverlustes wieder mehr Zuspruch erhalten (2010: > 57 Proz.). Auch dieses steht in engem Zusammenhang mit den wirtschaftlichen Entwicklungen: Erst wenn sich Leistung wieder lohnt, d.h. Leistung auch wieder mit der Honorierung von wachsenden Einkommen und Aufstiegschancen verbunden ist, beginnt sich die Reichweite dieses Wertes positiv zu entwickeln. **Dem Faktor Leistung kommt hierdurch eine übergeordnete Bedeutung zu: Wenn die „Lust auf Leistung" wieder steigt, dann werden die Menschen auch wieder beweglicher. Sie werden wieder motivierter sein, die Dinge selbst in die Hand zu nehmen, Verantwortung für die eigenen Leistungen zu übernehmen und ein höheres Involvement in wirtschaftlichen und privaten Prozessen zeigen. Die steigende Bedeutung der Werte „Individualität" und „Freiheit" wird diesen Prozess ab dem Jahr 2008 sogar positiv verstärken können. Bis dahin wird die Nation allerdings noch eine kurze „Durststrecke" zurücklegen müssen.**

Diese Durststrecke wird auch *das* übergeordnete Merkmal der deutschen Wertentwicklungen in den Jahren 2005 bis 2008 darstellen: In diesem Zeitabschnitt stehen vor allem Sicherheitsorientierungen wie „Familie und Partnerschaft", „sichere Zukunft" und mit steigender Tendenz auch „traditionelle Werte" im Vordergrund des Wertehorizontes. Diese für wirtschaftlich unsichere Zeiten nahezu typische Sicherheitsorientierung wird die Entwicklung aller weiteren Werte überlagern. Mit der Ausnahme des sich langsam ausbreitenden Individualitätsstrebens (s.o.) werden alle weiteren Werte in den kommenden Jahren einen Bedeutungsverlust erfahren.

Erst ab dem Jahr 2008, d.h. mit dem Einsetzen des wirtschaftlichen Aufschwungs, werden die bereits beschrieben Werte „Leistung", „Lebensplanung" und „finanzielle Unabhängigkeit" wieder häufiger als besonders wichtig bezeichnet. Diese Entwicklung fördert in den Folgejahren wiederum den latent bereits vorliegenden Entwicklungstrend in Richtung Individualität und Freiheit.

In der Kombination dieser Wertentwicklungen wird ab 2010 eine breit angelegte Aufbruchstimmung einsetzen. Diese Aufbruchstimmung führt wiederum zu einem wachsenden Selbstbewusstsein der Menschen, die dann aus dem gestärkten Ego heraus auch wieder eine stärkere Konsum- und Innovationsorientierung zeigen.

Literaturverzeichnis

AG VA: VerbraucherAnalyse, Hamburg 1983 bis 2004

Barz, H. et al.: Trendbibel für Marketing und Verkauf, Regensburg, Berlin 2003

Baumgartner, H.-M./ Irrgang, B. (Hrsg.): Am Ende der Neuzeit, Würzburg 1985

Beck, U./ Beck-Gernsheim, E. (Hrsg.): Riskante Freiheiten, Frankfurt/M. 1994

Beck, U.: Jenseits von Stand und Klasse?, in: Beck, U./ Beck-Gernsheim, E. (Hrsg.): Riskante Freiheiten, Frankfurt/M. 1994, S. 43 - 60

Beck, U./ Beck-Gernsheim, E.: Nicht Autonomie, sondern Bastelbiographie, in: Zeitschrift für Soziologie 3/1993, S. 178 - 187

Beck, U.: Risikogesellschaft, Frankfurt/M. 1986

Becker; U./ Nowak, H.: Die sozialen Milieus in der Bundesrepublik. Kurzcharakteristik, Heidelberg 1984

Berger, P.A./ Luckmann, Th.: Modernität, Pluralismus und Sinnkrise, Gütersloh 1995

Berger, P.A./ Hradril, S. (Hrsg.): Lebenslagen, Lebensläufe, Lebensstile, Sonderband der Zeitschrift Soziale Welt, Göttingen 1990

Bourdieu, P.: Die feinen Unterschiede: Kritik der gesellschaftlichen Urteilskraft, Frankfurt/M. 1996

Brandstätter, H.: Sozialpsychologie: Psychologie sozialer Erfahrung, Stuttgart, Berlin, Köln, Mainz 1983

Bürklin, W.: Wertewandel oder zyklische Wertaktualisierung, in: Luthe, H.O./ Meulemann, H. (Hrsg.): Wertwandel – Faktum oder Fiktion?, Frankfurt/M., New York 1988, S. 193 - 234

Clark, M.S.: Prosocial Behavior, Newbury Park 1992

Clauß/ Ebner : Statistik für Soziologen, Pädagogen, Psychologen und Mediziner Bd. 1, Thun, Frankfurt/M. 1989

Domizlaff, H.: Die Gewinnung des öffentlichen Vertrauens, Hamburg 1991

Duncker, Chr.: Wertewandel für das Marketing, in: marketingjournal 12/2004

Duncker, Chr.: Verlust der Werte? Wertewandel zwischen Meinungen und Tatsachen, Wiesbaden 2000

Duncker, Chr.: Mythos Individualisierung?, in: Floren, F.J. (Hrsg.): Sozialer Wandel in Deutschland, Paderborn 1999, S. 103 - 104

Duncker, Chr.: Dimensionen des Wertewandels in Deutschland – eine Analyse anhand ausgewählter Zeitreihen, Frankfurt, Bern, New York 1998

Eder, K.: Wertewandel: Ein Beitrag zur Diagnose der Moderne?, in: Luthe, H.O./ Meulemann, H. (Hrsg.): Wertewandel – Faktum oder Fiktion?, Frankfurt/M., New York 1988, S. 257 - 294

Floren, F.J. (Hrsg.): Sozialer Wandel in Deutschland, Paderborn 1999

Fox, S.: Situational determinants in affiliation, in: European Journal of Social Psychology 10/1980, S. 303 - 307

Franz, G./ Herbert, W.: Werttypen in der Bundesrepublik: Konventionalisten, Resignierte, Idealisten und Realisten, in: Klages, H./ Franz, G./ Herbert, W.: Sozialpsychologie der Wohlfahrtsgesellschaft: zur Dynamik der Wertorientierungen, Einstellungen und Ansprüche, Frankfurt/M., New York 1987

Franz, P.: Der 'constrained choice'-Ansatz als gemeinsamer Nenner individualistischer Ansätze in der Soziologie, in: KZfSS 1/1986, S. 32 - 54

Gallmann, H.: Nur langsam lernt der Konsument, in: marketingjournal, 6/1998, S. 380

Giddens, A.: Die Konstitution der Gesellschaft. Grundzüge einer Theorie der Strukturierung, Frankfurt/M., New York 1984

Gluchowski, P.: Lebensstile und Wandel der Wählerschaft in der Bundesrepublik Deutschland, in: Aus Politik und Zeitgeschichte. Beilage zur Wochenzeitung Das Parlament B 12/87, S. 18 - 32

Gross, P.: Die Multioptionsgesellschaft, Frankfurt/M. 1994

Gruner + Jahr AG: Dialoge 5 – Trends, Werte, Ziele, Hamburg 1999

Habermas, J.: Die neue Unübersichtlichkeit, Frankfurt/M. 1983

Habermehl, B.: Angewandte Sozialforschung, München, Wien 1992

Hartmann, P.: Wunsch und Wirklichkeit – Theorie und Empirie sozialer Erwünschtheit, Wiesbaden 1991

Heidenreich, E.: Entwicklung von Skalen, in: Roth, E. (Hrsg.): Sozialwissenschaftliche Methoden, Oldenbourg 1987, S. 417 - 436

Herbert, W.: Wandel und Konstanz von Wertstrukturen, Frankfurt/M., Berlin, Bern, New York, Paris, Wien 1993

Hermann, D.: Bilanz der empirischen Lebensstilforschung; in: KZfSS 1/2004, S. 153 - 179

Hillmann, K.-H.: Wertwandel: Ursachen, Tendenzen, Folgen, Würzburg 2003

Hillmann, K.-H.: Zur Wertewandelforschung: Einführung, Übersicht und Ausblick, in: Oesterdieckhoff, G.W. / Jegelka, N. (Hrsg.): Werte und Wertewandel in westlichen Gesellschaften. Resultate und Perspektiven der Sozialwissenschaften, Opladen 2001, S. 15 - 40

Hillmann, K.-H.: Wertwandel. Zur Frage soziokultureller Voraussetzungen alternativer Lebensformen, Darmstadt 1986

Hillmann, K.-H.: Zur Frage des bewußten Wertewandels, in: Baumgartner, H.-M./ Irrgang, B. (Hrsg.): Am Ende der Neuzeit, Würzburg 1985, S. 165 - 183

Hörning, K.H., Michailow, M.: Lebensstil als Vergesellschaftungsform. Zum Wandel von Sozialstruktur und sozialer Integration; in: Berger, P.A./ Hradril, S. (Hrsg.): Lebenslagen, Lebensläufe, Lebensstile, Sonderband der Zeitschrift Soziale Welt, Göttingen 1990, S. 501 - 521

Huber, W.: Die Sinnfrage in der säkularisierten Gesellschaft: Transzendenz, Religion und Identität, in: Weidenfeld, W./ Rumberg, D. (Hrsg.): Orientierungsverlust – Zur Bindungskrise der modernen Gesellschaft, Gütersloh 1994, S. 45 - 58

Inglehart, R.: Kultureller Umbruch. Wertewandel in der westlichen Welt, Frankfurt/M., New York 1989

Inglehart, R.: The Silent Revolution in Europe: Intergenerational Change in Postindustrial Societies, in: American Political Science Review 65 1971, S. 991 - 1017

Inglehart, R.: The Silent Revolution, Princeton 1977

Institut für Demoskopie Allensbach: Allensbacher Werbeträger Analyse (AWA), Allensbach 1983 bis 2004 (jährlich)

Kirchgässner, G.: Homo oeconomicus – Das ökonomische Modell individuellen Verhaltens und seine Anwendung in den Wirtschafts- und Sozialwissenschaften, Tübingen 1992

Klages, H./ Franz, G./ Herbert, W.: Sozialpsychologie der Wohlfahrtsgesellschaft: zur Dynamik von Wertorientierungen, Einstellungen und Ansprüchen, Frankfurt/M., New York 1987

Klages, H./ Hippler, H.-J./ Herbert, W.: Werte und Wandel: Ergebnisse und Methoden einer Forschungstradition, Frankfurt/M., New York 1992

Klages, H.: Der Blockierte Mensch. Zukunftsaufgaben gesellschaftlicher und organisatorischer Gestaltung, Frankfurt/M., New York 2002

Klages, H.: Indikatoren des Wertewandels, in: Rosenstiel, L.v./ Einsiedler, H.E./ Streich, R.K. (Hrsg.): Wertewandel als Herausforderung für die Unternehmenspolitik, Stuttgart 1987

Klages, H.: Wertorientierungen im Wandel, Frankfurt/M. 1984

Klein, M.: Wieviel Platz bleibt im Prokrustesbett? Wertewandel in der Bundesrepublik Deutschland zwischen 1973 und 1992 gemessen anhand des Inglehart-Index, in KZfSS 2/1995, S. 207 - 230

Koolwijk, J. von/ Wieken-Mayser, M. (Hrsg.): Technik der empirischen Sozialforschung Bd. 4, München 1974

Kreckel, R. (Hrsg.): Soziale Ungleichheiten, Göttingen 1983

Kreutz, F./ Tischer, S.: Erhebungsmethoden: Die Befragung, in: Koolwijk, J. von/ Wieken-Mayser, M. (Hrsg.): Technik der empirischen Sozialforschung Bd. 4, München 1974

Kuß, A./ Tomczak, T.: Käuferverhalten, Stuttgart 2004

Laatz, W.: Empirische Methoden: ein Lehrbuch für Sozialwissenschaftler, Thun, Frankfurt/M. 1993

Lautmann, R.: Wert und Norm. Begriffsanalyse für die Soziologie, Opladen 1971

Lohauß, P.: Moderne Identität und Gesellschaft. Theorien und Konzepte, Opladen 1995

Lübbe, H./ Noelle-Neumann, E./ Repnik, H.P. (Hrsg.): Werte im pluralistischen Staat, Sankt Augustin 1997

Lübbe, H.: Erfahrungen von Orientierungskrisen in modernen Gesellschaften, in: Weidenfeld, W./ Rumberg, D. (Hrsg.): Orientierungsverlust – Zur Bindungskrise der modernen Gesellschaft, Gütersloh 1994, S. 13 - 30

Lübbe, H.: Werteverfall oder Wertewandel? Soziale und politische Aspekte, in: Oesterdieckhoff, G.W./ Jegelka, N. (Hrsg.): Werte und Wertewandel in westlichen Gesellschaften. Resultate und Perspektiven der Sozialwissenschaften, Opladen 2001, S. 177 - 190

Lüdtke, H.: Lebensstile als Dimension handlungsproduzierter Ungleichheit. Eine Anwendung des Rational-Choise-Ansatzes; in: Berger, P.A./ Hradril, S. (Hrsg.): Lebenslagen, Lebensläufe, Lebensstile; Sonderband der Zeitschrift Soziale Welt, Göttingen 1990, S. 433 - 453

Luhmann, N.: Copierte Existenz und Karriere. Zur Herstellung von Individualität, in: Beck, U./ Beck-Gernsheim, E. (Hrsg.): Riskante Freiheiten, Frankfurt/M. 1994, S. 191 - 200

Luthe, H.O./ Meulemann, H. (Hrsg.): Wertwandel – Faktum oder Fiktion?, Frankfurt/M., New York 1988

Markenverband e.V.: Markenartikel, aus dem Internetauftritt vom 01.02.2005

Maslow, A.H.: Beliefs, Attitudes and Values. A Theorie of Organization and Change, San Francisco 1968

Mayer, K.U./ Müller, W.: Individualisierung und Standardisierung im Strukturwandel der Moderne. Lebensverläufe im Wohlfahrtsstaat, in: Beck, U./ Beck-Gernsheim, E. (Hrsg.): Riskante Freiheiten, Frankfurt/M. 1994, S. 265 - 295

Miegel, M./ Wahl, S.: Das Ende des Individualismus: die Kultur des Westens zerstört sich selbst, München 1994

Müller, H.P.: Sozialstruktur und Lebensstile. Der neue theoretische Diskurs über soziale Ungleichheit, Frankfurt/M. 1992

Namenwirth, J.Z./ Weber, R.P.: Dynamics of Culture, Winchester 1987

Namenwirth, J.Z.: The Wheel of Time and the Interdependence of Value Change, in: Journal of Interdisciplinary History 3/1973, S. 649 - 683

Neidhardt, F. (Hrsg.): Öffentlichkeit, öffentliche Meinung, soziale Bewegungen, KZfSS Sonderheft 34, Opladen 1994

Noelle-Neumann, E./ Strümpel, B.: Macht Arbeit krank? Macht Arbeit glücklich? Eine aktuelle Kontroverse, München 1984

Noelle-Neumann, E.: Werden wir alle Proletarier? Wertewandel in unserer Gesellschaft, Zürich 1978

Oesterdieckhoff, G.W./ Jegelka, N.: Werte und Wertewandel in westlichen Gesellschaften. Resultate und Perspektiven der Sozialwissenschaften, Opladen 2001

Opaschowski, H.W.: Deutschland 2020, Wiesbaden 2004

Opaschowski, H.W.: Der Generationenpakt. Das soziale Netz der Zukunft, Darmstadt 2004 a

Opaschowski, H.W./ Duncker, Chr.: Jugend und Freizeit, Schriftenreihe des B.A.T Freizeit-Forschungsinstituts, Hamburg 1997

Opaschowski, H.W.: Deutschland 2010, Hamburg 1997 a

Opaschowski, H.W./ Raddatz, G.: Freizeit im Wertewandel. Die Einstellung zu Arbeit und Freizeit, Schriftenreihe des B.A.T Freizeit-Forschungsinstituts, Hamburg 1982

Opp, K.-D.: Die Entstehung sozialer Normen, Tübingen 1983

Parsons, T.: Das System moderner Gesellschaften, Weinheim/München 2003

Petermann. F. (Hrsg.): Einstellungsmessung – Einstellungsforschung, Göttingen, Toronto, Zürich 1980

Popcorn, F. B.: Clicking – Der neue Popcorn Report. Trends für unsere Zukunft, München 1996

Rokeach, M.: The nature of human values, New York, London 1973

Rosenstiel, L.v./ Einsiedler, H.E./ Streich, R.K. (Hrsg.): Wertewandel als Herausforderung für die Unternehmenspolitik, Stuttgart 1987

Roth, E. (Hrsg.): Sozialwissenschaftliche Methoden, Oldenbourg 1987

Schachter, S.: The Psychology of Affiliation, Stanfort University Press 1959

Schenk, M./ Rössler, P.: Das unterschätzte Publikum, in: Neidhardt, F. (Hrsg.): Öffentlichkeit, öffentliche Meinung, soziale Bewegungen, KZfSS Sonderheft 34, Opladen 1994, S. 261 - 295

Schlöder, B.: Soziale Werte und Werthaltungen: eine sozialpsychologische Untersuchung zum Konzept sozialer Werte und des Wertewandels, Opladen 1993

Schnell, R./ Hill, P.B./ Esser, E.: Methoden der empirischen Sozialforschung, München, Wien 1993

Schulze, G.: Die beste aller Welten, Frankfurt/M. 2004

Schulze, G.: Erlebnisse vom laufenden Band, in: Absatzwirtschaft 6/1996, S. 38 - 41

Schulze, G.: Die Erlebnisgesellschaft, Frankfurt/M., New York 1995

Schuppe, M.: Im Spiegel der Medien: Wertwandel in der Bundesrepublik Deutschland, Frankfurt/M., Bern, New York, Paris 1988

Spranger, E.: Kulturphilosophie und Kulturkritik, in: Gesammelte Schriften Bd. V, Tübingen 1969

Stahlberg, D./ Frey, D.: Einstellungen: Struktur, Messung und Funktion, in: Stroebe, W./ Hewstone, M./ Stephonson, G.M. (Hrsg.): Sozialpsychologie, Berlin, Heidelberg, New York 1996, S. 219 - 252

Statistisches Bundesamt: DESTATIS – diverse Datensätze (Erscheinungsdatum an jeweiliger Graphik)

Statistisches Bundesamt: GENSIS-online – diverse Auswertungen (Anfertigungsdatum an den jeweiligen Graphiken)

Statistisches Bundesamt: Nahezu jeder zweite Gestorbene erlag 2003 einer Herzkreislauferkrankung; Wiesbaden, Pressemitteilung vom 14. Februar 2005

Statistisches Bundesamt: Statistisches Jahrbuch 2003, Wiesbaden 2004

Stroebe, W./ Hewstone, M./ Stephenson, G.M. (Hrsg.): Sozialpsychologie, Berlin, Heidelberg, New York 1996

Stroebe, W./ Jonas, K.: Grundsätze des Einstellungserwerbs und Strategien der Einstellungsänderung, in: Stroebe, W./ Hewstone, M./ Stephenson, G.M. (Hrsg.): Sozialpsychologie – Eine Einführung, Berlin, Heidelberg, New York 1996, S. 253 - 290

Szallies, R./ Wiswede, G. (Hrsg.): Wertewandel und Konsum, Landsberg/Lech 1991

Vossen, K./ Reinhardt, A.R.: Der launische Konsument, Regensburg/Berlin 2003

Weidenfeld, W./ Rumberg, D. (Hrsg.): Orientierungsverlust – Zur Bindungskrise der modernen Gesellschaft, Gütersloh 1994

Weidenfeld, W.: Einleitung: Orientierungsverluste, in: Weidenfeld, W./ Rumberg, D. (Hrsg.): Orientierungsverlust – Zur Bindungskrise der modernen Gesellschaft, Gütersloh 1994, S. 5 - 12

Wiswede, G.: Der 'neue Konsument' im Lichte des Wertewandels, in: Szallies, R./ Wiswede, G. (Hrsg.): Wertewandel und Konsum, Landsberg/Lech 1991, S. 11 - 40

Witte, E.: Wertewandel in der Bundesrepublik Deutschland (West) zwischen 1973 und 1992, in KZfSS 4/1996, S. 534 - 541

Witte, E.: Sozialpsychologie – Ein Lehrbuch, München 1989

Zapf, W. (Hrsg.): Individualisierung und Sicherheit. Untersuchungen zur Lebensqualität in der Bundesrepublik Deutschland, München 1987

KZfSS = Kölner Zeitschrift für Soziologie und Sozialpsychologie

Peter Lang · Europäischer Verlag der Wissenschaften

Martin Weichbold

Touchscreen-Befragungen

Neue Wege in der empirischen Sozialforschung

Frankfurt am Main, Berlin, Bern, Bruxelles, New York, Oxford, Wien, 2005.
360 S., zahlr. Abb., Tab. und Graf.
Europäische Hochschulschriften: Reihe 22, Soziologie. Bd. 402
ISBN 3-631-53500-7 · br. € 56.50*

Touchscreen-Interviews sind eine neue Form der Befragung: Teilnehmer beantworten einen Fragebogen, indem sie die zutreffenden Antwortkategorien auf einem berührungsempfindlichen Bildschirm antippen. Touchscreen-Befragungen zählen wie WWW-Befragungen zu den computerbasierten Befragungsinstrumenten, unterscheiden sich aber doch in mehrerlei Hinsicht deutlich von diesen. Ausgehend von einem Abriss der jüngeren Methodengeschichte wird die neue Befragungsform vorgestellt und ein am Interviewablauf orientiertes Analyseraster entwickelt. Nach ausführlicher Untersuchung der Bedingungen und Möglichkeiten von Touchscreen-Befragungen werden kritische Einwände, etwa zur Frage der Repräsentativität oder möglicher Interviewfälschungen anhand vorliegender Befragungsdaten, Parallelstudien mit konventionellen Interviewmethoden und Beobachtungsstudien diskutiert.

Aus dem Inhalt: Zur jüngeren Geschichte der empirischen Sozialforschung · Touchscreen-Interviews als neue Form der Befragung · Einsatzgebiete · Befragungsablauf: von Attraktion zur Überzeugung zur Motivation · „Repräsentativität" von Touchscreen-Befragungen · Vergleich mit anderen Befragungsmethoden

Frankfurt am Main · Berlin · Bern · Bruxelles · New York · Oxford · Wien
Auslieferung: Verlag Peter Lang AG
Moosstr. 1, CH-2542 Pieterlen
Telefax 00 41 (0) 32 / 376 17 27

*inklusive der in Deutschland gültigen Mehrwertsteuer
Preisänderungen vorbehalten

Homepage http://www.peterlang.de